Hinter dem Sachregister befindet sich ein ausführliches Verzeichnis der

Guttentagschen Sammlung

Deutscher Reichs- und Preußischer Gesetze

— Textausgaben mit Anmerkungen; Taschenformat —

die alle wichtigeren Gesetze in unbedingt zuverlässigem Abdruck und mit mustergültiger Erläuterung wiedergibt.

Lebbin,

Nahrungsmittelgesetze.

Zweiter Band:

Getränkegesetze und Getränkesteuergesetze.

Guttentagsche Sammlung
Nr. 54. Deutscher Reichsgesetze. Nr. 54.
Textausgaben mit Anmerkungen.

Nahrungsmittelgesetze

mit Erläuterungen.

Zweite, stark vermehrte Auflage
in zwei Bänden.

Von

Dr. Georg Lebbin,
Nahrungsmittelchemiker in Berlin.

Zweiter Band:

Getränkegesetze und Getränkesteuergesetze.

Berlin und Leipzig 1926.

Walter de Gruyter & Co.
vormals G. J. Göschen'sche Verlagshandlung — J. Guttentag, Verlagsbuchhandlung — Georg Reimer — Karl J. Trübner — Veit & Comp.

Guttentagsche Sammlung
Nr. 54b. Deutscher Reichsgesetze. Nr. 54b.
Textausgaben mit Anmerkungen.

Getränkegesetze
und Getränkesteuergesetze

(Wein, Bier, Branntwein, Mineralwasser).

Unter Mitarbeit von Rechtsanwalt Dr. **Kniebe**

erläutert

von

Dr. Georg Lebbin,
Nahrungsmittelchemiker in Berlin.

Berlin und Leipzig 1926.

Walter de Gruyter & Co.

vormals G. J. Göschen'sche Verlagshandlung — J. Guttentag, Verlagsbuchhandlung — Georg Reimer — Karl J. Trübner — Veit & Comp.

Vorwort.

Das 1900 erschienene Sammelbändchen „Reichsgesetzgebung, betreffend den Verkehr mit Nahrungsmitteln, Genußmitteln und Gebrauchsgegenständen" ist seit Jahren vergriffen. Die längst erforderlich gewesene Neuausgabe hat der Krieg mit der Unzahl seiner sich überstürzenden Notverordnungen verhindert. Nachdem auf dem Gebiete der Nahrungsmittelversorgung sich die frühere Regelmäßigkeit wieder eingestellt hat und die hemmenden Kriegsverordnungen verschwunden sind, stellte sich bei Sichtung des Materials heraus, daß der Umfang der zu berücksichtigenden Materie so erheblich angeschwollen ist, daß die Teilung in zwei Bändchen zweckmäßig erscheint.

Band II, die Getränkegesetze umfassend, erscheint zuerst, weil es scheint, daß es diesmal mit einer Umänderung des Nahrungsmittelgesetzes von 1879 Ernst werden soll.

Um aber gleichwohl dieses Bändchen für sich allein benutzbar zu machen und seinen Gebrauch zu erleichtern, habe ich den Spezialgesetzen einen allgemeinen Teil vorausgeschickt mit dem Bewußtsein, daß dieser Teil durch ein neues Lebensmittelgesetz einige, wahrscheinlich nur formelle Umänderungen erleiden kann. Der Hauptunterschied des alten und neuen Nahrungsmittelgesetzes wird voraussichtlich darin bestehen, daß der Tatbestand der „irreführenden Bezeichnung", der jetzt durch die Bundesratsverordnung vom 26. Juni 1916 (S. 36) unter Strafe gestellt ist, zum integrierenden Gesetzesbestandteil erhoben wird.

Ob die seitens der Regierung verlangten großen Vollmachten zum unbeschränkten Erlaß von Ausführungsbestimmungen auf dem Verwaltungswege, verbunden mit maßgebender Gesetzesauslegung, vom Reichstage werden bewilligt werden, bleibt abzuwarten. Die Rechtsprechung würde nicht gut dabei abschneiden, da ihr nicht viel mehr übrigbliebe, als zutreffendenfalls das Strafmaß zu bestimmen.

Das Branntweinmonopolgesetz erscheint hier zum ersten Male mit rechtlichen und allgemeintechnischen Erläuterungen, die nicht nur dem gesetzgeberischen Material entnommen wurden.

Der große Umfang des Gesetzes und der von ihm behandelten Materie, ferner die stets gerade bei diesem Gesetze drohenden Novellen ließen eine noch ausgedehntere Behandlung im Rahmen eines Sammelbändchens nicht ratsam erscheinen.

Herr Rechtsanwalt Dr. Kniebe, Syndikus des Reichsverbandes der Deutschen Spirituosenindustrie und Hilfsarbeiter im Reichsfinanzministerium, hatte die Liebenswürdigkeit, mich beim Branntweinmonopolgesetz durch Bearbeitung eines Teiles, nämlich der §§ 4 bis 19, 58 bis 94, 119 bis 149, 161 bis 183, zu unterstützen, wofür ich ihm auch an dieser Stelle nochmals danke.

Mit dem Hinweis, daß dieses Bändchen nicht nur eine bis auf den Tag vollständige Sammlung der nahrungsmittelrechtlichen Bestimmungen für die Getränkeindustrie ist, sondern auch alle getränkesteuerlichen Gesetze umschließt, übergebe ich es dem Gebrauch, mit der Bitte an alle Benutzer, von wichtigen Neuerungen oder Entscheidungen mir direkt oder durch den Verlag Kenntnis geben zu wollen.

Berlin, im Januar 1926.

Lebbin.

Inhaltsverzeichnis.

III. Bier und bierähnliche Getränke.

IV. Branntwein und Trinkbranntwein.

V. Kohlensaure Getränke.

Literaturverzeichnis.

Brennereizeitung, Berlin.

Deutsche Destillateurzeitung, Berlin.

Deutsches Nahrungsmittelbuch. Dritte Auflage. Heidelberg 1922, Verlag Winter.

Kullmann, Otto, Die Spirituosen-Industrie. Zweite Auflage. Leipzig 1921, Verlag Dr. M. Jaenicke.

Lebbin, G., Allgemeine Nahrungsmittelkunde. Berlin 1911, Verlag Simion Nachf.

Lebbin, G., Das Weingesetz von 1909. Zweite Auflage. Berlin 1909, Verlag Walter de Gruyter & Co.

Lebbin und Baum. Handbuch des Nahrungsmittelrechts. Zwei Bände. Berlin 1907, Verlag Walter de Gruyter & Co.

Mayer, G., Reichsfinanzgesetzgebung 1918. Bd. 1: Getränkesteuern. Berlin 1918, Verlag Walter de Gruyter & Co.

Nay-Kniebe, Branntweinsteuergesetz vom 15. Juli 1909. Berlin 1916, Verlag Walter de Gruyter & Co.

Rüdiger, M., Die Obstbrennerei im Branntweinmonopolgesetz. Stuttgart 1924, Verlag F. Enke.

Windisch, Karl, Was müssen die Klein-, Obst- und Abfindungsbrenner sowie die Stoffbesitzer vom Branntweinmonopolgesetz wissen? Stuttgart 1923, Verlag Ulmer.

Zeitschrift für Untersuchung der Nahrungs- und Genußmittel usw. Verlag Julius Springer, Berlin.

I.

Allgemeiner Teil.

1. Gesetz, betreffend den Verkehr mit Nahrungsmitteln, Genußmitteln und Gebrauchsgegenständen.

Vom 14. Mai 1879 (RGBl. S. 145). Im Auszuge.

§ 1.

Der Verkehr mit Nahrungs- und Genußmitteln,[1]) sowie mit Spielwaren,[2]) Tapeten,[3]) Farben,[4]) Eß-, Trink- und Kochgeschirr[5]) und mit Petroleum[6]) unterliegt der Beaufsichtigung nach Maßgabe dieses Gesetzes.

1. Nahrungs- und Genußmittel, neuerdings oft durch den gemeinsamen Ausdruck Lebensmittel bezeichnet, sind zum menschlichen Gebrauche bestimmte Rohstoffe, Hilfsstoffe, Halbfabrikate oder fertige Speisen, die bei ordnungsmäßiger Benutzung aufgebraucht werden und bestimmt sind, das Leben zu unterhalten oder einen Genuß durch körperliches Genießen zu bereiten. Alles, was wir essen und trinken, gehört dazu. Unter Umständen zählt man auch Parfüms dazu. Blumen nie.

a) RG. v. 2. Okt. 1880 — R. II 294 —, RG. v. 2. Juli 1881 — R. III 456 —, RG. v. 7. März 1882 — R. IV 231 —. Den Bestimmungen des Nahrungsmittelgesetzes unterliegen lediglich zum menschlichen Genuß bestimmte Lebensmittel.

b) RG. v. 9. April 1881 — R. III 220 —, RG. v. 12. Juli 1883 — R. V 514 —. Nahrungsmittel sowohl in fester wie flüssiger Form dienen der Ernährung des menschlichen Körpers.

Genußmittel sind von Menschen genossene Stoffe, die nicht der Ernährung zu dienen brauchen.

Genießen ist im eigentlichen, nicht im uneigentlichen Sinne zu verstehen.

Die Genußmittel müssen dem menschlichen Körper zugeführt und im Genusse verbraucht werden. Blumen gehören also nicht dazu.

c) RG. v. 10. Juli 1882 — R. IV 684 —. Vorhergehende Zubereitung ist für den Nahrungsmittelbegriff nicht erforderlich.

RG. v. 16. April 1888, RG. v. 24. Febr. 1880 — R. I 385 —. Zur Saat ausgesteckte Kartoffeln sind solange ein Nahrungsmittel, wie sie dafür tauglich sind.

RG. v. 1. Juni 1893. Getreide ist ein Rohstoff, der als Nahrungsmittel gilt.

RG. v. 2. Dez. 1886 — R. VIII 721 —, RG. v. 1. Juli 1884 — R. VI 488 —, RG. v. 6. Okt. 1892 — E. XXIII 242. Lebende Tiere als Schlachttiere sind Nahrungsmittel.

d) RG. v. 31. März 1881 — R. III 848 —. Zigarren sind Genußmittel.

RG. v. 9. April 1881 — R. III 220 —. Blumen sind keine Genußmittel.

RG. v. 12. Juli 1883 — R. V 514 —. Brennmaterialien sind keine Genußmittel.

e) RG. v. 13. Juli 1881 — E. IV 393 —. Heilmittel können gleichzeitig auch Nahrungsmittel sein.

f) RG. v. 10. Juli 1882 — R. IV 684 —. Hopfen ist Nahrungsmittel, wenn er auch noch mit anderen Stoffen erst verarbeitet werden muß.

2. Vgl. Gesetz v. 25. Juni 1887, betr. Verkehr mit blei- und zinkhaltigen Gegenständen (§ 2, 2), und den preuß. M.Erl. v. 8. April 1898 über bleihaltige Metallpfeifen; ferner Gesetz v.

5. Juli 1887 über Verwendung gesundheitsschädlicher Farben (§§ 4, 6).

3. Vgl. § 7 des Gesetzes v. 5. Juli 1887 (siehe vorhergehende Anmerkung).

4. Vgl. Gesetz v. 5. Juli 1887 (Anm. 2).

5. Hierzu das Blei- und Zinkgesetz v. 25. Juni 1887.

6. Vgl. die Kaiserl. Verordnung über den Verkehr mit Petroleum v. 24. Febr. 1882.

Zu 1 bis 6. Die bevorstehende Neuausgabe des Lebensmittelgesetzes und der hier zitierten Folgegesetze verbietet eine umfassendere Behandlung in diesem Bande. Der nach diesem Band II erscheinende Band I wird das neue Gesetz bringen. Inzwischen verweise ich auf das Handbuch des Nahrungsmittelrechts von Lebbin und Baum, Berlin 1907 bei J. Guttentag, wo diese Angelegenheit in ausführlicher Form behandelt ist.

§ 10.

Mit Gefängnis bis zu sechs Monaten und mit Geldstrafe bis zu eintausendfünfhundert Mark oder mit einer dieser Strafen wird bestraft:

1. wer zum Zwecke der Täuschung im Handel und Verkehr[1]) Nahrungs- oder Genußmittel[2]) nachmacht[3]) oder verfälscht,[4])
2. wer wissentlich Nahrungs- oder Genußmittel, welche verdorben[5]) oder nachgemacht oder verfälscht sind, unter Verschweigung dieses Umstandes verkauft[6]) oder unter einer zur Täuschung geeigneten Bezeichnung[7]) feilhält.[8])

1. Die Worte „Handel und Verkehr" bedingen nicht notwendig kaufmännische Tätigkeit. Sie umfassen jede Hingabe an andere zum Gebrauch in irgendeiner Weise und das Darbieten dazu. Demnach genügt zur Erfüllung des Begriffes

1*

sogar schon die Überlassung an Angehörige des eigenen Haushaltes. Auch das Verschenken kann schon ein „Inverkehrbringen" sein. Ebenso die Rückgabe an den Verkäufer, die Duldung einer Wegnahme usw.

Vgl. die Urteile des RG. v. 8. Mai 1882 — R IV 448 — v. 27. Okt. 1882 — R. IV 768 —, v. 13. Dez. 1880 — R. II 633 — v. 23. Sept. 1887 — R. IX 462 —, v. 23. März 1886 — E. XIV 35 —

2. Vgl. Anm. 1 zu § 1

3. Nachmachen ist die Herstellung eines Lebensmittels in der Weise und zu dem Zwecke, daß es ein anderes zu sein scheint als es in Wirklichkeit ist. Das „echte" Erzeugnis braucht nicht notwendig in Wirklichkeit zu existieren; es genügt, wenn das „echte" Lebensmittel in der Vorstellung vorhanden ist. Meist wird es sich freilich um das Nachmachen vorhandener Originale handeln. Gleichgültig ist es, ob die Nachahmung als solche leicht oder nur von Sachverständigen zu erkennen ist.

Die objektive Handlung des Nachmachens ist noch nicht ohne weiteres straffällig (bis auf einige direkte Verbote), es ist noch erforderlich, daß sie zum Zwecke der Täuschung erfolgt. Margarine z. B. ist zweifellos eine nachgemachte Butter. Ihre richtige Bezeichnung schließt aber jedes Delikt aus.

Das nachgemachte Produkt braucht auch nicht schlechter zu sein als das Original. Das Gegenteil ist wohl möglich. Doch muß als Regel gelten, daß die Nachmachung meist erfolgt, um ein billigeres Erzeugnis einem teureren unterzuschieben.

Das Nachmachen ist ein Akt am Lebensmittel selbst. Durch falsche Bezeichnung allein kommt daher der Tatbestand des § 10 noch nicht zustande. Doch kann eine andere gesetzliche Bestimmung verletzt sein. Wer z. B. auf eine Flasche einfachen dunklen Bieres ein Etikett kleben wollte, das einem Starkbiere zukommt, würde wegen Betruges bestraft werden können.

Vgl. hierzu RG. v. 15. Mai 1882 — R. IV 485 —, v. 24. Febr 1882 — R. IV 194 —, v. 18. Mai 1888, v. 20. Mai 1889, v. 12. Mai 1891 — E. XXI 437 —, v. 15. Febr. 1894 — E. XXV 117 —, v 14. Juli 1881 — R. III 486 — usw usw

4. Verfälschen ist im wesentlichen identisch mit Verschlechtern, wobei die Verschlechterung indirekt sein kann (siehe unter f).

Es sind z. B. folgende Möglichkeiten der Verschlechterung vorhanden:

a) Der stets vorausgesetzte menschliche Eingriff hat die Nahrungsmittel gesundheitsschädlich gemacht. Diese Eventualität ist zu einem besonderen Tatbestande erhoben und im § 12 behandelt (Beispiel: Zusatz gesundheitsschädlicher Chemikalien)

b) Der Nährwert des Nahrungsmittels ist durch einen Verdünnungsprozeß verringert (Beispiel: Zusatz von Wasser zu Milch).

c) Der Geld-(Handels-)wert des Nahrungsmittels wird durch Zusatz zwar ebenso nährkräftiger aber billigerer Stoffe herabgesetzt (Beispiel: Zusatz von Margarine zu Butter).

d) Entnahme wertvoller Anteile (Beispiel: Entrahmung von Milch).

e) Ungenügende Entfernung von Bestandteilen bei der Herstellung, so daß etwa der gleiche Effekt wie bei b hervorgerufen wird (Beispiel: Belassen von zuviel Wasser [Molken] in der Butter).

f) Verleihung des Anscheines einer besseren Beschaffenheit, indem der Gehalt eines wesentlichen Bestandteiles durch wertlose Zusätze oder andere Eingriffe größer erscheint, als er in Wirklichkeit ist. (Beispiel: Gelbfärben von Kuchen [erhöhter Eigehalt] oder Homogenisieren von Milch, die dadurch weißer, also fettreicher erscheint.)

Seitens einer Anzahl von Nahrungsmittelchemikern wird häufig auch dann Verfälschung angenommen, wenn nur eine Abweichung von der sogenannten „Normalbeschaffenheit" vorliegt, z. B. indem ein Lebensmittel den Zusatz eines Konservierungsmittels erhält. Hat das Konservierungsmittel „verschlechternde" Eigenschaften (a oder b), dann ist eine der aufgeführten Eventualitäten vorliegend. Fehlt das „verschlechternde"

Moment, so wird die „Verfälschung“ damit motiviert, daß eine von der Norm abweichende Zusammensetzung in Frage kommt.

Da nun die Verfälschung ebenso wie das Nachmachen (vgl. Anm. 3) nur dann strafbar ist, wenn sie „zum Zwecke der Täuschung“ erfolgt, so schützen sich Fabrikanten und Händler vor Anklagen dadurch, daß sie die „Abweichung vom Normalen“ bekanntgeben: eine „Deklaration“ anbringen.

Die Deklaration ist also eine Ergänzung der Hauptbezeichnung eines Lebensmittels. Sie räumt das Moment der Täuschung aus.

Vielfach wird aber mit Deklarationen Mißbrauch getrieben, indem entweder die Hauptbezeichnung so weit eingeschränkt wird, daß sie gar keine Berechtigung mehr hat, oder die Deklaration ist ungenügend, indem sie nicht alles sagt, was für den Käufer Interesse hat, oder aber sie hebt die Hauptbezeichnung direkt auf.

Beispielsweise ist „Konfitüre“ die Bezeichnung für besonders gute Marmelade. Setzt man nun die Deklaration „mit Apfelmark und Stärkesirup“ dazu, so betrifft das überhaupt keine Konfitüre mehr, sondern eine geringwertige Marmelade.

Oder ein Fabrikant leicht verderblicher Ware setzt Formaldehyd seiner Ware zu und deklariert „Mit Formaldehyd konserviert“. Dann ist zwar die Konservierung mitgeteilt, aber die Verschlechterung der Ware z. B. nach a sowie durch Verschlechterung der Verdaulichkeit ist verschwiegen.

Vgl. RG. v. 21. April 1885 — R. VII 239 —, v. 13. Nov 1880 — R. II 506 —, v. 15. Febr. 1884 — R. VI 819 —, v 1. Okt. 1885 — R. VII 546 —, v. 12. April 1894, v. 10. Jan 1893, v. 24./31. Jan. 1888 — R. X 64 —

5. Unter Verderben wird in der Regel eine Verschlechterung ohne menschliches Zutun verstanden, mit dem Nebengedanken, daß die Verschlechterung sich ungefähr bis zur Unbrauchbarkeit gesteigert hat. Es gibt aber auch ein Verderben durch menschliches Verschulden. (Beispiel: Versalzen einer Wurst, meist in der Absicht etwas anderes zu verdecken).

Die letztere Art des fabrikatorischen Verderbens ist weit häufiger, als gewöhnlich geglaubt wird. Vgl. RG. v. 5. Okt. 1881 — E. V 290 —, RG. v. 12. Jan. 1882 — E. V343 —.

Unzutreffend scheint mir ein altes RG.-Urteil v. 3. Jan. 1882 zu sein, welches das Fleisch noch ungeborener Kälber als „verdorben" bezeichnet. Derartige Fötusse sind noch nicht Fleisch. Ihre Verwendung zu Lebensmitteln muß anderweitig inhibiert werden, z. B. aus § 263 RStrGB.

6. Verkauf ist nicht nur das Übereinkommen der beiden Kontrahenten, des Käufers und Verkäufers, sondern auch die Übernahme der Verfügungsgewalt durch den Käufer, d. h. der Kauf ist erst vollendet, wenn der Kaufvertrag auch erfüllt ist. RG. v. 26. Sept. 1892.

Anbieten, Feilbieten und Feilhalten sind Vorbereitungen zum Verkauf. Auch die Bereiterklärung zum Verkauf ist nicht mit diesem gleichbedeutend.

Vgl. auch RG. v. 26. April 1887 und v. 21. März 1893 — E. XXIII 396 —

7. Eine zur Täuschung geeignete Bezeichnung ist nach dem NMG. nur strafbar, soweit es sich um verdorbene, nachgemachte oder verfälschte Nahrungs- oder Genußmittel handelt, also um objektiv veränderte. Da irreführende Bezeichnungen aber auch bei objektiv unbeeinflußten Lebensmitteln zu verurteilen sind, so erging am 26. Juni 1916 die Bekanntmachung des Bundesrats gegen irreführende Bezeichnung von Nahrungs- und Genußmitteln (S. 35). Der Entwurf zum neuen Lebensmittelgesetz hat in § 4 Abs. 3 das gleiche Verbot vorgesehen.

8. Feilhalten bedeutet jedes Bereithalten für das Publikum zum Verkauf. Ein Großhändler, der nur Wiederverkäufer bedient, hält darum nichts feil. Die Gegenstände brauchen nicht im Verkaufsraume zu stehen, wenn sie nur zur Hand sind. RG. hat zwar am 9. April 1894 sich dahin geäußert, „daß nach herrschender Rechtsansicht unter Feilhalten einer Ware das Bereithalten derselben zum Verkaufe an einer dem Publikum

zugänglichen, zum Verkaufe bestimmten Stelle erforderlich sei", allein es ist nicht zu verkennen, daß es auch Lebensmittel gibt, die feilgehalten werden, ohne daß die Voraussetzungen des angezogenen Urteils erfüllt sind. M. E. wird z. B. lebendes Geflügel, etwa Tauben, auch dann feilgehalten, wenn es sich in einem Stalle, Taubenschlag oder dergl. befindet, wo die Käufer nie hingelangen, sofern das Bereithalten dieser Lebensmittel irgendwie erkennbar gemacht oder sonst vorauszusetzen ist.

Das Feilhalten ist als nicht vollendet anzusehen, wenn z. B. Lebensmittel angeliefert, aber dem Großhändler noch nicht abgenommen sind, auch wenn sich die Ware schon im Verkaufsraum befindet.

Vorbereitungen zum Feilhalten sind als Versuch zu betrachten RG. v. 15. Febr. 1881, v. 1. Nov. 1881 usw.

Der einfache Besitz einer Ware ist jedenfalls ohne weiteres noch kein Feilhalten. RG. v. 10. Nov. 1884.

§ 11.

Ist die im § 10 Nr. 2 bezeichnete Handlung aus Fahrlässigkeit[1]) begangen worden, so tritt Geldstrafe bis zu einhundertfünfzig Mark oder Haft ein.[2])

1. Die Fahrlässigkeit steht im Gegensatz zur Wissentlichkeit oder Absicht. Sie wird ungenügender Aufmerksamkeit, mangelnder Gesetzeskenntnis oder irriger Gesetzesauslegung zuzuschreiben sein. Auch ein Unterlassen genügender Einholung von Informationen kann Fahrlässigkeit sein.

Für das Vorhandensein einer Fahrlässigkeit ist es nach RG. v. 15. Febr. 1882 nicht entscheidend, ob eine Handlung durch Gesetz oder Verordnung geboten ist.

2. Über das Verhältnis des § 11 NMG. zu § 367 Nr. 7 R.-StrGB. vgl. RG. v. 9. Mai 1882 — E. VI 268 und R. IV 451 —

Der Versuch ist nicht strafbar.

§ 12.[1])

Mit Gefängnis, neben welchem auf Verlust der bürgerlichen Ehrenrechte erkannt werden kann, wird bestraft:

1. wer vorsätzlich[2]) Gegenstände, welche bestimmt sind, anderen als Nahrungs- oder Genußmittel zu dienen, derart herstellt, daß der Genuß derselben die menschliche Gesundheit zu beschädigen[3]) geeignet ist, ingleichen wer wissentlich Gegenstände, deren Genuß die menschliche Gesundheit zu beschädigen geeignet ist, als Nahrungs- oder Genußmittel verkauft, feilhält oder sonst in Verkehr bringt;
2. wer vorsätzlich Bekleidungsgegenstände,[4]) Spielwaren,[4]) Tapeten,[4]) Eß-, Trink- oder Kochgeschirr[4]) oder Petroleum[4]) derart herstellt, daß der bestimmungsgemäße oder vorauszusehende Gebrauch[5]) dieser Gegenstände die menschliche Gesundheit zu beschädigen geeignet ist, ingleichen wer wissentlich solche Gegenstände verkauft, feilhält oder sonst in Verkehr bringt.

Der Versuch ist strafbar.

Ist durch die Handlung eine schwere Körperverletzung oder der Tod eines Menschen verursacht worden, so tritt Zuchthausstrafe bis zu fünf Jahren ein.

1. Für die Delikte des § 12 ist zur Strafbarkeit nicht erforderlich daß Täuschung vorliegt, wie bei § 10. Auch wenn der Käufer ganz ausdrücklich auf die Gesundheitsgefährlichkeit hingewiesen wurde, ist der Verkäufer nicht entlastet.

2. Vorsätzlich ist gleich wissend. Dieser Umstand muß dem Beschuldigten nachgewiesen werden. Bei mangelnder Vorsätzlichkeit des Verkäufers, aber objektiv gesundheitsschädlicher Be-

schaffenheit des Lebensmittels kann nur § 14 Platz greifen. Wegen dolus eventualis vgl. RG. v. 17. Febr. 1888 — R. X 157 — und v. 1. Okt. 1888 — E. XVIII 135 —

3. Beschädigung der Gesundheit ist etwas Vorübergehendes, nicht Dauerndes, im Gegensatz zur Gesundheitszerstörung des § 13, die entweder zum Tode führt oder doch ein bleibendes gesundheitliches Manko zur Voraussetzung hat.

Einen gewissen krankhaften Zustand, der einige Zeit andauert, wird man auch für § 12 fordern müssen. Ein einfaches Übelbefinden, Erbrechen, ein schnell vorübergehender Schmerz ist noch keine Gesundheitsbeschädigung. Diese setzt immerhin einen nicht gar zu kurze Zeit anhaltenden krankhaften Zustand voraus.

Die Erregung von Ekel kann man nur ausnahmsweise als Schädigung der Gesundheit auffassen, insbesondere dann nicht, wenn die plötzliche Kenntnis, was man genossen hat, die Übelkeit hervorruft.

Überhaupt ist das Erfordernis des Tatbestandes des § 12 eine objektive Eigenschaft des betreffenden Nahrungsmittels, ganz unabhängig von zufälligen Eigenschaften des Genießenden, insbesondere einer Idiosynkrasie des letzteren.

Rekonvaleszenten sind z. B. ebensowenig wie Kinder der normale Maßstab zur Feststellung, ob ein Lebensmittel gesundheitsschädigend sei.

Die leichte Erkennbarkeit einer schädigenden Ursache kann ebenfalls strafausschließend sein, z. B. wenn Stecknadeln sich in einer Nahrung unversteckt befinden.

Vgl. auch noch Anm. 5 wegen „bestimmungsmäßigen Gebrauchs".

4. Das Gesetz führt zwar das Wort „Gebrauchsgegenstände" im Titel, benutzt ihn aber sonst nicht mehr. Damit wird zum Ausdruck gebracht, daß die Strafandrohungen nur die ausdrücklich genannten Gegenstände betreffen. Sonst wäre letzten Endes alles unter die Herrschaft dieses Gesetzes zu bringen, was niemand gewollt hat. Außer der obigen Strafbestimmung finden sich bestimmte Anordnungen im Blei- und

Zinkgesetz und dem Farbengesetz über eine größere Anzahl hygienisch beachtlicher Dinge. Die Übersicht der gesetzlichen Bestimmungen ist etwas zerrissen; deshalb habe ich alle gesetzlich betroffenen Gebrauchsgegenstände in meinem mit Baum herausgegebenen Handbuch des Nahrungsmittelrechts (Berlin 1907 bei J. Guttentag, S. 76 bis 77) zu einer tabellarischen Übersicht vereinigt und dabei diejenigen Stellen der drei Gesetze, welche bezügliche Anweisungen enthalten, danebengesetzt.

5. Der bestimmungsmäßige oder vorauszusehende Gebrauch ist bei allen Gesundheitsdelikten von Bedeutung.

Ein fortgesetzter oder stärkerer Gebrauch, als der Regel entspricht, nimmt die objektive Eigenschaft als gesundheitsschädlich einem Lebensmittel oder Gebrauchsgegenstand noch nicht, wohl aber der übermäßige Genuß und ein sinnwidriger Gebrauch. Wollte jemand z. B. krankhaftes Fleisch, das nur gekocht oder gebraten verzehrt wird (z. B. Leber), roh genießen, so wären die Voraussetzungen des § 12 nicht erfüllt, der Verkäufer wäre bezüglich § 12 ohne Verantwortlichkeit. Er kann natürlich evtl. aus anderen Bestimmungen, z. B. dem Fleischbeschaugesetz, strafbar sein.

§ 13.

War in den Fällen des § 12 der Genuß oder Gebrauch des Gegenstandes die menschliche Gesundheit zu zerstören geeignet[1]) und war diese Eigenschaft dem Täter bekannt, so tritt Zuchthausstrafe bis zu zehn Jahren, und wenn durch die Handlung der Tod eines Menschen verursacht worden ist, Zuchthausstrafe nicht unter zehn Jahren oder lebenslängliche Zuchthausstrafe ein.

Neben der Strafe kann auf Zulässigkeit von Polizeiaufsicht erkannt werden.

1. Gesundheitszerstörung ist etwas Bleibendes. Vgl. Anm. 3 zu § 12.

Für die Anwendung des § 13 ist der bestimmungsmäßige und vorauszusehende Gebrauch nicht erforderlich. Es genügt das Vorhandensein der Möglichkeit zur Gesundheitszerstörung infolge objektiver Beschaffenheit des Lebensmittels, sofern der Täter Kenntnis dieser Eigenschaft hatte Dieser Nachweis ist ihm ebenso wie bei § 12 (siehe Anm. 2) bezüglich des Vorsatzes zu erbringen.

§ 14.

Ist eine der in den §§ 12, 13 bezeichneten Handlungen aus Fahrlässigkeit begangen worden, so ist auf Geldstrafe bis zu eintausend Mark oder Gefängnisstrafe bis zu sechs Monaten und, wenn durch die Handlung ein Schaden an der Gesundheit eines Menschen verursacht worden ist, auf Gefängnisstrafe bis zu einem Jahre, wenn aber der Tod eines Menschen verursacht worden ist, auf Gefängnisstrafe von einem Monat bis zu drei Jahren zu erkennen

§ 15.

In den Fällen der §§ 12 bis 14 ist neben der Strafe auf Einziehung der Gegenstände zu erkennen, welche den bezeichneten Vorschriften zuwider hergestellt, verkauft, feilgehalten oder sonst in Verkehr gebracht sind, ohne Unterschied, ob sie dem Verurteilten gehören oder nicht; in den Fällen der §§ 8, 10, 11 kann auf die Einziehung erkannt werden.

Ist in den Fällen der §§ 12 bis 14 die Verfolgung oder die Verurteilung einer bestimmten Person nicht ausführbar, so kann auf die Einziehung selbständig erkannt werden.

§ 16.

In dem Urteil oder dem Strafbefehl kann angeordnet werden, daß die Verurteilung auf Kosten des Schuldigen öffentlich bekanntzumachen sei.

Auf Antrag des freigesprochenen Angeschuldigten hat das Gericht die öffentliche Bekanntmachung der Freisprechung anzuordnen;[1]) die Staatskasse trägt die Kosten, insofern dieselben nicht dem Anzeigenden auferlegt worden sind.

In der Anordnung ist die Art der Bekanntmachung zu bestimmen.[2])

1. Während die öffentliche Bekanntmachung eines verurteilenden Erkenntnisses in das Befinden des Gerichtshofes gelegt ist, hat die Bekanntmachung eines freisprechenden Urteils stets zu erfolgen, sofern der Beschuldigte es beantragt.

2. Es muß unterstellt werden, daß eine allgemein übliche Art der Bekanntmachung amtlicher Kundgebungen gewählt wird, vorzugsweise durch Zeitungen. Gelegentlich vorgekommene richterliche Anordnungen in dieser Beziehung müssen als rechtlich zweifelhaft angesehen werden, z. B. wenn von dem Verurteilten die Selbstvollstreckung dadurch gefordert wird, daß ihm Aushang des verurteilenden Tenors im eigenen Schaufenster auferlegt wird. Böswilligen und hartnäckigen Nahrungsmittelfälschern gegenüber ist Milde sicher nicht angebracht, aber die Inanspruchnahme des Beschuldigten zur Mithilfe bei Vollstreckung eines ihn selbst betreffenden Richterspruches dürfte nicht im Rahmen der strafprozessualen Vorschriften beabsichtigt gewesen sein

2. Gesetz, betreffend die Verwendung gesundheitsschädlicher Farben bei der Herstellung von Nahrungsmitteln, Genußmitteln und Gebrauchsgegenständen.

Vom 5. Juli 1887 (RGBl. S. 277). Im Auszug.

§ 1.

Gesundheitsschädliche Farben dürfen zur Herstellung von Nahrungs- und Genußmitteln, welche zum Verkauf bestimmt sind, nicht verwendet werden.

Gesundheitsschädliche Farben im Sinne dieser Bestimmung sind diejenigen Farbstoffe und Farbzubereitungen, welche Antimon, Arsen, Baryum, Blei, Kadmium, Chrom, Kupfer, Quecksilber, Uran, Zink, Zinn, Gummigutti, Korallin, Pikrinsäure enthalten.

Der Reichskanzler ist ermächtigt, nähere Vorschriften über das bei der Feststellung des Vorhandenseins von Arsen und Zinn anzuwendende Verfahren zu erlassen.

§ 2.

Zur Aufbewahrung oder Verpackung von Nahrungs- und Genußmitteln, welche zum Verkauf bestimmt sind, dürfen Gefäße, Umhüllungen oder Schutzbedeckungen, zu deren Herstellung Farben der im § 1 Absatz 2 bezeichneten Art verwendet sind, nicht benutzt werden.

Auf die Verwendung von

schwefelsaurem Baryum (Schwerspat, blanc fixe),

Barytfarblacken, welche von kohlensaurem Baryum frei sind,
Chromoxyd,
Kupfer, Zinn, Zink und deren Legierungen als Metallfarben,
Zinnober,
Zinnoxyd,
Schwefelzinn als Musivgold,
sowie auf alle in Glasmassen, Glasuren oder Emails eingebrannte Farben und auf den äußeren Anstrich von Gefäßen aus wasserdichten Stoffen

findet diese Bestimmung nicht Anwendung.

§ 3.

Zur Herstellung von kosmetischen Mitteln[1]) (Mittel zur Reinigung, Pflege oder Färbung der Haut, des Haares oder der Mundhöhle), welche zum Verkauf bestimmt sind, dürfen die im § 1 Absatz 2 bezeichneten Stoffe nicht verwendet werden.

Auf schwefelsaures Baryum (Schwerspat, blanc fixe), Schwefelkadmium, Chromoxyd, Zinnober, Zinkoxyd, Zinnoxyd, Schwefelzink, sowie auf Kupfer, Zinn, Zink und deren Legierungen in Form von Puder findet diese Bestimmung nicht Anwendung.

1. Kosmetische Mittel, neuerdings behördlicherseits auch als „Riech- und Schönheitsmittel" bezeichnet, unterliegen dem Nahrungsmittelgesetz und seinen Folgegesetzen nur soweit, als entweder ein Verbrauch wie bei Genußmitteln (siehe Anm. 1 zu § 1 RMG.) stattfindet oder positive Bestimmungen als Gebrauchsgegenstände über sie vorhanden sind, wie im obigen § 3.

§ 3 definiert den Begriff des kosmetischen Mittels als „Mittel zur Reinigung oder Pflege oder Färbung der Haut, des Haares oder der Mundhöhle. Offensichtlich handelt es sich in § 8 um eine rein hygienische Maßnahme; wirtschaftliche Gesichtspunkte, wie sie § 10 NMG. vorzugsweise verfolgt, kommen nicht in Betracht.

Eine Verfälschung dieser Mittel im Sinne des § 10 NMG. gibt es nicht.

Die Kosmetika haben in vielfacher Hinsicht gleichzeitig den Charakter von Heilmitteln, soweit nämlich ihre Aufgabe häufig über die Funktionen der Reinigung, Pflege oder Färbung hinausgeht.

Dem entsprechend trifft auch die noch in Kraft befindliche Kaiserliche Verordnung v. 22. Okt. 1901 in der Fassung der sie ergänzenden Zusatzverordnungen über sie folgende Bestimmung in § 1:

> Die in dem angeschlossenen Verzeichnisse A aufgeführten Zubereitungen dürfen, ohne Unterschied, ob sie heilkräftige Stoffe enthalten oder nicht, als Heilmittel (Mittel zur Beseitigung oder Linderung von Krankheiten bei Menschen oder Tieren) außerhalb der Apotheken nicht feilgehalten oder verkauft werden.
>
> Dieser Bestimmung unterliegen von den bezeichneten Zubereitungen, soweit sie als Heilmittel feilgehalten oder verkauft werden,
>
> a) kosmetische Mittel (Mittel zur Reinigung, Pflege oder Färbung der Haut, des Haares oder der Mundhöhle), Desinfektionsmittel und Hühneraugenmittel nur dann, wenn sie Stoffe enthalten, welche in den Apotheken ohne Anweisung eines Arztes, Zahnarztes oder Tierarztes nicht abgegeben werden dürfen, kosmetische Mittel außerdem auch dann, wenn sie Kreosot, Phenylsalizylat oder Resorzin enthalten;
>
> b) usw.

NB Phenylsalizylat ist Salol

3. Gesetz gegen den unlauteren Wettbewerb.

Vom 7. Juni 1909 (RGBl. S. 499). Im Auszug.

§ 1.

Wer im geschäftlichen Verkehre zu Zwecken des Wettbewerbs Handlungen vornimmt, die gegen die guten Sitten verstoßen, kann auf Unterlassung und Schadensersatz in Anspruch genommen werden.

§ 2.

Unter Waren im Sinne dieses Gesetzes sind auch landwirtschaftliche Erzeugnisse, unter gewerblichen Leistungen und Interessen auch landwirtschaftliche zu verstehen.

§ 3.

Wer in öffentlichen Bekanntmachungen oder in Mitteilungen, die für einen größeren Kreis von Personen bestimmt sind, über geschäftliche Verhältnisse, insbesondere über die Beschaffenheit, den Ursprung, die Herstellungsart oder die Preisbemessung von Waren oder gewerblichen Leistungen, über die Art des Bezugs oder die Bezugsquelle von Waren, über den Besitz von Auszeichnungen, über den Anlaß oder den Zweck des Verkaufs oder über die Menge der Vorräte unrichtige Angaben macht, die geeignet sind, den Anschein eines besonders günstigen Angebots hervorzurufen, kann auf Unterlassung der unrichtigen Angaben in Anspruch genommen werden.

§ 4.

Wer in der Absicht, den Anschein eines besonders günstigen Angebots hervorzurufen, in öffentlichen Bekanntmachungen oder in Mitteilungen, die für einen größeren Kreis von Personen bestimmt sind, über geschäftliche Verhältnisse, insbesondere über die Beschaffenheit, den Ursprung, die Herstellungsart oder die Preisbemessung von Waren oder gewerblichen Leistungen, über die Art des Bezugs oder die Bezugsquelle von Waren oder gewerblichen Leistungen, über den Besitz von Auszeichnungen, über den Anlaß oder den Zweck des Verkaufs oder über die Menge der Vorräte wissentlich unwahre und zur Irreführung geeignete Angaben macht, wird mit Gefängnis bis zu einem Jahre und mit Geldstrafe bis zu 5000 Mark oder mit einer dieser Strafen bestraft.

Werden die im Absatz 1 bezeichneten unrichtigen Angaben in einem geschäftlichen Betriebe von einem Angestellten oder einem Beauftragten gemacht, so ist der Inhaber oder Leiter des Betriebs neben dem Angestellten oder Beauftragten strafbar, wenn die Handlung mit seinem Wissen geschah.

§ 5.

Die Verwendung von Namen, die im geschäftlichen Verkehre zur Benennung gewisser Waren oder gewerblicher Leistungen dienen, ohne deren Herkunft bezeichnen zu sollen, fällt nicht unter die Vorschriften der §§ 3, 4

Im Sinne der Vorschriften der §§ 3, 4 sind den dort bezeichneten Angaben bildliche Darstellungen und sonstige Veranstaltungen gleichzuachten, die darauf berechnet und geeignet sind, solche Angaben zu ersetzen.

§ 6.

Wird in öffentlichen Bekanntmachungen oder in Mitteilungen, die für einen größeren Kreis von Personen bestimmt sind, der Verkauf von Waren angekündigt, die aus einer Konkursmasse stammen, aber nicht mehr zum Bestande der Konkursmasse gehören, so ist dabei jede Bezugnahme auf die Herkunft der Waren aus einer Konkursmasse verboten.

Zuwiderhandlungen gegen diese Vorschrift werden mit Geldstrafe bis zu 150 Mark oder mit Haft bestraft.

§ 7.

Wer in öffentlichen Bekanntmachungen oder in Mitteilungen, die für einen größeren Kreis von Personen bestimmt sind, den Verkauf von Waren unter der Bezeichnung eines Ausverkaufs ankündigt, ist gehalten, in der Ankündigung den Grund anzugeben, der zu dem Ausverkauf Anlaß gegeben hat.

Durch die höhere Verwaltungsbehörde kann nach Anhörung der zuständigen gesetzlichen Gewerbe- und Handelsvertretungen für die Ankündigung bestimmter Arten von Ausverkäufen angeordnet werden, daß zuvor bei der von ihr zu bezeichnenden Stelle Anzeige über den Grund des Ausverkaufs und den Zeitpunkt seines Beginns zu erstatten sowie ein Verzeichnis der auszuverkaufenden Waren einzureichen ist. Die Einsicht der Verzeichnisse ist jedem gestattet

§ 14.

Wer zu Zwecken des Wettbewerbes über das Erwerbsgeschäft eines anderen, über die Person des Inhabers oder Leiters des Geschäfts, über die Waren oder gewerblichen Leistungen eines anderen Tatsachen behauptet oder verbreitet, die geeignet sind, den Betrieb des Geschäfts oder den Kredit des Inhabers zu schädigen, ist, sofern die Tatsachen nicht erweislich wahr sind, dem Verletzten zum Ersatze des entstandenen Schadens verpflichtet. Der Verletzte kann auch den Anspruch geltend machen, daß die Behauptung oder Verbreitung der Tatsachen unterbleibe

Handelt es sich um vertrauliche Mitteilungen und hat der Mitteilende oder der Empfänger der Mitteilung an ihr ein berechtigtes Interesse, so ist der Anspruch auf Unterlassung nur zulässig, wenn die Tatsachen der Wahrheit zuwider behauptet oder verbreitet sind. Der Anspruch auf Schadensersatz kann nur geltend gemacht werden, wenn der Mitteilende die Unrichtigkeit der Tatsachen kannte oder kennen mußte

Die Vorschrift des § 13 Absatz 3 findet entsprechende Anwendung.

§ 15.

Wer wider besseres Wissen über das Erwerbsgeschäft eines anderen, über die Person des Inhabers oder Leiter des Geschäfts, über die Waren oder gewerblichen Leistungen eines anderen Tatsachen der Wahrheit zuwider behauptet oder verbreitet, die geeignet sind, den Betrieb des Geschäfts zu schädigen, wird mit Gefängnis bis zu einem Jahre und mit Geldstrafe bis zu 5000 Mark oder mit einer dieser Strafen bestraft.

Werden die im Absatz 1 bezeichneten Tatsachen in einem geschäftlichen Betriebe von einem Angestellten oder Beauftragten behauptet oder verbreitet, so ist der Inhaber des Betriebs neben dem Angestellten oder Beauftragten strafbar, wenn die Handlung mit seinem Wissen geschah.

§ 16.

Wer im geschäftlichen Verkehr einen Namen, eine Firma oder die besondere Bezeichnung eines Erwerbsgeschäfts, eines gewerblichen Unternehmens oder einer Druckschrift in einer Weise benutzt, welche geeignet ist, Verwechslungen mit dem Namen, der Firma oder der besonderen Bezeichnung hervorzurufen, deren sich ein anderer befugterweise bedient, kann von diesem auf Unterlassung der Benutzung in Anspruch genommen werden.

Der Benutzende ist dem Verletzten zum Ersatze des Schadens verpflichtet, wenn er wußte oder wissen mußte, daß die mißbräuchliche Art der Benutzung geeignet war, Verwechslungen hervorzurufen.

Der besonderen Bezeichnung eines Erwerbsgeschäfts stehen solche Geschäftsabzeichen und sonstige zur Unterscheidung des Geschäfts von anderen Geschäften bestimmten Einrichtungen gleich, welche innerhalb beteiligter Verkehrskreise als Kennzeichen des Erwerbsgeschäfts gelten. Auf den Schutz von Warenzeichen und Ausstattungen (§§ 1, 15 des Gesetzes zum Schutze der Warenbezeichnungen vom 12. Mai 1894 — RGBl. S. 441 —) finden diese Vorschriften keine Anwendung.

Die Vorschrift des § 13 Absatz 3 findet entsprechende Anwendung.

§ 22 (neue Fassung).*)

Die Strafverfolgung tritt, mit Ausnahme der in den §§ 4, 6, 10, 11 bezeichneten Fälle, nur auf Antrag ein. In den Fällen der §§ 8, 12 hat das Recht, den Strafantrag zu stellen, jeder der im § 13 Abs. 1 bezeichneten Gewerbetreibenden und Verbände.

Die Zurücknahme des Antrags ist zulässig.

Wegen der nach § 4 strafbaren Handlungen ist ebenso wie bei den nur auf Antrag verfolgbaren Handlungen (§§ 8, 12) neben dem Verletzten (§ 374 Abs. 1 Nr. 7 der Strafprozeßordnung) jeder der im § 13 Abs. 1 bezeichneten Gewerbetreibenden und Verbände zur Privatklage berechtigt.

---

4. Reichsgesetz zum Schutze der Warenbezeichnungen.

Vom 12. Mai 1894 (RGBl. S. 441). In der Fassung der Bekanntmachung vom 7. Dezember 1923 (RGBl. II S. 437).

Auszugsweise.

§ 1.

Wer in seinem Geschäftsbetriebe zur Unterscheidung seiner Waren von den Waren anderer eines Warenzeichens sich bedienen will, kann dieses Zeichen zur Eintragung in die Zeichenrolle anmelden.

*) Durch das Gesetz, betr. Beitritt zu dem Madrider Abkommen; siehe S. 27.

§ 2.

Die Zeichenrolle wird bei dem Patentamt geführt. Die Anmeldung eines Warenzeichens hat schriftlich bei dem Patentamt zu erfolgen. Jeder Anmeldung muß die Bezeichnung des Geschäftsbetriebs, in welchem das Zeichen verwendet werden soll, ein Verzeichnis der Waren, für welche es bestimmt ist, sowie eine deutliche Darstellung und, soweit erforderlich, eine Beschreibung des Zeichens beigefügt sein.

§ 3.

Die Zeichenrolle soll enthalten:

1. den Zeitpunkt des Einganges der Anmeldung;
2. die nach § 2 Abs. 1 der Anmeldung beizufügenden Angaben;
3. Namen und Wohnort des Zeicheninhabers und seines etwaigen Vertreters sowie Änderungen in der Person, im Namen oder im Wohnort des Inhabers oder des Vertreters;
4. den Zeitpunkt einer Erneuerung der Anmeldung;
5. den Zeitpunkt der Löschung des Zeichens.

Die Einsicht der Zeichenrolle steht jedermann frei.

Jede Eintragung, soweit sie nicht nur die im Abs. 1 Nr. 3 bezeichneten Änderungen betrifft, und jede Löschung wird vom Patentamt in regelmäßig erscheinenden Übersichten veröffentlicht (Warenzeichenblatt).

§ 4.

Die Eintragung in die Rolle ist zu versagen für Freizeichen sowie für Warenzeichen,

1. welche ausschließlich in Zahlen, Buchstaben oder solchen Wörtern bestehen, die Angaben über Art, Zeit und Ort der Herstellung, über die Beschaffenheit, über die Bestimmung, über Preis-, Mengen- oder Gewichtsverhältnisse der Ware enthalten;

2. welche Staatswappen oder sonstige staatliche Hoheitszeichen oder Wappen eines inländischen Ortes, eines inländischen Gemeinde- oder weiteren Kommunalverbandes enthalten;
3. welche ärgerniserregende Darstellungen oder solche Angaben enthalten, die ersichtlich den tatsächlichen Verhältnissen nicht entsprechen und die Gefahr einer Täuschung begründen.

Die Vorschrift der Nr. 2 findet keine Anwendung, wenn der Anmelder befugt ist, das Wappen oder Hoheitszeichen in dem Warenzeichen zu führen.

Zeichen, welche gelöscht sind, dürfen für die Waren, für welche sie eingetragen waren, oder für gleichartige Waren zugunsten eines anderen, als des letzten Inhabers erst nach Ablauf von zwei Jahren seit dem Tage der Löschung von neuem eingetragen werden.

§ 8.

Auf Antrag des Inhabers wird das Zeichen jederzeit in der Rolle gelöscht.

Von Amts wegen erfolgt die Löschung:

1. wenn seit der Anmeldung des Zeichens oder seit ihrer Erneuerung zehn Jahre verflossen sind;
2. wenn die Eintragung des Zeichens hätte versagt werden müssen. Wird von einem Dritten aus diesem Grunde die Löschung beantragt, so ist gleichzeitig eine Gebühr nach Maßgabe des Tarifs zu entrichten; sie kann, falls der Antrag für berechtigt befunden wird, erstattet werden.

Soll die Löschung ohne Antrag des Inhabers erfolgen, so gibt das Patentamt diesem zuvor Nachricht. Widerspricht er innerhalb eines Monats nach der Zustellung nicht, so erfolgt die Löschung. Widerspricht er, so faßt das Patentamt Beschluß. Ist die Löschung von einem Dritten beantragt, so gilt hinsichtlich der durch eine Anhörung oder eine Beweisaufnahme verursachten Kosten § 25 Abs. 2 des Patentgesetzes entsprechend.

Soll infolge Ablaufs der zehnjährigen Frist die Löschung erfolgen, so ist von ihr abzusehen, wenn der Inhaber des Zeichens bis zum Ablauf eines Monats nach der Zustellung unter Zahlung der tarifmäßigen Nachholungsgebühr neben der Erneuerungs- und Klassengebühr (§ 2 Abs. 5) die Erneuerung der Anmeldung nachholt; die Erneuerung gilt dann als an dem Tage des Ablaufs der früheren Frist geschehen.

§ 9.

Ein Dritter kann die Löschung eines Warenzeichens beantragen:

1. wenn das Zeichen für ihn auf Grund einer früheren Anmeldung für dieselben oder für gleichartige Waren in der Zeichenrolle oder in den nach Maßgabe des Gesetzes über den Markenschutz vom 30. November 1874 geführten Zeichenregistern eingetragen steht;
2. wenn der Geschäftsbetrieb, zu welchem das Warenzeichen gehört, von dem eingetragenen Inhaber nicht mehr fortgesetzt wird;
3. wenn Umstände vorliegen, aus denen sich ergibt, daß der Inhalt des Warenzeichens den tatsächlichen Verhältnissen nicht entspricht und die Gefahr einer Täuschung begründet.

§ 12.

Die Eintragung eines Warenzeichens hat die Wirkung, daß dem Eingetragenen ausschließlich das Recht zusteht, Waren der angemeldeten Art oder deren Verpackung oder Umhüllung mit dem Warenzeichen zu versehen, die so bezeichneten Waren in Verkehr zu setzen sowie auf Ankündigungen, Preislisten, Geschäftsbriefen, Empfehlungen, Rechnungen oder dergleichen das Zeichen anzubringen.

Im Falle der Löschung können für die Zeit, in welcher ein Rechtsgrund für die Löschung früher bereits vorgelegen hat, Rechte aus der Eintragung nicht mehr geltend gemacht werden.

§ 13.

Durch die Eintragung eines Warenzeichens wird niemand gehindert, seinen Namen, seine Firma, seine Wohnung sowie Angaben über Art, Zeit und Ort der Herstellung, über die Beschaffenheit, über die Bestimmung, über Preis-, Mengen- oder Gewichtsverhältnisse von Waren, sei es auch in abgekürzter Gestalt, auf Waren, auf deren Verpackung oder Umhüllung anzubringen und derartige Angaben im Geschäftsverkehr zu gebrauchen.

§ 14 (neue Fassung).*)

Wer wissentlich oder aus grober Fahrlässigkeit Waren oder deren Verpackung oder Umhüllung, oder Ankündigungen, Preislisten, Geschäftsbriefe, Empfehlungen, Rechnungen oder dergleichen mit dem Namen oder der Firma eines andern oder mit einem nach Maßgabe dieses Gesetzes geschützten Warenzeichen widerrechtlich versieht oder dergleichen widerrechtlich gekennzeichnete Waren in Verkehr bringt oder feilhält, ist dem Verletzten zur Entschädigung verpflichtet.

Hat er die Handlung wissentlich begangen, so wird er außerdem mit Geldstrafe oder mit Gefängnis bis zu sechs Monaten bestraft.

§ 15 (neue Fassung).*)

Wer zum Zwecke der Täuschung in Handel und Verkehr Waren oder deren Verpackung oder Umhüllung, oder Ankündigungen, Preislisten, Geschäftsbriefe, Empfehlungen, Rechnungen oder dergleichen mit einer Ausstattung, welche inner-

*) §§ 14 und 15 sind durch das Gesetz, betr. Beitritt zum Madrider Abkommen, geändert; siehe S. 27.

halb beteiligter Verkehrskreise als Kennzeichen gleichartiger Waren eines andern gilt, ohne dessen Genehmigung versieht, oder wer zu dem gleichen Zwecke derartig gekennzeichnete Waren in Verkehr bringt oder feilhält, ist dem Verletzten zur Entschädigung verpflichtet und wird mit Geldstrafe oder mit Gefängnis bis zu drei Monaten bestraft

§ 17.

Ausländische Waren, welche mit einer deutschen Firma und Ortsbezeichnung oder mit einem in die Zeichenrolle eingetragenen Warenzeichen widerrechtlich versehen sind, unterliegen bei ihrem Eingang nach Deutschland zur Einfuhr oder Durchfuhr auf Antrag des Verletzten und gegen Sicherheitsleistung der Beschlagnahme und Einziehung. Die Beschlagnahme erfolgt durch die Zoll- und Steuerbehörden, die Festsetzung der Einziehung durch Strafbescheid der Verwaltungsbehörden (§ 459 der Strafprozeßordnung).

---

5. Gesetz über den Beitritt des Reichs zu dem Madrider Abkommen, betreffend die Unterdrückung falscher Herkunftsangaben auf Waren.*)

Vom 21 März 1925 (RGBl. II S. 115).

§ 1.

Dem Beitritt des Reichs zu dem Madrider Abkommen vom 14. April 1891, betreffend die Unterdrückung falscher

*) Anzeige des Beitritts des Deutschen Reiches ist der Schweizerischen Regierung am 29. April 1925 angezeigt, sodaß die Rechtswirkungen mit dem 12. Juni 1925 eintraten.

Herkunftsangaben auf Waren, revidiert in Washington am 2. Juni 1911, wird zugestimmt.

Das Abkommen wird nachstehend veröffentlicht.

§ 2.

Waren, die an sich selbst oder auf ihrer Aufmachung oder ihrer äußeren Verpackung irgendwelche Warenzeichen (Marken), Namen, Aufschriften oder sonstige Zeichen tragen, die unmittelbar oder mittelbar falsche Angaben über Ursprung, Gattung, Art oder charakteristische Eigenschaften dieser Waren darstellen, unterliegen bei ihrer Einfuhr oder Ausfuhr der Beschlagnahme zum Zwecke der Beseitigung der unrichtigen Angaben. Die Beschlagnahme erfolgt durch die Zollbehörde, diese ordnet auch die zur Beseitigung der falschen Angaben erforderlichen Maßnahmen an. Wird den Anordnungen der Zollbehörde nicht entsprochen, oder ist die Beseitigung untunlich, so setzt die Zollbehörde durch Strafbescheid (§ 419 der Strafprozeßordnung) die Einziehung der Waren fest.

§ 3.

a) Im § 14 Absatz 2 und im § 15 des Gesetzes zum Schutze der Warenbezeichnungen vom 12. Mai 1894 (RGBl. S. 441) fallen die beiden letzten Sätze fort. (Ist oben S. 25 bereits berücksichtigt.)

b) § 22 des Gesetzes gegen den unlauteren Wettbewerb vom 7. Juni 1909 (RGBl. S. 499) erhält folgende Fassung: (Ist oben S. 21 bereits eingefügt.)

§ 4.

Der § 1 dieses Gesetzes tritt mit dem auf die Verkündung folgenden Tage, im übrigen tritt das Gesetz mit dem Tage in Kraft, an dem nach einer im Reichsgesetzblatt enthaltenen Bekanntmachung der im § 1 vorgesehene Beitritt wirksam wird.

(Übersetzung.)

Madrider Abkommen vom 14. April 1891, betreffend die Unterdrückung falscher Herkunftsangaben auf Waren, revidiert in Washington am 2. Juni 1911.

Abgeschlossen zwischen
Brasilien, Cuba, Spanien, Frankreich, Großbritannien, Portugal, der Schweiz und Tunis.

Die Unterzeichneten haben auf Grund ordnungsmäßiger Vollmachten ihrer Regierungen die folgende Vertragsfassung vereinbart, die an die Stelle des zu Madrid am 14. April 1891 unterzeichneten Abkommens treten soll:

Artikel 1.

Jedes eine falsche Herkunftsangabe tragende Erzeugnis wird, wenn in ihr eines der vertragschließenden Länder oder ein darin belegener Ort unmittelbar oder mittelbar als Land oder als Ort des Ursprungs angegeben ist, bei der Einfuhr in ein jedes der genannten Länder beschlagnahmt.

Die Beschlagnahme erfolgt ebenso in dem Lande, wo die falsche Herkunftsangabe angebracht, oder in dem, wohin das mit der falschen Angabe versehene Erzeugnis eingeführt worden ist.

Läßt die Gesetzgebung eines Landes die Beschlagnahme bei der Einfuhr nicht zu, so tritt an die Stelle dieser Beschlagnahme das Verbot der Einfuhr.

Läßt die Gesetzgebung eines Landes die Beschlagnahme im Innern nicht zu, so treten an die Stelle dieser Beschlagnahme die Klagen und Rechtsbehelfe, die das Gesetz dieses Landes im gleichen Falle den Staatsangehörigen sichert.

Artikel 2.

Die Beschlagnahme erfolgt auf Antrag entweder der Staatsanwaltschaft oder einer zuständigen Behörde, zum Beispiel der Zollverwaltung, oder einer beteiligten Partei, sei sie ein einzelner oder eine Gesellschaft, gemäß der inneren Gesetzgebung jedes Landes.

Im Falle der Durchfuhr sind die Behörden nicht verpflichtet, die Beschlagnahme zu bewirken.

Artikel 3.

Die gegenwärtigen Bestimmungen hindern den Verkäufer nicht, seinen Namen oder seine Adresse auf den Erzeugnissen anzugeben, die aus einem anderen Lande als dem des Verkaufs herkommen; in diesem Falle muß jedoch in Verbindung mit der Adresse oder dem Namen das Land oder der Ort der Herstellung oder der Erzeugung genau und in deutlichen Buchstaben angegeben werden.

Artikel 4.

Die Gerichte eines jeden Landes haben zu entscheiden, welche Bezeichnungen gattungsmäßig sind und deswegen nicht unter die Bestimmungen des gegenwärtigen Abkommens fallen; die geographischen Herkunftsbezeichnungen für die Erzeugnisse des Weinbaus sind jedoch in dem Vorbehalte dieses Artikels nicht inbegriffen.

Artikel 5.

Die dem Verbande zum Schutze des gewerblichen Eigentums angehörenden Staaten, die an dem gegenwärtigen Abkommen nicht teilgenommen haben, sollen auf ihren Antrag zum Beitritt in der durch Artikel 16 der Hauptübereinkunft vorgeschriebenen Form zugelassen werden.

Artikel 6.

Das gegenwärtige Abkommen soll ratifiziert und die Ratifikationsurkunden sollen in Washington spätestens am 1. April 1913 hinterlegt werden.

Es tritt einen Monat nach Ablauf dieser Frist in Kraft und hat die gleiche Geltung und Dauer wie die Hauptübereinkunft.

Zu Urkund dessen haben die Bevollmächtigten das gegenwärtige Abkommen unterzeichnet.

So geschehen zu Washington in einer einzigen Ausfertigung am 2 Juni 1911

(Unterschriften.)

1. Seit der Novelle v. 1. Febr. 1923 zum Weingesetz von 1909 ist die Bedeutung des Abkommens einerseits sehr herabgesetzt, da für die französischen und portugiesischen geographischen Bezeichnungen bezüglich der Weine ihr Herkunftscharakter in vollem Maße so anerkannt ist, wie sie in den beiden Ländern Geltung haben. Das gleiche gilt für Kognak, nachdem das Weingesetz auch dieses Wort seines Gattungscharakters entkleidet und als Herkunftsangabe anerkannt hat

Von deutschen Erzeugnissen andererseits sind nicht viele Lebensmittel auf dem internationalen Markt.

Ein bevorzugter Artikel dieser Art dürfte besonders Schwarzwälder Kirschwasser sein, das in der ganzen Welt geschätzt und getrunken wird. Daß hier Herkunftsbezeichnung, nicht Gattungsbegriff vorliegt, dürfte keinem Zweifel begegnen.

Doch sind Auseinandersetzungen darüber entstanden, ob die Bezeichnung auch zu Recht besteht, wenn aus Schwarzwälder Kirschen wo anders als am Erzeugungsort das Kirschwasser gebrannt wird. Das geschieht nämlich in ziemlichem Umfange. Viele halten bei berechtigtem Rohmaterial die Bezeichnung für zulässig. Was aber einer deutschen Ortschaft, die nicht im Schwarzwald liegt, recht ist, müßte logischerweise auch außerdeutschen Plätzen billig sein

Denn wenn es hauptsächlich auf die Kirschen ankommt, so bleibt m. E. nur der Nachweis noch zu erbringen, daß das Fabrikationsverfahren dem der Schwarzwaldbrennereien gleichkommt.

Bei Anerkennung obiger Auffassung könnte demnach Schwarzwälder Kirschwasser auch in Frankreich (Elsaß) oder Italien hergestellt werden.

Es ist ohne weiteres klar, daß das unlogisch und auch unseren Handelsinteressen feindlich wäre.

Schwarzwälder Kirschwasser muß also auch in örtlicher Beziehung aus dem Schwarzwald kommen, erst recht natürlich, wenn es sich als „echtes" bezeichnet.

---

6. Versailler Friedensvertrag.

Artikel 274.

Deutschland verpflichtet sich, alle erforderlichen Gesetzgebungs- oder Verwaltungsmaßnahmen zu treffen, um die Roh- oder Fertigerzeugnisse einer jeden alliierten oder assoziierten Macht gegen jede Art von unlauterem Wettbewerb im Handelsverkehr zu schützen.

Deutschland verpflichtet sich, durch Beschlagnahme und durch alle anderen geeigneten Rechtsbehelfe die Ein- und Ausfuhr sowie für das Inland die Herstellung, den Umlauf, den Verkauf und das Feilbieten aller Erzeugnisse oder Waren zu unterdrücken und zu verhindern, die auf dem betreffenden Gegenstand selbst oder seiner unmittelbaren Aufmachung oder seiner äußeren Verpackung irgendwelche Marken, Namen, Aufschriften oder Zeichen tragen, welche unmittelbar oder mittelbar falsche Angaben über Ursprung, Gattung, Art oder charakteristische Eigenschaften dieser Erzeugnisse oder Waren darstellen.

Artikel 275.

Deutschland verpflichtet sich unter der Bedingung der Gegenseitigkeit auf diesem Gebiet, die in einem alliierten oder assoziierten Lande geltenden und durch die zuständigen Behörden Deutschland gehörig bekanntgegebenen Gesetze und in Übereinstimmung mit diesen Gesetzen ergangenen Verwaltungs- oder Gerichtsentscheidungen zu beobachten, wodurch das Recht auf eine Lagebezeichnung für die in dem betreffenden Lande erzeugten Weine *) oder geistigen Getränke *) bestimmt oder geregelt wird oder wodurch die Bedingungen bestimmt oder geregelt werden, an welche die Erlaubnis zum Gebrauch einer Lagebezeichnung geknüpft ist. Die Ein- und Ausfuhr, die Herstellung, der Umlauf, der Verkauf oder das Feilbieten von Erzeugnissen oder Waren, die den obengenannten Gesetzen oder Entscheidungen zuwiderlaufende Lagebezeichnungen tragen, sind von Deutschland zu untersagen und durch die im vorigen Artikel vorgeschriebenen Maßnahmen zu unterdrücken.

---

7. Bekanntmachung über die äußere Kennzeichnung von Waren.

Vom 18. Mai 1916 (RGBl. S. 380).

Der Bundesrat hat auf Grund des § 3 des Gesetzes über die Ermächtigung des Bundesrats zu wirtschaftlichen Maßnahmen usw. vom 4. August 1914 (RGBl. S. 327) folgende Verordnung erlassen:

---

*) Die Novelle v. 1. Febr. 1923 zum Weingesetz hat infolge des Versailler Vertrages bereits das Wort „Kognak" Erzeugnissen vorbehalten, die diesen Namen nach französischem Recht führen dürfen. Bezüglich Bordeauxweine vgl. die französische Verordnung v. 18. Febr. 1911 (Teil II Nr. 12d).

§ 1.

Der Reichskanzler kann anordnen, daß bei Gegenständen des täglichen Bedarfs Packungen oder Behältnisse, in denen sie an den Verbraucher abgegeben werden, mit bestimmten Angaben zu versehen sind; er kann insbesondere Angaben über die Person dessen, der sie in den Verkehr bringt, die Zeit der Herstellung, den Inhalt nach Art und nach Zahl, Maß oder Gewicht sowie über den Kleinverkaufspreis vorschreiben. Er kann anordnen, daß die Angaben auf dem Gegenstande selbst anzubringen sind.

Der Reichskanzler bestimmt die Gegenstände, auf die die Vorschrift im Abs. 1 Anwendung findet, und erläßt die näheren Bestimmungen. Er bestimmt insbesondere, von wem und in welcher Weise die Angaben zu machen sind.

§ 2.

Der Preis für Gegenstände des täglichen Bedarfs, die zum Weiterverkauf unter Festsetzung eines Kleinverkaufspreises geliefert worden sind, darf nachträglich nicht erhöht werden. Auf entgegenstehende Abreden können sich die Beteiligten nicht berufen, auch wenn die Abreden vor dem Inkrafttreten dieser Verordnung getroffen sind.

§ 3.

Die Beamten der Polizei und die von der Polizeibehörde beauftragten Sachverständigen sind befugt, in die Betriebsräume, in denen Waren der von den Anordnungen nach § 1 betroffenen Art hergestellt, verpackt, aufbewahrt, feilgehalten oder verkauft werden, jederzeit einzutreten, daselbst Besichtigungen vorzunehmen, Geschäftsaufzeichnungen einzusehen und nach ihrer Auswahl Proben zur Untersuchung gegen Empfangsbestätigung zu entnehmen.

Die Unternehmer sowie die von ihnen bestellten Betriebsleiter und Aufsichtspersonen sind verpflichtet, den Beamten der Polizei und den Sachverständigen Auskunft über das Verfahren bei Herstellung der Erzeugnisse und über die zur Verarbeitung gelangenden Stoffe, insbesondere auch über deren Menge und Herkunft, zu erteilen.

§ 4.

Die Sachverständigen sind, vorbehaltlich der dienstlichen Berichterstattung und der Anzeige von Gesetzwidrigkeiten, verpflichtet, über die Einrichtungen und Geschäftsverhältnisse, welche durch die Aufsicht zu ihrer Kenntnis kommen, Verschwiegenheit zu beobachten und sich der Mitteilung und Verwertung der Geschäfts- und Betriebsgeheimnisse zu enthalten. Sie sind hierauf zu vereidigen.

§ 5. (Strafbestimmungen.)

§ 6.

Diese Verordnung tritt mit dem Tage der Verkündung in Kraft.

Der Reichskanzler bestimmt den Zeitpunkt des Außerkrafttretens.

---

8. Bekanntmachung gegen irreführende Bezeichnung von Nahrungs- und Genußmitteln.

Vom 26. Juni 1916. (RGBl. S. 588.)

Der Bundesrat hat auf Grund des § 3 des Gesetzes über die Ermächtigung des Bundesrats zu wirtschaftlichen Maßnahmen usw. vom 4. August 1914 (RGBl. S. 327) folgende Verordnung erlassen:

§ 1.

Wer Nahrungs- oder Genußmittel unter einer zur Täuschung geeigneten Bezeichnung oder Angabe anbietet, feilhält, verkauft oder sonst in den Verkehr bringt, wird mit Gefängnis bis zu sechs Monaten und mit Geldstrafe bis zu eintausendfünfhundert Mark oder mit einer dieser Strafen bestraft.

Neben der Strafe kann auf Einziehung der Gegenstände erkannt werden, auf die sich die strafbare Handlung bezieht, ohne Unterschied, ob sie dem Verurteilten gehören oder nicht.

Wird auf Strafe erkannt, so kann angeordnet werden, daß die Verurteilung auf Kosten des Schuldigen öffentlich bekanntgemacht wird. Die Art der Bekanntmachung wird im Urteil bestimmt.

§ 2.

Diese Verordnung tritt mit dem 3. Juli 1916 in Kraft. Der Reichskanzler bestimmt den Zeitpunkt des Außerkrafttretens.

II.

Wein, weinähnliche, weinhaltige Getränke.

9. Weingesetz.

Vom 7. April 1909[1] (RG.Bl. S. 393) und 1 Februar 1923 (RGBl. S. 107.)

§ 1.

Wein ist das durch alkoholische[2]) Gärung aus dem Safte[3]) der frischen[4]) Weintraube hergestellte Getränk.[5])

1. Vgl. das Sonderbändchen: Lebbin, Das Weingesetz von 1909 (Nr. 65 der Guttentagschen Sammlung).

2. Alkoholische Gärung ist diejenige, bei welcher Zucker oder zuckerliefernde Stoffe (wie Stärke) durch ein Ferment der Hefe in Alkohol und Kohlensäure gespaltet werden. Fermente sind lebende Eiweißkörper mit außerordentlichem Wirkungsvermögen auf komplizierte chemische Verbindungen, die sie in einfachere Körper aufspalten. Es gibt viele Arten von Fermenten, auch mannigfache Arten von Gärung. Von Gärung spricht man, wenn die betreffenden Fermente erst von organisierten Kleinlebewesen produziert werden:

Es gibt also auch Gärungen, bei denen kein Alkohol gebildet wird, z. B. bei der Milchsäuregärung. Vgl hierunter die Anmerkung 5.

3. Saft ist die durch mechanische Hilfe aus einem Naturprodukt abgesonderte natürliche Lösung ohne Hinzufügung irgendeines Stoffes. Der Saft heißt nach seinem Ausgangsmaterial: Traubensaft, Apfelsaft, Himbeersaft usw.

4. Frisch heißt die Weintraube im Gegensatz zur ganz oder teilweise getrockneten Traube. Aus Trockenbeeren, z. B. Rosinen, läßt sich Saft kaum mehr abpressen, da sie zu wasserarm sind. Sie müssen daher ausgezogen werden, wenn sie der Weinbereitung dienen sollen, entweder mit Wasser oder Wein, je nach dem gewünschten Endresultat.

5 Das Getränk, das der Definition des § 1 entspricht, ist der Weißwein lediglich, und zwar derjenige, der auf die Bezeichnung „Naturwein" (§ 5) Anspruch erheben kann.

Der Saft der roten Trauben ist nämlich fast nur bei der Färbertraube bereits farbstoffhaltig, alle übrigen Arten haben einen ungefärbten Saft. Die Rotweine werden deshalb nicht durch Gärung des abgekelterten Saftes, sondern der Maische gewonnen (Keltern = abpressen, den Saft von der Schale trennen; Maische = zerstampfte Traube, also Saft mit Schale). Erst während der Gärung färbt sich der Most bezw. Wein unter Aufnahme des Farbstoffes aus der Schale. Auch der Gerbstoff der Rotweine stammt aus den Schalen.

Das Wort „Naturwein" ist zwar weder hier noch später benutzt, doch ergibt § 3 und § 5, daß § 1 nur den „reinen" Wein erörtert, in ganz ähnlicher Weise wie das vorangehende Gesetz. „Wein" schlechthin bedeutet also Naturwein und gemäß § 3 gezuckerten Wein. Die Kellerbehandlung (§ 4) gehört zur Weinbereitung und fällt mit in die Definition des § 1.

Ob das Gesetz jeweilig den „Naturwein" oder gezuckerten Wein im Auge hat, muß aus dem Zusammenhang entnommen werden, ebenso wie nirgends eine direkte Deklarationspflicht für gezuckerten Wein statuiert ist. Nur indirekt ist eine wahrheitsgemäße Erklärung durch § 5 Abs. 2 vorgeschrieben, ebenso wie ein ausdrückliches Bestreiten oder Bemänteln der stattgehabten Zuckerung straffällig ist.

Der Prozeß des Werdens von Wein ist in seinen großen Zügen einfach, soweit unsere deutschen nichtsüßen Weine in Frage kommen. Aber schon Weißwein und Rotwein unterscheiden sich ganz wesentlich:

Während der weiße Wein tatsächlich keine anderen Bestandteile der Traube enthält, als was er aus dem Saft der frischen Weintraube erhalten hat, sind bei Rotwein die Schalen der Weinbeeren unentbehrliche Mithelfer.

Zur Gewinnung von Weißwein werden die Trauben auf einer Presse (Kelter) in Saft und Rückstand (Trester) zerlegt. Der Saft heißt Most. Alkoholische Gärung verwandelt ihn in Wein.

Zur Rotweingewinnung darf man Saft und Schalen nicht trennen. Die Beeren werden lediglich zerquetscht, so daß bei der alsbald einsetzenden alkoholischen Gärung des Saftes die Schalen von der immer alkoholreicher werdenden Flüssigkeit ausgezogen werden und dabei ihren roten Farbstoff mit anderen Schalenbestandteilen an den entstehenden Wein abgeben.

Behandelt man rote Trauben wie weiße, läßt den Saft also ohne Trester vergären, dann entsteht sogenannter Schillerwein, ein rötliches Getränk.

Durch Pressung der gesamten Trauben erhält man die gewöhnlichen, weniger feinen Weine. Werden die schlechten Beeren vor der Kelterung bezw. der Einmaischung ausgelesen, so erzielt man die sogenannten „Auslesen", bei Loslösung der einzelnen ausgesuchten, tadellosen Beeren, unter Ausscheidung der Stiele, Kämme und anstößigen Beeren, die „Schloßabzüge". Es gibt aber vielerlei Auslesemethoden, so daß die Unterscheidung nicht immer ohne Willkür ist. Jedenfalls bezeichnen die Zusätze Auslese oder Schloßabzug eine besonders gute Qualität.

Kämme sind die Spindeln und deren Seitenäste mit den Stielen, an denen die Beeren sitzen, also die Traube ohne die Beeren. Sie sind reich an Gerbstoffen und nichtzuckerhaltigen

Extraktstoffen. Sie geben dem Wein ein herbes, meist wenig angenehmes Gepräge, sind aber oft Träger von Aromastoffen.

Schalen, Hülsen sind die äußere Haut der Beeren. Sie enthalten auch viel Gerbsäure und aromatische Bestandteile sowie den Farbstoff bei den roten Trauben. Der Farbstoff in den roten, grauroten, schwarzroten, blauroten Trauben scheint der gleiche zu sein und nur durch die verschiedene Menge die einzelnen Nuancen zu erzeugen.

Die Kerne innerhalb der Beeren sind der Samen der Trauben und enthalten ähnliche Stoffe wie die Kämme.

Saft ist die in den Beeren enthaltene natürliche Lösung. Vgl. Anm. 3.

Traubensaft enthält neben Wasser Traubenzucker, Fruchtzucker, Weinsäure, sehr wenig Eiweißkörper, weinsaure Salze und Mineralstoffe, besonders phosphorsaure Salze.

Der Most beginnt alsbald zu gären; vgl. Anm. 2. Heutzutage überläßt man es aber nicht mehr dem Zufall, welche der zahlreichen Hefeabarten die Gärung bewirkt, sondern arbeitet mit in besonderen Zuchtanstalten gezüchteten Heferassen von bestimmten, genau gekannten Eigenschaften. Dadurch wird in hohem Grade der Charakter des werdenden Weines sichergestellt.

Aus 100 Teilen Zucker sollten theoretisch 51,1 v. H. Alkohol und 48,9 v. H. Kohlensäure resultieren, tatsächlich entstehen aber einige Nebenprodukte und man erhält nur 45,8 bis 48,4 v. H. Alkohol, 2,5 bis 3,6 v. H. Glyzerin und 0,4 bis 0,7 v. H. Bernsteinsäure und noch einige andere Produkte.

Die Stoffwechselprodukte der Hefen sind Fuselöl, gewisse Aldehyde, Glyzerin, Bernsteinsäure usw.

Nach beendeter Gärung wird der junge Wein von der Hefe getrennt.

Bei Rotweinen hat sich durch die lösende Kraft des gebildeten Alkohols und der Weinsäure auf die Schalen eine rote Farbe eingestellt und der Wein wird von den Schalen, den Trestern, Trebern sowie von der Hefe getrennt.

Alsdann ist der Naturwein fertig.

Nicht jeder Most läßt in dieser Weise einen brauchbaren Wein gewinnen, da der Gehalt an Zucker und Weinsteinsäure nicht immer so beschaffen ist, wie es zur Herstellung guter, trinkbarer Weine erfordert wird. Ein zu hoher Gehalt an Säure, bei normaler Zuckermenge, kann beseitigt werden, ohne daß eine anderweite Veränderung des Weines bewirkt wird. Ist dagegen, wie meist, bei zu säurereichen Mosten auch der Zuckergehalt zu gering, so daß kein genügender Alkoholgehalt entstehen kann, so läßt sich nur in der Weise Abhilfe schaffen, daß eine Herabsetzung des Säuregehaltes durch Verdünnen mit Zuckerlösung vorgenommen wird. Dadurch tritt natürlich eine nennenswerte Vermehrung des Mostes ein. Einer Ausbeutung dieser Umstände zur Verschaffung unerlaubter materieller Vorteile hat das Gesetz dadurch gesteuert, daß der Zusatz des Zuckerwassers nicht nur zeitlich, sondern auch räumlich begrenzt ist (§ 3 Abs. 2 und § 3 Abs. 1).

Im übrigen ist die Qualität des erhaltenen Weines nicht allein von der Behandlung abhängig, die die Trauben durch den Winzer erfahren; Klima, Bodenbeschaffenheit, Düngung, besondere Lage und Rebensorte und nicht zuletzt die Witterung sprechen ein äußerst wichtiges Wort mit.

Die Tätigkeit des Winzers wird unter der Bezeichnung Kellerbehandlung zusammengefaßt. Die Vorschriften über sie bilden einen der wichtigsten Teile dieses Gesetzes und der Ausführungsbestimmungen.

§ 2.

Es ist gestattet, Wein aus Erzeugnissen[1]) verschiedener Herkunft[2]) oder Jahre herzustellen (Verschnitt).[3]) Dessertwein[4]) (Süd-, Süßwein)[5]) darf jedoch zum Verschneiden von weißem Weine anderer Art nicht verwendet werden.

1. Nach der allgemein anerkannten Kellerbehandlung, die stets schon nicht nur Wein mit Wein, sondern auch Wein mit Mostverschnitt, könnte die ausdrückliche Erlaubnis hierfür entbehrlich

erscheinen. Die beiden früheren Weingesetze enthielten aber diese ausdrückliche Erlaubnis auch schon. Ihr Fehlen im vorliegenden Gesetz hätte daher mißdeutet werden können.

Das Wort „Erzeugnisse" im Gegensatz zu „Wein" besagt schon, daß Wein nicht nur mit anderem Wein gemischt (verschnitten) werden darf.

Zu diesen „Erzeugnissen" gehören: Trauben, Traubenmaische, Traubenmost.

2. Herkunft bezieht sich nicht auf Weine, sondern auf Trauben, die zur Weingewinnung dienten.

3. Verschnitt, Verstechen, Coupage ist dasselbe wie Vermischen.

4. Wegen des Begriffes Dessertwein siehe die folgende Anmerkung.

Das Gesetz verbietet nicht jegliche Vermischung von Dessertwein mit Weißwein. Während die hocharomatischen Dessertweine zur Verbesserung einfacher weißer Weine nicht benutzt werden dürfen, ist das Verbot nicht umkehrbar. Es bleibt demnach erlaubt, aus Dessertweinen mittels deutscher Weißweine ein herberes Getränk zu gewinnen.

Zu beachten bleibt aber § 7. Der Charakter als Dessertwein muß in Name und Art gewahrt bleiben.

5. Die Süß- und Südweine, auch Dessertweine genannt, stehen nur in sehr lockerem Zusammenhang mit dem deutschen Weingesetz. Zwar sind sie „Weine" im Sinne des Gesetzes, sofern sie den gesetzlichen Anforderungen ihres Heimatlandes gerecht werden. In der Regel sind sie auch dort nur durch die Tradition, ihren hohen Wohlgeschmack und wirtschaftliche Umstände legalisierte, stark vom Normalwein abweichende Erzeugnisse.

Wie weit sich diese „Weine" von dem gewöhnlichen Weinbegriff entfernen, mag grell durch ein Zitat beleuchtet werden, das ich keinem Kommentar zu einem Weingesetz oder überhaupt nahrungsmittelrechtlichen Abhandlung entnehme, vielmehr einem Werke, das ganz andere Gesichtspunkte verfolgt, nämlich dem „Handbuch der Ernährungslehre“ von v. Noorden und Salomon (Berlin 1920 bei Julius Springer).

Der höchster Autorität als Ernährungsphysiologe sich erfreuende Geh. Rat v. Noorden sagt S. 730:

„Man kann den altberühmten Südweinen Portugals (Portwein), Spaniens (Xeres, Alicante, Malaga), Italiens (Marsala, Capri, Lacrimae Christi u. a.), Griechenlands (Mavrodaphne, Malvasier, Samos- und Cypernwein), Madeiras (trockener Madeira, süßer Malvasier) und ihren Nachbildungen in Südafrika, Kaukasien, Kalifornien, den Muskat-Ausbrüchen Südfrankreichs (Muscat Rivesaltes, Muscat Frontignac, Muscat Lunel, Grénache usw.), den Einwand nicht ersparen, daß es eigentlich Kunstweine sind, deren Existenzberechtigung aber durch altehrwürdige Sitte und die Vorzüglichkeit dessen, was geleistet wird, vor den strengen jetzigen Weingesetzen aller Kulturländer gefeit ist. Allen gemeinsam ist, daß die Gärung des zuckerreichen und zum Teil durch Zusatz eingekochten Mostes noch zuckerreicher gemachten Traubensaftes vorzeitig durch Zusatz von Alkohol unterbrochen wird, zu welchem Zwecke gute Kellereien allerdings nur den allerreinsten Alkohol benützen.“

Und S. 731 heißt es vom Portwein:

„Es gibt kaum einen andern Wein, der soviel über sich ergehen lassen muß wie der Portwein. Bei ihm ist es aber uralter Erfahrung gelungen, auf mancherlei Umwegen ein Kunstprodukt herzustellen, das kein Liebhaber edler Weine missen möchte. **Würde heute jemand den Portwein neu erfinden, so käme er wohl mit den Weingesetzen aller Kulturländer in Widerstreit.**“

Die Dessertweine haben somit nur noch einen ziemlich losen Zusammenhang mit dem Weingesetz und müssen im allgemeinen aus dem Nahrungsmittelgesetz im Verein mit dem geltenden Recht ihres Ursprungslandes beurteilt werden. Eine von der Kommission des Reichstags bei Beratung des Gesetzes ausdrücklich gebilligte Definition, die ein Regierungsvertreter auf Verlangen abgab, lautet:

„Unter Dessertwein (Süd-, Süßwein) versteht der Verkehr gemeinhin Wein, der zur Erzielung eines durch die Gärung des Saftes frischer Trauben allein nicht erreichbaren hohen Gehalts an Alkohol oder an Alkohol und Zucker besonderen Verfahren (Eindicken des Mostes und dergl.), in der Regel unter Verwendung gewisser Zusätze (Alkohol, Trockenbeeren u. a.), unterworfen worden ist und sich durch den solchen Getränken eigentümlichen Geschmack auszeichnet. In diesem Sinne sind die Ausdrücke Dessertwein (Süd-, Süßwein) auch in § 2 des Entwurfs gebraucht. Als „Südwein" ist demgemäß, wie noch besonders bemerkt sein möge, nicht ohne weiteres jeder Wein anzusehen, der aus südlichen Ländern stammt, es müssen vielmehr bei solchem Weine die angegebenen Merkmale zutreffen, wenn er unter diesen Begriff fallen soll."

Diese Erklärung fand die Billigung einer zu ihrer Prüfung eingesetzten Subkommission und danach der Kommission.

§ 3.

Dem aus inländischen Trauben gewonnenen Traubenmost oder Weine, bei Herstellung von Rotwein auch der vollen Traubenmaische,[1]) darf Zucker,[2]) auch in reinem Wasser gelöst, zugesetzt werden, um einem natürlichen Mangel[3]) an Zucker beziehungsweise Alkohol oder einem Übermaß an Säure insoweit abzuhelfen, als es der Beschaffenheit des aus Trauben gleicher Art und Herkunft in guten Jahrgängen ohne Zusatz gewonnenen Erzeugnisses entspricht. Der Zusatz an Zuckerwasser darf jedoch in keinem Falle mehr als ein Fünftel[4]) der gesamten Flüssigkeit betragen.

Die Zuckerung darf nur in der Zeit vom Beginne der Weinlese bis zum 31. Dezember[5]) des Jahres

vorgenommen werden, sie darf in der Zeit vom 1. Oktober bis 31. Dezember bei ungezuckerten Weinen früherer Jahrgänge nachgeholt werden.

Die Zuckerung darf nur innerhalb der am Weinbaue beteiligten Gebiete[2]) des Deutschen Reichs vorgenommen werden.

Die Absicht, Traubenmaische, Most oder Wein zu zuckern, ist der zuständigen Behörde anzuzeigen.

Auf die Herstellung von Wein zur Schaumweinbereitung in den Schaumweinfabriken finden die Vorschriften der Abs. 2, 3 keine Anwendung.

In allen Fällen darf zur Weinbereitung nur technisch reiner, nicht färbender Rüben-, Rohr-, Invert- oder Stärkezucker[3]) verwendet werden.

1. „Volle Maische bedeutet nach einer Regierungserklärung diejenige, welche noch den ganzen Traubensaft enthält, im Gegensatz zu bereits teilweise entmosteter, wie sie z. B. in den Schaumweinfabriken nach der Claretgewinnung verbleibt. (Claret ist der freiwillig, ohne Presse ablaufende Mostanteil, der in Schaumweinfabriken bevorzugte Verwendung findet.) Ob die Maische dabei mit oder ohne Rappen angesetzt ist, bleibt völlig gleichgültig. Eine entrappte Maische kann „voll", eine mit Rappen angesetzte „nicht voll" sein."

Entrappen bedeutet die Entfernung der Stiele und Kämme aus der Maische, während die Schalen mit zum Begriff „Maische" gehören, also nicht entfernt sein dürfen, denn ohne Schalen gibt es keinen Rotwein (vgl. Anm. 5 zu § 1).

2. Was „Zucker" ist, sagt Abs. 6 dieses Paragraphen. Rohr- und Rübenzucker sind das gleiche chemische Individuum. Invertzucker ist ein aus Rohr- oder Rübenzucker durch chemische Spaltung erhaltenes Gemisch von Traubenzucker und Fruchtzucker. Meist ist er in Form eines 80 v. H. Zucker enthaltenden Sirups im Handel.

Unter „technisch rein" hat man diejenigen Erzeugnisse zu verstehen, welche den handelsüblichen Reinheitsgrad guter Ware haben. Sie dürfen etwa 1 v. H. fremde Stoffe (meist Salze), aber keine färbenden Bestandteile haben.

Stärkezucker ist aus Stärke erhaltener Traubenzucker, auch Dextrose genannt. Er ist technisch rein nicht ohne ganz erhebliche Mehrkosten in ähnlicher Reinheit wie die anderen Zuckerarten zu gewinnen.

Er enthält stets noch gegen 10 v. H. Dextrine, also unvollständige Umwandlungsprodukte der Stärke.

Ob der Stärkezucker des Handels daher den Anforderungen dieses Gesetzes genügt, muß füglich bezweifelt werden.

Die Ausführungsbestimmungen zum neuen Biersteuergesetz (§ 18) und dieses Gesetz selbst (§ 10) haben deshalb auch für Stärkezucker im Gegensatz zu den anderen Zuckerarten die Forderung „technischer Reinheit" nicht mehr aufgestellt.

Für Weine ließe man den Stärkezucker am besten ganz fallen.

3. Nur um einem „natürlichen Mangel" abzuhelfen, ist das Zuckern zugelassen. Andere Gründe, insbesondere der Wunsch zur Vermehrung der Weinausbeute, sind nicht ausreichend. Der § 3 geht von dem „reinen Weine" aus, wie er in einer Gegend, Gemarkung oder Lage aus einer bestimmten Traubensorte oder aus der Mischung mehrerer Traubensorten in Jahren der Traubenreife gewonnen wird, und gestattet, Erzeugnisse gleicher Herkunft und Art bei einem natürlichen Mangel an Zucker bezw. Alkohol oder einem Überschuß an Säure solchem Weine durch Zusatz von Zucker oder Zuckerwasser anzunähern. „Bei einem natürlichen Mangel" will demnach besagen, daß die Ungunst eines Jahres die Trauben nicht soweit hat reifen lassen, wie es am gegebenen Orte in Jahren der Reife zu geschehen pflegt. Wird dagegen die volle Entwicklung der Trauben durch vorzeitige Lese willkürlich unterbrochen, so kann von natürlichem Mangel nicht gesprochen werden. Entscheidend ist der Reifegrad der im einzelnen Falle in Betracht kommenden Traubenmenge,

nicht etwa der in dem betreffenden Jahre in einer Gemarkung oder einem anderen örtlichen Bezirke von den Trauben durchschnittlich erreichte Reifegrad.

Zum Vergleiche soll das Erzeugnis aus guten Jahrgängen dienen. Vorausgesetzt wird demnach, daß die Trauben am gegebenen Orte mindestens in günstigen Jahren zur Reife kommen. Erzeugnisse von Lagen, in denen dies nie der Fall ist, sind demnach von der Vergünstigung des § 3 ausgeschlossen.

Bei der zweifelsfreien Ausdrucksweise des Gesetzes, daß das Zuckern nur einem natürlichen Mangel an Zucker bezw. Alkohol oder einem Übermaß von Säure abzuhelfen bestimmt sei, muß jeder andere Zweck ausscheiden, z. B. auch der, durch Umgärung kranker Weine brauchbare Getränke zu erzielen oder den Charakter eines Weines zu ändern.

4. Um einer übergroßen Weinvermehrung die Möglichkeit zu entziehen, darf infolge des Zuckerns keine größere Ausbeute gegenüber ungezuckertem Wein eintreten als ein Fünftel, also 120 Liter gezuckerten Weines beispielsweise gegen 100 Liter Naturwein.

5. Neben der räumlichen Begrenzung steht die zeitliche und die örtliche. Im allgemeinen muß das Zuckern wie angegeben zwischen der Zeit der Lese und dem 31. Dezember desselben Jahres ausgeführt werden, doch werden diesbezüglich durch Erlaß von Sondergesetzen gelegentlich Abweichungen zugelassen.

Nachträgliche Zuckerung bisher ungezuckerter Weine darf wie angegeben nachgeholt werden. Die Zuckerung darf nicht überall ausgeführt werden. Abs. 5 beschränkt die nach Abs. 4 indirekt erforderliche behördliche Erlaubnis auf die am Weinbau beteiligten Gebiete des Deutschen Reiches.

6. Die Grenzen des deutschen Weinbaugebietes setzen gemäß § 25 Abs. 4 die Landeszentralbehörden im Einvernehmen mit dem Reichskanzler fest. Vgl. die Bekanntm. v. 21. Febr. 1910 (RGBl. S. 463) mit Nachträgen.

§ 4.

Unbeschadet der Vorschriften des § 3 dürfen Stoffe irgendwelcher Art dem Weine bei der Kellerbehandlung [1]) nur insoweit zugesetzt werden, als diese es erfordert. Der Bundesrat ist ermächtigt, zu bestimmen, welche Stoffe verwendet werden dürfen, und Vorschriften über die Verwendung zu erlassen. Die Kellerbehandlung umfaßt die nach Gewinnung der Trauben auf die Herstellung, Erhaltung und Zurichtung des Weines bis zur Abgabe an den Verbraucher gerichtete Tätigkeit. Versuche, die mit Genehmigung der zuständigen Behörde angestellt werden, unterliegen diesen Beschränkungen nicht.

1. Was „Kellerbehandlung" ist, sagt Satz 2. Was nicht ausdrücklich vom Bundesrat bezw. Reichsrat zugelassen ist, muß solange als unerlaubt gelten.

Die Einzelheiten finden sich in den Ausführungsbestimmungen zu §§ 4, 11, 12 (hinter diesem Gesetze).

§ 5.

Es ist verboten, gezuckerten Wein unter einer Bezeichnung feilzuhalten oder zu verkaufen, die auf Reinheit [1]) des Weines oder auf besondere Sorgfalt [2]) bei der Gewinnung der Trauben deutet; auch ist es verboten, in der Benennung anzugeben oder anzudeuten, daß der Wein Wachstum eines bestimmten Weinbergsbesitzers sei.

Wer Wein gewerbsmäßig in Verkehr bringt, ist verpflichtet, dem Abnehmer auf Verlangen vor der Übergabe mitzuteilen, ob der Wein gezuckert [3]) ist, und sich beim Erwerbe von Wein die zur Erteilung dieser Auskunft erforderliche Kenntnis zu sichern.

1. Rein, naturrein, echt, original und ähnliche betonende Ausdrücke können gezuckertem Weine nicht beigelegt werden. Sie sind dem sogenannten Naturwein vorbehalten.

2. Ausdrücke wie Auslese, Ausbruch, Angabe eines bestimmten Jahrganges, eines bestimmten Wachstums, Gemarkung, Traubensorte bedeuten, daß ein mit besonderer Sorgfalt gewonnener Wein vorliege.

3. Eine direkte freiwillige Deklaration eines Weines als gezuckert nach Art des § 10 RMG. ist nicht erfordert. Wohl aber muß auf Frage wahrheitsgemäße Auskunft erteilt werden.

§ 6.

Im gewerbsmäßigen Verkehre mit Wein dürfen geographische Bezeichnungen[1]) nur zur Kennzeichnung der Herkunft[2]) verwendet werden.

Die Vorschriften des § 16 Abs. 2 des Gesetzes zum Schutze der Warenbezeichnungen[3]) vom 12. Mai 1894 (RGBl. S. 441) und des § 1 Abs. 3 des Gesetzes zur Bekämpfung des unlauteren Wettbewerbes[4]) vom 27. Mai 1896 (RGBl. S. 145) finden auf die Benennung von Wein keine Anwendung. Gestattet bleibt jedoch, die Namen einzelner Gemarkungen oder Weinbergslagen, die mehr als einer Gemarkung angehören, zu benutzen, um gleichartige und gleichwertige Erzeugnisse benachbarter oder nahegelegener Gemarkungen oder Lagen zu bezeichnen.[5])

1. Nach dem Gesetzentwurfe umfaßt der Ausdruck „geographische Bezeichnungen" alle Namen von wie immer gearteten Teilen der Erdoberfläche, sowohl von Landschaften und Teilen einer Landschaft (Flur, Berg, Berghang und dergl.) wie von politischen Bezirken (Land, Kreis, Gemeinde, Ortschaft und dergl.).

Unter obige Vorschrift fällt die Verwendung solcher Namen,

sobald sie auf die Herkunft deutet oder nach der Art der Verwendung darauf bezogen werden kann.

2. Die Herkunft eines Weines hängt von dem Orte der Traubengewinnung ab.

3. Siehe in Teil I.

4. Siehe in Teil I.

5. Satz 2 in Abs. 2 darf nach dem neuen § 7 a auf französische und portugiesische Weine nicht mehr angewendet werden.

Vgl. hierzu auch das Madrider Abkommen von 1891, dem das Deutsche Reich 1925 beigetreten ist (im Teil I S. 26), und den deutsch-portugiesischen Handels- und Schiffahrtsvertrag (in diesem Teil II S. 112).

§ 7.[1])

Ein Verschnitt aus Erzeugnissen verschiedener Herkunft darf nur dann nach einem der Anteile benannt werden, wenn dieser in der Gesamtmenge überwiegt und die Art bestimmt; dabei findet die Vorschrift des § 6 Abs. 2 Satz 2 Anwendung. Die Angabe einer Weinbergslage[2]) ist jedoch, von dem Falle des § 6 Abs. 2 Satz 2 abgesehen, nur dann zulässig, wenn der aus der betreffenden Lage stammende Anteil nicht gezuckert ist.

Es ist verboten, in der Benennung anzugeben oder anzudeuten, daß der Wein Wachstum eines bestimmten Weinbergsbesitzers sei.[3])

Die Beschränkungen der Bezeichnung treffen nicht den Verschnitt durch Vermischung von Trauben oder Traubenmost mit Trauben oder Traubenmost gleichen Wertes derselben oder einer benachbarten Gemarkung und den Ersatz der Abgänge,[4]) die sich aus der Pflege des im Fasse lagernden Weines ergeben.

1. Vgl. § 7 a.

2. Die Regierungsvorlage hatte wegen der „Benennung" folgende Erklärung enthalten, die in der Kommission wiederholt und ausdrücklich gutgeheißen wurde:

„Als ‚in die Benennung des Weines' aufgenommen ist eine Angabe anzusehen, wenn sie auf Etiketten, in Preisverzeichnissen und dergl. mit den sonstigen Namen des Weines derart in Verbindung gebracht ist, daß sie in den Augen des Abnehmers als zur Kennzeichnung der Eigenart des Weines dienend erscheinen muß. Dies ist z. B. bei dem Namen eines Weinbergbesitzers der Fall in Angaben wie ‚Wachstum des N. N.', ‚Kreszenz N. N.', ‚Aus den Weinbergen des N. N.' und ähnlichen, während die Vorschrift der Angabe des Verkäufers, auch wenn er Weinbergsbesitzer sein sollte, nicht entgegensteht, sofern eine solche Beziehung zu der Benennung des Weines vermieden wird."

3. Die Bestimmung ist analog derjenigen bei gezuckertem Wein. Der Verschnitt braucht nicht deklariert, darf aber auch nicht verschleiert werden. Eine Wachstumsangabe würde aber Naturreinheit und Ungemischtheit bedingen.

4. Abgänge sind die unvermeidlichen Verluste durch Schwund, Umfüllen, Filtrieren, Leckage usw.

§ 7 a.

§ 6 Abs. 2 Satz 2 und § 7 gelten nicht für die Verwendung von französischen und portugiesischen geographischen Bezeichnungen.

§ 8.

Ein Gemisch von Weißwein und Rotwein[1]) darf, wenn es als Rotwein in den Verkehr gebracht wird, nur unter einer die Mischung kennzeichnenden Bezeichnung feilgehalten oder verkauft werden.

1. Bei einem Gemisch von Rotwein und Weißwein verliert der weiße Anteil sein äußerliches Charakteristikum, was bei Verschnitt von Weiß mit Weiß oder Rot mit Rot nicht in diesem Maße der Fall ist. Der Deklarationszwang ist also gerechtfertigt.

Rotwein ohne Deklaration darf keinen Weißwein enthalten.

§ 9.

Es ist verboten, Wein nachzumachen.

1. Nicht nur das gewerbsmäßige Nachmachen von Wein ist verboten; vgl. aber § 11.

2. Weinähnliche Getränke (§ 10) oder Ersatzgetränke sind keine nachgemachten Weine.

3. Nachgemacht sind Weine, wenn Getränke die Eigenschaften des wahren Weines nur vortäuschen, in Wirklichkeit aber aus ganz anderen Rohstoffen als „Wein" hergestellt sind.

Maßgebend für das Vorliegen wirklichen Weines sind die Bestimmungen dieses Gesetzes über die Weinbereitung (§§ 1 bis 4) und die Ausführungsbestimmungen.

Die Nachmachung wird oft mit Verfälschung konkurrieren, die in jeder Herstellung zu finden ist, die von den ausdrücklich zugelassenen Methoden abweicht.

Alle Kunstweine sind auch bei voller Deklaration verboten, auch die früher erlaubten Brennweine, auch wenn sie anderen Zwecken als Trinkzwecken dienen, z. B. industrieller Verwendung.

§ 10.[1])

Unter das Verbot des § 9 fällt nicht die Herstellung von dem Weine ähnlichen[2]) Getränken aus Fruchtsäften, Pflanzensäften oder Malzauszügen.[4])

Der Bundesrat ist ermächtigt, die Verwendung bestimmter Stoffe bei der Herstellung solcher Getränke zu beschränken oder zu untersagen.[3])

Die im Abs. 1 bezeichneten Getränke dürfen im Verkehr als Wein nur in solchen Wortverbindungen bezeichnet werden, welche die Stoffe kennzeichnen, aus denen sie hergestellt sind.

1. § 10 besagt, daß nicht jedes mit weinähnlichen Eigenschaften ausgestattete Getränk unter das Verbot des § 9 falle. Insbesondere sollen die aus

Fruchtsäften,
Pflanzensäften oder
Malzauszügen

hergestellten weinähnlichen Getränke von § 9 nicht betroffen werden. Die Aufzählung ist nicht erschöpfend. Andere als die genannten Getränke können der richterlichen Entscheidung unterliegen.

2. Um den Begriff der Weinähnlichkeit umschreiben zu können, muß zunächst das allgemein Charakteristische des Weines selbst festgestellt werden. Denn auch aus den genannten Säften oder Auszügen sind gegorene Getränke bekannt und im allgemeinen Gebrauch, die zweifellos nicht weinähnlich sind. Dazu gehören z. B. vergorener Kirschsaft, vergorener Himbeersaft, Bier und vieles andere.

Die alkoholische Vergärung allein ist daher nicht ausreichend, die Ähnlichkeit zu begründen.

Der entstandene Alkoholgehalt muß vielmehr ebenso wie der verbleibende Extrakt mit als Wein anerkannten Getränken eine gewisse Übereinstimmung zeigen.

Ferner muß ein bestimmter Gehalt an freier Säure oder sauren Salzen vorhanden sein, entsprechend dem Säuregehalt von Weinen, die in die gleiche Gruppe wie das Vergleichsobjekt gehören.

Ein weinähnlicher Geschmack ist ebenfalls zu erwarten, von dem des Traubenweines so weit abweichend, als durch die Verschiedenheit der Rohstoffe bedingt ist.

Wir verlangen also

alkoholische Vergärung,

einen **Alkoholgehalt, wie er der besonderen Klasse Wein zukommt, der das Getränk ähneln soll,**

einen **Säuregehalt**, der den gleichen Bedingungen entsprechen muß,

weinähnlichen Geschmack, ebenfalls der besonderen Weinart entsprechend.

Treffen alle vier Bedingungen zu, dann muß das Getränk noch in gleicher Art und Menge wie entsprechender Wein genießbar sein.

Alle diese Kennzeichen liegen auf tatsächlichem Gebiet und müssen von Fall zu Fall geprüft werden.

Das RG. hat sich in einem ausführlichen Urteil über Ähnlichkeit im Nahrungsmittelrecht v. 3. Juni 1899 — E. XXXVII 203 — auf einen ganz ähnlichen Standpunkt gestellt (es handelte sich in casu darum, ob Rollenfett butterschmalzähnlich sei, was bejaht wurde). RG. hat auch Weinähnlichkeit bei alkoholfreiem Traubenmost nicht angenommen (9. Juni 1904, I. Strafsenat), unter Beziehung auf ein Urteil desselben Senats v. 16. Dez. 1899 — R. IV 519 —, hauptsächlich wegen mangelndem Alkoholgehalt.

Am 26. Febr. 1905 — E. XXXVI 422 — führte das RG. über Weinähnlichkeit aus, daß

äußere Erscheinung in Aussehen, Geschmack, Flüssigkeitsgrad wie der innere Gehalt an Zutaten usw.

die Gebrauchsbestimmung und die etwa daraus hergeleitete Bezeichnung ins Auge zu fassen und danach der Gesamtcharakter des Getränkes und die Ähnlichkeit dieses Gesamtcharakters mit dem bei Betrachtung der entsprechenden Eigenschaften des „Weines" sich für letzteres Getränk ergebenden Gesamtcharakter zu bestimmen seien.

Nach RG. v. 12. Febr. 1895 ist Kunstwein ein weinähnliches Getränk.

Das ist richtig, aber es fällt nicht unter die Ausnahmen des § 10, sondern unter § 9.

Bei solchen Getränken, die die Silbe „wein“ im Namen führen, wie Apfelwein, Malzwein u. a., ist die Ähnlichkeit wenigstens als gewollt anzusehen, meistens auch in der hierüber angedeuteten Art vorhanden. Wegen Wermutwein vgl. Anm. 1 zu § 16.

Sie sind ohne weiteres den Vorschriften unterworfen.

3. Die eingehenden Bestimmungen in der Ausführungsbekanntmachung, besonders bezüglich der Malzweine, siehe dort.

4. Reiswein, Sake, ein japanisches Getränk, ist nach einem Gutachten des Reichsgesundheitsamts als „weinähnlich“ anzuerkennen:

„Das Aussehen des Sake ist dem des Weißweins ähnlich; er hat dessen charakteristische Farbe und stellt eine klare Flüssigkeit dar, die sich auch in bezug auf ihren Flüssigkeitsgrad ebenso verhält wie Wein.

Der Geruch des Sake ist dem gewisser weingeistreicher Weinsorten, besonders dem eines alten Sherry- oder Tokaierweines, sehr ähnlich.

Der Geschmack des Sake erinnert an den trockener (zuckerfreier oder -armer) Süd- oder Tokaierweine. Ein bitterer Nachgeschmack und das durch den Mangel an größeren Mengen Extraktstoffen bewirkte Hervortreten des Weingeistgeschmacks ist ihm jedoch eigentümlich. Immerhin weist Sake einen ziemlich ausgesprochenen Weincharakter auf. Sein Weingeistgehalt beträgt durchschnittlich 14 v. H.

Nach dem Gutachten des Gesundheitsamts ist Sake also seiner ganzen Art nach als ein weinähnliches Getränk anzusehen, das etwa den im § 10 Abs. 1 des Weingesetzes v. 7. April 1909 genannten „**dem Wein ähnlichen Getränken aus Malzauszügen**“ an die Seite zu stellen ist. Da diese Getränke durch den Zolltarif der Tarifnummer 185 unterstellt sind, ist auch Sake dieser Tarifnummer zuzuweisen.

Seiner Zubereitungsweise und Beschaffenheit nach ist Sake

den weinähnlichen Getränken des § 10 des Weingesetzes gleichzustellen." Vgl. die Ausführungsbestimmungen zu §§ 10, 16.

§ 11.

Auf die Herstellung von Haustrunk[1]) aus Traubenmaische, Traubenmost, Rückständen der Weinbereitung oder aus getrockneten Weinbeeren finden die Vorschriften des § 2 Satz 2 und der §§ 3, 9 keine Anwendung.

Die Vorschriften des § 4[3]) finden auf die Herstellung von Haustrunk entsprechende Anwendung.

Wer Wein gewerbsmäßig in Verkehr bringt, ist verpflichtet, der zuständigen Behörde die Herstellung von Haustrunk unter Angabe der herzustellenden Menge und der zur Verarbeitung bestimmten Stoffe anzuzeigen; die Herstellung kann durch Anordnung der zuständigen Behörde beschränkt oder unter besondere Aufsicht gestellt werden.

Die als Haustrunk hergestellten Getränke dürfen nur im eigenen Haushalte[2]) des Herstellers verwendet oder ohne besonderen Entgelt an die in seinem Betriebe beschäftigten Personen zum eigenen Verbrauch abgegeben werden. Bei Auflösung des Haushalts oder Aufgabe des Betriebs kann die zuständige Behörde die Veräußerung des etwa vorhandenen Vorrats von Haustrunk gestatten.

1. Haustrunk ist eine Art nachgemachter, überstreckter oder sonst vom Erlaubten abweichend hergestellter „Kunstwein", der unter Beobachtung bestimmter Bedingungen (Rohstoffe, keine gewerbsmäßige Abgabe) hergestellt werden darf.

Solche Hersteller, die außerdem gewerbsmäßig mit dem Vertrieb von Wein im Sinne des Gesetzes sich befassen, müssen vor der Herstellung Anzeige erstatten.

2. „Eigener Haushalt" begreift auch gewisse Gemeinschaftswirtschaften in Klöstern, Pensionen usw. in sich, sofern wirklich „gemeinsame" Haushaltung vorliegt. Die Entscheidung liegt also auf tatsächlichem Gebiet.

3. Die „entsprechende" Anwendung des § 4 auf die Bereitung von Haustrunk soll nach der Erklärung eines Regierungsvertreters in der Kommission so aufzufassen sein, daß die ganze Strenge des § 4 nicht Platz zu greifen brauche.

§ 12.

Die Vorschriften der §§ 2, 4 bis 9 finden auf Traubenmost, die Vorschriften der §§ 4 bis 9 auf Traubenmaische Anwendung.

§ 13.

Getränke, die den Vorschriften der §§ 2, 3, 4, 9, 10 zuwider hergestellt oder behandelt worden sind, ferner Traubenmaische, die einen nach den Bestimmungen des § 3 Abs. 1 oder des § 4 nicht zulässigen Zusatz erhalten hat, dürfen, vorbehaltlich der Bestimmungen des § 15, nicht in den Verkehr gebracht[1]) werden. Dies gilt auch für ausländische Erzeugnisse, die den Vorschriften des § 3 Abs. 1 und der §§ 4, 9, 10 nicht entsprechen; der Bundesrat ist ermächtigt, hinsichtlich der Vorschriften des § 4 und des § 10 Abs. 2 Ausnahmen für Getränke und Traubenmaische zu bewilligen, die den im Ursprungslande geltenden Vorschriften entsprechend hergestellt sind.

1. Vgl. Anm. 1 zu § 10 NMG.

§ 14.[1])

Die Einfuhr von Getränken, die nach § 13 vom Verkehr ausgeschlossen sind, ferner von Traubenmaische, die einen nach den Bestimmungen des § 3 Abs. 1 oder des § 4 nicht zulässigen Zusatz erhalten hat, ist verboten.

Der Bundesrat erläßt die Vorschriften zur Sicherung der Einhaltung des Verbots; er ist ermächtigt, die Einfuhr von Traubenmaische, Traubenmost oder Wein zu verbieten, die den am Orte der Herstellung geltenden Vorschriften zuwider hergestellt oder behandelt worden sind.

1. Vgl. die Weinzollordnung in diesem Teil II.

§ 15.

Getränke, die nach § 13 vom Verkehr ausgeschlossen sind, dürfen zur Herstellung von weinhaltigen Getränken, Schaumwein oder Weinbrand nicht verwendet werden. Zu anderen Zwecken darf die Verwendung nur mit Genehmigung der zuständigen Behörde erfolgen.

§ 16.

Die Reichsregierung kann mit Zustimmung des Reichsrats die Verwendung bestimmter Stoffe bei der Herstellung von weinhaltigen Getränken,[1]) Schaumwein,[2]) dem Schaumwein ähnlichen[3]) Getränken, Weinbrand[4]) und Weinbrandverschnitt[5]) beschränken oder untersagen sowie bestimmen, welche Stoffe bei der Herstellung solcher Getränke Verwendung finden dürfen, und Vorschriften über die Verwendung[6]) erlassen.

1. Als weinhaltig im Sinne des § 16 sind Getränke zu verstehen, wenn sie nicht nur „Wein" enthalten, sondern auch noch

einige andere Bedingungen erfüllen; vgl. die Ausführungsbestimmungen.

Der „Weingehalt" darf nicht von nebensächlicher Bedeutung für das fertige Getränk sein, insofern er weder zu minimal in bezug auf die ganze Zusammenstellung noch für den Charakter des Ganzen unerheblich sein darf.

Der Weingehalt muß auch im Namen des fertigen Getränks zum Ausdruck gelangen.

Weinhaltige Getränke sind mannigfach im Handel. Zu den bekanntesten gehören der sogenannte Wermutwein, der aber kein Wein, sondern nur weinhaltig ist, die Weinpunsche, wie Burgunderpunsch, Rotweinpunsch usw., Weinliköre, wie Cordial Medoc, sowie gewisse Gewürzgetränke (Bowlen, Maiwein und dergl.). Vgl übrigens das Weinsteuergesetz, Ausführungsbestimmungen zu §§ 3 und 4.

Bei Gehalt an weinähnlichen Getränken greifen die Vorschriften der Ausführungsbestimmungen nicht Platz, nur bei diesen Getränken selbst. Ein aus Obstwein beispielsweise hergestellter Obstwermutwein ist dem § 16 nicht unterworfen

2. und 3. Schaumwein und schaumweinähnliche Getränke vgl. § 17

4. und 5. Weinbrand vgl. § 18.

6. Die Reichsregierung kann nicht nur bestimmte Stoffe ausschließen oder den Kreis der erlaubten umgrenzen, sondern auch über die Art der Verwendung Vorschriften erlassen. Vgl. Ausführungsbestimmungen.

Bei den arzneilichen Weinen, die im Sinne dieses Gesetzes weinhaltige Getränke sind, kann ein Kompetenzkonflikt zwischen dem Weingesetz und dem Arzneibuch möglich werden. In solchen Fällen dürfte bezüglich des verwendeten Weines dieses Gesetz, betreffs der weiteren Herstellung aber das Arzneibuch maßgeblich sein.

§ 17.

Schaumwein,[1]) der gewerbsmäßig verkauft[2]) oder feilgehalten[2]) wird, muß eine Bezeichnung tragen, die das Land erkennbar[3]) macht, wo er auf Flaschen gefüllt worden ist; bei Schaumwein, dessen Kohlensäuregehalt[4]) ganz oder teilweise auf einem Zusatze fertiger Kohlensäure beruht, muß die Bezeichnung die Herstellungsart ersehen lassen. Dem Schaumwein ähnliche[5]) Getränke müssen eine Bezeichnung tragen, welche erkennen läßt, welche dem Weine ähnlichen Getränke[6]) zu ihrer Herstellung verwendet worden sind. Die näheren Vorschriften trifft der Bundesrat.

Die vom Bundesrate vorgeschriebenen Bezeichnungen[7]) sind auch in die Preislisten und Weinkarten sowie in die sonstigen im geschäftlichen Verkehr üblichen Angebote mit aufzunehmen.

1. Schaumwein ist nicht „Wein" im Sinne des Gesetzes, sondern ein weinhaltiges Fabrikat mit neuen Eigenschaften

Seine Herstellung ist daher auch weniger gebunden als die der „Weine" und im großen und ganzen nur Vorschriften wie die weinhaltigen Getränke neben den besonderen Anordnungen unterstellt. § 15 schließt die Verwendung nicht verkehrsfähiger Weine aus

2. Vgl. Anm 6 und 8 zu § 10 NMG

3. Nach den bisher geltenden Bestimmungen wurde der Schaumwein nach dem Lande, in dem er auf Flaschen gefüllt war, gekennzeichnet: „In Deutschland auf Flaschen gefüllt", „In Frankreich auf Flaschen gefüllt", „In Luxemburg auf Flaschen gefüllt" usw

Die Bezeichnung „In Deutschland auf Flaschen gefüllt" hat vielfach das kaufende Publikum zu der Annahme geführt, daß es sich in allen Fällen um ein aus französischen Weinen gewonnenes

Erzeugnis handelt, das lediglich der Zollersparnis halber als Cuvée aus Frankreich eingeführt und in Deutschland auf Flaschen gezogen und fertiggestellt worden sei. Diese Annahme, häufig durch auf der Hauptetikette angebrachte Aufschrift und sonstige Aufmachung begünstigt, trifft aber in sehr vielen Fällen nicht zu. Häufig haben sich gerade ausländische Firmen, die in Deutschland eine Niederlassung unterhalten, diese Unkenntnis des Publikums zum Schaden der deutschen Schaumweinindustrie zunutze gemacht.

Solche Irreführung wird ausgeschlossen durch die Bezeichnung „Deutscher usw. Schaumwein", an deren Stelle auch „Deutscher Sekt" treten darf.

Nach den geltenden Vorschriften ist die Herkunftsbezeichnung auf einem bandförmigen Streifen anzubringen, der entweder mit der Hauptetikette fest verbunden oder auch von dieser getrennt sein kann. Wird die Inschrift auf einer besonderen Banderole angebracht, so verfehlt sie erfahrungsgemäß häufig dadurch ihren Zweck, daß sie bei der vor dem Verbrauch in der Gaststätte erfolgenden Kühlung sich von selbst loslöst oder vielleicht auch böswillig entfernt wird. Deshalb ist bestimmt, in Anlehnung an die Vorschriften über die Bezeichnung der Obstschaumweine, daß der die Angaben über das Land der Flaschenfüllung tragende Streifen mit der Hauptetikette zusammenhängen muß.

Die Änderungen entsprechen einem häufig und nachdrücklich geltend gemachten Wunsche der deutschen Schaumweinindustrie. (Amtl. Motive zu den abgeänderten Ausführungsbestimmungen.)

Die Ausführungsbestimmungen vgl. hinter dem Gesetz.

Vgl. auch das neue Weinsteuergesetz von 1925 mit den zugehörigen Ausführungsbestimmungen in diesem Teil III, Nr. 14 und 15.

4. Provenienz der Kohlensäure. Diese stammt bekanntlich in der Regel aus der Gärung des Schaumweins auf der Flasche, teilweise findet auch Zusatz von künstlicher Kohlensäure statt, entweder ausschließlich oder zur Ergänzung vorhandener, aber ungenügender Gärungskohlensäure. Neuerdings

ist man nun bemüht, die Grundsätze der Flaschengärung zwar beizubehalten, die Methodik aber wirtschaftlicher zu gestalten. In der Reichstagskommission führte ein Mitglied, das eine Änderung des Entwurfs beantragt und die jetzige Fassung des Gesetzes herbeigeführt hat, aus, daß der Text des Entwurfs: „Schaumwein, der nicht mittels Flaschengärung hergestellt ist“, bedenklich für die weitere Entwicklung der Schaumweinindustrie werden könne. „Die Gärung in der Flasche könne nicht als die einzig berechtigte Art der Schaumweinbereitung gelten. Beachtenswerte Versuche wiesen darauf hin, daß es möglich sei, auch in größeren Gefäßen Schaumwein ausschließlich durch Gärung herzustellen. Das Prinzip sei das nämliche wie bei der Flaschengärung, die Ausführung aber sei wirtschaftlicher; man solle solche Änderungen der Technik, denen vielleicht die Zukunft gehöre, nicht von vornherein unmöglich machen.“

Die Regierung gab nach gepflogenen Erhebungen die Zweckmäßigkeit der Änderung zu, die in der obigen Form beschlossen wurde.

Es ist richtig, daß die Güte des Schaumweins nicht davon abhängt, ob Flaschengärung oder Imprägnierungsverfahren stattfindet. Maßgeblich ist die Qualität der Zutaten, und daß der Kohlensäure Gelegenheit geboten wird, die Sektbildung zu vollenden. Dazu gehört ein entsprechender Atmosphärendruck. Die Herkunft der Kohlensäure ist gleichgültig. Das Wesen des Schaumweins ist keineswegs damit erschöpft, daß ein Wein oder dergl. „schäumt“, das tut ein Gemisch von Wein und Kohlensäure auch, ohne Sekt zu sein. Zu Sekt wird das Gemisch, das stets zuerst vorliegt, mit der Zeit, wenn die Kohlensäure mit dem Alkohol sich zu einem sogenannten Ester verbindet. Er allein ist das Anregende, Aufpeitschende im Schaumwein, alles übrige ist nur Beiwerk.

5. Die schaumweinähnlichen Getränke verhalten sich zu Schaumwein wie die weinähnlichen zu Wein.

6. Bezeichnungen wie Obstschaumwein gelten als ausreichend.

7. Vgl. die Ausführungsbestimmungen zu § 17.

§ 18.[1])

Trinkbranntwein, dessen Alkohol[2]) ausschließlich aus Wein[3]) gewonnen und der nach Art des Kognaks[4]) hergestellt ist, darf im geschäftlichen Verkehr[5]) als Weinbrand[6]) bezeichnet werden. Trinkbranntwein, der neben Weinbrand Alkohol anderer Art[7]) enthält, darf als Weinbrandverschnitt[8]) bezeichnet werden, wenn mindestens ein Zehntel des Alkohols aus Weinbrand stammt.[9]) Andere Getränke und Grundstoffe[10]) zu solchen dürfen nicht als Weinbrand oder mit einer das Wort Weinbrand enthaltenden Wortverbindung oder Wortzusammensetzung[11]) bezeichnet werden, auch darf das Wort Weinbrand kein Bestandteil anderer Angaben der Flaschenaufschrift sein.

Weinbrand und Weinbrandverschnitt dürfen nur mit den für den Verkehr innerhalb des Ursprungslandes[12]) vorgeschriebenen Begleitscheinen in das Deutsche Reich eingeführt werden.

Weinbrand, der nach französischem Rechte die Bezeichnung Kognak[13]) tragen darf und in trinkfertigem[14]) Zustand, entweder in Frankreich oder unter deutscher Zollaufsicht auf Flaschen gefüllt, mit den für den Verkehr innerhalb des Ursprunglandes vorgeschriebenen Begleitscheinen zur Einfuhr gelangt und unverändert geblieben ist, darf als Kognak (Cognac) bezeichnet werden. Andere Getränke und Grundstoffe zu solchen dürfen nicht als Kognak (Cognac) oder mit einer das Wort Kognak (Cognac) enthaltenden Wortverbindung oder Wortzusammensetzung bezeichnet werden, auch darf das Wort Kognak (Cognac) kein Bestandteil anderer Angaben der Flaschenaufschrift sein.[15])

Die Anwendung der im Abs. 1, 3 enthaltenen Vorschriften wird auch durch Abweichungen nicht ausgeschlossen, wenn trotz dieser Abweichungen die Gefahr einer Verwechslung besteht.

Weinbrand und Weinbrandverschnitt müssen in 100 Raumteilen mindestens 38 Raumteile Alkohol enthalten.[16])

Trinkbranntwein, der in Flaschen oder ähnlichen Gefäßen unter der Bezeichnung Kognak, Weinbrand oder Weinbrandverschnitt gewerbsmäßig verkauft oder feilgehalten wird, muß zugleich eine Bezeichnung tragen, welche das Land erkennbar macht, in dem er für den Verbrauch fertiggestellt worden ist. Die näheren Vorschriften erläßt die Reichsregierung mit Zustimmung des Reichsrats.[17])

Die von der Reichsregierung vorgeschriebenen Bezeichnungen sind auch in die Preislisten und Weinkarten sowie in die sonstigen im geschäftlichen Verkehr üblichen Angebote mit aufzunehmen.

1. Der § 18, der Kognakparagraph genannt, war 1909 etwas ganz Neues im Weingesetz. Die vielen sehr geringwertigen „Kognaks", die damals den Markt überschwemmten, ließen eine gesetzliche Regelung der Angelegenheit ratsam erscheinen. Da nach Mitteilungen aus dem Spirituosengewerbe die Hälfte wenigstens des gesamten Umsatzes auf Weinbrand und Weinbrandverschnitt entfällt, so ist die außerordentliche Bedeutung dieses Paragraphen klar. Als nach dem Versailler Frieden wegen der Bezeichnung „Kognak" eine Änderung im Weingesetz unvermeidlich wurde, hat gerade der § 18 eine vollständige Neufassung und vielseitige Ergänzung gefunden, ebenso die zugehörigen Ausführungsbestimmungen (Novelle v. 1. Febr. 1923).

2. **Alkohol** ganz allgemein und in Beziehung auf spirituöse Getränke ist ausschließlich der **Äthylalkohol**. Das praktische Leben kennt fast nur ihn. Wenn daher nähere Angaben fehlen, so ist stets vom Äthylalkohol die Rede. Er entsteht bei der sogenannten

alkoholischen Gärung aus Zucker verschiedener Art. Aber wir erhalten stets den gleichen Alkohol und die gleiche Kohlensäure als Spaltungsprodukte. Was die Alkoholsorten des Handels unterscheidet, ist, abgesehen von dem an dieser Stelle unbedeutsamen Gehalt an Alkoholprozenten, nicht der Alkohol selbst, sondern gewisse Nebenbestandteile. Diese können dem Rohmaterial oder dem Gärungsvorgang oder beiden ihre Art verdanken.

Je nachdem diese Verunreinigungen des Alkohols auf unsere Geruchs- und Geschmacksorgane einwirken, beurteilen wir sie verschieden. Es ist wie bei den Pflanzen: können wir sie brauchen, so nennen wir sie Nutzpflanzen, können wir sie nicht gebrauchen, so bezeichnen wir sie als Unkraut.

Schmecken uns die Nebenprodukte der Gärung gut, so bezeichnen wir die Rohsprite als Edelbranntwein, schmecken sie uns nicht, so entfernen wir sie, indem wir den Sprit reinigen, und erzeugen den umständlicher erhaltbaren Industriesprit, der meist einen hohen Grad von Reinheit aufweist.

Aus geeigneten Weinen, die meist als solche gar nicht schmecken, erhalten wir den Alkohol des Weins, Weindestillat genannt. Der sogenannte Weinsprit des Handels hat mit Wein überhaupt nichts zu schaffen. Bedauerlicherweise bedient sich auch die Reichsmonopolverwaltung dieser irreführenden Bezeichnung für ihre beste Spritsorte. Für Industriesprit sollte die Silbe „Wein“ nicht benutzt werden. „Reinsprit“ oder „Feinsprit“ würde ebensogut sein und auf Laien nicht täuschend wirken

Der echte Weinalkohol wird also absichtlich nicht weiter gereinigt, sondern nur durch Lagerung in geeigneten Eichenholzfässern weiterveredelt.

Er ist der Hauptbestandteil des Kognaks bezw. des Weinbrands. Ursprünglich war er der alleinige Bestandteil.

3 Der zur Gewinnung von Weindestillat dienende Wein muß Wein im Sinne des Gesetzes sein.

Aus ungesetzlichem Wein kann zwar ein sehr guter Alkohol abgeschieden werden, der darf aber nur zur Herstellung des

Weinbrandverschnitts dienen, weil dieser neben dem Weinalkohol noch Alkohol anderer Art enthalten darf. Zur Verarbeitung auf Weinbrand ist er nicht zugelassen.

4. Nach Art des Kognaks: Kognak war früher nichts weiter als durch geeignete jahrelange Lagerung trinkreif gewordenes Weindestillat (vgl. Anm. 2). Als infolge stark gestiegenen Verbrauchs diese Herstellungsmethode sich nicht mehr durchführen ließ, erfanden die Fabrikanten Wege, um in ebensoviel Monaten ein trinkbares Erzeugnis zu gewinnen, als sie früher Jahre brauchten. Dadurch hat sich im Laufe der Jahrzehnte ein Typ für Kognak herausgebildet. Nicht jeder Weinalkohol ist nach Art des Kognaks! Dazu gehört der Geschmack und das Aroma, wie wir sie vom Kognak kennen. Das Weindestillat muß also an sich „geeignet" sein und vom Fabrikanten im übrigen fertiggemacht werden.

5. „Geschäftlicher Verkehr" ist die Gesamtheit der gewerblichen Tätigkeit, also neben dem Verkaufen insbesondere auch die Offerten, Drucksachen usw.

6. Weinbrand ist seit der infolge des Versailler Vertrages notwendig gewordenen Novelle v. 1. Febr. 1923 der Name für das dem französischen Kognak entsprechende nichtfranzösische Erzeugnis.

Die betreffenden Bestimmungen des Versailler Vertrages siehe S. 31 in Teil I, Nr. 6.

Die den Anforderungen des Satzes 1 des Abs. 1 entsprechenden Branntweine dürfen sich als Weinbrand bezeichnen, sie müssen es nicht. Unter Berücksichtigung anderweitig vorbehaltener Bezeichnungen (z. B. in Abs. 3) dürfen beliebige, nicht irreführende Bezeichnungen statt „Weinbrand" gewählt werden.

7. „Alkohol anderer Art" ist eine falsche Ausdrucksweise für das, was der Gesetzgeber will.

Alkohol „anderer Art" wäre z. B. jeder Alkohol, der nicht Äthylalkohol ist. Deren gibt es sehr zahlreiche. Der Gesetzgeber meint aber gar nicht einen andersartigen Alkohol, sondern denselben Äthylalkohol, aber anderer Herkunft, etwa Kartoffelsprit, Maissprit, Apfelbranntwein u. a.

8. Weinbrandverschnitt ist die einzige erlaubte Wortverbindung für Weinbrand. Bezeichnungen wie Medizinalweinbrand oder Medizinalkognak erscheinen nicht mehr zulässig. Sie sind auch meist irreführend und vollkommen entbehrlich. Wer etwas besonders Gutes, für Krankenpflege Geeignetes hat, kann das auch anders zum Ausdruck bringen.

Da Abs. 5 für den Weinbrand wenigstens 38 Raumteile Alkohol (ausschließlich Wein entstammend) in 100 Raumteilen Weinbrand verlangt, so muß Weinbrandverschnitt wenigstens 3,8 Raumteile Alkohol aus Wein enthalten, bei höherem Gehalt als 38 Raumteile Gesamtalkohol natürlich entsprechend mehr. Der Rest des Alkoholgehalts darf „anderer" Herkunft sein.

Die Bezeichnung Eierweinbrand für den bekannten Eierlikör erscheint nicht mehr zulässig, obgleich ihre Beseitigung sicher nicht beabsichtigt war. Die bei diesem Likör noch sonst auftauchenden Rechtsfragen: Färben, Vorgehalt, Entölen usw. betreffen nicht das Weingesetz, sondern das Nahrungsmittelgesetz.

9. Die Forderung des Gesetzes, daß bei Weinbrandverschnitt der zehnte Teil seines Alkoholgehalts aus Weinbrand herrühren müsse, ist einstweilen chemisch nicht kontrollierbar, weil es keine Methode gibt, den Gehalt an Weinalkohol in Alkoholgemischen zu bestimmen. Es sind einstweilen auch keine Aussichten auf Erlangung einer solchen Methode. Eine Nachprüfung, ob die gesetzliche Forderung erfüllt sei, kann daher zurzeit nur durch Buchführung und Kellerkontrolle versucht werden. Auch diese werden in den meisten Fällen versagen. Die praktisch erforderliche Menge Weinbrand im Weinbrandverschnitt richtet sich nach der Qualität des letzteren. Von ihm dürften 10 v. H. (auf Alkoholgehalt bezogen) nur bei Anwendung guter Ware ausreichen.

Die Frage ist des öftern aufgetaucht, ob zur Herstellung des Weinbrandverschnitts fertiger Weinbrand zu verwenden sei, oder ob der Weinbrand auch erst bei der Zusammensetzung des Verschnitts entstehen dürfe, gewissermaßen also, ob Weinbrand erst nach seiner Zusammenstellung (Fertigstellung) lagern müsse, oder ob er schon im Status nascens gestreckt (verschnitten) werden dürfe.

Ein von der Berliner Handelskammer zu dieser Streitfrage erstattetes Gutachten: „Weinbrand sei nichts anderes als Weindestillat besonderer Alkoholstärke", ist unrichtig. Es wäre vor 50 Jahren etwa noch richtig gewesen (vgl. Anm. 4). Darauf kommt es aber gar nicht an. Es fragt sich, ob die Absicht des Gesetzgebers dahin ging, unter Weinbrandverschnitt nichts weiter zu verstehen, als mittels Industriesprit entsprechender Stärke gestreckten Weinbrand oder aber eine Art geringeren Weinbrands, dadurch gekennzeichnet, daß nicht der ganze Alkoholgehalt, sondern nur ein Zehntel davon aus Wein stammen müsse.

Jeder Zweifel ist ausgeschlossen, daß nur die zweite Eventualität vorliegt. Es ist leider ein Kennzeichen vieler technischer gesetzlicher Vorschriften, daß die als Fachlaien anzusehenden Gesetzgeber sich nicht immer des besten technischen Ausdruckes bedienen (vgl. Anm. 7, die einen viel heftigeren Fehlausdruck behandelt). Aufgabe der Richter und Sachverständigen bleibt es, das zu fordern, was der Gesetzgeber beabsichtigt hat. Da kann es nicht einen Augenblick fraglich sein, daß es zur Erfüllung der gesetzlichen Forderung gleich ist, ob der Weinbrand erst mit dem Verschnitt entsteht oder schon fertig vorliegt.

10. „Andere Getränke" als solche, die

1. nur Weinalkohol enthalten,
2. nach Art des Kognaks hergestellt sind,

dürfen das Wort Weinbrand in keinem Zusammenhang führen, auch nicht etwa „Weinbrand-Ersatz". „Grundstoffe" sind hier nur Destillate anderer Herkunft als aus Wein. Auch sie dürfen sich nicht des Wortes Weinbrand in irgendeiner Beziehung bedienen (siehe auch Anm. 8).

11. Vgl. die Anm. 8 und 10.

12. Ursprungsland ist dasjenige, in dem das Getränk von Anfang bis zu Ende hergestellt ist.

13. Kognak ist die vorbehaltene Bezeichnung für aus Frankreich stammenden Weinbrand, der dort als „Kognak" anerkannt ist. Demnach ist nicht jeder französische Weinbrand auch „Kognak". Der Nachweis wird durch behördliche Papiere geführt. Er muß entweder schon in Frankreich oder in Deutschland unter Zollaufsicht, so wie er ist, auf Flaschen gefüllt werden, wenn diese die Bezeichnung „Kognak" tragen sollen.

14. Irgendwelche Eingriffe sind nicht gestattet, wenn anders nicht das Recht auf die Bezeichnung „Kognak" verlorengehen soll, auch nicht die Herabsetzung auf Trinkstärke.

15. Abgesehen von der privilegierten Benutzung des Wortes „Kognak" hat das französische Erzeugnis keinerlei Vorrechte vor dem deutschen.

„Kognak" ist nur ein französischer Weinbrand, der den Anforderungen des deutschen Gesetzes in vollem Umfange genügen muß, insbesondere denen des Abs. 5 (Alkoholgehalt).

16. Die Forderung des Alkoholgehalts ist streng auszulegen, da es ein Minimalgehalt ist. Unterschreiten der Grenze macht die Ware ungesetzlich. Wo mit Alkoholschwund gerechnet werden muß, ist dieser bei Einstellung zu berücksichtigen.

Die Frage einer Deklarationspflicht des Alkoholgehalts ist gelegentlich aufgetaucht, weil das Branntweinmonopolgesetz in § 100 Abs. 2 verlangt, daß Trinkbranntwein im Inland nur unter Kennzeichnung des Weingeistgehalts in den Verkehr gebracht werden darf.

Abs. 6 desselben Paragraphen bestimmt, daß die Vorschriften des § 18 des Weingesetzes v. 7. April 1909 unberührt bleiben. Da das Weingesetz nun neben dem in Rede stehenden Mindestalkoholgehalt zwar noch detaillierte Vorschriften über Bezeichnung gibt, aber die Angabe des Weingeistgehalts auf den Behältern nicht fordert, ist einerseits angenommen worden, daß § 18 Weinges.

erschöpfend sei und § 100 BrMG. nicht Platz greifen könne, während andererseits der Standpunkt vertreten wird, daß § 100 ganz allgemein von „Trinkbranntwein" spricht und daß auch Weinbrand Trinkbranntwein sei. Der hierüber mitgeteilte Abs. 6 des § 100 entscheidet die Frage nicht, da er sich offenbar auf die Etikettierungsvorschrift anderen Inhalts bezieht.

OLG. Düsseldorf hat am 5. Dez. 1924 (Aktenz S 285/24), wie mir scheint, zutreffend, dahin entschieden:

„Mit Rücksicht auf Artikel 275 des Versailler Vertrages machte sich eine Abänderung des § 18 des Weingesetzes erforderlich, welche durch das Gesetz v. 1. Febr. 1923 (RGBl. I S. 107) erfolgt ist. Weder in dem neuen § 18, der viel eingehendere Bestimmungen über den Verkehr mit aus Wein hergestelltem Trinkbranntwein, jetzt Weinbrand genannt, enthält als der frühere § 18, noch in der dazu ergangenen Verordnung zur Änderung der Ausführungsbestimmungen ist eine Bestimmung getroffen worden, daß auf den Weinbrandflaschen der Weingeistgehalt angegeben werden müsse, wiewohl die Streitfrage, ob das zu geschehen habe, damals schon entstanden war, und wiewohl namentlich die erwähnte Verordnung sehr weit in Einzelheiten geht, so daß sie zum Beispiel regelt, in welcher Form, Farbe und Schrift der Vermerk über die Art der Fertigstellung des betreffenden Weinbrands auf den Flaschen angebracht sein müsse. Über die Angabe des Weingeistgehalts auf den Flaschen findet sich nichts. Das hätte aber sehr nahegelegen, wenn wirklich der § 100 BrMG. v. 8. April 1922 auf den aus Wein hergestellten Trinkbranntwein hätte Anwendung finden sollen, insoweit ihm nicht ausdrücklich § 18 des Weingesetzes entgegenstände."

Die gesetzliche Regelung der Verkehrsverhältnisse des Weinbrands durch § 18 ist also erschöpfend, das Branntweinmonopolgesetz greift nicht Platz.

17. Die nach der Novelle v. 1. Febr. 1923 neugefaßten, eingehenden Ausführungsbestimmungen siehe dort.

§ 19.

Wer Trauben zur Weinbereitung, Traubenmaische, Traubenmost oder Wein gewerbsmäßig in Verkehr bringt oder gewerbsmäßig Wein zu Getränken weiterverarbeitet,[1]) ist verpflichtet, Bücher zu führen,[2]) aus denen zu ersehen ist:

1. welche Weinbergsflächen er abgeerntet hat, welche Mengen von Traubenmaische, Traubenmost oder Wein er aus eigenem Gewächse gewonnen oder von anderen bezogen und welche Mengen er an andere abgegeben oder welche Geschäfte über solche Stoffe er vermittelt hat;
2. welche Mengen von Zucker oder von anderen für die Kellerbehandlung des Weines (§ 4) oder zur Herstellung von Haustrunk (§ 11) bestimmten Stoffen er bezogen und welchen Gebrauch er von diesen Stoffen zum Zuckern (§ 3) oder zur Herstellung von Haustrunk gemacht hat;
3. welche Mengen der im § 10 bezeichneten dem Weine ähnlichen Getränke er aus eigenem Gewächse gewonnen oder von anderen bezogen und welche Mengen er an andere abgegeben oder welche Geschäfte über solche Stoffe er vermittelt hat.

Die Zeit des Geschäftsabschlusses, die Namen der Lieferanten und, soweit es sich um Abgabe im Fasse oder in Mengen von mehr als einen Hektoliter im einzelnen Falle handelt, auch der Abnehmer, sind in den Büchern einzutragen.

Die Bücher sind nebst den auf die einzutragenden Geschäfte bezüglichen Geschäftspapieren bis zum Ablaufe von fünf Jahren nach der letzten Eintragung aufzubewahren.

Die näheren Bestimmungen über die Einrichtung und die Führung der Bücher trifft der Bundesrat; er bestimmt, in welcher Weise und innerhalb welcher Frist die bei dem Inkrafttreten dieses Gesetzes vorhandenen Bestände in den Büchern vorzutragen sind.

1. Es kann sich bei der „Weiterverarbeitung" von Wein nur um die Herstellung weinhaltiger Getränke handeln. Die Umgärung von Weinen fällt nicht unter den Begriff „weiterverarbeiten", sondern ist eine Herstellung neuer Ware, die die alte nicht mehr enthält, weil sie eben durch die Umgärung tiefgreifend geändert wird. Vgl. Anm. 3 zu § 3.

2. Auch Winzer, die ihr eigenes Erzeugnis in den sogenannten Straußwirtschaften ausschänken, müssen Buch führen.

§ 20.

Werden in einem Raume, in dem Wein zum Zwecke des Verkaufs hergestellt oder gelagert wird, in Gefäßen, wie sie zur Herstellung oder Lagerung von Wein verwendet werden, Haustrunk (§ 11) oder andere Getränke als Wein oder Traubenmost verwahrt, so müssen diese Gefäße mit einer deutlichen Bezeichnung des Inhalts an einer in die Augen fallenden Stelle versehen sein.

Bei Flaschenlagerung genügt die Bezeichnung der Stapel.

Personen, die wegen Verfehlungen gegen dieses Gesetz wiederholt oder zu einer Gefängnisstrafe verurteilt worden sind, kann die Verwahrung anderer Stoffe als Wein oder Traubenmost in solchen Räumen durch die zuständige Polizeibehörde untersagt werden.

§ 21.

Die Beobachtung der Vorschriften dieses Gesetzes ist durch die mit der Handhabung der Nahrungsmittelpolizei betrauten Behörden und Sachverständigen zu überwachen.

Zur Unterstützung dieser Behörden sind für alle Teile des Reichs Sachverständige im Hauptberufe zu bestellen.

§ 22.

Die zuständigen Beamten und Sachverständigen (§ 21) sind befugt, außerhalb der Nachtzeit und, falls Tatsachen vorliegen, welche annehmen lassen, daß zur Nachtzeit gearbeitet wird, auch während dieser Zeit, in Räume, in denen Traubenmost, Wein oder dem Weine ähnliche Getränke hergestellt, verarbeitet, feilgehalten oder verpackt werden, und bei gewerbsmäßigem Betrieb auch in die zugehörigen Lager- und Geschäftsräume, ebenso in die Geschäftsräume von Personen, die gewerbsmäßig Geschäfte über Traubenmaische, Traubenmost, Wein, Schaumwein, weinhaltige, dem Weine ähnliche Getränke oder Weinbrand vermitteln, einzutreten, daselbst Besichtigungen vorzunehmen, geschäftliche Aufzeichnungen, Frachtbriefe und Bücher einzusehen, auch nach ihrer Auswahl Proben zum Zwecke der Untersuchung zu fordern oder selbst zu entnehmen. Über die Probenahme ist eine Empfangsbescheinigung zu erteilen. Ein Teil der Probe ist amtlich verschlossen oder versiegelt zurückzulassen. Auf Verlangen ist für die entnommene Probe eine angemessene Entschädigung zu leisten.

Die Nachtzeit umfaßt in dem Zeitraume vom 1. April bis 30. September die Stunden von 9 Uhr abends bis 4 Uhr morgens und in dem Zeitraume vom 1. Oktober bis 31. März die Stunden von 9 Uhr abends bis 6 Uhr morgens.

§ 23.

Die Inhaber der im § 22 bezeichneten Räume sowie die von ihnen bestellten Betriebsleiter und Aufsichtspersonen sind verpflichtet, den zuständigen Beamten und Sachverständigen auf Erfordern diese Räume zu bezeichnen, sie bei deren Besichtigung zu begleiten oder durch mit dem Betriebe vertraute Personen begleiten zu lassen und ihnen Auskunft über das Verfahren bei Herstellung der Erzeugnisse, über den Umfang des Betriebs, über die zur Verwendung gelangenden Stoffe, insbesondere auch über deren Menge und Herkunft, zu erteilen sowie die geschäftlichen Aufzeichnungen, Frachtbriefe und Bücher vorzulegen. Personen, die gewerbsmäßig Geschäfte über Traubenmaische, Traubenmost, Wein, Schaumwein, weinhaltige oder dem Weine ähnliche Getränke vermitteln, sind verpflichtet, Auskunft über die von ihnen vermittelten Geschäfte zu erteilen sowie die geschäftlichen Aufzeichnungen und Bücher vorzulegen. Die Erteilung von Auskunft kann jedoch verweigert werden, soweit derjenige, von welchem sie verlangt wird, sich selbst oder einem der im § 51 Nr. 1 bis 3 der Strafprozeßordnung bezeichneten Angehörigen die Gefahr strafgerichtlicher Verfolgung zuziehen würde.

§ 24.

Die Sachverständigen sind, vorbehaltlich der Anzeige von Gesetzwidrigkeiten, verpflichtet, über die Einrichtungen und Geschäftsverhältnisse, welche durch die Aufsicht zu ihrer Kenntnis kommen, Verschwiegenheit zu beobachten und sich der Mitteilung und Verwertung der Geschäfts- oder Betriebsgeheimnisse zu enthalten. Sie sind hierauf zu beeidigen.

§ 25.

Der Vollzug des Gesetzes liegt den Landesregierungen ob.

Der Bundesrat stellt die zur Sicherung der Einheitlichkeit des Vollzugs erforderlichen Grundsätze, insbesondere für die Bestellung von geeigneten Sachverständigen und die Gewährleistung ihrer Unabhängigkeit fest. Er ist ermächtigt, Vorschriften für die jährliche Feststellung der Traubenernte sowie über Zeitpunkt, Form und Inhalt der nach § 3 Abs. 4 vorgeschriebenen Anzeige zu erlassen.

Die weiter erforderlichen Vorschriften zur Sicherung des Vollzugs werden durch die Landeszentralbehörden oder die von diesen ermächtigten Landesbehörden erlassen.

Die Landeszentralbehörden sind außerdem ermächtigt, im Einvernehmen mit dem Reichskanzler die Grenzen der am Weinbaue beteiligten Gebiete zu bestimmen (§ 3 Abs. 3).

Der Reichskanzler hat die Ausführung des Gesetzes zu überwachen und insbesondere auf Gleichmäßigkeit der Handhabung hinzuwirken.

§ 26.

Mit Gefängnis bis zu sechs Monaten und mit Geldstrafe bis zu dreitausend Mark oder mit einer dieser Strafen wird bestraft:

1. wer vorsätzlich den Vorschriften des § 2 Satz 2, des § 3 Abs. 1 bis 3, 5, 6, der §§ 4, 9, des § 11 Abs. 4, der §§ 13, 15 oder den gemäß § 12 für die Herstellung und Behandlung von Traubenmost oder Traubenmaische geltenden Vorschriften oder den auf Grund des § 4 Abs. 1 Satz 2, des § 10 Abs. 2, des § 11 Abs. 2 oder des § 16 vom Bundesrat erlassenen Vorschriften zuwiderhandelt;
2. wer wissentlich unrichtige Eintragungen in die nach § 19 zu führenden Bücher macht oder die nach Maßgabe des § 23 von ihm geforderte Auskunft wissentlich unrichtig erteilt, desgleichen, wer vorsätzlich Bücher oder Geschäftspapiere, welche nach § 19 Abs. 3 aufzubewahren sind, vor Ablauf der dort bestimmten Frist vernichtet oder beiseite schafft;
3. wer Stoffe, deren Verwendung bei der Herstellung, Behandlung oder Verarbeitung von Wein, Schaumwein, Weinbrand, Weinbrandverschnitt, weinhaltigen, weinähnlichen oder schaumweinähnlichen Getränken unzulässig ist, zu diesen Zwecken ankündigt, feilhält, verkauft oder an sich bringt, desgleichen wer einen diesen Zwecken dienenden Verkauf solcher Stoffe vermittelt.

Stellt sich nach den Umständen, insbesondere nach dem Umfange der Verfehlungen oder nach der Beschaffenheit der in Betracht kommenden Stoffe, der Fall als ein schwerer dar, so tritt Gefängnisstrafe bis zu zwei Jahren ein, neben der auf Geldstrafe bis zu zwanzigtausend Mark erkannt werden kann.

Auf die im Abs. 2 vorgesehene Strafe ist auch dann zu erkennen, wenn der Täter zur Zeit der Tat bereits wegen einer der im Abs. 1 mit Strafe bedrohten Handlungen bestraft ist. Diese Bestimmung findet Anwendung, auch wenn die frühere Strafe nur teilweise verbüßt oder ganz oder teilweise erlassen ist, bleibt jedoch ausgeschlossen, wenn seit der Verbüßung oder dem Erlasse der letzten Strafe bis zur Begehung der neuen Straftat drei Jahre verflossen sind.

In den Fällen des Abs. 1 Nr. 1 wird auch der Versuch bestraft.

§ 27.

Mit Geldstrafe bis zu eintausendfünfhundert Mark oder mit Gefängnis bis zu drei Monaten wird bestraft, wer den Vorschriften des § 24 zuwider Verschwiegenheit nicht beobachtet, oder der Mitteilung oder Verwertung von Geschäfts- oder Betriebsgeheimnissen sich nicht enthält.

Die Verfolgung tritt nur auf Antrag des Unternehmers ein.

§ 28.

Mit Geldstrafe bis zu sechshundert Mark oder mit Haft bis zu sechs Wochen wird bestraft, wer vorsätzlich oder fahrlässig

1. den Vorschriften des § 5 Abs. 1, des § 7 Abs. 2, des § 8, des § 10 Abs. 3, des § 17 oder des § 18 zuwiderhandelt;
2. den Vorschriften des § 6 oder des § 7 Abs. 1 zuwider bei der Benennung von Wein eine der Herkunft nicht entsprechende geographische Bezeichnung verwendet;
3. (gestrichen);

4. außer den Fällen des § 26 Nr. 2 den Vorschriften über die nach § 19 zu führenden Bücher zuwiderhandelt.

§ 29.

Der im § 28 bestimmten Strafe unterliegt ferner:

1. wer vorsätzlich die nach Maßgabe des § 5 Abs. 2 zu erteilende Auskunft nicht oder unrichtig erteilt;
2. wer vorsätzlich die nach § 3 Abs. 4 und nach § 11 Abs. 3 vorgeschriebenen Anzeigen nicht erstattet oder den auf Grund des § 11 Abs. 3 erlassenen Anordnungen zuwiderhandelt;
3. wer vorsätzlich es unterläßt, an Gefäßen oder Flaschenstapeln die nach § 20 Abs. 1, 2 vorgeschriebenen Bezeichnungen anzubringen, oder einem auf Grund des § 20 Abs. 3 ergangenen Verbote zuwiderhandelt;
4. wer vorsätzlich den von den Landeszentralbehörden oder den von diesen ermächtigten Landesbehörden auf Grund des § 25 Abs. 3 erlassenen Vorschriften zuwiderhandelt;
5. wer den Vorschriften der §§ 22, 23 zuwider das Betreten oder die Besichtigung von Räumen, die Begleitung der Beamten oder Sachverständigen bei der Besichtigung der Räume, die Vorlegung oder die Durchsicht von Geschäftsbüchern oder -papieren, die Abgabe oder die Entnahme von Proben verweigert, desgleichen wer die von ihm geforderte Auskunft nicht oder aus Fahrlässigkeit unrichtig erteilt;
6. wer eine der im § 26 Abs. 1 Nr. 1 bezeichneten Handlungen aus Fahrlässigkeit begeht.

§ 30.

Mit Geldstrafe bis zu einhundertfünfzig Mark oder mit Haft wird bestraft, wer eine der im § 29 Nr. 1 bis 4 bezeichneten Handlungen aus Fahrlässigkeit begeht.

§ 31.

In den Fällen des § 26 Abs. 1 Nr. 1 ist neben der Strafe auf Einziehung der Getränke oder Stoffe zu erkennen, welche den dort bezeichneten Vorschriften zuwider hergestellt, eingeführt oder in den Verkehr gebracht worden sind, ohne Unterschied, ob sie den Verurteilten gehören oder nicht; auch kann die Vernichtung ausgesprochen werden. In den Fällen des § 28 Nr. 1, 2 und des § 29 Nr. 6 kann auf Einziehung oder Vernichtung erkannt werden.

In den Fällen des § 26 Abs. 1 Nr. 3 ist neben der Strafe auf Einziehung oder Vernichtung der Stoffe zu erkennen, die zum Zwecke der Begehung einer nach den Vorschriften dieses Gesetzes strafbaren Handlung bereitgehalten werden.

Die Vorschriften des Abs. 1, 2 finden auch dann Anwendung, wenn die Strafe gemäß § 73 des Strafgesetzbuchs auf Grund eines anderen Gesetzes zu bestimmen ist. Ist die Verfolgung oder Verurteilung einer bestimmten Person nicht ausführbar, so kann auf die Einziehung selbständig erkannt werden.

§ 32.

Die Vorschriften anderer die Herstellung und den Vertrieb von Wein treffender Gesetze, insbesondere des Gesetzes, betreffend den Verkehr mit Nahrungsmitteln, Genußmitteln und Gebrauchsgegenständen, vom

14. Mai 1879 (RGBl. S. 145), des Gesetzes zum Schutze der Warenbezeichnungen vom 12. Mai 1894 (RGBl. S. 441) und des Gesetzes zur Bekämpfung des unlauteren Wettbewerbes vom 27. Mai 1896 (RGBl. S. 145) bleiben unberührt, soweit nicht die Vorschriften dieses Gesetzes entgegenstehen. Die Vorschriften der §§ 16, 17 des Gesetzes vom 14. Mai 1879 finden auch bei Strafverfolgungen auf Grund der Vorschriften dieses Gesetzes Anwendung.

---

10. Ausführungsbestimmungen zum Weingesetz.

Vom 9. Juli 1909, 20. Juli 1910, 6. Juli 1911, 21. Mai 1914, 27. Juni 1914, 26. November 1914, 22. März 1923, 7. April 1923, 8. November 1923, 6. Juni 1925, in der Fassung vom 1. Dezember 1925 (RGBl. I S. 413).

Artikel 1. (Zu § 3 Absatz 4.)

Die Absicht, Traubenmaische, Most oder Wein zu zuckern, ist nach Maßgabe der beigefügten Muster[1]) schriftlich anzuzeigen; die zuständige Behörde kann die Eintragung in Listen gestatten, die diesen Mustern nachzubilden und an geeigneten Stellen aufzulegen sind.

Für die neue Ernte ist die Anzeige vor Beginn des Zuckerns nach Muster 1 zu erstatten; dabei braucht die Menge der zu zuckernden Erzeugnisse sowie der Zeitpunkt des Zuckerns für die gesamte Ernte vom 1. September des betreffenden Jahres ab nicht angegeben zu werden. Für Wein früherer Jahrgänge ist jeder einzelne Fall des Zuckerns spätestens eine Woche zuvor nach Muster 2 anzuzeigen. (Siehe Fußnote zu § 19.)

1. Die Muster sind hier nicht abgedruckt; siehe am Schlusse dieser Ausführungsbestimmungen.

Artikel 2. (Zu §§ 4, 11, 12.)

Bei der Kellerbehandlung dürfen, unbeschadet der nach § 3 des Gesetzes zulässigen Zuckerung der Traubenmaische, dem Traubenmost oder dem Weine Stoffe irgendwelcher Art nur nach Maßgabe der folgenden Bestimmungen zugesetzt werden.

Gestattet ist:

A. allgemein:

1. die Verwendung von frischer, gesunder, flüssiger Weinhefe (Drusen) oder von Reinhefe, um die Gärung einzuleiten oder zu fördern; die Reinhefe darf nur in Traubenmost oder Wein gezüchtet sein; dabei darf der Wein mit einer kleinen Menge Zucker versetzt und vom Alkohol befreit werden. Der Zusatz der flüssigen Weinhefe darf nicht mehr als zwanzig Raumteile auf eintausend Raumteile der zu vergärenden Flüssigkeit betragen; doch darf diese Hefemenge zuvor in einem Teile des Mostes oder Weines vermehrt werden; dabei darf der Wein mit einer kleinen Menge Zucker versetzt und von Alkohol befreit werden;
2. die Verwendung von frischer, gesunder, flüssiger Weinhefe (Drusen), um Mängel von Farbe oder Geschmack des Weines zu beseitigen. Der Zusatz darf nicht mehr als einhundertundfünfzig Raumteile auf eintausend Raumteile Wein betragen; ein Zusatz von Zucker ist hierbei nicht zulässig;
3. die Entsäuerung mittels reinen, gefällten kohlensauren Kalkes;

4. das Schwefeln mittels folgender Verfahren, sofern hierbei nur kleine Mengen von schwefliger Säure oder Schwefelsäure in die Flüssigkeiten gelangen:
   a) Verbrennen von Schwefel oder Schwefelschnitten mit Ausnahme von gewürzhaltigem Schwefel,
   b) Verwendung von reiner gasförmiger schwefliger Säure,
   c) Verwendung von Lösungen reiner gasförmiger schwefliger Säure in destilliertem Wasser, die mindestens 5 v. H. Schwefeldioxyd enthalten,
   d) Verwendung von technisch reinem Kaliumpyrosulfit, auch in Tablettenform;
5. die Verwendung von reiner gasförmiger oder verdichteter Kohlensäure oder der bei der Gärung von Wein entstehenden Kohlensäure, sofern hierbei nur kleine Mengen des Gases in den Wein gelangen;
6. die Klärung (Schönung) mittels nachgenannter technisch reiner Stoffe:
   a) in Wein gelöster Hausen-, Stör- oder Welsblase,
   b) Gelatine,
   c) Tannin bei gerbstoffarmem Weine bis zur Höchstmenge von 100 Gramm auf 1000 Liter,
   d) Eiweiß,
   e) Käsestoff (Kasein), Milch,
   f) spanischer Erde,
   g) mechanisch wirkender Filterdichtungsstoffe (Asbest, Zellulose und dergleichen);
7. die Verwendung von ausgewaschener Holzkohle und gereinigter Knochenkohle;
8. das Behandeln der Korkstopfen und das Ausspülen der Aufbewahrungsgefäße mit aus Wein gewonnenem Alkohol

oder reinem, mindestens 90 Raumprozente Alkohol enthaltendem Sprit, wobei jedoch der Alkohol nach der Anwendung wieder tunlichst zu entfernen ist; bei dem Versand in Fässern nach tropischen Gegenden auch der Zusatz von solchem Alkohol bis zu einem Raumteil auf einhundert Raumteile Wein zur Haltbarmachung;

9. die Klärung (Schönung) des Weines mittels chemisch reinen Ferrocyankaliums, auch in Verbindung mit den in Nr. 6 unter a bis g genannten Stoffen, sofern der Zusatz so bemessen wird, daß in dem geklärten Weine keine Ferrocyanverbindungen gelöst verbleiben;

B. bei ausländischem Dessertwein (Süd-, Süßwein):

10. der Zusatz von kleinen Mengen gebrannten Zuckers (Zuckercouleur);

11. der Zusatz von aus Wein gewonnenem Alkohol oder reinem mindestens 90 Raumprozente Alkohol enthaltenden Sprit bis zu der im Ursprungslande gestatteten Alkoholmenge;

C bei der Herstellung von Haustrunk (§ 11 des Gesetzes):

12. die Verwendung von Zitronensäure bei der Verarbeitung von getrockneten Weinbeeren außerhalb solcher Betriebe, aus denen Wein gewerbsmäßig in den Verkehr gebracht wird;

Die Landeszentralbehörde kann die Verwendung von Zitronensäure auch bei Verarbeitung von Rückständen der Weinbereitung und für Betriebe zulassen, aus denen Wein gewerbsmäßig in den Verkehr gebracht wird.

13. der Zusatz von Obstmaische und aus Obst bereiteten Getränken.

Artikel 8. (Zu §§ 10, 16.)

Die nachbezeichneten Stoffe:

lösliche Aluminiumsalze (Alaun und dergleichen), Ameisensäure, Baryumverbindungen, Benzoësäure, Borsäure, Eisencyanverbindungen (Blutlaugensalze), jedoch mit Ausnahme von chemisch reinem Ferrocyankalium zur Klärung (Schönung), sofern der Zusatz so bemessen wird, daß in den geklärten Getränken keine Ferrocyanverbindungen gelöst verbleiben, Farbstoffe, mit Ausnahme von kleinen Mengen gebrannten Zuckers (Zuckercouleur), Fluorverbindungen, Formaldehyd und solche Stoffe, die bei ihrer Verwendung Formaldehyd abgeben, Glyzerin, Kermesbeeren, Magnesiumverbindungen, Oxalsäure, Salizylsäure, unreiner (freien Amylalkohol enthaltender) Sprit, unreiner Stärkezucker, Stärkesirup, Strontiumverbindungen, Wismutverbindungen, Zimtsäure, Zinksalze, Salze und Verbindungen der vorbezeichneten Säuren sowie der schwefligen Säure (Sulfite und dergleichen), jedoch mit Ausnahme von technisch reinem Kaliumpyrosulfit, auch in Tablettenform, sofern durch seine Verwendung nur kleine Mengen von schwefliger Säure oder Schwefelsäure in die Flüssigkeit gelangen,

dürfen bei der Herstellung der im § 10 des Gesetzes bezeichneten dem Weine ähnlichen Getränke, von weinhaltigen Getränken, deren Bezeichnung die Verwendung von Wein andeutet, oder von Schaumwein nicht verwendet werden.

Bei der Herstellung von dem Weine ähnlichen Getränken aus Malzauszügen ist außerdem die Verwendung von Zucker und Säuren jeder Art, ausgenommen Tannin als Klärmittel, sowie von zuckerhaltigen und säurehaltigen Stoffen untersagt. Nur bei Getränken, die Dessertweinen ähnlich sind und mehr als 10 Gramm Alkohol in 100 Kubikzentimeter Flüssigkeit enthalten, ist der Zusatz von Zucker gestattet; doch darf das Gewicht des Zuckers nicht mehr als das 1,8 fache des Malzes betragen. Wasser darf höchstens in dem Verhältnis von zwei Gewichtsteilen Wasser auf ein Gewichtsteil Malz verwendet werden; soweit der Zusatz von Zucker zugelassen ist, wird das Gewicht des Zuckers dem des Malzes zugerechnet.

Artikel 4. (Zu § 13.)

Traubenmaische, Traubenmost oder Wein ausländischen Ursprunges, die den Vorschriften des § 4 des Gesetzes nicht entsprechen, werden zum Verkehre zugelassen, wenn sie den für den Verkehr innerhalb des Ursprungslandes geltenden Vorschriften genügen.

Vom Verkehr ausgeschlossen bleiben jedoch:

a) roter Wein, mit Ausnahme von Dessertwein, desgleichen Traubenmost oder Traubenmaische zu rotem Weine, deren Gehalt an Schwefelsäure in einem Liter Flüssigkeit mehr beträgt, als zwei Gramm neutralen schwefelsauren Kaliums entspricht;

b) Traubenmaische, Traubenmost oder Weine, die einen Zusatz von Alkalikarbonaten (Pottasche oder dergleichen), von organischen Säuren oder deren Salzen (Weinsäure, Zitronensäure, Weinstein, neutrales weinsaures Kalium oder dergleichen) oder eines der in den Bestimmungen zu § 10 des Gesetzes genannten Stoffe erhalten haben;

c) Dessertwein, der unter Verwendung von Rosinen oder Zucker hergestellt worden ist.

Artikel 5. (Zu § 14.)

Traubenmaische, Traubenmost oder Wein dürfen nur über bestimmte Zollämter eingeführt werden. Die Reichsregierung bezeichnet mit Zustimmung des Reichsrats die Ämter sowie diejenigen Zollstellen, bei welchen die Untersuchung von Traubenmaische, Traubenmost oder Wein stattfinden kann.

Die aus dem Ausland eingehenden Sendungen unterliegen bei der Einfuhr einer amtliche Untersuchung unter Mitwirkung der Zollbehörden. Die Kosten der Untersuchung einschließlich der Versendung der Proben hat der Verfügungsberechtigte zu tragen.

Die Untersuchung ist staatlichen Fachanstalten oder besonders hierzu verpflichteten geprüften Nahrungsmittelchemikern zu übertragen. Ausnahmsweise kann sie auch anderen Personen übertragen werden, welche genügend Kenntnisse und Erfahrung besitzen.

Das Ergebnis der Untersuchung ist der Zollstelle alsbald schriftlich mitzuteilen. Nur die etwaige Beanstandung ist ausführlich zu begründen.

Soweit die Sendung beanstandet wird, ist sie durch die Zollbehörde von der Einfuhr zurückzuweisen. Dem Verfügungsberechtigten, der unter Angabe des Grundes alsbald zu benachrichtigen ist, steht frei, innerhalb dreier Tage nach Empfang der Nachricht bei der die Zurückweisung verfügenden Zollstelle die Entscheidung einer von der Reichsregierung hierfür zu bezeichnenden höheren Verwaltungsbehörde zu beantragen. Diese Behörde entscheidet endgültig.

Von der Untersuchung befreit sind.

a) Sendungen im Einzelrohgewicht von nicht mehr als 5 kg;

b) Wein in Flaschen (Fläschchen), wenn nach den Umständen nicht zu bezweifeln ist, daß er nur als Muster zu dienen bestimmt ist;

c) Wein in Flaschen (Fläschchen), sofern das Gewicht des in einem Packstück enthaltenen Weines einschließlich seiner unmittelbaren Umschließung nicht mehr als 10 kg beträgt. Ist Wein, von dem mehrere Arten gleichzeitig in einer

Sendung eingehen, nachweislich nicht zum gewerbsmäßigen Absatz bestimmt, so dürfen auch bei einem höheren Gewichte diejenigen Weinarten von der Untersuchung freigelassen werden, von denen nicht mehr als $2^1/_4$ Liter eingehen;

d) Mengen von nicht mehr als 10kg Rohgewicht, die im kleinen Grenzverkehr eingehen;

e) zur Verpflegung von Reisenden, Fuhrleuten oder Schiffern während der Reise mitgeführte Mengen;

f) Erzeugnisse, die als Umzugsgut eingehen und nicht zum gewerbsmäßigen Absatz bestimmt sind;

g) zur unmittelbaren Durchfuhr bestimmte Sendungen.

Die Untersuchung kann unterbleiben, wenn die Einfuhrfähigkeit einer Sendung durch das Zeugnis einer wissenschaftlichen Anstalt des Ursprungslandes nachgewiesen wird, deren Berechtigung zur Ausstellung solcher Zeugnisse durch die Reichsregierung anerkannt ist.

Auch ohne solches Zeugnis kann ausnahmsweise bei hochwertigem Weine in Flaschen von der Untersuchung abgesehen werden, wenn die Einfuhrfähigkeit auf andere Weise glaubhaft gemacht wird

Im übrigen wird das Verfahren bei der Einfuhr und der Untersuchung durch die Weinzollordnung geregelt

Artikel 6. (Zu § 16.)

Bei der Herstellung von Weinbrand dürfen nur die nachbezeichneten Stoffe verwendet werden:

1 Weindestillate, denen die den Weinbrand kennzeichnenden Bestandteile des Weines nicht entzogen worden sind und die in 100 Raumteilen nicht mehr als 86 Raumteile Alkohol enthalten,

2. reines destilliertes Wasser,

3. technisch reiner Rüben- oder Rohrzucker in solcher Menge, daß der Gesamtgehalt an Zucker, einschließlich des durch sonstige Zusätze hineingelangenden (als Invertzucker berechnet), in 100 Kubikzentimeter des gebrauchsfertigen Weinbrands bei 15° C nicht mehr als 2 Gramm beträgt,
4. gebrannter Zucker (Zuckercouleur), hergestellt aus technisch reinem Rüben- oder Rohrzucker,
5. im eigenen Betriebe durch Lagerung von Weindestillat (Nr. 1) auf Eichenholz oder Eichenholzspänen auf kaltem Wege hergestellte Auszüge,
6. im eigenen Betriebe durch Lagerung von Weindestillaten (Nr. 1) auf Pflaumen, grünen (unreifen) Walnüssen oder getrockneten Mandelschalen auf kaltem Wege hergestellte Auszüge, jedoch nur in so geringer Menge, daß die Eigenart des verwendeten Weindestillats dadurch nicht wesentlich beeinflußt wird,
7. Dessertwein (Süd-, Süßwein), der keinen Zusatz von anderem als ausschließlich aus Wein gewonnenem Alkohol enthält, jedoch nur in solcher Menge, daß in 100 Raumteilen des gebrauchsfertigen Weinbrands nicht mehr als ein Raumteil Dessertwein enthalten ist,
8. mechanisch wirkende Filterdichtungsstoffe (Asbest, Zellulose oder dergl.),
9. gereinigte Knochenkohle, technisch reine Gelatine und Hausenblase,
10. Sauerstoff.

Artikel 7. (Zu § 17.)

Schaumwein und ihm ähnliche Getränke, die gewerbsmäßig verkauft oder feilgehalten werden, sind wie folgt zu kennzeichnen:

a) Bei Schaumwein muß das Land, in dem der Wein auf Flaschen gefüllt ist, in der Weise kenntlich gemacht werden, daß auf den Flaschen die Bezeichnung

Deutscher Schaumwein,
Französischer Schaumwein,
Luxemburgischer Schaumwein

usw. angebracht wird. An Stelle der Bezeichnung „Schaumwein" kann auch das Wort „Sekt" treten.

b) Bei Schaumwein, dessen Kohlensäuregehalt ganz oder teilweise auf einem Zusatz fertiger Kohlensäure beruht, sind der unter a vorgeschriebenen Bezeichnung die Worte

Mit Zusatz von Kohlensäure

hinzuzufügen.

c) Bei den dem Schaumwein ähnlichen Getränken sind die zur Herstellung verwendeten dem Weine ähnlichen Getränke in der Weise kenntlich zu machen, daß auf den Flaschen in Verbindung mit dem Worte Schaumwein eine die benutzte Fruchtart erkennbar machende Bezeichnung, wie Apfel-Schaumwein, Johannisbeer-Schaumwein, angebracht wird.

An Stelle dieser Bezeichnungen können die Worte Frucht-Schaumwein, Obst-Schaumwein, Beeren-Schaumwein treten.

d) Die unter a, b vorgeschriebenen Bezeichnungen müssen in schwarzer Farbe auf weißem Grunde deutlich und nicht verwischbar auf einem mit der Hauptinschrift zusammenhängenden Streifen in lateinischer Schrift aufgedruckt sein. Die Schriftzeichen auf dem Streifen müssen bei Flaschen, welche einen Raumgehalt von 425 oder mehr Kubikzentimeter haben, mindestens 0,5 Zentimeter hoch und so breit sein, daß im Durchschnitt je 10 Buchstaben eine Fläche von mindestens 3,5 Zentimeter Länge einnehmen. Die Inschrift darf, falls sie einen Streifen von mehr als 10 Zentimeter Länge beanspruchen würde, auf zwei Zeilen verteilt werden. Die Worte „Mit Zusatz vorn Kohlensäure" sind stets auf die zweite Zeile zu setzen. Der Streifen, der eine weitere Inschrift nicht tragen darf, ist gegen die Hauptinschrift durch einen mindestens 1 Millimeter breiten Strich deutlich abzugrenzen.

e) Die unter c vorgeschriebene Bezeichnung ist in deutlichen Schriftzeichen von mindestens der unter d angegebenen Größe auf der Hauptinschrift der Flasche oder auf einem mit dieser zusammenhängenden Streifen so anzubringen, daß sie sich von anderen Angaben auf dieser Inschrift (Firma, Sortennamen und dergleichen) sowie von etwa angebrachten Verzierungen deutlich abhebt.

Artikel 8. (Zu § 18.)

Kognak oder anderer Weinbrand, der in Flaschen gewerbsmäßig verkauft oder feilgehalten wird, ist nach dem Lande, in dem er fertiggestellt ist, als

Deutscher, Französischer usw. Weinbrand,

Weinbrandverschnitt als

Deutscher, Französischer usw. Weinbrandverschnitt

zu bezeichnen.

Hat im Ausland hergestellter Weinbrand oder Weinbrandverschnitt in Deutschland lediglich einen Zusatz von destilliertem Wasser erhalten, um unbeschadet der Vorschrift des § 18 Absatz 5 des Gesetzes den Alkoholgehalt auf die übliche Trinkstärke herabzusetzen, so ist er als

Französischer usw. Weinbrand (Weinbrandverschnitt) in Deutschland fertiggestellt

zu bezeichnen.

Die Bezeichnung muß bei Weinbrand in schwarzer, bei Weinbrandverschnitt in roter Farbe auf weißem Grunde deutlich und nicht verwischbar auf einem bandförmigen Streifen in lateinischer Schrift aufgedruckt sein. Die Schriftzeichen müssen bei Flaschen, welche einen Raumgehalt von 350 Kubikzentimeter oder mehr haben, mindestens 0,5 Zentimeter hoch und so breit sein, daß im Durchschnitte je 10 Buchstaben eine Fläche von mindestens 3,5 Zentimeter Länge einnehmen. Die Inschrift darf, falls sie einen Streifen von mehr als 10 Zentimeter Länge beanspruchen würde, auf zwei Zeilen verteilt werden. Der Streifen, der eine weitere Inschrift nicht tragen darf, ist an einer in die Augen fallenden Stelle der Flasche, und zwar gegebenenfalls zwischen dem den Flaschenkopf bedeckenden Überzug und der die Bezeichnung der Firma enthaltenden Inschrift, dauerhaft zu befestigen. Wird der Streifen im Zusammenhange mit dieser oder einer anderen Inschrift hergestellt, so ist er gegen diese mindestens durch einen 1 Millimeter breiten Strich deutlich abzugrenzen.

Artikel 9. (Zu § 19).

Wer durch § 19 des Gesetzes verpflichtet ist, Bücher zu führen, hat sich hierbei sowie bei allen mit der Buchführung zusammenhängenden Aufzeichnungen der deutschen Sprache zu bedienen. Die Landeszentralbehörde kann die Verwendung einer anderen Sprache gestatten

Die Bücher müssen gebunden und Blatt für Blatt oder Seite für Seite mit fortlaufenden Zahlen versehen sein. Die Zahl der Blätter oder Seiten ist vor Beginn des Gebrauchs auf der ersten Seite des Buches anzugeben. Ein Blatt aus dem Buche zu entfernen ist verboten.

An Stellen, die der Regel nach zu beschreiben sind, dürfen keine leeren Zwischenräume gelassen werden. Der ursprüngliche Inhalt einer Eintragung darf nicht mittels Durchstreichens oder auf andere Weise unleserlich gemacht, es darf nichts radiert, auch dürfen solche Veränderungen nicht vorgenommen werden, deren Beschaffenheit es ungewiß läßt, ob sie bei der ursprünglichen Eintragung oder erst später gemacht worden sind.

Die Bücher und Belege sind sorgfältig aufzubewahren und auf Verlangen jederzeit den nach § 21 des Gesetzes zur Kontrolle berechtigten Beamten oder Sachverständigen vorzulegen. Sind die Geschäftsräume von den Kellereien oder sonstigen Lagerräumen getrennt, so sind die Bücher auf Verlangen auch in den zu kontrollierenden Räumen vorzulegen.

Im einzelnen ist den Vorschriften des Gesetzes nach den den Mustern A *) bis G beigefügten Anweisungen mit folgender Maßgabe zu genügen:

Es haben Buch zu führen:

a) Winzer, die in der Hauptsache eigenes Gewächs in den Verkehr bringen, auch wenn sie nach Erfordernis im Inlande gewonnene Trauben oder Traubenmaische zum Keltern zukaufen, nach Muster A.

Winzer, die im Durchschnitte der Jahre bei einer Ernte mehr als 30000 Liter Traubenmost einlegen, daneben auch nach Muster C oder D, jedoch jedenfalls nach Muster C, wenn sie mehr als 10000 Liter Traubenmost oder Wein einer Ernte zuckern;

b) Schankwirte, die ausschließlich für den eigenen Bedarf oder Ausschank im Inlande gewonnene Trauben keltern, auch wenn sie nicht zu den Winzern gehören, sofern die im Durchschnitte der Jahre hergestellte Menge 3000 Liter nicht übersteigt, nach Muster A; *)

c) Schankwirte, Lebensmittelhändler, Krämer und sonstige Kleinverkäufer, die Traubenmost oder Wein nur in fertigem Zustande beziehen und unverändert wieder abgeben, nach Muster F;

---

*) Die Muster finden sich in Lebbin, Weingesetz vom 7. April 1909, Nr. 65 der Guttentagschen Sammlung Deutscher Reichsgesetze, wo auch die übrigen Formulare, betreffend Wein usw., abgedruckt sind.

d) Geschäftsvermittler über die von ihnen vermittelten Geschäfte nach Muster E.

Geschäftsvermittler, die für Rechnung ihrer Auftraggeber Traubenmaische, Traubenmost oder Wein einlegen oder behandeln, haben hierüber in gleicher Weise wie über eigene Geschäfte Buch zu führen;

e) Weinhändler, Winzergenossenschaften oder andere Gesellschaften, auch wenn sie nur die Erzeugnisse ihrer Mitglieder verwerten, endlich alle übrigen zur Buchführung Verpflichteten, soweit nicht die Vorschriften unter a bis d etwas anderes ergeben, nach Muster B und daneben nach Muster C oder D, jedenfalls jedoch nach Muster C, wenn sie Traubenmaische, Traubenmost oder Wein zuckern;

f) alle zur Buchführung Verpflichteten über den Bezug und die Verwendung von Zucker oder anderen für die Kellerbehandlung des Weines oder zur Herstellung von Haustrunk bestimmten Stoffen (§ 19 Abs. 1 Nr. 2 des Gesetzes) nach Muster G.

Die bei dem Inkrafttreten des Gesetzes vorhandenen Bestände sind längstens bis zum 1. Oktober 1909 in den Büchern vorzutragen. Mit Rücksicht auf die Vorschrift des § 34 Absatz 3 des Gesetzes ist bei Getränken, soweit sich dies nicht aus dem Eintrag ohne weiteres ergibt, in der Spalte für Bemerkungen anzugeben, wann sie hergestellt sind.

Den zur Buchführung Verpflichteten ist gestattet, nach Bedarf ihrer Betriebe die Bücher auch zu anderen, in dem Vordrucke der Muster nicht vorgesehenen geschäftlichen Aufzeichnungen zu benutzen und den Vordruck entsprechend zu ergänzen, soweit es unbeschadet der Übersichtlichkeit geschehen kann.

Für Lager unter Zollverschluß ersetzt die von der Zollbehörde angeordnete und überwachte Buchführung die Buchführung nach Muster B, C, D.

Die Verwendung der Muster A bis G darf außerdem unterbleiben, wenn die vorgeschriebenen Angaben in Bücher anderer Form eingetragen werden, die nach den Grundsätzen ordnungsmäßiger Buchführung geführt werden, doch sind die Muster zu verwenden, wenn die von der Landeszentralbehörde hierfür bestimmte Behörde festgestellt hat, daß die geführten Bücher keine genügende Übersicht gewähren. Die Behörde entscheidet hierüber auf Anrufen des Betriebsinhabers oder des nach § 21 Absatz 2 des Gesetzes zur Kontrolle bestellten Sachverständigen endgültig.

---

11. Erläuternde Erlasse zum Weingesetz.

a) Erl. d. Preuß. Min. d. Innern, betr. Unzulässigkeit der Bezeichnung „Deutscher Burgunder". Vom 20. März 1912.

Über die Frage, ob die Bezeichnung „Deutscher Burgunder" für einen Wein, der aus in Deutschland gewachsenen Trauben der Burgunder Rebe gewonnen ist, zulässig sei, hat sich der Herr Reichskanzler, Reichsamt des Innern, folgendermaßen geäußert: Als „Burgunder" oder „Burgunderwein" bezeichnet man allgemein die einen Weltruf genießenden Weine aus dem ehemaligen Herzogtum Burgund, besonders die Weine von den Hängen der Côte d'Or. Die Bezeichnung „Burgunder" ist also eine geographische Bezeichnung. Im gewerbsmäßigen Verkehr mit Wein dürfen aber geographische Bezeichnungen nach § 6 des Weingesetzes nur zur Kennzeichnung der Herkunft verwendet werden. Die Benennung eines deutschen Weines als „Burgunder" oder „Burgunderwein" ist deshalb unzulässig und nach § 28 Nr. 2 des Weingesetzes strafbar. Durch den Zusatz „deutsch" wird dem Namen „Burgunder" der Charakter als geographische Herkunftsbezeichnung nicht genommen. Die Bezeichnung „Deutscher Burgunder" scheint darum, von ihrem irreführenden Widersinn ganz abgesehen, für deutschen Wein als ebensowenig zulässig wie die einfache Bezeichnung „Burgunder" Dieselbe Auffassung vertritt das Bayrische

Oberste Landesgericht, das in einem ähnlichen Falle durch Urteil vom 17. Oktober 1911 entschieden hat, daß ein Wein, der in Griechenland von Reben gewonnen wurde, die aus Malaga dorthin verpflanzt worden waren, nicht die Bezeichnung „Griechischer Malaga" tragen dürfe.

Ebenso hat das Reichsgericht in einem Urteil vom 18. Mai 1911 (Entsch.Str. **45** 143) ausgesprochen, daß die Strafbestimmungen in §§ 6, 26 Absatz 1 des Weingesetzes auf solchen Traubenmost Anwendung fänden, der unter der Herkunftsbezeichnung „Tokajer" (Entsch.Str. **40** 288) in den Verkehr gebracht wird, aber nicht aus dem ungarischen Weingebiete Tokaj stammt, sondern aus Trauben gewonnen wurde, die in Rheinhessen gewachsen sind und dort „Tokajer Trauben" genannt werden.

Von dem hier behandelten Fall der Benennung des Weines verschieden ist es, wenn zur Kennzeichnung der Eigenart des Erzeugnisses einer einwandfreien geographischen Herkunftsbezeichnung der Name der Rebsorte beigefügt wird, aus der der Wein gewonnen wurde. Eine solche Angabe würde mit dem Weingesetz auch dann nicht in Widerspruch stehen, wenn die Rebsorte nach ihrer wirklichen oder vermeintlichen Heimat benannt ist, vorausgesetzt allerdings, daß diese Angabe in einer Weise angebracht wird, daß die Mißdeutung, als handle es sich um die Herkunft des Weines, vermieden bleibt. (Vgl. auch die Bestimmungen des Friedensvertrages, Art. 274, 275.)

b) Preuß. Min.Erl., betr. den Gehalt der Weine an schwefliger Säure.

Vom 30. August 1912.

Nach den Ausführungsbestimmungen zu §§ 4, 11, 12 des Weingesetzes Ziffer 4 ist das Schwefeln der Fässer gestattet, sofern hierbei nur kleine Mengen von schwefliger Säure oder Schwefelsäure in die Flüssigkeiten gelangen. Gewürzhaltiger Schwefel darf nicht verwendet werden.

Gelegentlich der am 28. und 29. September v. Js. in Bad Neuenahr abgehaltenen Beratungen der Kommission für die amtliche Weinstatistik wurde die gesetzliche Festsetzung einer Grenzzahl für den Gehalt der Weine an schwefliger Säure eingehend besprochen. Die Besprechung hat zu folgenden Vorschlägen geführt, die die Zustimmung der überwiegenden Mehrheit der Versammlung fanden.

1. Die Höchstmenge für den zulässigen Gehalt der deutschen Konsumweine an schwefliger Säure ist festzusetzen auf 200 mg gesamte und 50 mg freie schweflige Säure im Liter.

2. Nur Konsumweine, die in den Verkehr gelangen, sollen von dieser Regelung betroffen werden.

3. Als Konsumweine sind diejenigen Weine anzusehen, deren Alkoholgehalt vermehrt um die dem noch vorhandenen unvergorenen Zucker entsprechende Alkoholmenge nicht mehr beträgt als 10 g in 100 ccm Wein.

4. Für Weine mit höherem Alkoholgehalt (Hochgewächse, Ausleseweine und dergl.), für Ausschankweine (d. h. im offenen Anbruch liegende Weine) sowie für ausländische Weine ist vorerst von einer Begrenzung des Gehalts an schwefliger Säure abzusehen, da die bisherigen Erhebungen für eine Entscheidung hierüber nicht ausreichen.

5. Von einer Begrenzung des Gehalts der schwefligen Säure in Traubenmosten und Traubenmaischen ist abzusehen.

c) Preuß. Min.Erl., betr. Medizinalwein, Blutwein oder dergl. Vom 24. September 1912.

Ein Begriff „Medizinalwein", „Medizinalsüßwein" u. dergl. wird von seiten der Wissenschaft nicht anerkannt, sodaß sich also eine wissenschaftliche Begriffsbestimmung für derartige Weine nicht geben läßt. Nachdem sich die Bezeichnungen aber seit einer Reihe von Jahren eingebürgert haben, können sie als zulässig angesehen werden bei konzentrierten ungezuckerten Süßweinen von besonderer Güte und Reinheit, die nach Herstellung und Beschaffenheit dem deutschen Weingesetz und den im Ursprungslande geltenden gesetzlichen Vorschriften entsprechen. Die Ansicht entspricht auch den auf der 16. Jahresversammlung der Freien Vereinigung bayerischer Vertreter der angewandten Chemie 1897 gefaßten Beschlüssen.

Der Name „Blutwein", mag er auch ursprünglich von der Farbe des Weines herrühren, erweckt im Verkehr die Annahme, daß der Wein besondere blutbildende oder blutverbessernde Eigenschaften besitzt. Da solche Eigenschaften keinem Weine mit Sicherheit beigelegt werden können, muß die Bezeichnung als auf Täuschung berechnet und zur Irreführung der Käufer geeignet angesehen werden. Im Interesse der Verbraucher und des einwandfreien Weinhandels ist demnach dem Gebrauche von Bezeichnungen wie „Blutwein" und ähnlichen („Kraftwein" und dergl.) entgegenzutreten.

d) Erl. d. Preuß. Min. d. Innern, betr. die sogenannten Gewürzgetränke (Kunstweine). Vom 19. Februar 1913.

Die namentlich in Teilen Ostdeutschlands verbreiteten sogenannten Gewürzgetränke sind nicht einheitlicher Art; daher lassen sich auch nicht einheitliche Grundsätze für ihre Beurteilung aufstellen, vielmehr ist Prüfung jedes Einzelfalles nötig. Sofern die Getränke nach ihrer Beschaffenheit (Aussehen, Geruch, Geschmack) Wein vortäuschen können, sind sie als verbotene Nachahmung von Wein zu betrachten. Daran ändert auch nichts eine etwaige Bezeichnung der Getränke als Liköre oder mit Phantasienamen, die das Wort Wein vermeiden. Unterscheiden sie sich jedoch durch ihre Eigenschaften, z. B. durch einen ausgesprochenen Gewürzgeschmack, deutlich von Wein, so sind sie nicht als Nachahmungen von Wein anzusehen.

Das bayerische Ministerium gab folgenden

e) Erlaß d. Reichsamts d. Innern, betr. ähnliche Fasson-Süßweine u. -Likörweine deutscher Herkunft (Muscat Lunel, Roussillon usw.),
bekannt. (Datum fehlt):

Der § 9 des Weingesetzes vom 7. April 1909 verbietet, Wein nachzumachen. Er unterscheidet nicht zwischen einheimischem oder ausländischem Weine und bewilligt auch keine Ausnahme für Dessertwein. Der Begriff des Nachmachens ist in den Erläuterungen zu § 7 des Gesetzentwurfs (Drucksachen des Reichstags Nr. 987/1908) erörtert; *ob er auf die Herstellung eines Getränkes zutrifft, ist eine Tatfrage, die, wenn sich ein Anlaß ergibt, im einzelnen Falle vom Richter zu entscheiden ist.* Der Name, unter dem das Getränk in den Verkehr kommt, ist dabei nicht ausschlaggebend, wird aber unter Umständen einen Fingerzeig enthalten, um die Absicht des Verfertigers zu beurteilen. Der Gebrauch eines Weinnamens wird die Annahme nahelegen, daß es auf Nachmachen von Wein abgesehen sei; das Beiwort „Likör" wird diese Annahme nicht ausschließen, das Beiwort „Fasson“ sie eher verstärken als abschwächen. Die Wünsche des Fränkischen Weinhändlerverbandes sind in der Reichstagskommission für das Weingesetz zur Sprache gekommen. Ein zu ihren Gunsten gestellter Antrag hat aber keine Unterstützung gefunden und ist vom Antragsteller selbst wieder zurückgezogen worden. Vgl. Bericht der XXXI. Kommission zu § 8 des Entwurfs (Drucksachen des Reichstags Nr. 1238/1909 S. 39).

f) Erl. d. Preuß. Min. d. Innern, betr. Unzulässigkeit von Bezeichnungen wie „Portil“, „Red Port“ *) usw. für andere als aus dem Dourogebiete stammende Weine.

Vom 8. Juli 1913.

Bei verschiedenen Behörden und Weinkontrolleuren scheint noch die Meinung verbreitet zu sein, daß Bezeichnungen wie „Portil“, „Red Port“, „White Port“, „Royal Port“, „Portoletta“ für andere als aus dem Dourogebiete stammende Weine nicht zu beanstanden seien, sofern die Art der Anbringung keinen Irrtum über die Herkunft des Weines zulasse. Solche Bezeichnungen verstoßen indessen, selbst wenn jede Täuschung des Publikums als ausgeschlossen gelten kann, gegen Sinn und Wortlaut der Ziffer 4 des Schlußprotokolls zu Artikel 4 und 5 des deutsch-portugiesischen Handelsvertrags (RGBl. 1910 S. 696): . . . . (Vgl. die Anmerkung.)

Gegenüber dieser mit Gesetzeskraft ausgestatteten Vorschrift kommt es nicht in Betracht, ob eine Bezeichnung der besprochenen Art etwa in die Zeichenrolle des Patentamtes eingetragen ist. Dabei macht es auch keinen Unterschied, ob die Eintragung vor oder nach dem Inkrafttreten des Weingesetzes und des deutsch-portugiesischen Handelsvertrags stattgefunden hat.

Ich ersuche ergebenst, die Nahrungsmitteluntersuchungsämter, hauptberuflichen Weinkontrolleure und sonstigen beteiligten Stellen gefälligst in geeigneter Weise hierauf aufmerksam zu machen.

---

*) Vgl. hierzu die königlich portugiesische Verordnung v. 27. Nov. 1908 (S. 110) und die zutreffenden Bestimmungen des Schlußprotokolls zum deutsch-portugiesischen Handels- und Schiffahrtsvertrag (S. 112).

g) Gebrauch der Namen Porto, Madeira oder ähnlicher Bezeichnungen im Weinhandel.*)

Der Reichskanzler. Berlin, den 6. Dezember 1913.
(Reichsamt des Innern.)
III B 6166, 2. August.

An den Zentralverband der Weinhändler Norddeutschlands E. V. in Berlin W 9, Linkstraße 31.

Wie bekannt, wird in Ziffer 4 des Schlußprotokolls zu Artikel 4 und 5 des deutsch-portugiesischen Handelsvertrags (RGBl. 1910 S. 679) folgendes bestimmt: . . . (Siehe den Text S. 112.)

Hat sich auch der Weinhandel dieser Bestimmung im allgemeinen angepaßt, so fühlt sich doch die portugiesische Regierung dadurch beschwert, daß das mit Gesetzeskraft ausgestattete Abkommen vereinzelt immer noch verletzt wird. Neben zweifellos gesetzwidrigen und strafbaren Bezeichnungen handelt es sich dabei um Angaben wie Portwein- (Madeira-) Art, Ersatz für Portwein (Madeira) und ähnlichen auf Etiketten und in Preislisten. Die Rechtsfrage will ich nicht erörtern, da sie erschöpfend nur im einzelnen Falle gewürdigt werden kann. Es unterliegt aber keinem Zweifel, daß derartige Anpreisungen, je nach der Art, wie sie angebracht sind, irreführen können, und daß sie jedenfalls an die Mißbräuche früherer Zeiten anklingen.

Ich sollte meinen, daß gute Ware anderer Herkunft — und nur um solche kann es sich handeln, wenn die Angaben der Wahrheit entsprechen sollen — ohne Hinweis auf ihre Ähnlichkeit mit Port- oder Madeirawein Käufer finden, und daß es auch vom geschäftlichen Standpunkt aus nicht gerechtfertigt ist, nach derlei Aushilfen zu greifen. Dem Zentralverbande möchte ich darum nahelegen, auf seine Mitglieder dahin einzuwirken, daß sie das künftig unterlassen. Sie werden dadurch sich selbst vor Beanstandungen schützen, die auch, wenn sie nicht zu Bestrafung führen, lästig sind, und gleichzeitig der Reichsregierung die Erörterungen über wirkliche oder angebliche Verletzungen des deutsch-portugiesischen Handelsvertrags ersparen.

Ihrer gefälligen Äußerung, ob Sie bereit sind, in diesem Sinne zu wirken, sehe ich ergebenst entgegen.

---

*) Vgl. hierzu den deutsch-portugiesischen Handelsvertrag v. 30. Dez. 1908 und die königlich portugiesische Verordnung v. 27. Nov. 1908, S. 110 u. 112.

Das gleiche Ersuchen geht an den Bund südwestdeutscher Weinhändlervereine in Mainz und an den Bund westdeutscher Weinhändlervereine in Köln.

h) Erl. d. Preuß. Min. d. Innern, betr. die Herstellung von Wermutwein in Italien.

Vom 17. Februar 1914.

Unter Bezug auf den Erlaß vom 11. Januar 1913 teile ich nachfolgend eine amtlich eingeholte Auskunft des Königlich Italienischen Ministeriums für Ackerbau, Industrie und Handel über die Bereitung des für die Ausfuhr nach Deutschland bestimmten Wermutweines zur gefälligen Kenntnisnahme und mit dem ergebenen Ersuchen mit, den Nahrungsmitteluntersuchungsämtern und hauptberuflichen Weinkontrolleuren des Bezirks hiervon gleichfalls gefälligst Kenntnis zu geben.

„In Italien wird Wermut aus unverfälschten und alkoholreichen Weißweinen hergestellt. Es ergibt sich mithin selten die Notwendigkeit, zu einem Alkoholzusatz zu schreiten. Man süßt den genannten Wein mit Rohrzucker, welchen man in dem Wein selbst sich auflösen läßt oder in einer nur gerade zur Auflösung unbedingt erforderlichen Menge Wasser. Der Wasserzusatz ist mithin auf jeden Fall sehr gering.

Darauf geht man dazu über, gewürzreiche und bittre Substanzen zuzusetzen, die dazu dienen, dem Wein das Aroma des Wermuts und seinen besonderen Geschmack zu geben. Die so gewonnene Flüssigkeit erfährt dann die gewöhnliche Kellerbehandlung, wie Abklärungen, Filtrationen, bis sie den gewünschten Grad der Ablagerung erreicht hat."

i) Erl. d. Preuß. Min. f. Volkswohlfahrt, f. Landwirtschaft usw., betr. das Möslingersche Weinschönungsmittel Ferrozyankalium.

Vom 15. Januar 1924.

(Min.Bl. d. Handels- u. Gewerbeverwaltung S. 39.)

Nach der Verordnung zur Änderung der Ausführungsbestimmungen zum Weingesetz vom 8. November 1923 (RGBl. I S. 1084) ist die Klärung (Schönung) des Weines mittels chemisch reinen Ferrozyankaliums nur dann gestattet, wenn der Zusatz so bemessen wird, daß in dem geklärten Weine keine Ferrozyanverbindungen gelöst verbleiben. Damit wird jedem, der das neue Verfahren anwenden will, zur Pflicht gemacht, sich von der Beschaffenheit des geklärten Weines zu überzeugen und, wenn er selbst hierzu nicht in der Lage ist, die Hilfe sachverständiger Stellen in Anspruch zu nehmen. Darüber hinaus die Anwendung des Verfahrens, was neuerdings vorgeschlagen wurde, von einer behördlichen Anmeldung abhängig zu machen, erschien praktisch schwer durchführbar und insofern auch nicht erforderlich, als die Eigenart des neuen Verfahrens schon dazu zwingt, sich bei seiner Anwendung des Rates erfahrener Sachverständiger zu bedienen. Aus diesem Grunde dürfte auch die von dem Vorstand eines chemischen Untersuchungsamts geäußerte Befürchtung, daß nach Zulassung des Verfahrens dem der Schönung bedürftigen Weine Ferrozyankalium nach Gutdünken zugesetzt werde, kaum zutreffen.

Sollte in einzelnen Fällen ein Überschuß von Ferrozyankalium in dem geschönten Wein verblieben sein, so kommt es für die gesundheitliche Beurteilung des betreffenden Weines wesentlich auf die Menge des darin enthaltenen Ferrozyankalium an. Nimmt man z. B. an, es würden einem Wein 10 Gramm Ferrozyankalium auf 1000 Liter mehr zugesetzt, als äußerst zulässig wäre, so würden in einem Liter dieses Weines unter den ungünstigsten Voraussetzungen, d. h. bei längerem starken Erhitzen, im Höchstfalle etwa 2 Milligramm Blausäure auftreten können. Um in einem Liter Wein die tödliche Dosis von etwa 60 Milligramm freier Blausäure (vgl. Authenrieth, Die Auffindung der Gifte, 1923, S. 37) zu erreichen, müßten entsprechend größere Mengen überschüssigen Ferrozyankaliums vorhanden sein. Hierzu ist jedoch zu bemerken, daß Weine mit einem derart starken Überschuß an gelöst bleibendem Ferrozyankalium zunächst schon durch ihren fremdartigen Geschmack auffallen und kaum noch verkäuflich sein würden. Weiter ist im Reichsgesundheitsamt die Beobachtung gemacht worden, die gegenwärtig durch eingehende Versuche nachgeprüft wird, daß mit Ferrozyankalium überschönte Weine nicht klar bleiben, sondern sich nach einiger Zeit von neuem trüben, indem das Ferrozyankalium sich zersetzt und umsetzt, wobei grünliche und bläuliche Färbungen sowie blaue Niederschläge entstehen. Durch diese Erscheinungen wird der Besitzer des Weines darauf aufmerksam gemacht, daß der Wein eine anormale Beschaffenheit hat. In dem fremdartigen Geschmack und in den Nachtrübungen sind somit Umstände gegeben, die eine starke Sicherheit gegen das Inverkehrsetzen überschönter Weine darstellen.

Aus einem im Reichsgesundheitsamt untersuchten Pfälzer Wein, der statt der höchstzulässigen Menge von 35 Gramm absichtlich einen Zusatz von 140 Gramm Ferrozyankalium auf 1000 Liter erhalten hatte, der also stark überschönt war, wurden innerhalb zwei Stunden bei 40 Grad (also etwa bei Körpertemperatur) nur 1,3 Milligramm Blausäure abgespalten; bei nochmaligem stärkeren Erhitzen auf Siedetemperatur im Verlaufe einer Stunde 14,2 Milligramm Blausäure, berechnet auf einen Liter Wein. Ähnliche Versuchsergebnisse wurden von den mit der Nachprüfung des Möslingerschen Schönungsverfahrens ebenfalls befaßten Sachverständigen des Reichsausschusses für Weinforschung erzielt.

Mit Rücksicht hierauf ist in der Begründung zu dem Entwurf der eingangs genannten Verordnung (vgl. Reichsratsdrucksache Nr. 354 von 1923) zum Ausdruck gebracht worden, daß die Blausäureabspaltung dann besonders groß und in gesundheitlicher Hinsicht bedenklich ist, wenn ein überschönter Wein pasteurisiert oder zur Herstellung heißer Getränke (Glühwein usw.) benutzt wird. Die mit Bezug auf die Glühweinbereitung gehegten Bedenken wurden jedoch, insbesondere im Hinblick auf die schon erwähnte leichte Erkennbarkeit überschönter Weine, nicht für so erheblich erachtet, daß sie die völlige Ablehnung des neuen Schönungsmittels, das einen entschiedenen Fortschritt in der Weinbehandlung bedeutet, rechtfertigen könnten. Das Reichsgesundheitsamt hat jedoch, was auch in der Begründung zu der Reichsratsvorlage betont ist, von Anfang an nur die versuchsweise Zulassung des neuen Klärungsmittels empfohlen in der Erwartung, daß die gebotenen und in der Begründung eingehend erörterten Vorsichtsmaßregeln von den Beteiligten eingehalten werden.

Es erscheint uns hiernach notwendig, daß die zur Beratung des Weinbaues und des Weinhandels berufenen amtlichen und nichtamtlichen Stellen, insbesondere die öffentlichen Nahrungsmitteluntersuchungsanstalten, die Weinkontrolleure und die Weinbaulehranstalten, die beteiligten Kreise entsprechend belehren *und auf die Folgen einer unsachgemäßen Anwendung des neuen Verfahrens hinweisen*, zumal dieses bei den Weinen der vorjährigen Ernte zum ersten Male zur allgemeineren Anwendung kommen wird.

k) Erl. d. Reichsmin. d. Innern — II 5964 A —, betr. Bezeichnung Weinbrand und Kognak.

Vom 8. August 1924.

Nach § 18 Absatz 3 des Weingesetzes — in der Fassung des Gesetzes vom 1. Februar 1923 (RGBl. I S. 107) — ist es gestattet, „*Weinbrand*, der nach französischem Rechte die Bezeichnung *Kognak* tragen darf" und den Vorschriften des § 18 Absatz 3 auch sonst entspricht, als „Kognak (Cognac)" zu bezeichnen. Der als „Kognak" bezeichnete Trinkbranntwein muß jedoch, ebenso wie anderer Weinbrand oder auch Weinbrandverschnitt, eine Bezeichnung tragen, welche das Land erkennbar macht, in dem er für den Verbrauch fertiggestellt worden ist (vgl. § 18 Abs. 6).

Die näheren Vorschriften sind in den durch die Verordnung vom 7. April 1923 (RGBl. I S. 246) abgeänderten Ausführungsbestimmungen zu § 18 des Weingesetzes enthalten. Hier heißt es in Absatz 1: „*Kognak* oder anderer Weinbrand, der in Flaschen gewerbsmäßig verkauft oder feilgehalten wird, ist nach dem Lande, in dem er fertiggestellt ist, als *Deutscher, Französischer usw. Weinbrand* ... zu bezeichnen." Die Bezeichnung muß bei Weinbrand in schwarzer Farbe auf weißem Grunde deutlich und nicht verwischbar auf einem bandförmigen Streifen in lateinischer Schrift aufgedruckt sein (vgl. Abs. 3). Aus den zu § 18 des Weingesetzes erlassenen Ausführungsbestimmungen geht somit unzweideutig hervor, daß ein Trinkbranntwein, der auf dem Flaschenetikett die Bezeichnung „Kognak" tragen darf, auf dem vorgeschriebenen bandförmigen Streifen die Bezeichnung „Französischer Weinbrand" führen muß.

Daß diese Bezeichnungsweise im Widerspruch stehe zu § 18 Absatz 6 des Weingesetzes, kann nicht anerkannt werden. In § 18 des Weingesetzes in der abgeänderten Fassung wird ebenso wie in den Ausführungsbestimmungen dazu deutlich zum Ausdruck gebracht, daß „Kognak" nichts anderes als Weinbrand ist. Diese Auffassung entspricht der in Artikel 275 des Vertrages von Versailles übernommenen Verpflichtung, wonach das Wort „Kognak" aufgehört hat, Gattungsbezeichnung zu sein.

l) Erl. d. württemb. Regierung, betr. Malzweine.

(Datum fehlt.)

Die neueste Bundesratsbestimmung über die Herstellung von Malzweinen vom 21. Mai 1914 ist schon dahin mißverstanden worden, als ob nun alle mit der Bundesratsbestimmung nicht im Widerspruch stehenden Malzauszüge ohne weiteres als erlaubte Getränke zu betrachten seien. Um diesem Irrtume zu begegnen, hat das Württembergische Ministerium des Innern von Anfang an mit Erlaß vom 3. Juni d. Js. die Behörden verständigt, daß solche Malzweine, die Wein vortäuschen oder mit Wein verwechselbar, also nicht bloß dem Weine ähnlich sind, als nachgemachte Weine unter § 9 des Weingesetzes fallen, daß an dieser Rechtslage der Bundesrat nichts ändern konnte und wollte, und daß daher gegen das Auftreten der Malzweine nach wie vor in erster Linie nach früheren Erlassen vorzugehen, also zu prüfen sei, ob die Malzweine nur dem Wein ähnliche Getränke oder ob sie mit dem Wein verwechselbar sind, in letzterem Falle sei auf Grund des § 9 des Weingesetzes auch dann einzuschreiten, wenn etwa der Einwand erhoben werden sollte, daß die beanstandeten Malzweine gegen die neueste Bundesratsbestimmung nicht verstoßen.

m) Erl. d. Preuß. Min. f. Volkswohlfahrt, betr. Beurteilung von süßlichem La-Mancha-Wein.

Vom 28. Juli 1925.

Anläßlich der Frage, ob süßliche spanische La-Mancha-Weine von „Sauternestyp" als Dessertweine oder als „weiße Weine anderer Art" im Sinne von § 2 Satz 2 des Weingesetzes vom 7. April 1909 anzusehen sind, wurde vom Herrn Reichsminister des Innern ein Gutachten des Reichsgesundheitsamts darüber eingeholt, ob Weine mit einem hohen Zuckerrest auch ohne Aufspritung Dessertweine im Sinne des Weingesetzes sind.

Zum Begriff „Dessertwein" ist während der Beratungen des Weingesetzes in der Reichstagskommission regierungsseitig die folgende, von der Kommission geprüfte und gebilligte Erklärung abgegeben worden (Reichstagsdrucksachen 1907/09 Bd. 253 S. 7525): „Unter Dessertwein (Süd-, Süßwein) versteht der Verkehr gemeinhin Wein, der zur Erziehung eines durch die Gärung des Saftes frischer Trauben allein nicht erreichbaren hohen Gehaltes an Alkohol oder an Alkohol und Zucker besonderen Verfahren (Eindicken des Mostes und dergl.), in der Regel unter Verwendung gewisser Zusätze (Alkohol, Trockenbeeren u. a.), unterworfen worden ist und sich durch den solchen Getränken eigentümlichen Geschmack auszeichnet. In diesem Sinne sind die Ausdrücke Dessertwein (Süd-, Süßwein) auch in § 2 des Entwurfs gebraucht. Als „Südwein" ist demgemäß, wie noch besonders bemerkt sein möge, nicht ohne weiteres jeder Wein anzusehen, der aus südlichen Ländern stammt, es müssen vielmehr bei solchem Weine die angegebenen Merkmale zutreffen, wenn er unter diesen Begriff fallen soll."

Nach dieser Erklärung fallen unter den Begriff Dessertwein im allgemeinen nur solche Weine, die nach besonderen, von der gewöhnlichen Kellerbehandlung abweichenden Verfahren hergestellt sind.

Die spanischen La-Mancha-Weine vom „Sauternestyp" haben einen süßlichen Geschmack, ähnlich wie Sauterneswein, und ähneln auch in der chemischen Zusammensetzung den Sauternesweinen. Während die letzteren nach Ausweis einer größeren Anzahl von Analysen in der Regel einen Alkoholgehalt von etwa 80 bis 100 Gramm im Liter, vereinzelt bis hinab zu 70 Gramm oder bis hinauf zu 110 Gramm, aufweisen, pflegt der Alkoholgehalt der sauternesweinartigen spanischen Weißweine meist etwa 90 bis 100 Gramm zu betragen, sinkt zuweilen auf etwa 80 Gramm und steigt vereinzelt bis auf etwa 120 Gramm, ist demnach zwar durchschnittlich etwas höher als bei den weißen Bordeauxweinen, jedoch dürfte eine

Aufspritung nicht anzunehmen sein. Auch die Höhe des Zuckergehaltes derartiger spanischer Weißweine bewegt sich meistens innerhalb derselben Grenzen wie bei den weißen Bordeauxweinen. Es muß daher wohl angenommen werden, daß auch die Gewinnung dieser Mancha-Weine ähnlich so wie die der Sauternesweine durch einfache Kellerbehandlung geschieht, ohne Anwendung der für die Dessertweingewinnung charakteristischen besonderen Verfahren. Es besteht daher kein Grund, die in Rede stehenden Mancha-Weine als Dessertweine anzusehen.

Die Verzollung der genannten Mancha-Weine bei der Einfuhr wird daher nach dem im deutsch-spanischen Handelsabkommen für weiße Tischweine vorgesehenen Satze erfolgen müssen.

Demgemäß beantwortet sich auch die Frage nach der Verwendbarkeit der in Rede stehenden La-Mancha-Weine zum Verschneiden deutscher Weine. Es steht ihrer Verwendung zum Verschneiden deutscher Weine nichts entgegen, da sie nicht als Dessertweine im Sinne von § 2 des Weingesetzes vom 7. April 1909 anzusehen sind, jedoch erscheinen sie für diesen Zweck weniger geeignet, weil der Zucker des Mancha-Weines beim Zusatz des letzteren zu deutschem Wein in solchen Mengen, daß die „Art" des deutschen Weines im Sinne von § 7 des Weingesetzes erhalten bleibt, wahrscheinlich in Gärung geraten würde. Denn bei Vornahme eines solchen Verschnitts würde die Konzentration des Gemisches an schwefliger Säure so weit herabgesetzt werden, daß sie zur Erhaltung des Zuckers voraussichtlich nicht ausreichen würde, während andererseits eine zur Erhaltung des Zuckers ausreichend starke Schwefelung des deutschen Weines als unzulässig zu erachten sein würde. Es ist daher wohl nicht zu befürchten, daß die in Rede stehenden süßlichen La-Mancha-Weine in größerem Umfange zum Verschneiden deutscher Weine herangezogen werden. Wollte man die hier in Rede stehenden Erzeugnisse, die etwa mit rheinischen Qualitätsweinen geringerer Art zu vergleichen sind, als „Dessertwein" ansehen, so dürften folgerichtig auch die genannten Rheinweine nicht mit Weißwein „anderer Art" verschnitten werden, was aber nicht der Sinn der Vorschrift in § 2 Satz 2 des Weingesetzes gewesen ist.

n) Erl. d. Reichsmin. d. Innern, betr. Gehalt an schwefliger Säure in französischen Weinen.

(Durch Nahrungsmittelrundschau 1925 Nr. 2, ohne Datum.)

Aus meinem Rundschreiben vom 23. Dezember 1922 – II 11289 A — geht bereits hervor, daß ausländische Weine hinsichtlich ihres Gehaltes an schwefliger Säure nicht lediglich nach den deutschen Bestimmungen beurteilt werden dürfen, sondern daß sie auch dann als einfuhrfähig anzusehen sind, wenn sie den hierüber für den Verkehr innerhalb des Ursprungslandes erlassenen Vorschriften genügen.

Aus Anlaß eines an das Auswärtige Amt gerichteten Schreibens der französischen Botschaft in Berlin beehre ich mich, zu ersuchen, die mit der amtlichen Untersuchung ausländischer Weine beauftragten Untersuchungsämter und Sachverständigen erneut darauf hinweisen zu lassen, daß zurzeit für die Beurteilung des Gehaltes französischer Weine an schwefliger Säure in Frankreich Artikel 3 Nr. 1 der Verordnung des Präsidenten der Republik vom 19. August 1921, betr. die Anwendung des Gesetzes zur Unterdrückung des Betrugs beim Warenhandel vom 1 August 1905 auf den Verkehr mit Wein, Schaumwein und Branntwein (vgl. Veröffentlichungen des Reichsgesundheitsamts 1922 S. 305), maßgebend ist. Nach dieser Vorschrift ist bei der Weinbehandlung erlaubt:

„Les quantitées employées seront telles que le vin ou „le vin doux" ne retienne pas plus de 450 milligrammes d'anhydride sulfureux par litre, dont 100 milligrammes au maximum à l'état libre. Toutefois, un écart de 10 % en plus de ces quantitées est toléré."

Französische Weine, die dieser Vorschrift genügen und die auch sonst keinen Anlaß zu Beanstandungen geben, werden auf Grund der §§ 13, 14 des deutschen Weingesetzes vom 7. April 1909 in Deutschland zur Einfuhr zugelassen werden müssen (vgl. auch mein Rundschreiben vom 12. März 1910 — II B 80 -).

Anmerkung. In ausländischen Weingebieten gelten zurzeit folgende Höchstmengen von schwefliger Säure als in Weinen zulässig (alles pro Liter Wein):

Belgien 200 mg, davon 20 frei,
Frankreich 450 mg, davon 100 frei.

Italien: 200 mg, davon 20 frei,
Österreich: 50 mg, Konsumweine 16 mg,
Portugal: 350 mg,
Schweiz: 400 mg, 40 frei,
Spanien: 450 mg, 100 frei,
Ungarn unbestimmt.

12. Wichtige ausländische weingesetzliche Bestimmungen.

a) Ungarisches Weingesetz.

Vom 14. Dezember 1908.

(Auszug, betr. Tokaierweine.)

§ 15.

Zum Tokajer Weingebiete gehören die folgenden Gemeinden, und zwar:

a) auf dem Gebiete des Komitates Zemplén die Gemeinden: Bekecs, Bodroghaláß, Bodrogkereßtúr, Bodrogolaßi, Bodrogzsadány, Erdöbénye, Erdöhorváti, Golop, Józsefsalva, Károlyfalva, Kisfalud, Kistoronya, Legyesbénye, Mád, Mezözombor, Monok, Olaßlißka, Ond, Rátka, Sárospatak, Sátoraljaujhely, Szegilong, Szerencs, Szöllöske, Tállya, Tarczal, Tokaj, Tolcsva, Vámosujfalu und Végardó;

b) auf dem Gebiete des Komitates Abaujtorna die Gemeinde Abaujßántó.

Zur Wahrung der Eigenart der in diesem Weingebiete gefechsten Weine werden außer den im ersten Kapitel enthaltenen noch folgende Ausnahmebestimmungen festgesetzt.

§ 16.

Die Zuckerung des auf dem Gebiete der Tokajer Weingegend gefechsten Weines oder Mostes sowie dessen Eindickung durch Kochen ist verboten. Dieses Verbot erstreckt sich in gleicher Weise auf alle wo immer innerhalb der Gemarkung der zur Tokajer Weingegend gehörenden Gemeinden gefechste Moste und Weine, ob sie nun in Gebirgsweingärten oder ebenen Lagen (Gartenwein) oder in Sandweingärten gefechst wurden

§ 17.

Unter der Benennung „Tokajer", „Tokajer Wein", „Tokajer Ausbruch", „Szamoradner", „Hegyaljaer", „Máslás" oder im allgemeinen unter einer auf die Tokajer Weingegend oder einer auf irgendeine der in diesem Gebiete gelegenen Gemeinden oder Weinproduktionsplätze hinweisenden Benennung darf nur ein solcher Wein in Verkehr gebracht werden, der ausschließlich in einem auf dem Gebiete der Tokajer Weingegend gelegenen Gebirgsweingarten gefechst worden ist.

§ 18.

In der Tokajer Weingegend darf ein in einem Gebirgsweingarten gefechster Wein innerhalb der Gemarkung der Tokajer Weingegend nur mit einem solchen Weine verschnitten werden, der ebenfalls in einem Gebirgsweingarten gefechst wurde; dagegen ist es verboten, diesen Wein mit einem solchen Most oder Wein zu verschneiden, der aus einer anderen vaterländischen Weingegend oder aus dem Auslande stammt, oder mit einem solchen Most oder Wein, der wohl in der Gemarkung der zur Tokajer Weingegend gehörenden Gemeinden, aber nicht in einem Gebirgsweingarten, sondern in einer ebenen Lage (Gartenwein) oder in einem Sandweingarten gefechst wurde oder der aus Trauben eines Gebirgsweingartens aus sogenannten Nachwuchstrauben (másodtermés) eines Gebirgsweingartens gekeltert wurde

§ 19.

Auf die Weinhefe oder auf die Weintrestern von Wein, der aus einem Gebirgsweingarten der Tokajer Weingegend stammt, darf Most oder Wein, der aus einer anderen Weingegend, oder solcher, der wohl in der Gemarkung einer zur Tokajer Weingegend gehörenden Gemeinde, aber nicht in einem Gebirgsweingarten, sondern in einer ebenen Lage (Gartenwein) oder in einem Sandweingarten gefechst worden ist, nicht aufgegossen werden.

§ 20.

In die Tokajer Weingegend, respektive in die Gemarkung der in diese Gegend eingeteilten Gemeinden dürfen von anderen Weingegenden stammende Weine, ob sie nun vaterländische oder ausländische Weine sind, nur für die Zwecke des dortigen Lokalkonsums und nur mit Erlaubnis der hierfür vom Ackerbauminister bevollmächtigten Amtsorgane eingeführt, respektive dort auf Lager gehalten werden.

§ 21.

In die Tokajer Weingegend eingeführter fremder Wein ist von solchem, der in der Tokajer Weingegend gefechst ist, getrennt zu lagern. Die fremden Wein enthaltenden Fässer müssen mit einer solchen Bezeichnung versehen sein, die die Herkunft des betreffenden Weines deutlich erkennen läßt

§ 22.

Fremden Wein, der im Sinne des § 20 in die Tokajer Weingegend eingeführt worden ist, muß der Empfänger unter Angabe des Einlagerungsortes und Vorweisung der Einfuhrbewilligung sofort beim Gemeindevorstande anmelden.

§ 25.

Es wird verboten, aus der Tokajer Weingegend solchen Wein auszuführen, der nicht dort gewachsen ist.

§ 26.

Den in der Tokajer Weingegend ansässigen Weinproduzenten und Weinhändlern und überhaupt jedem, der sich dort mit dem Kauf oder Verkauf von Most oder Wein oder mit der Vermittlung des Kaufes oder Verkaufes befaßt, ist es verboten, für das Gebiet der Tokajer Weingegend Rosinen (Korinthen oder Trockenbeeren) zu erwerben oder dort auf Lager zu halten

b) Königlich portugiesische Verordnung als Ausführungsbestimmung zu dem Portweingesetz in Portugal.

Vom 27. November 1908

(Übersetzung.)

Als Portwein wird für alle gesetzlichen Zwecke der aus der Dourogegend stammende edle Wein angesehen, der der Überlieferung gemäß mit dieser Bezeichnung versehen wird. Unter dieser Bezeichnung darf nur solcher Wein zum Verkauf ausgestellt, verkauft, zur Niederlage gebracht, versandt oder ausgeführt werden, der aus der Dourogegend stammt und den Vorschriften dieser Verordnung entspricht Es ist ausdrücklich verboten, über die Barre des Douro und über den Hafen Leixoes andere edle Weine als Portwein, Madeira, Carcavelles-Weine und Muskateller von Setubal auszuführen; es dürfen jedoch unedle Weine mit einem Weingeistgehalte von weniger als 14 Grad unter den durch das Gesetz vom 18. September 1908 oder durch die dazu erlassenen Ausführungsbestimmungen für die Landweine der einzelnen Weingegenden vorgeschriebenen Beschränkungen ausgeführt werden. Weine, die nicht aus der

Dourogegend stammen oder sonstwie den Bestimmungen dieser Verordnung nicht entsprechen, dürfen mit der Marke „Porto" oder „Douro" oder mit einer Bezeichnung, in der diese oder ähnliche Namen enthalten sind, nicht ausgeführt werden. Für die Landweine darf das Wort „Porto" auf den Fässern und Etiketten gebraucht werden, wenn es mit dem Namen oder der eingetragenen Marke der Ausführer verbunden ist und wenn die Niederlagen der Ausführer in Porto, Villa Nova de Gaia oder in der Umgegend des Hafens Leixoes gelegen sind

Die Ausfuhr des Portweins ist nur denjenigen Ausführern gestattet, die in das vom Zollamt in Porto geführte besondere Register eingetragen sind In dieses Register können die Produzenten edler Weine der Dourogegend sowie die Händler, die diese Weine erwerben, eingetragen werden

Soll Portwein über andere Häfen als über die Barre des Douro oder über Leixoes ausgeführt werden, so sind für solche Sendungen Ursprungszeugnisse erforderlich, die von dem Zollamt in Porto ausgestellt werden.

Als edler Wein aus der Dourogegend gilt nur solcher Wein, der einen Weingeistgehalt von nicht weniger als 16,5 Grad hat und aus der genannten Gegend stammt.

Die Liste der Portwein-Ausführer wird jährlich durch die Regierung veröffentlicht und den diplomatischen und konsularischen Vertretern Portugals sowie den ausländischen Handelskammern, für die ein Interesse vorliegt, amtlich mitgeteilt werden.

Für die Gegend des edlen Douroweins wird eine Weinbaukommission gebildet, der die Überwachung der Produktion, die Ausstellung von Ursprungszeugnissen und die Aufstellung von Statistiken über die Produktion und Ausfuhr der edlen Weine obliegt.

Es ist verboten, in die Landweingegend am Douro Edel- oder Landweine, Moste und Trauben einzuführen, die aus dem übrigen Lande stammen; jedoch können Flaschenweine, die für den örtlichen Verbrauch bestimmt sind, dort eingeführt werden.

Die Bereitung edlen Weines in demjenigen Teile der Landweingegend am Douro, der nicht in die Edelweingegend eingeschlossen ist, ist verboten, wenn nicht vorher der Finanzverwaltung des in Betracht kommenden Bezirks Mitteilung davon gemacht wird.

e) Aus dem Schlußprotokoll zum Handels- und Schiffahrtsvertrag zwischen Deutschland und Portugal.

Vom 30. November 1908 (RGBl. 1910 S. 679).

3. Es besteht Einverständnis darüber, daß der Portwein und Madeirawein in Deutschland der gleichen Zollbehandlung unterworfen werden sollen, wie sie für den sogenannten Marsalawein eingeräumt ist, unter der Bedingung, daß die genannten Weine Erzeugnisse der betreffenden portugiesischen Bezirke des Douro und der Insel Madeira sind und über die Häfen von Porto und Funchal mit Ursprungs- und Reinheitszeugnissen, die von den zuständigen portugiesischen Behörden ausgestellt sind, verschifft werden. Unter der gleichen Bedingung soll dem Portwein und Madeirawein in Deutschland jede Vergünstigung irgendwelcher Art zuteil werden, die dem sogenannten Xeres- und Malagawein in Zukunft gewährt werden sollte.

4. Um im inneren Verkehr des Deutschen Reiches zu verhindern, daß Weine unter der Bezeichnung Portwein oder Madeirawein zum Verkauf kommen, die nicht Erzeugnisse der betreffenden portugiesischen Bezirke des Douro und der Insel Madeira und nicht über die Häfen von Porto und Funchal mit Ursprungs- und Reinheitszeugnissen der zuständigen portugiesischen Behörden verschifft worden sind, sollen für den

inneren deutschen Verkehr die Namen Porto (Oporto, Portwein oder ähnliche Zusammensetzungen) und Madeira (Madeirawein oder ähnliche Zusammensetzungen) für die obengenannten und in den betreffenden portugiesischen Bezirken des Douro und der Insel Madeira erzeugten Weine als Ursprungsbezeichnungen im strengen Sinn anerkannt werden. Es wird folglich im inneren Verkehr des Reichs der Verkauf von Weinen, die nicht Erzeugnisse der betreffenden portugiesischen Bezirke sind, unter der Bezeichnung Porto (Oporto, Portwein oder ähnliche Zusammensetzungen) und Madeira (Madeirawein oder ähnliche Zusammensetzungen) nach Maßgabe der deutschen Gesetze als Zuwiderhandlung angesehen und verfolgt.

5. Es besteht Einverständnis darüber, daß die deutsche Regierung portugiesischem Wein und Olivenöl bei der Einfuhr über deutsche Zollämter die gleiche Behandlung und die gleichen Erleichterungen zuteil werden lassen wird, die italienischem Wein und Olivenöl .... und österreichisch-ungarischem Wein zugestanden worden sind

d) Französische Verordnung des Präsidenten der Republik, betr. die Berechtigung der Bezeichnung Bordeauxwein.

Vom 18. Februar 1911.

(Aus den Ausführungsbestimmungen zum französischen Gesetz vom 1. August 1905, betr. Unterdrückung der Unredlichkeit beim Warenhandel und der Verfälschung von Lebensmitteln und landwirtschaftlichen Erzeugnissen. — Journal officiel vom 19. Februar 1911.)

Art. 1er. L'appellation régionale „bordeaux" est exclusivement reservée aux vins récoltés sur les territoires ci-après délimités:

Arrondissement de Lesparre.

Canton de Saint-Lawrent: Caveaus-Hourtin.

Arrondissement de Bordeaux.

Canton d'Arcachon: toutes les communes.
Canton d'Audeuge: toutes les communes.
Canton de Belin: toutes les communes.
Canton de la Teste: toutes les communes.
Canton de Castelnau: Brach, Sanmos, Lacanau, le Temple, le Porge.

Arrondissement de Bazas.

Canton de Grignols: Lerm et Musset.
Canton de Villandraut: Bourideys, Lucmau, Cazalis.
Canton de Saint-Symphorien: Hostens, Saint-Léger, Saint-Symphorien.
Canton de Captieux: toutes les communes.

13. Weinzollordnung.

Vom 17. Juli 1909 (Zentralblatt für das Deutsche Reich S. 333).

Abschnitt I.

Vorschriften über die Mitwirkung der Zollbehörden bei der Untersuchung von Wein, Traubenmost und Traubenmaische auf die Einfuhrfähigkeit.

§ 1.

Einlaßstellen.

(1) Die Einfuhr von Wein, Traubenmost und Traubenmaische darf nur über die Zollstellen der vom Bundesrate bestimmten Orte erfolgen. Befinden sich an einem Orte mehrere Zollstellen, so bestimmt die oberste Landesfinanzbehörde, welche von diesen Zollstellen die Befugnisse ausüben.

(2) Die Einfuhrbeschränkung des Absatzes 1 findet keine Anwendung auf die Fälle des § 4 Absatz 1 und der §§ 14 und 16.

§ 2.

Untersuchungsstellen.

(1) Wein, Traubenmost und Traubenmaische, die in das Zollinland eingeführt werden, unterliegen einer amtlichen Untersuchung auf ihre Einfuhrfähigkeit unter Mitwirkung der Zollbehörden, auf deren Zuständigkeit der § 1 Absatz 1 entsprechende Anwendung findet.

(2) Die Untersuchung erfolgt durch die staatlichen Fachanstalten oder besonders verpflichteten Sachverständigen, die von den Landesbehörden hierfür bestellt sind.

§ 4.

Befreiungen von der Untersuchung.

(1) Von der Untersuchung befreit sind:

„1. Sendungen im Einzelrohgewichte von nicht mehr als 5 Kilogramm;

2. Wein in Flaschen (Fläschchen), wenn nach den Umständen nicht zu bezweifeln ist, daß er nur als Muster zu dienen bestimmt ist;

3. Wein in Flaschen (Fläschchen), sofern das Gewicht des in einem Packstück enthaltenen Weines einschließlich seiner unmittelbaren Umschließung nicht mehr als 10 Kilogramm beträgt. Ist Wein, von dem mehrere Arten gleichzeitig in einer Sendung eingehen, nachweislich nicht zum gewerbsmäßigen Absatz bestimmt, so dürfen auch bei einem höheren Gewichte diejenigen Weinarten von der Untersuchung freigelassen werden, von denen nicht mehr als $2^1/_4$ Liter eingehen."

4. Mengen von nicht mehr als 10 Kilogramm Rohgewicht, die im kleinen Grenzverkehr eingehen;

5. Erzeugnisse, die aus Zollausschlüssen eingehen, wenn nachgewiesen wird, daß ihre Einfuhrfähigkeit bereits dort amtlich festgestellt worden ist;
6. zur Verpflegung von Reisenden, Fuhrleuten oder Schiffern während der Reise mitgeführte Mengen;
7. Erzeugnisse, die als Umzugsgut eingehen und nicht zum gewerbsmäßigen Absatze bestimmt sind;
8. zur unmittelbaren Durchfuhr bestimmte Sendungen.

(2) Die unmittelbare Durchfuhr, welche im Zollpapier ausdrücklich zu beantragen ist, hat, soweit nicht § 54 des Vereinszollgesetzes und § 18 der Postzollordnung Anwendung finden, auf Begleitschein I oder Begleitzettel und unter zollamtlichem Verschluß, und zwar nach Möglichkeit unter Raumverschluß, zu erfolgen. An Stelle des Verschlusses kann zollamtliche Begleitung treten. Die über derartige Sendungen ausgestellten Begleitscheine oder Begleitzettel erhalten am oberen Rande der ersten Seite den mit Buntstift oder durch Stempelabdruck zu bewirkenden Vermerk „Weinuntersuchung" In die über diese Begleitscheine oder Begleitzettel geführten Register ist an geeigneter Stelle derselbe Vermerk aufzunehmen.

(3) Bei hochwertigen Weinen in Flaschen kann die Untersuchung, auch abgesehen von dem Falle des § 8, durch die hierfür zuständige Zollstelle erlassen werden.

§ 17.

Wein zur Kognakbereitung.

Zur Kognakbereitung bestimmter Wein darf ohne vorherige Untersuchung zur Einfuhr zugelassen werden, nachdem er mit fein zerriebenem Kochsalz in Menge von 2 vom Hundert seines Reingewichts amtlich ungenießbar gemacht (denaturiert) oder nachdem seine Verwendung zur Kognakbereitung gemäß den Bestimmungen in den §§ 40 bis 46 unter amtliche Überwachung genommen ist.

Abschnitt II.

Vorschriften über die Zollbehandlung von Weinen und Mosten der Tarifnummer 180.

a) Verschnittweine und Verschnittmoste.

§ 19.

Begriffsbestimmung und Zollsatz.

(1) Im Sinne der vertragsmäßigen Vereinbarungen gelten:

A. als Verschnittweine solche rote Naturweine von Trauben, welche in 100 Gewichtsteilen mindestens 9,5 und höchstens 20 Gewichtsteile Weingeist und im Liter Flüssigkeit bei 100° C mindestens 28 Gramm trockenen Extrakt enthalten,

B. als Verschnittmoste solche frische Moste von Trauben zu rotem Weine, welche eine dem Mindestgehalte der Verschnittweine an Weingeist entsprechende Menge Fruchtzucker und außerdem im Liter Flüssigkeit bei 100° C mindestens 28 Gramm trockenen Extrakt enthalten.

(2) Verschnittweine und Verschnittmoste, deren Erzeugung in Tarifvertrags- oder meistbegünstigten Staaten außer Zweifel steht, unterliegen dem ermäßigten Zollsatze von 15 Mark für ein Doppelzentner, sofern ihre Einfuhr in Fässern oder Kesselwagen unmittelbar aus dem Erzeugungsland erfolgt ist und ihre Verwendung zum Verschneiden von Wein unter Erfüllung nachstehender Bedingungen beantragt und unter zollamtlicher Überwachung vorgenommen wird.

A. Verschnittweine.

§ 20.

Bedingung der unmittelbaren Einfuhr.

(1) Die Bedingung der unmittelbaren Einfuhr des Weines aus dem Erzeugungsland ist erfüllt, wenn keine zwischenzeitige Lagerung in einem dritten Lande stattgefunden hat. Als

zwischenzeitige Lagerung ist der lediglich durch Umladen oder Erwarten einer geeigneten Beförderungsgelegenheit bedingte Aufenthalt nicht anzusehen.

(2) Die zwischenzeitige Lagerung in einem deutschen Freihafengebiete hat die Ausschließung von dem ermäßigten Zollsatze dann nicht zur Folge, wenn über die Weine während dieser Lagerung eine zollamtliche Kontrolle ausgeübt worden ist und eine Bescheinigung hierüber bei der Einfuhr in das Zollgebiet beigebracht wird.

§ 21.

Beschränkung der Prüfungsbefugnis; Zeitpunkt der Erklärung als Verschnittwein.

(2) Die Absicht der Verwendung als Verschnittwein muß spätestens vor Beginn der gemäß § 6 vorzunehmenden zollamtlichen Prüfung erklärt werden.

B. Verschnittmoste.

§ 27.

Frische Moste von Trauben zu rotem Weine, die als Verschnittmoste angemeldet werden, sind nach der in der Anlage 3 abgedruckten Anweisung auf ihren Gehalt an Fruchtzucker und trockenem Extrakte zu untersuchen. Im übrigen finden alle vorstehenden Bestimmungen über die Verschnittweine sinngemäß auf die Verschnittmoste Anwendung.

C. Ausführung des Verschnitts.

§ 28.

Begriff.

Der Verschnitt besteht in der Zumischung der untersuchten Verschnittweine oder Verschnittmoste zu Weißwein oder zu Rotwein in bestimmtem Mengenverhältnis und erfolgt auf

Anmeldung unter amtlicher Überwachung. Die Zumischung zu Most ist nicht als ein die Anwendung des vertragsmäßigen Zollsatzes von 15 Mark für einen Doppelzentner begründender Verschnitt anzusehen.

§ 31.

Mindestmenge des Verschnittweins oder Verschnittmostes.

Die auf einmal zur Abfertigung anzumeldende Mindestmenge des Verschnittweins oder Verschnittmostes wird auf 100 Liter festgesetzt.

§ 32.

Beschaffenheit der zu verschneidenden Weine. 1. Allgemeine Vorschrift.

Der zu verschneidende weiße oder rote Wein muß den Anforderungen entsprechen, welche für Wein im Weingesetze vom 7. April 1909 (RGBl. S. 393) vorgesehen sind. Getränke, welche nach § 13 des genannten Gesetzes nicht in Verkehr gebracht werden dürfen, sind zum Verschneiden mit zollbegünstigtem Verschnittwein oder Verschnittmoste nicht zuzulassen. Die Zollstelle hat sich von der vorschriftsmäßigen Beschaffenheit der zum Verschneiden vorgeführten Weine zu überzeugen und in Zweifelsfällen Gutachten hierüber von einer der im § 2 Absatz 2 bezeichneten Anstalten oder Personen auf Kosten des Antragstellers einzuholen. Von dem Antragsteller vorgelegte Zeugnisse können nur dann als ausreichender Nachweis anerkannt werden, wenn sie von einem geprüften Nahrungsmittelchemiker auf Grund eigener Untersuchung von Proben der zum Verschneiden vorgeführten Weine nach Maßgabe der im § 7 bezeichneten Anweisung zur chemischen Untersuchung des Weines ausgestellt sind und die Bescheinigung enthalten, daß die Gefäße unmittelbar nach der Probenentnahme durch eine Gemeindebehörde oder durch den Zeugnisaussteller derart verschlossen worden sind, daß jede Veränderung ihres Inhalts bis zur Vornahme des Verschnitts verhindert wird.

§ 33.

2. Sonderbestimmungen für Rotwein.

(1) Die Zumischung von Verschnittwein zu Rotwein gleicher oder gleichartiger Beschaffenheit ist nicht als Verschnitt im Sinne der vertragsmäßigen Abmachungen anzuerkennen. Mit Rücksicht hierauf hat die Zollstelle die zum Verschneiden vorgeführten Rotweine nach ihren allgemeinen Merkmalen (Farbe, Geschmack, Dichte, Alter usw.) mit den beizumischenden Verschnittweinen zu vergleichen und in Zweifelsfällen einer Untersuchung durch eine der im § 2 Absatz 2 bezeichneten Anstalten oder Personen auf Kosten des Antragstellers zu unterwerfen. Rotwein, dessen Gehalt an Weingeist oder an trockenem Extrakte die für Verschnittwein vorgeschriebene Mindestgrenze erreicht, ist stets als ein dem Verschnittweine gleichartiger Wein anzusehen.

(2) Rotweine, die durch Verschneiden von weißen oder roten Weinen mit zollbegünstigtem Verschnittwein oder Verschnittmoste hergestellt sind, dürfen nach dem Übergange des Gemisches in den freien Verkehr des Zollgebiets nicht wiederholt zum Verschneiden mit zollbegünstigtem Verschnittwein oder Verschnittmoste zugelassen werden. Auf Erfordern der Zollstelle hat der Antragsteller durch Vorlegung der gemäß § 19 des Weingesetzes vom 7. April 1909 (RGBl. S. 393) etwa geführten Bücher oder in sonst geeigneter Weise darzutun, daß ein derartiger Vorverschnitt noch nicht stattgefunden hat.

§ 34.

Mischungsverhältnis.

(1) Der Zusatz von Verschnittwein oder Verschnittmost darf bei dem Verschnitte von Weißwein nicht mehr als die ein-

einhalbfache Raummenge des zu verschneidenden Weines (60 vom Hundert des ganzen Gemisches) und bei dem Verschnitte von Rotwein nicht mehr als die Hälfte der Raummenge des zu verschneidenden Weines (33⅓ vom Hundert des ganzen Gemisches) betragen. Die Mindestmenge des Zusatzes unterliegt, abgesehen von der Bestimmung im § 31, keiner Beschränkung.

(2) Wenn der Zusatz von Verschnittwein oder Verschnittmost die den angegebenen Verhältniszahlen entsprechende Menge nicht erreicht, so kann der Zusatz des an der zulässigen Höchstmenge noch fehlenden Teiles nachträglich angemeldet und mit der Wirkung der Zollermäßigung vorgenommen werden, solange das Gemisch nicht in den freien Verkehr des Zollgebiets übergegangen ist.

b) Wein zur Kognakbereitung.

§ 40.

Voraussetzungen für die zollbegünstigte Behandlung; Untersuchung auf den Weingeistgehalt.

(1) Zur Kognakbereitung bestimmte Weine in Fässern oder Kesselwagen mit einem Weingeistgehalte von nicht mehr als 20 Gewichtsteilen in 100 unterliegen, wenn sie einen anderen Zusatz als aus Wein gewonnenen Weingeist nicht enthalten und ihre Erzeugung in Tarifvertrags- oder meistbegünstigten Staaten außer Zweifel steht, dem ermäßigten Zollsatze von 10 Mark für einen Doppelzentner, sofern sie mit fein zerriebenem Kochsalz in Menge von 2 vom Hundert ihres Reingewichts amtlich ungenießbar gemacht (denaturiert) werden oder ihre Verwendung zur Kognakbereitung unter Erfüllung der in den §§ 41 bis 45 vorgeschriebenen Bedingungen stattfindet.

(2) Der Zollpflichtige hat durch Bescheinigungen der ausländischen Lieferer oder in anderer Weise (Vorlegung von

Rechnungen, kaufmännischem Schriftwechsel oder dergleichen) glaubhaft darzutun, daß der Wein einen anderen Zusatz als aus Wein gewonnenen Weingeist nicht enthält.

(3) Die Untersuchung der zur Kognakbereitung bestimmten Weine auf den Weingeistgehalt ist durch die Zollstelle nach der in der Anlage 2 abgedruckten Anweisung vorzunehmen.

---

14. Weinsteuergesetz.

Gesetz zur Änderung von Verbrauchssteuern.

Vom 10. August 1925 (RGBl. I S. 248).

Der Reichstag hat das folgende Gesetz beschlossen, das mit Zustimmung des Reichsrats hiermit verkündet wird:

Artikel I.

Weinsteuer.

An die Stelle des Weinsteuergesetzes vom 26. Juli 1918 (RGBl. S. 831) / 12. April 1922 (RGBl. I S. 439) / 25. Juni 1923 (RGBl. I S. 481) / 26. Oktober 1923 (RGBl. I S. 998) / 21. Dezember 1923 (RGBl. I S. 1237) / 12. Februar 1924 (RGBl. I S. 64) / 29. Dezember 1924 (RGBl. I S. 967) / 26. Juni 1925 (RGBl. I S. 91) mit Ausnahme des § 48, der in Kraft bleibt, treten folgende Vorschriften:

A. Weinsteuergesetz.

§ 1.

Der Weinsteuer unterliegen: [1] [2]

1. die Lieferung von Weinen (einschließlich von Traubenmost, weinähnlichen Getränken und weinhaltigen Getränken, Schaumwein und schaumweinähnlichen Getränken) an Verbraucher. Verbraucher im Sinne dieses Gesetzes ist, wer nicht als Weinhändler der Steuerbehörde angemeldet ist; ebenfalls solche Wirte und Kleinverkäufer, die lediglich inländischen Wein vom Faß verschenken;
2. die Entnahme (Entfernung aus den Lagerbeständen) unversteuerten Weines zum eigenen Verbrauch, insbesondere auch zum Verbrauch im eigenen Haushalt oder im eigenen Betriebe;
3. das Verbringen von Wein in den Geltungsbereich des Gesetzes, sofern dies für Rechnung eines Verbrauchers geschieht.

1. Eine grundsätzliche Änderung des Kreises der weinsteuerbaren Getränke gegenüber dem bisherigen Gesetz ist nicht vorgesehen. Die weinhaltigen Getränke, die nach § 47 des bisherigen Gesetzes einer besonderen, der Weinsteuer gleichgearteten Abgabe unterliegen, sind in die Weinsteuer einbezogen worden (§ 1 Nr. 1). Die Bestimmung des Kreises der steuerbaren Getränke im einzelnen ist wie bisher den Ausführungsbestimmungen vorbehalten (§ 13). Dabei ist beabsichtigt, bei der Bestimmung der Begriffe Schaumwein und schaumweinähnliche Getränke, soweit möglich, der Ausdrucksweise des Weingesetzes zu folgen. Die Fruchtschaumweine werden daher nicht mehr wie nach dem bisherigen Gesetze als Schaumwein, sondern als schaumweinähnliche Getränke bezeichnet werden (vgl § 1 Nr. 1, § 2 Nr 4). (Entwurf.)

2. § 1 faßt die Grundgedanken der §§ 1 und 2 des früheren Gesetzes zusammen. Nach ihm unterlag der Wein der Weinsteuer. Richtiger ist es, den wirtschaftlichen Vorgang der Lieferung, Entnahme, Verbringung in den Geltungsbereich, also den Verkehrsakt, als Gegenstand der Besteuerung zu bezeichnen. Dem trägt die Neufassung Rechnung. An Stelle der dem früheren Gesetz eigentümlichen Bezeichnung des häufigsten Verkehrsakts als der „Abgabe“ ist in Anlehnung an den Sprachgebrauch des Umsatzsteuergesetzes der Begriff der „Lieferung“ gewählt worden. Damit soll eine Änderung der für das geltende Gesetz bestehenden Praxis grundsätzlich nicht herbeigeführt werden (vgl. § 13). Auch das bisherige Gesetz verwendet übrigens die Begriffe „Abgeben“, „liefern“ und „in Verkehr bringen“ in gleichem Sinne (vgl. § 5 Abs. 1, § 12, § 15 Abs. 1). Die drei Steuerschuld begründenden Tatbestände des § 2 Abs. 1 sind in § 1 übergegangen. Die Unterscheidung zwischen Herstellern und Händlern, die das bisherige Recht machte (vgl. §§ 10 bis 12 der Ausführungsbestimmungen), ist als praktisch bedeutungslos weggelassen worden. Wer Weinhändler ist, ist im § 8 Abs. 1 gesagt. (Entwurf.)

§ 2.

Von der Besteuerung sind ausgenommen:

1. **die Lieferung von Wein, für den bereits früher eine Steuerschuld entstanden ist, an einen Verbraucher, sofern nicht der Lieferer die Lieferung von Wein gewerbsmäßig betreibt, es sei denn, daß der Lieferer zu den im § 1 Nr. 1 Satz 2 genannten Wirten und Kleinverkäufern gehört;** [1])
2. **die Entnahme von Wein für folgende Zwecke:**
   a) **als Haustrunk** [2]) **durch den Hersteller zum eigenen Verbrauch und zur unentgeltlichen Verabreichung an die Arbeiter des eigenen Betriebs. Als Haustrunk sind anzusehen**

Traubenmost oder Traubenwein, hergestellt aus selbstgewonnenen Trauben oder aus Trauben oder Traubenmaische, die Weinbergsbesitzer zugekauft haben, sowie selbstbereitete weinähnliche Getränke aus Obst oder Beeren oder aus anderen Ausgangsstoffen;

b) zum Verbrauche bei der Kellerbehandlung oder Lagerung einschließlich des Küfertrunks;

3. das Verbringen von Wein in den Geltungsbereich des Gesetzes, wenn der Wein beim Übertritt in den Geltungsbereich des Gesetzes mitgeführt und auf Grund der zollgesetzlichen Vorschriften als Reisebedarf oder Schiffsproviant zollfrei gelassen wird;

4. die Lieferung oder Entnahme von Wein oder das Verbringen von Wein in den Geltungsbereich des Gesetzes für folgende Zwecke:

a) zur ausschließlichen Verwendung zu gottesdienstlichen Zwecken;

b) zur Verwendung zu amtlichen Untersuchungen oder zur Verwendung zu wissenschaftlichen Zwecken durch wissenschaftliche Anstalten;

c) zur Probe, sofern der Wein glasweise oder in Flaschen von weniger als 250 Kubikzentimeter Raumgehalt unentgeltlich geliefert wird, Schaumwein auch in Flaschen von nicht mehr als 425 Kubikzentimeter Raumgehalt;

d) zur Herstellung von Schaumwein, schaumweinähnlichen Getränken, Essig und Branntwein sowie von weinhaltigen Getränken;

e) zur Ausfuhr unter Steueraufsicht;

f) zur Vernichtung unter Steueraufsicht;

g) zur Verwendung bei der Pflege Kranker und Gebrechlicher durch Anstalten, die nur der öffentlichen Wohltätigkeit dienen, vorausgesetzt, daß der Wein von der Anstalt selbst hergestellt oder ihr unentgeltlich geliefert wird.

1. Der Entwurf ging wie das frühere Gesetz davon aus, daß hinsichtlich der Entstehung der Steuerschuld zwischen der Lieferung versteuerten und der Lieferung unversteuerten Weines kein Unterschied gemacht werde (vgl. § 15 der alten Weinsteuer-Ausführungsbestimmungen). Die Ausnahme von diesem Grundsatz, die durch § 16 Abs. 3 Satz 2 der Ausführungsbestimmungen für den Fall der Lieferung von Wein, für den eine Steuerschuld bereits entstanden ist, durch einen Verbraucher an einen Verbraucher vorsieht, ist nunmehr in das Gesetz aufgenommen (§ 2 Nr. 1), wohin sie gehört. Den neuen Ausführungsbestimmungen bleibt eine der bestehenden Verwaltungsübung entsprechende Bestimmung vorbehalten, daß Weinhändler hinsichtlich des Weines als Verbraucher anzusehen sind, den sie versteuert lediglich zum Verbrauch im eigenen Haushalt beziehen. (Entwurf.)

2. Nach den bisherigen Vorschriften waren als Haustrunk steuerfrei selbstbereitete weinähnliche Getränke nicht nur aus selbsterzeugtem Obst und selbsterzeugten Beeren, sondern auch aus gekauftem Obst und gekauften Beeren. Das galt selbst dann, wenn die Früchte im Lohne gekeltert waren, und sogar, wenn der Inhaber der Lohnkelter den Ankauf der Früchte für die Auftraggeber besorgte. Daß in diesen Fällen eine Lohnkelterung vorlag, ist nicht zu widerlegen, wenn entsprechende Abmachungen getroffen sind und die Rechnung demgemäß ausgestellt. Es ist vorgekommen, daß große Verbände für Tausende ihrer Mitglieder auf diese Weine die steuerfreie Lieferung von Obstwein besorgt haben. Neuerdings hat ferner die Herstellung steuerfreien Haustrunks aus gekauften Stoffen unter Verwendung von Wein-

hefen einen großen Umfang angenommen. Die Steuerbefreiung des Haustrunks aus gekauftem Obst bedeutete eine unbillige Bevorzugung gegenüber der Behandlung des Haustrunks aus Traubenwein. Vor allem aber entstehen dem Reiche aus der weitgehenden Ausdehnung der Steuerfreiheit unmittelbar und mittelbar sehr große Steuerausfälle. Das jetzige Gesetz bringt Einschränkungen nach zwei Richtungen. Einmal soll die Steuerfreiheit wie beim Traubenwein auf selbstbereitete weinähnliche Getränke aus selbsterzeugten oder von Obstgartenbesitzern zugekauften Ausgangsstoffen beschränkt werden und sodann soll sie von einer Anmeldung abhängig gemacht werden (siehe § 8 Abs. 2). Die Anmeldung ist als einmalige gedacht. Die kleinen Erzeuger sollen durch die Ausführungsbestimmungen von der Anmeldepflicht befreit werden. Die Anmeldepflicht soll also auf diejenigen Haustrunk herstellenden Erzeuger beschränkt werden, bei denen zu befürchten ist, daß sie Wein an andere liefern.

§ 3.

Die Steuer wird von dem Entgelt berechnet, das dem Verbraucher für den Wein in Rechnung gestellt wird. Dabei bleiben Rabatt, Zinsvergütungen, Zahlungsabzüge und dergleichen unberücksichtigt.[1]) Ist das Entgelt ausschließlich der Weinsteuer berechnet, so ist der Versteuerung das Entgelt abzüglich der Weinsteuer zugrunde zu legen. Zum Entgelt gehören nicht der Wert der unmittelbaren Umschließungen, soweit diese gesondert und zu angemessenen Preisen in Rechnung gestellt werden, der Wert der äußeren Verpackungsmittel und die etwaigen Gemeindegetränkesteuern. Zum Entgelt gehört ferner nicht in Gast- und Schankwirtschaften aller Art der Wert der tariflichen Bedienungsgeldzuschläge, sofern sie gesondert in Rechnung gestellt werden und ausschließlich der Bedienung zufallen und 10 v. H. nicht übersteigen.

Alle sonstigen Nebenkosten sind hinzuzurechnen, insbesondere die Nebenkosten für Lagerung, Behandlung, Abfüllung, Ausstattung, Fracht, Versicherung, Kommission und dergleichen.

Wein, der unentgeltlich oder zu einem in freigebiger Absicht ermäßigten Entgelt an Verbraucher geliefert oder der zum eigenen Verbrauch entnommen wird, ist nach dem gemeinen Werte [2]) zu versteuern.

Wein, der für Rechnung eines Verbrauchers in den Geltungsbereich des Gesetzes verbracht wird, ist nach den Vorschriften der Abs. 1 und 2 zu versteuern mit der Maßgabe, daß dem Entgelt eine entstandene Zollschuld sowie die bis zum Eintritt in den Geltungsbereich des Gesetzes entstandenen Fracht-, Versicherungs-, Löschungs-, Einlagerungs- und sonstigen Spesen hinzugerechnet werden.

1. Der Satz 2 im Abs. 1 dient zur Klarstellung (vgl. die gleiche Regelung im § 8 Abs. 1 des früheren Kohlensteuergesetzes).

2. Was gemeiner Wert ist, ist im § 138 der Reichsabgabenordnung geregelt. Zeit und Ort, die für die Bemessung des gemeinen Werts maßgebend sind, werden durch die Ausführungsbestimmungen geregelt. Dadurch, daß im Abs. 3 auch der Abs. 2 für anwendbar erklärt wird, soll eine früher bestehende Lücke geschlossen werden. Wegen der Zulassung von Erleichterungen siehe § 13.

§ 4.

Die Steuer beträgt

1. für Schaumwein und für schaumweinähnliche Getränke mit Ausnahme solcher aus Fruchtwein ohne Zusatz von Traubenwein: dreißig vom Hundert,
2. im übrigen: zwanzig vom Hundert

des nach § 3 maßgebenden Betrags.

Für die Zeit bis zum 30. September 1927 ermäßigen sich die Steuersätze des Abs. 1 um ein Viertel.

§ 5.

Steuerschuldner ist

1. in den Fällen des § 1 Nr. 1 der Lieferer;
2. in den Fällen des § 1 Nr. 2 der Entnehmer;
3. in den Fällen des § 1 Nr. 3 derjenige, für dessen Rechnung der Wein in den Geltungsbereich des Gesetzes verbracht wird.

§ 6.

Die Steuer wird fällig [1])

1. in den Fällen des § 1 Nr. 1 und 2 am fünfzehnten Tage des dritten Monats, der auf den Monat folgt, in dem die Steuerschuld entstanden ist;
2. in den Fällen des § 1 Nr. 3 zugleich mit der Zollschuld.

Ein Zahlungsaufschub nach § 105 Abs. 1 der Reichsabgabenordnung findet für die Weinsteuer nicht statt.

1. Die Reichsabgabenordnung unterscheidet zwischen Entstehung der Steuerschuld und Fälligkeit (§ 81 Abs. 3). Demgemäß war der § 6 des alten Gesetzes neu zu fassen. Die Verlängerung der Fälligkeitsfrist entspricht Wünschen des Gewerbes. Hinsichtlich der Beseitigung des Zahlungsaufschubs verbleibt es bei der Vorschrift des § 18 des alten Gesetzes.

§ 7.

Die Steuer wird auf Antrag erstattet:

1. für Wein, den der Lieferer nachweislich zurückgenommen hat,

2. für Wein, der nach der Lieferung bei der Beförderung nachweislich zugrunde gegangen ist, sofern der Lieferer keinen Anspruch auf Entgelt oder Entschädigung hat.

§ 8.

Die Weinsteuer ist eine Verbrauchsabgabe im Sinne der Reichsabgabenordnung.

§ 9.

Wer einen Betrieb, der die gewerbliche Lieferung von Wein zum Gegenstande hat, eröffnet oder übernimmt, hat sich, sofern er nicht zu den im § 1 Nr. 1 Satz 2 genannten Wirten und Kleinverkäufern gehört, als Weinhändler bei der Steuerbehörde anzumelden. Dies hat spätestens bei der Eröffnung oder Übernahme zu geschehen. Dabei sind die Betriebs- und Lagerräume anzugeben.

§ 10.

Die Weinhändler, die im § 1 Nr. 1 Satz 2 genannten Wirte und Kleinverkäufer sowie die Hersteller von Haustrunk unterliegen der Steueraufsicht.

Den Oberbeamten der Finanzverwaltung sind neben den im § 197 Abs. 2 der Reichsabgabenordnung genannten auch die auf den Erwerb von Wein bezüglichen Geschäftsbücher und Schriftstücke auf Erfordern zur Einsicht vorzulegen. Jeder Besitzer von Wein muß gestatten, daß die Steuerbehörde gegen Vergütung Proben zum Zwecke der Prüfung entnimmt.

Ergeben sich bei Bestandsaufnahmen (§ 195 Nr. 4 der Reichsabgabenordnung) Fehlmengen, so sind diese von dem Betriebsinhaber zu versteuern, soweit nicht dargetan wird, daß sie auf Umstände zurückzuführen sind, die eine Steuerschuld in der Person des Betriebsinhabers nicht begründen. Die Steuerschuld gilt im Zweifel als entstanden im Zeitpunkt der Bestandsaufnahme. Als Entgelt gilt der gemeine Wert der Weinsorten, bei denen die Fehlmengen festgestellt sind. Kann nicht ermittelt werden, aus welchen Weinsorten die Fehlmengen herrühren, so sind der Besteuerung die hochwertigsten der in Betracht kommenden Sorten zugrunde zu legen.

§ 11.

Der Steuerschuldner hat die Weinmengen, die der Besteuerung unterliegen, der Steuerbehörde durch eine schriftliche Erklärung (Steuererklärung) anzumelden. Das hat zu geschehen

1. in den Fällen des § 1 Nr. 3 bei der Abfertigung des Weines zum freien Verkehr;
2. in den Fällen, in denen ein Verbraucher unversteuerten Wein an einen Verbraucher liefert, binnen einer Woche nach Entstehung der Steuerschuld;
3. in allen übrigen Fällen bis zum fünfzehnten Tage eines jeden Monats für die Weinmengen, für die im vorhergegangenen Monat eine Steuerschuld entstanden ist.

In der Steuererklärung ist das Entgelt oder der gemeine Wert (§ 3) in Übereinstimmung mit den kaufmännischen Büchern anzugeben.

§ 12.

Weintrauben, die zur Herstellung von Wein dienen sollen, und Traubenmaische dürfen nur an Weinhändler geliefert und nur von Weinhändlern erworben oder in den Geltungsbereich des Gesetzes verbracht werden.

Wer den Vorschriften des Abs. 1 zuwiderhandelt, wird auf Grund des § 377 der Reichsabgabenordnung bestraft. Die verbotswidrig gelieferten, erworbenen oder in den Geltungsbereich des Gesetzes verbrachten Erzeugnisse sind einzuziehen.

§ 13.

Die Bestrafung wegen Steuerhinterziehung (§ 359 der Reichsabgabenordnung) tritt ein, ohne daß der Vorsatz der Hinterziehung festgestellt zu werden braucht:

1. wenn innerhalb der vorgeschriebenen Frist die Menge des Weines, für den eine Steuerschuld entstanden ist, nicht oder nicht richtig angemeldet oder wenn das Entgelt zu niedrig angegeben wird;
2. wenn jemand beim Bezuge von Wein fälschlich angibt, daß er als Weinhändler angemeldet sei (§ 9), oder wenn jemand sich fälschlich anmeldet (§ 9);
3. wenn Wein, der von der Besteuerung ausgenommen worden ist, zu anderen als den gestatteten Zwecken verwendet wird (§ 2 Nr. 2 und 4);
4. wenn die in den Ausführungsbestimmungen vorgeschriebenen Bücher nicht oder wissentlich nicht richtig geführt werden;

5. wenn mit der Lieferung von Wein begonnen wird, ehe der Lieferer sich als Weinhändler angemeldet hat (§ 9);
6. wenn Wein in anderen als den angemeldeten Räumen hergestellt oder aufbewahrt wird.

Wird festgestellt, daß der Täter ohne den Vorsatz der Hinterziehung gehandelt hat, so tritt Bestrafung wegen Steuerhinterziehung nicht ein. Die §§ 367, 377 der Reichsabgabenordnung bleiben unberührt.

§ 14.

Die zur Durchführung dieses Gesetzes erforderlichen Vorschriften erläßt der Reichsminister der Finanzen mit Zustimmung des Reichsrats. Dabei kann der Kreis der steuerbaren Getränke sowie der Kreis der als Weinhändler zu behandelnden Personen näher umgrenzt, auch verbindlich bestimmt werden, was im Sinne dieses Gesetzes als Lieferung, Verbringen in den Geltungsbereich des Gesetzes und Entgelt anzusehen ist. Ferner können für Fälle bestimmter Art, insbesondere für kleine Betriebe, sowie für den Weinabsatz in Schankwirtschaften oder im Kleinverkaufe, ferner für den Bezug von Weintrauben oder Traubenmaische durch Verbraucher zur Selbstkelterung Anordnungen getroffen werden, die von den Vorschriften der § 3 Abs. 1, § 6 Abs. 1, § 11, § 12 Abs. 1 abweichen. Die steueramtliche Überwachung des Weinverkehrs kann abweichend von den gesetzlichen Vorschriften geregelt werden; insbesondere kann bestimmt werden, daß der Lieferer dem Verbraucher eine Rechnung auszustellen hat.

B. Übergangsvorschrift.

Ein Drittel des Ertrages der in der Zeit vom 1. Juli 1925 bis zum 30. Juni 1927 aufkommenden Weinsteuer ist zur Behebung der Not des Winzerstandes zu verwenden.

Aus dem Gesetz vom 26. Juli 1918 ist in Kraft geblieben (vgl. Einführung zu Artikel I S. 122):

§ 48.

Die nachstehend genannten Nummern des Zolltarifs erhalten folgende Fassung:

Nummer des Zolltarifs		Zollsatz für 1 Doppelzentner Mark
45	Weintrauben:	
	frisch (Tafeltrauben)	20
	Keltertrauben (Weinmaische)	40
180	Wein und frischer Most von Trauben, auch entkeimt:	
	in Behältnissen bei einem Raumgehalte von 15 Liter oder mehr:	
	mit natürlichem Weingeistgehalte; frischer Most	60
	mit verstärktem Weingeistgehalte . .	70

Nummer des Zolltarifs		Zollsatz für 1 Doppelzentner Mark
	in anderen Behältnissen:	
	mit natürlichem Weingeistgehalte; frischer Most	75
	mit verstärktem Weingeistgehalte . .	80
	Anmerkungen.	
	1. Neben den Zöllen der Nr. 180 sind die inneren Abgaben zu erheben.	
	2. Wein zur Herstellung von Schaumwein und Wermutwein unter Zollsicherung	20
	3. Wein zur Herstellung von Kognak oder Weinessig unter Zollsicherung	10
	4. Wein mit einem Weingeistgehalte von mehr als 200 g in 1 Liter wird wie nicht besonders genannter Trinkbranntwein verzollt.	
181	Most von Trauben, ohne oder mit Zuckerzusatz eingekocht oder sonst eingedickt (Traubensirup), weingeistfrei, auch entkeimt; Rosinenextrakt	200
182	Weine mit Heilmittelzusätzen und andere zu Genußzwecken verwendbare weinhaltige Getränke, auch mit Zusatz von Gewürzen oder Zucker:	
	in Behältnissen bei einem Raumgehalte von 15 Liter oder mehr	60
	in anderen Behältnissen	80

Nummer des Zolltarifs		Zollsatz für 1 Doppelzentner Mark
183	Obstwein, in Gärung begriffener Obstmost und andere gegorene, dem Weine ähnliche Getränke aus Frucht- oder Pflanzensäften oder Malzauszügen; Reiswein (Sake):	
	in Behältnissen bei einem Raumgehalte von 15 Liter oder mehr	24
	in anderen Behältnissen	75
184	Schaumwein	180
	Anmerkung zu Nr. 181 bis 184.	
	Neben den Zöllen sind die inneren Abgaben zu erheben.	
185	Met; Milchwein (Kumyß) und Kefir-Kumyß; Getränke, ohne Zusatz von Branntwein oder Wein künstlich bereitet, anderweit nicht genannt:	
	in Behältnissen bei einem Raumgehalte von 15 Liter oder mehr	24
	in anderen Behältnissen	48
	Anmerkung.	
	Für die hierher gehörigen Getränke außer Met, Milchwein und Kefir-Kumyß ist neben dem Zolle die innere Abgabe zu erheben.	

15. Ausführungsbestimmungen zum Weinsteuergesetz.

(Reichsministerialblatt 1925 S. 649 bis 718.)

Verordnung.

Auf Grund des Artikels I A § 14 des Gesetzes zur Änderung von Verbrauchssteuern vom 10. August 1925 (RGBl. I S. 248) wird, soweit erforderlich nach Zustimmung des Reichsrats, folgendes verordnet:

Ausführungsbestimmungen zum Weinsteuergesetz.

Zu § 1 des Gesetzes

§ 1.

Traubenwein und Traubenmost.

Als Traubenwein und Traubenmost gelten die nach dem Weingesetz unter diese Begriffe fallenden Getränke mit der Maßgabe, daß Traubenmost als Wein anzusehen ist, sobald er in Gärung begriffen ist. Als in Gärung begriffen ist der Most stets dann anzusehen, wenn nicht die Gärung nachweislich durch besondere Behandlung, und zwar so frühzeitig verhindert worden ist, daß der Most, ohne daß ihm bei der Gärung entstandener Weingeist entzogen worden ist, nicht mehr als zehn Gramm Weingeist in einem Liter enthält.

Als Traubenmost gilt auch Most von Trauben, der entkeimt ist. Ferner sind als Traubenmost steuerbar der ohne oder mit Zuckerzusatz eingekochte oder sonst eingedickte Most von Trauben (Traubensirup) und der Rosinenextrakt, sofern sie weingeistfrei sind. Als weingeistfrei sind die Getränke anzusehen, wenn sie nicht mehr als zehn Gramm Weingeist in einem Liter enthalten.

Im Zweifel ist der Weingeistgehalt durch einen Chemiker nach Teil II, 2 der Anweisung zur chemischen Untersuchung des Weines (Zentralblatt für das Deutsche Reich 1920 S. 1601) zu ermitteln.

Wie Traubenwein und Traubenmost sind auch ihre Nachahmungen steuerbar.

§ 2.

Weinähnliche Getränke.

Weinähnliche Getränke sind

a) die nach dem Weingesetz unter diesen Begriff fallenden Getränke aus Fruchtsäften, Pflanzensäften und Malzauszügen,

b) sonstige Getränke, die, ohne Nachahmungen von Traubenwein (§ 1 Abs. 4) zu sein, ihrer gesamten Natur nach dem Traubenweine so weit gleichen, daß sie nach der Auffassung des Verkehrs als Ersatz für Traubenwein gelten können.

Insbesondere kommen in Betracht

1. als weinähnliche Getränke aus Fruchtsäften die Obst- und Beerenweine (Apfelwein, Birnenwein, Johannisbeerwein, Stachelbeerwein, Hagebuttenwein, Heidelbeerwein, in Gärung begriffener Obstmost usw.),
2. als weinähnliche Getränke aus Pflanzensäften Rhabarberwein, Rübenwein und dergleichen,
3. als weinähnliche Getränke aus Malzauszügen die sogenannten Maltonweine und dergleichen.

Ob Obstmost als in Gärung begriffen anzusehen ist, richtet sich nach der Bestimmung im § 1 Abs. 1.

§ 3.

Weinhaltige Getränke.

Weinhaltige Getränke sind entgeisteter Traubenwein und entgeistete weinähnliche Getränke sowie Getränke, die Traubenwein, weinähnliche Getränke, entgeisteten Traubenwein oder entgeistete weinähnliche Getränke enthalten.

§ 4.

Entgeisteter Traubenwein und entgeistete weinähnliche Getränke sind gegorene Getränke, denen der Weingeist bis auf einen Gehalt von nicht mehr als zehn Gramm in einem Liter entzogen worden ist. Im Zweifel ist der Weingeistgehalt gemäß § 1 Abs. 3 zu ermitteln. Getränke, die nicht in Gärung begriffen waren (§ 1 Abs. 1), wie z. B. weingeistfreier Most, gehören nicht hierher.

Getränke, die Traubenwein, weinähnliche Getränke, entgeisteten Traubenwein oder entgeistete weinähnliche Getränke enthalten, gelten als weinhaltige Getränke ohne Rücksicht auf die Höhe des Gehalts an Traubenwein usw. Auch macht es keinen Unterschied, ob zur Erzielung des Gehalts an Traubenwein usw. in dem Getränke Traubenwein usw. in fertigem Zustand oder ob Ausgangsstoffe oder Zwischenerzeugnisse dazu oder die einzelnen Bestandteile (z. B. von Kunstwein) verwendet worden sind; ebenso ist es gleichgültig, ob Traubenwein usw. in reiner Gestalt oder in einem Erzeugnis verwendet worden ist, das bereits Traubenwein usw. enthält.

Zu den Getränken, die Traubenwein oder weinähnliche Getränke enthalten, gehören insbesondere die sogenannten Gewürz- und Kräuterweine (z. B. Wermutwein), die Weinpunsche und Weinpunschessenzen.

Weine mit Heilmittelzusätzen und weinige Auszüge gelten nur dann als Getränke, die Traubenwein oder weinähnliche Getränke enthalten, wenn sie nicht ausschließlich zum Heilgebrauche dienen. Hierzu gehört z. B. der Pepsinwein. Als ausschließlich zum Heilgebrauche dienend gelten dagegen von den Weinen mit Heilmittelzusätzen z. B. Brechwein (Wein mit Zusatz von Brechweinstein) und Kampferwein und von den weinigen Auszügen z. B. Chinawein, Kondurangowein und weinige Rhabarbertinktur

Zu den weinhaltigen Getränken gehören nicht

1 Getränke, die sich als Schaumwein oder schaumweinähnliche Getränke im Sinne des § 5 darstellen,

2 Getränke, die unmittelbar zum Genusse hergestellt werden,

3 Getränke mit einem Weingeistgehalte von mindestens 35 Raumhundertteilen

§ 5.

Schaumwein und schaumweinähnliche Getränke.

Als Schaumwein gelten alle Traubenweine mit einem Weingeistgehalt von mehr als zehn Gramm in einem Liter, deren Kohlensäure beim Öffnen der Umschließungen unter Aufbrausen entweicht

Als schaumweinähnliche Getränke gelten

a) alle Fruchtweine (Obst- und Beerenweine) mit den im Abs. 1 genannten Eigenschaften,

b) alle schäumenden Getränke aus anderen weinähnlichen Getränken im Sinne des Weingesetzes mit einem Weingeistgehalt von mehr als zehn Gramm in einem Liter, die ohne Verwendung von Traubenwein oder Fruchtwein, traubenweinhaltigen oder fruchtweinhaltigen Getränken hergestellt sind, aber nach Aussehen oder Geschmack als Ersatz für Schaumwein dienen können.

Wie schaumweinähnliche Getränke steuerbar sind

a) alle traubenweinhaltigen und fruchtweinhaltigen Getränke mit den im Abs. 1 genannten Eigenschaften,

b) alle übrigen schäumenden Getränke mit den im Abs 2 unter b genannten Eigenschaften.

Weder als Schaumwein noch als schaumweinähnliche Getränke gelten diejenigen schäumenden Traubenweine, deren Kohlensäure im Wege der nach § 4 des Weingesetzes vom 7. April 1909 (RGBl. S. 393) zugelassenen Kellerbehandlung durch Gärung im offenen Gefäß entstanden ist, und diejenigen Fruchtweine, die während der ersten Gärung auf Flaschen gefüllt und nicht entheft sind.

§ 6.

„Wein" als Sammelbegriff.

Unter dem Ausdruck Wein ohne nähere Bezeichnung sind sämtliche im § 1 Nr 1 des Gesetzes aufgeführten Erzeugnisse zu verstehen

§ 7.

Geläger; verdorbener Wein.

Geläger (flüssige Weinhefe und Weintrüb) und verdorbener Wein, auch Stichwein, sind Wein im Sinne des Weinsteuergesetzes.

§ 8.

Met.

Met, der aus Bienenhonig ohne Zusatz anderer Zucker oder Geschmacksstoffe durch vollständige Vergärung hergestellt ist, gilt nicht als Wein im Sinne des Weinsteuergesetzes.

§ 9.

Lieferung von Wein an Verbraucher.

Der Begriff der Lieferung ist im weitesten Sinne zu verstehen. Er umfaßt jede Entäußerung, die dazu bestimmt ist, einem anderen die Verfügung über den Wein zu verschaffen. Dabei ist es unerheblich, ob der unmittelbare Besitz übertragen wird oder nicht.

Beispiel 1.

Ein Weinhändler übergibt einem Spediteur Wein zur Beförderung an einen Verbraucher. Die Übergabe an den Spediteur ist zwar eine Entäußerung, aber keine Lieferung an den Spediteur, weil die Entäußerung nicht dazu bestimmt ist, dem Spediteur die Verfügung über den Wein zu verschaffen. Dagegen liegt eine Lieferung an den Verbraucher vor, weil die Entäußerung dazu bestimmt ist, diesem die Verfügung über den Wein zu verschaffen.

Beispiel 2.

Ein Weinhändler übergibt seinem Gläubiger, einem Verbraucher, ein Faß Wein als Pfand. Es liegt eine Lieferung vor, weil die Übergabe eine Entäußerung ist, die dazu bestimmt ist, dem Gläubiger die Verfügung über den Wein zu verschaffen.

Beispiel 3.

Ein Winzer gibt einem Kommissionär ein Fuder Wein zum Verkauf an Hand. Der Kommissionär (handelnd im eigenen Namen) verkauft den Wein an einen Verbraucher. Auf Anweisung des Kommissionärs wird die Ware vom Winzer unmittelbar an den Verbraucher übersandt. In diesem Falle liegen zwei Lieferungsgeschäfte vor, nämlich erstens eine Lieferung von dem Winzer an den Kommissionär und zweitens eine Lieferung von dem Kommissionär an den Verbraucher.

Liefert jemand, der sich als Weinhändler (§ 9 des Gesetzes) bei der Steuerbehörde angemeldet hat oder der zu dieser Anmeldung verpflichtet ist, Wein an einen Verbraucher, so entsteht durch diese Lieferung eine Steuerschuld ohne Rücksicht darauf, ob der Wein schon früher versteuert worden ist oder nicht.

Die Rücklieferung von Traubenwein oder Traubenmost durch eine Winzergenossenschaft an ihre Mitglieder ist keine Lieferung im Sinne des Gesetzes, wenn diese Mitglieder Weinbergsbesitzer sind, die ihre sämtlichen selbstgewonnenen Keltertrauben an die Genossenschaft abgeliefert haben.

§ 10.

Zeitpunkt, in dem die Lieferung verwirklicht ist.

Die Lieferung ist verwirklicht (§ 81 der Reichsabgabenordnung) mit der Absendung oder Aushändigung des Weines.

Die Absendung gilt als vollendet, sobald der Wein aus den Betriebsräumen des Weinhändlers oder den sonstigen Lagerräumen entfernt ist. Dies gilt auch für den Fall, daß eine neue Lieferung durch Umleitung oder Weiterleitung unterwegs befindlichen Weines geschieht.

Aushändigung ist die Verabfolgung des Weines an den Empfänger oder dessen Beauftragten in den im Abs. 2 genannten Räumen.

§ 11.

Behandlung von Weinhändlern als Verbraucher bezüglich des zum Verbrauch im eigenen Haushalt bezogenen Weines.

Das Hauptzollamt kann genehmigen, daß Weinhändler hinsichtlich des Weines, den sie versteuert lediglich zum Verbrauch im eigenen Haushalt beziehen, als Verbraucher behandelt werden. Die Genehmigung wird nur auf Antrag und stets widerruflich erteilt. Sie kann an die Bedingung geknüpft werden, daß der Wein nach besonderer Anordnung der Finanzbehörde gelagert wird und daß die Lagerräume der Steueraufsicht unterliegen.

Als lediglich zum Verbrauch im eigenen Haushalt bezogen gilt der Wein dann, wenn der Bezieher schon bei der Bestellung des Weines sich nicht auf seine Eigenschaft als Weinhändler beruft, sondern die Lieferung versteuerten Weines veranlaßt, und der Wein weder dauernd noch vorübergehend in die Betriebsräume oder die mit diesen zusammenhängenden Räume (§ 89) verbracht wird.

Wird der versteuert bezogene Wein in den Betrieb aufgenommen, so wird die beim Bezug entrichtete Steuer nicht erstattet. Als in den Betrieb aufgenommen gilt der Wein auch dann, wenn er zu anderen Zwecken als zum Verbrauch im eigenen Haushalt verwendet wird

§ 12.

(Betrifft Wirte und Kleinverkäufer, die lediglich inländischen Wein vom Fasse verschenken.)

§ 13.

(Betrifft Entnahme von Wein zum eigenen Verbrauch.)

§ 14.

(Betrifft Zeitpunkt, in dem die Entnahme von Wein zum eigenen Verbrauche verwirklicht ist.)

§ 15.

Verbringen von Wein in den Geltungsbereich des Gesetzes.

Das Verbringen von Wein in den Geltungsbereich des Gesetzes ist verwirklicht mit dem Übergang des Weines in den freien Inlandsverkehr.

Ein Verbringen im Sinne des § 1 Nr. 3 des Gesetzes liegt auch bezüglich des Weines vor, der von einem Zollager in den freien Inlandsverkehr übertritt

§ 16.

Geltungsbereich des Gesetzes.

Das Weinsteuergesetz gilt uneingeschränkt in dem innerhalb der Zollgrenze liegenden Gebiete des Deutschen Reichs und in den badischen Zollausschlüssen

§§ 17 und 18.

(Betreffen besondere Anordnungen für die badischen Zollausschlüsse und für die Zollausschlüsse in den deutschen Häfen.)

Zu § 2 Nr. 2a des Gesetzes.

§ 19.

Haustrunk.

Eigener Verbrauch ist der Verbrauch im privaten Hausstand einer natürlichen Person.

Als von der Person, die die Steuerbefreiung in Anspruch nehmen will, hergestellt oder selbstbereitet gelten auch die für ihre Rechnung hergestellten oder bereiteten Getränke

Als selbstgewonnene Trauben gelten Trauben, die von selbstbewirtschafteten, im Geltungsbereiche des Gesetzes liegenden Grundstücken stammen. Als aus selbstgewonnenen Trauben hergestellt gilt auch der Traubenmost und Traubenwein, der Weinbergsbesitzern, die Mitglied einer Winzergenossenschaft sind und ihre sämtlichen selbstgewonnenen Keltertrauben an die Genossenschaft abgeliefert haben, von der Genossenschaft zurückgeliefert wird.

Als Weinbergsbesitzer gilt, wer ein geschlossenes Rebstück, nicht aber, wer nur an seinem Haus, in seinem Hausgarten oder dergleichen Reben in geringem Umfang besitzt.

§ 20.

Behandlung des Haustrunks bei der Vorausversteuerung von Wein.

Umfaßt die zur Vorausversteuerung (§ 108) angemeldete Menge Wein, auf den die Voraussetzungen des § 2 Nr. 2 a des Gesetzes zutreffen, so kann nach vom Landesfinanzamt aufzustellenden Grundsätzen die Zollstelle auf Antrag genehmigen, daß zum Ausgleich für die als Haustrunk von der Besteuerung ausgenommene Menge ein entsprechender Teil der angemeldeten Menge steuerfrei gelassen wird.

Zu § 2 Nr. 2 b des Gesetzes.

§ 21.

Verbrauch von Wein bei der Kellerbehandlung oder Lagerung.

Küfertrunk ist der nach bestehender Übung dem Kellereipersonal während der Arbeit zustehende und tatsächlich gewährte Freitrunk.

Das Hauptzollamt kann besondere Überwachungsmaßnahmen, wie die Führung besonderer Anschreibungen über die bei der Kellerbehandlung oder Lagerung beschäftigten Küfer und die von ihnen verbrauchten Mengen, anordnen.

Zu § 2 Nr. 3 des Gesetzes.

§ 22.

Wein als Reisebedarf und Schiffsproviant.

Wird Wein in die badischen Zollausschlüsse verbracht, so sind die Vorschriften über Zollbefreiung von Reisebedarf und Schiffsproviant sinngemäß anzuwenden.

Zu § 2 Nr. 4a des Gesetzes.

§ 23.

Verwendung von Wein zu gottesdienstlichen Zwecken.

Unter Verwendung von Wein zu gottesdienstlichen Zwecken ist die Verwendung bei der Gottesverehrung zu verstehen, die in der Regel in den Gotteshäusern stattfindet, nicht auch die Verwendung bei häuslichen Religionsübungen und Gebeten.

Durch die Lieferung von Wein zur Verwendung zu gottesdienstlichen Zwecken entsteht keine Steuerschuld, wenn dem Lieferer vor der Absendung oder Aushändigung des Weines eine Bescheinigung übergeben wird, daß der Wein zu diesen Zwecken verwendet werden wird. Die Bescheinigung muß von dem Vorstand der kirchlichen Behörde oder dessen Stellvertreter oder, wenn es sich um außerkirchliche Religionsgemeinschaften handelt, von dem Vorstand — in dessen Ermangelung von einem Mitglied — der Gemeinschaft unterschrieben sein. Die Bescheinigungen der außerkirchlichen Religionsgemeinschaften müssen außerdem eine Bestätigung der für den Versammlungsort zuständigen Zollstelle tragen, daß gegen die steuerfreie Lieferung der bestellten Menge Bedenken nicht bestehen. Vor der Abgabe dieser Erklärung hat sich die Zollstelle von der Angemessenheit der bestellten Menge zu überzeugen. Sofern es sich um den erstmaligen Antrag einer außerkirchlichen Gemeinschaft handelt, hat die Zollstelle vor der Abgabe der Bestätigung die Entscheidung des vorgesetzten Hauptzollamts darüber einzuholen, ob nach den rituellen Vorschriften der Gemeinschaft die Verwendung von Wein erforderlich ist. Über die von den einzelnen Gemeinschaften bestellten Weinmengen hat die Zollstelle Anschreibungen zu führen, die den Aufsichtsbeamten zugänglich zu machen sind, damit diese in geeigneter Weise darüber wachen, daß der steuerfrei abgelassene Wein nur zu den erlaubten Zwecken verwendet wird.

Wird Wein für Rechnung eines Verbrauchers, der ihn zu gottesdienstlichen Zwecken verwenden will, in den Geltungsbereich des Gesetzes verbracht, so entsteht keine Steuerschuld, wenn spätestens beim Übergang des Weines in den freien Inlandsverkehr eine Bescheinigung gemäß Abs. 1 beigebracht wird.

Die Bescheinigungen nach Abs. 1 und 2 bilden Belege zum Weinsteuerbuch oder den sonstigen Anschreibungen des Lieferers oder zum Zollpapiere.

Zu § 2 Nr. 4b des Gesetzes.

§ 24.

(Betrifft Verwendung von Wein zu amtlichen Untersuchungen.)

Zu § 2 Nr. 4b und g.

§§ 25—28.

(Betreffen Verwendung von Wein zu wissenschaftlichen Zwecken durch wissenschaftliche Anstalten und bei der Pflege Kranker und Gebrechlicher durch Anstalten, die nur der öffentlichen Wohltätigkeit dienen.)

Zu § 2 Nr. 4c des Gesetzes.

§ 29.

(Betrifft Wein zur Probe.)

Zu § 2 Nr. 4d des Gesetzes.

§ 30.

Wein zur Herstellung von Schaumwein oder schaumweinähnlichen Getränken oder von weinhaltigen Getränken.

Zur Herstellung von Schaumwein oder schaumweinähnlichen Getränken oder von weinhaltigen Getränken darf Wein steuerfrei nur von gemäß § 9 Abs. 1 des Gesetzes angemeldeten Weinhändlern verwendet werden. Vor der erstmaligen Entnahme von Wein zu dieser Verwendung haben sie bei der zuständigen Zollstelle die Genehmigung nachzusuchen.

Die Genehmigung wird vom Hauptzollamt unter folgenden Bedingungen erteilt:

1. Die durch die Entnahme des Weines zum Verbrauch im eigenen Betriebe sich ergebende Steuerschuld entsteht unter der auflösenden Bedingung, daß der Wein in diesem Betriebe zur Herstellung von Schaumwein oder schaumweinähnlichen Getränken oder von weinhaltigen Getränken tatsächlich verwendet wird.

2. Der Wein ist bei der Entnahme alsbald im Weinsteuerbuch als steuerfreier Ausgang zu buchen. Wird der Wein nicht zu den angegebenen Zwecken verwendet, so ist er unter Berichtigung der Anschreibung im Weinsteuerbuche zur Versteuerung an-

zumelden. Der Anmeldung zur Versteuerung bedarf es nicht, wenn der Wein aus dem Herstellungsbetrieb in den Weinhandelsbetrieb zurückgenommen wird, oder wenn er vor dieser Zurücknahme nachweislich zugrunde geht.

3. Die etwa erforderlichen Überwachungsmaßnahmen trifft das Hauptzollamt nach näherer Anordnung des Landesfinanzamts. Insbesondere kann angeordnet werden, daß über den Zugang von Wein und dessen Verarbeitung an Stelle oder neben der Eintragung im Weinsteuerbuche besondere Anschreibungen zu führen sind

§ 31.

Wein zur Herstellung von Essig oder Branntwein.

Will ein Verbraucher Wein zur Herstellung von Essig oder Branntwein steuerfrei von einem Lieferer im Geltungsbereiche des Gesetzes beziehen oder in den Geltungsbereich des Gesetzes verbringen, so hat er bei der für seinen Essig- oder Branntweinherstellungsbetrieb zuständigen Zollstelle um die Erteilung der Bezugsberechtigung nachzusuchen. Unter Verwendung von Wein zur Herstellung von Essig ist die Umwandlung des im Weine enthaltenen Weingeistes in Essigsäure, unter Verwendung von Wein zur Herstellung von Branntwein das Brennen des Weines zu Branntwein zu verstehen.

Die Bezugsberechtigung wird vom Hauptzollamt unter folgenden Bedingungen erteilt:

1. Der Bezugsberechtigte schuldet die Weinsteuer unter der auflösenden Bedingung, daß der Wein zur Herstellung von Essig oder Branntwein tatsächlich verwendet wird. Diese Verwendung wird angenommen, sobald nach den folgenden Bestimmungen der Wein vergällt oder seine Verwendung gesichert ist. Die Vorschrift des § 359 Abs. 2 der Reichsabgabenordnung bleibt unberührt. Ebenso wie die Verwendung des vergällt oder unter Sicherung der Verwendung bezogenen Weines zu anderen Zwecken ist auch seine Lieferung an andere nur mit vorheriger Genehmigung des Hauptzollamts unter den von diesem festzusetzenden Bedingungen zulässig. Geht der Wein vor der Vergällung oder Sicherung der Verwendung nachweislich zugrunde, so erlischt die bedingte Steuerschuld.

2. Der zur Herstellung von Essig bestimmte bedingt steuerfreie Wein ist beim Bezuge von einem Lieferer im Geltungs-

bereiche des Gesetzes alsbald nach Empfang, beim Verbringen in den Geltungsbereich des Gesetzes vor der Abfertigung zum freien Verkehr unter amtlicher Aufsicht zu vergällen.

Beim Bezuge von zur Herstellung von Branntwein bestimmtem bedingt steuerfreiem Wein von einem Lieferer im Geltungsbereiche des Gesetzes ist der Wein entweder zu vergällen, oder seine Verwendung zur Herstellung von Branntwein ist zu sichern; die Vergällung oder die Sicherung haben alsbald nach Empfang des Weines zu erfolgen. Wird der Wein in den Geltungsbereich des Gesetzes verbracht, so ist vor der Abfertigung zum freien Verkehr seine Verwendung zu sichern.

3. Die Verwendung des Weines vor der Vergällung oder Sicherung der Verwendung zu einem anderen Zwecke ist untersagt. Wird der Wein vor der Vergällung oder Sicherung der Verwendung zu einem anderen Zwecke weitergeliefert oder dem Besitze des Beziehers entzogen, so wird mit der Abgabe oder mit der Entziehung die bedingte Steuerschuld unbedingt; wird der Wein unter Beachtung der Bestimmungen des § 32 zur Herstellung von Essig oder Branntwein weitergeliefert, so geht die bedingte Steuerschuld mit der Lieferung auf den neuen Bezugsberechtigten über. Soweit es sich um von einem Lieferer im Geltungsbereiche des Gesetzes bezogenen Wein handelt, bedarf die Weiterlieferung der Genehmigung des Hauptzollamts. Die Genehmigungsverfügung bildet einen Beleg zu den nach Nr. 4 zu führenden Anschreibungen.

4. Der Bezugsberechtigte hat über den Zugang des von einem Lieferer im Geltungsbereiche des Gesetzes bezogenen bedingt steuerfreien Weines und über dessen Vergällung oder Sicherung der Verwendung, ferner über den Zugang von in den Geltungsbereich des Gesetzes verbrachtem, nach Vergällung oder Sicherung der Verwendung zum freien Verkehr abgefertigtem Wein nach näherer Anordnung des Landesfinanzamts Anschreibungen zu führen.

5. Beim Bezuge von Wein von einem Lieferer im Geltungsbereiche des Gesetzes ist dem Lieferer, beim Verbringen von Wein in den Geltungsbereich des Gesetzes der Zollstelle, die den Wein abfertigt, ein nach Muster 1 ausgestellter Bezugsausweis vorzulegen.

Die Zollstelle führt über die Bezugsberechtigten ein Verzeichnis

§ 32.

Wein darf zur Herstellung von Essig oder Branntwein unversteuert nur gegen Vorlegung des vorschriftsmäßig ausgestellten Bezugsausweises geliefert oder von der Zollstelle zum freien Verkehr abgefertigt werden.

Für das weitere Verfahren sind die Bestimmungen im § 27 maßgebend.

§ 33.

Weinhändler, die bezogenen Wein, und alle Personen, die selbsterzeugten Wein zur Herstellung von Essig oder Branntwein steuerfrei verwenden wollen, haben vor der erstmaligen Entnahme des Weines zu dieser Verwendung bei der für den Essig- oder Branntweinherstellungsbetrieb zuständigen Zollstelle die Genehmigung nachzusuchen.

Die Genehmigung wird vom Hauptzollamt unter folgenden Bedingungen erteilt:

1. Die durch die Entnahme des Weines zum Verbrauch im eigenen Betriebe sich ergebende Steuerschuld entsteht unter der auflösenden Bedingung, daß der Wein zur Herstellung von Essig oder Branntwein tatsächlich verwendet wird. Diese Verwendung wird angenommen, sobald der Wein vergällt oder seine Verwendung gesichert ist.

2. Der Wein ist vom Weinhändler alsbald nach der Entnahme zu den steuerfreien Zwecken im Weinsteuerbuch als steuerfreier Ausgang zu buchen. Wird der Wein nicht zur Herstellung von Essig oder Branntwein verwendet, so ist er unter Berichtigung der Abschreibung im Weinsteuerbuche zur Versteuerung anzumelden. Der Anmeldung zur Versteuerung bedarf es nicht, wenn der Wein aus dem Essig- oder Branntweinherstellungsbetrieb in den Weinhandelsbetrieb zurückgenommen wird, oder wenn er vor dieser Zurücknahme nachweislich zugrunde geht.

3. Die erforderlichen Überwachungsmaßnahmen trifft das Hauptzollamt nach näherer Anordnung des Landesfinanzamts.

4. Wegen der Verwendung des Weines, der vergällt oder dessen Verwendung gesichert worden ist, zu anderen Zwecken und wegen seiner Lieferung an andere gilt die Bestimmung des § 31 Abs. 2 Nr. 1.

§ 34.

(Betrifft Anmeldung zur Vergällung oder zur Sicherung der Verwendung.)

§ 35.

Vergällung des Weines zur Herstellung von Essig oder Branntwein.

Der zur Herstellung von Essig bestimmte Wein wird dadurch vergällt, daß ihm unter amtlicher Aufsicht gemäß Anlage A Abschnitt I, so viel Essig (Weinessig, Obstweinessig, Branntweinessig, Bieressig oder anderer Gärungsessig) oder Essigsäure zugesetzt wird, daß auf je hundert Liter Wein zwei Kilogramm wasserfreie Essigsäure kommen. Auf Antrag kann gemäß Anlage A Abschnitt II auch der nach Anlage B festzustellende Gehalt des Weines an wasserfreier Essigsäure (flüchtige Säuren), den er von Natur aus besitzt oder durch Vermischen mit Essig oder Essigsäure bereits vor der Vorführung erhalten hat, auf das Vergällungsmittel angerechnet werden. Der Gehalt der Vergällungsmittel an wasserfreier Essigsäure wird gemäß Anlage C ermittelt.

Der von einem Lieferer im Geltungsbereiche des Gesetzes zur Herstellung von Branntwein bezogene Wein wird dadurch vergällt, daß er unter amtlicher Aufsicht mit fein zerriebenem Kochsalz in Menge von zwei vom Hundert seines Eigengewichts vermischt wird.

Die für die Vergällung erforderlichen Stoffe hat der zum steuerfreien Bezuge von Wein Berechtigte zu liefern. Er hat die nötigen Handdienste zu leisten oder leisten zu lassen und die Kosten der erforderlichen Untersuchungen zu tragen.

Die Vergällung ist in der Anmeldung amtlich zu bescheinigen

§ 36.

Sicherung der Verwendung des Weines zur Herstellung von Branntwein.

Das Verfahren zur Sicherung der Verwendung des Weines richtet sich nach den Bestimmungen der §§ 43, 44 und 45 der Weinzollordnung.

§ 37.

Anerkennung einer zur Erlangung von Zollbegünstigungen erfolgten Vergällung oder Sicherung der Verwendung.

Wird schon zur Erlangung von Zollbegünstigungen Wein vergällt oder dessen Verwendung gesichert, so kann von einer Wiederholung dieser Maßnahmen für die Gewährung der Steuerfreiheit abgesehen werden.

Zu § 2 Nr. 4e des Gesetzes.

§§ 38—44.

(Betreffen Wein, der ausgeführt wird.)

Zu § 2 Nr. 4f des Gesetzes.

§ 45.

Vernichtung von Wein.

Wer der Zollstelle gegenüber geltend machen will, daß Wein vor Entstehung einer Steuerschuld vernichtet worden ist, hat den Wein vor der Vernichtung bei der Zollstelle mit Vordruck nach Muster 3 anzumelden. Die Vernichtung ist unter amtlicher Aufsicht vorzunehmen und von dem überwachenden Beamten auf der Anmeldung zu bescheinigen.

Die Anmeldung mit der Bescheinigung bildet gegebenenfalls einen Beleg zum Weinsteuerbuch.

Zu § 7 des Gesetzes.

§ 51.

Erstattung der Steuer.

Wein, den der Lieferer während der Beförderung zum Empfänger an einen anderen Empfänger umleitet, gilt als durch den Lieferer vom ersten Empfänger zurückgenommen.

Hat der Lieferer das Entgelt wegen Beanstandung durch den Verbraucher oder aus anderen nicht auf freigebiger Absicht beruhenden Gründen nachträglich herabgesetzt, so ist der Steuerbetrag neu festzusetzen und der erhobene Mehrbetrag zu erstatten.

Die Erstattung nach § 7 des Gesetzes und die Neufestsetzung und Erstattung nach Abs. 2 findet nur auf Antrag statt. Der

Antrag ist bei der Zollstelle, die den Steuerbetrag festgesetzt hat, vom Lieferer zu stellen. Dem Antrag darf nur stattgegeben werden, wenn der Lieferer die Zurücknahme des Weines und die Wiederanschreibung im Steuerbuch oder den Preisnachlaß oder das Zugrundegehen bei der Beförderung sowie den gezahlten Steuerbetrag nachweist. Bei dem bei der Beförderung zugrunde gegangenen Weine hat der Lieferer außerdem darzutun, daß er keinen Anspruch auf Entgelt oder Entschädigung hat. Zur Entscheidung befugt ist bei dem bei der Beförderung zugrunde gegangenen Weine das Landesfinanzamt, im übrigen das Hauptzollamt.

Zu § 8 des Gesetzes.

§ 52.

Wein als steuerpflichtiges Erzeugnis.

Wein (§ 6) gilt als steuerpflichtiges Erzeugnis im Sinne der Reichsabgabenordnung.

Zu §§ 9 und 10 des Gesetzes.

§ 53.

(Betrifft Anmeldung als Weinhändler und gemäß § 194 der Reichsabgabenordnung.)

§ 54.

(Betrifft Form und Inhalt der Anmeldung.)

§ 55.

Örtliche Zuständigkeit.

Die Anmeldung ist der Zollstelle einzureichen, in deren Bezirk die Betriebs- und Lagerräume oder, beim Fehlen solcher Räume, die Betriebsleitung liegt.

Über jeden Betrieb ist eine besondere Anmeldung einzureichen. Mehrere Betriebs- und Lagerräume desselben Inhabers, die in räumlichem Zusammenhang stehen, gelten als ein Betrieb. Liegen mehrere Betriebe desselben Inhabers im Bezirke der gleichen Zollstelle, so genügt eine Anmeldung.

§ 56.

(Betrifft Behandlung der Anmeldungen bei der Zollstelle.)

§ 57.

(Betrifft weitere Bescheinigungen über die Anmeldung als Weinhändler.)

§ 58.

(Betrifft Rückgabe der Bescheinigungen und des Beleghefts.)

§ 59.

Betriebsleiter.

Der Bestellung eines Betriebsleiters zur Erfüllung der dem Betriebsinhaber gegenüber der Finanzverwaltung obliegenden Verpflichtungen (§ 193 der Reichsabgabenordnung) bedarf es auch dann, wenn der Betriebsinhaber zwar an der Leitung des Betriebs beteiligt ist, ihn aber nicht vollständig selbst leitet, sei es, daß er häufig an der Leitung verhindert ist, sei es, daß er nur einen Teil des Betriebs selbst leitet; im zweiten Falle kann der Betriebsleiter für bestimmte Geschäfte, z. B. für die Führung des Weinsteuerbuchs, bestellt werden.

Im Bedürfnisfalle können je für bestimmte Geschäfte auch mehrere Betriebsleiter bestellt werden.

In der Anzeige über die Stellung des Betriebsleiters ist dessen Befähigung nachzuweisen. Auch ist die Anzeige von dem Vorgeschlagenen zum Zeichen des Einverständnisses mit zu unterschreiben.

Die Anzeige ist in doppelter Ausfertigung dem Hauptzollamte zur Entscheidung über die Zulassung des Betriebsleiters vorzulegen. Das Hauptzollamt vermerkt die Genehmigung auf beiden Ausfertigungen und übersendet sie der Zollstelle, die damit nach § 56 Abs. 2 zu verfahren hat.

§ 60.

(Betrifft Anzeige über Änderungen.)

§ 61.

(Betrifft Anmeldung bei der Übernahme eines Betriebs.)

§ 62.

(Betrifft Herstellung und Lagerung von Wein durch Weinhändler.)

§ 65.

Lieferung von Wein an Weinhändler.

Wer Steuerfreiheit aus dem Grunde in Anspruch nehmen will, weil er den Wein an einen Weinhändler liefert, hat sich vor der Lieferung darüber zu vergewissern, bei welcher Zollstelle der Bezieher die Anmeldung gemäß §§ 53 ff. eingereicht hat und unter welcher Nummer der Betrieb in der Betriebsliste (§ 56) eingetragen ist. Führt der Lieferer ein Weinsteuerbuch oder sonstige Anschreibungen, so sind die Zollstelle und die Nummer im Steuerbuch oder in den sonstigen Anschreibungen bei der Buchung des Ausganges anzugeben.

Die Inhaber angemeldeter Betriebe sollen auf ihren Geschäftspapieren die Tatsache der Anmeldung unter Angabe der zuständigen Zollstelle und der Nummer der Betriebsliste vermerken.

§ 66.

Abfertigung von Wein, der für Rechnung eines Weinhändlers in den Geltungsbereich des Gesetzes verbracht wird.

Die Zollstellen dürfen Wein, der für Rechnung eines Weinhändlers in den Geltungsbereich des Gesetzes verbracht wird, unversteuert zum freien Verkehr nur abfertigen, wenn ihnen eine Bescheinigung über die Betriebsanmeldung (§ 57) vorgelegt wird. Von der Vorlegung der Bescheinigung kann abgesehen werden, wenn die Eigenschaft desjenigen, für dessen Rechnung der Wein in den Geltungsbereich des Gesetzes verbracht wird, als Weinhändler der Zollstelle bekannt ist oder von ihr alsbald anderweit festgestellt wird. Daß die Bescheinigung vorgelegen hat oder aus welchen Gründen von der Vorlegung abgesehen worden ist, ist im Zollpapier anzugeben.

Die Zollstelle hat von jeder Abfertigung von Wein, der für Rechnung eines Weinhändlers in den Geltungsbereich des Gesetzes verbracht wird, zum freien Verkehr die für den Weinhändler zuständige Zollstelle zu benachrichtigen; diese hat sich zu vergewissern, ob der Wein im Steuerbuche des Weinhändlers eingetragen ist.

§§ 67—70.

(Betreffen Steuerbuchführung.)

§§ 71—74.

(Betreffen Erleichterungen für die Steuerbuchführung.)

§ 75.

Weinsteuerbuch als Ersatz für Weinbücher.

Soweit das Weinsteuerbuch als Ersatz für nach den Ausführungsbestimmungen zum Weingesetze zu führende Weinbücher zugelassen ist, darf die Spalte Bemerkungen des Weinsteuerbuchs auch zur Aufnahme von nach dem Weingesetze noch erforderlichen Vermerken mitbenutzt werden.

Den Weinkontrolleuren ist die Einsicht in die Weinsteuerbücher zu den im § 89 Abs. 2 angegebenen Zeiten zu gestatten.

§ 76.

(Betrifft Aufbewahrung des Steuerbuchs.)

§ 77.

(Betrifft Abschluß des Steuerbuchs.)

§ 78.

(Betrifft Einreichung des Steuerbuchs bei der Zollstelle.)

§ 79.

Anschreibung des Inhalts von Flaschen.

Bei der An- und Abschreibung im Steuerbuche kann der durchschnittliche Inhalt der gewöhnlichen Rot- und Weißweinflaschen, wenn sie bis in den Hals hinein gefüllt sind, für ganze Flaschen mit 0,70 Liter und für halbe Flaschen mit 0,35 Liter und der so gefüllten gewöhnlichen Schaumweinflaschen für ganze Flaschen mit 0,75 Liter und für halbe Flaschen mit 0,375 Liter angenommen werden.

Kommen andere Flaschensorten in den Verkehr, so sind der Zollstelle spätestens drei Tage vor ihrer erstmaligen Verwendung Muster zu übergeben. Dabei ist anzugeben, wieviel Kubikzentimeter die Menge der eingefüllten Flüssigkeit durchschnittlich ausmacht. Als Flaschen derselben Sorte gelten Flaschen von gleicher Form und annähernd gleicher Größe.

Die Zollstelle hat den angegebenen Flüssigkeitsinhalt nachzuprüfen, die Flaschenmuster mit einer Angabe über den Durchschnittsinhalt zu versehen und gegen Vertauschung zu sichern. Die so gekennzeichneten Flaschen sind in dem Betrieb in einem Behältnis aufzubewahren, das der Betriebsinhaber nach näherer Bestimmung des Oberbeamten zur Verfügung zu stellen hat.

§ 80.

Bestandsaufnahme.

Die Weinvorräte der Weinhändler können nach Anordnung des Hauptzollamts amtlich aufgenommen werden. Der Zeitpunkt der Aufnahme ist im Benehmen mit dem Betriebsinhaber festzusetzen. Zu der Aufnahme ist der Betriebsinhaber oder der Betriebsleiter zuzuziehen.

In Verdachtsfällen können unvermutete Aufnahmen vorgenommen werden; dabei brauchen die im Abs. 1 vorgeschriebenen Förmlichkeiten nicht beachtet zu werden.

§ 81.

(Betrifft Feststellung des Sollbestandes.)

§ 82.

(Betrifft Bestandsanmeldung.)

§ 83.

(Betrifft Ermittelung des Literinhalts von Fässern.)

§ 84.

Ermittelung des Literinhalts von Flaschen.

Bei der amtlichen Ermittelung des Inhalts von Flaschen ist der § 79 zu beachten.

§ 85.

(Betrifft Verhandlung über die Bestandsaufnahme.)

§§ 86 und 87.

(Betreffen Behandlung der Fehlmengen bei Bestandsaufnahmen.)

§ 88.

Fehlmengen auf Zollagern.

Die Vorschrift des § 10 Abs. 3 des Gesetzes ist auch für die steuerliche Behandlung von Fehlmengen maßgebend, die sich auf einem Zollager ergeben.

§ 89.

Nachschau bei Weinhändlern.

Die Befugnis der Finanzbeamten zur Nachschau (§ 196 der Reichsabgabenordnung) erstreckt sich auf die Betriebs- und Lagerräume und alle an diese Räume angrenzenden oder mit ihnen in Verbindung stehenden Gewerberäume des Betriebsinhabers.

Den Finanzbeamten müssen die im Abs. 1 bezeichneten Räume, solange sie geöffnet sind oder darin gearbeitet wird, zu jeder Zeit, andernfalls während der üblichen Geschäftsstunden oder, wo solche nicht bestehen, von morgens 6 Uhr bis abends 9 Uhr zugänglich sein.

Die Finanzbeamten sind befugt, sämtliche Behältnisse, die sich in den Betriebs- und Lagerräumen und in den daran angrenzenden oder damit in Verbindung stehenden Gewerberäumen des Betriebsinhabers befinden, auf ihren Inhalt zu untersuchen. Sie haben sich zu vergewissern, daß in den an die Betriebs- und Lagerräume angrenzenden oder damit in Verbindung stehenden Gewerberäumen des Betriebsinhabers Wein weder hergestellt noch aufbewahrt wird.

Bei der Prüfung des Weinsteuerbuchs haben die Finanzbeamten von Zeit zu Zeit einige der als Weinhändler eingetragenen Bezieher und die Weine, die an sie abgegangen sind, unter Verwendung eines Vordrucks nach Muster 8 aufzuzeichnen und eine Nachprüfung herbeizuführen, ob die Bezieher zur Zeit der Lieferung des Weines bei der für sie zuständigen Steuerstelle angemeldet waren und ob sie die Weine in ihrem Steuerbuch angeschrieben haben. Ebenso ist bei Einträgen im Steuerbuch über Lieferungen von Wein an Verbraucher, wenn nach der Art der Sendung oder aus sonstigen Gründen Zweifel an der Eigenschaft als Verbraucher bestehen, eine Nachprüfung herbeizuführen, ob der Bezieher nicht zur Anmeldung als Weinhändler verpflichtet ist. Sämtliche Auszüge, die den Zollstellen zugehen, sind vollständig nachzuprüfen; Ausnahmen sind nur mit Genehmigung des Hauptzollamts zulässig. Die Auszüge sind mit einem Vermerk über das Ergebnis der Nachprüfung oder über die Genehmigung des Hauptzollamts zur Abstandnahme von der Nachprüfung zu versehen und bei der Zollstelle nach näherer Anordnung des Hauptzollamts zu sammeln.

Das Nähere über die Ausführung der Nachschau und darüber, wie oft sie vorzunehmen ist, bestimmt das Hauptzollamt.

§§ 90—92.

(Betreffen Überwachung der Wirte und Kleinverkäufer, die lediglich inländischen Wein vom Fasse verschenken.)

§ 93.

Nachschau bei den Herstellern von Haustrunk.

Die Befugnis der Finanzbeamten zur Nachschau erstreckt sich auf diejenigen Räume des Haustrunkherstellers, für die die Annahme gerechtfertigt ist, daß in ihnen Haustrunk hergestellt oder aufbewahrt wird.

Wegen der Zeiten, zu denen die Nachschau stattfinden darf, findet § 89 Abs. 2 Anwendung.

Die Finanzbeamten sind befugt, Behältnisse, die in den im Abs. 1 genannten Räumen vorhanden sind, auf ihren Inhalt zu prüfen und Art und Menge des etwa vorgefundenen Weines festzustellen.

Von der Nachschau ist bei Herstellern von steuerfreiem Haustrunk (§ 2 Nr. 2 a des Gesetzes) nur in Verdachtsfällen Gebrauch zu machen. Die Landesfinanzämter sind befugt, für Einzelfälle weitere Überwachungsmaßnahmen anzuordnen. Sie können insbesondere die Führung von Anschreibungen über Zugang und Abgang von Wein und über Zahl, Alter und Geschlecht der Mitglieder des eigenen Hausstandes oder der Arbeiter des eigenen Betriebs vorschreiben.

§ 94.

Nachschau beim Verdacht der Steuerhinterziehung.

Ist hinreichender Verdacht vorhanden, daß Abgabenhinterziehungen begangen worden sind, so dürfen die Finanzbeamten auch in anderen als den in den §§ 89, 92, 93 bezeichneten Räumen unter Beobachtung der für Haussuchungen gesetzlich vorgeschriebenen Formen Nachschau halten.

§ 95.

Vergütung für entnommene Proben.

Für die von der Steuerbehörde entnommenen Proben ist Vergütung nach dem angemeldeten Entgelt oder gemeinen Wert zu leisten.

§ 96.

(Betrifft Beistandspflicht von Güterbeförderungsunternehmen, Anschreibungen in Lohnkeltereien.

§ 97.

Nachschau in Räumen von Verbrauchern, die als Betriebsräume für Weinhändler dienen.

Verbraucher, die für Weinhändler in von diesen angemeldeten Räumen Wein herstellen oder lagern (§ 54 Abs. 2), sind gehalten, die Nachschau durch die Finanzbeamten zu dulden

Zu § 11 des Gesetzes.

§ 98.

Anmeldung zur Versteuerung von Wein, für den durch Lieferung oder Entnahme eine Steuerschuld entstanden ist.

Die Anmeldung zur Versteuerung von Wein, für den durch Lieferung oder Entnahme eine Steuerschuld entstanden ist, ist der Zollstelle in zweifacher Ausfertigung einzureichen; sie muß spätestens an dem vorgeschriebenen Tag bei der Zollstelle eintreffen. Für die Anmeldung von Faßweinen ist ein Vordruck nach Muster 9, für die Anmeldung von Flaschenweinen ein Vordruck nach Muster 10 zu verwenden.

§ 99.

Anmeldung zur Versteuerung von Wein, für den durch Verbringen in den Geltungsbereich des Gesetzes eine Steuerschuld entstanden ist.

Wein, für den durch Verbringen in den Geltungsbereich des Gesetzes eine Steuerschuld entsteht, ist im Zollpapier oder mit besonderer Anmeldung nach Muster 9 oder Muster 10 in einfacher Ausfertigung zur Versteuerung anzumelden. Im kleinen Grenzverkehr und im Reiseverkehr ist auch mündliche Anmeldung zulässig.

§ 100.

Angabe des Entgelts und des gemeinen Werts in deutscher Währung.

Das Entgelt und der gemeine Wert sind in der Steueranmeldung stets ausschließlich Weinsteuer in deutscher Währung anzugeben. Soweit eine Gegenleistung nicht in Geld besteht, ist als Entgelt der gemeine Wert der Gegenleistung anzumelden. Der Umrechnung fremder Währung in deutsche Währung ist der zuletzt amtlich bekanntgegebene Tageskurs zugrunde zu legen.

§ 101.

(Betrifft Anmeldung nachträglicher Erhöhungen des Entgelts.)

§ 102.

(Betrifft Beifügung der Unterlagen zu der Anmeldung von Wein, für den durch Verbringen eine Steuerschuld entstanden ist.)

§ 103.

Anmeldung zur Versteuerung von Wein, für den das Entgelt noch nicht feststeht.

Steht bei der Lieferung von Wein das Entgelt noch nicht fest, so kann seine Angabe in der Steueranmeldung unterbleiben. In der Bemerkungsspalte der Anmeldung ist das Fehlen dieser Angabe zu begründen. Die Zollstelle kann Sicherstellung des nach dem gemeinen Werte berechneten Steuerbetrags vom Tage der Fälligkeit an verlangen. Sobald das Entgelt feststeht, ist die Anmeldung binnen einer Woche nach der Bestimmung des § 101 nachzuholen.

§ 104.

Erleichterungen für die Anmeldung zur Versteuerung.

a) Anmeldung der Monatsmengen.

Die Zollstelle kann vertrauenswürdigen Betriebsinhabern auf Antrag gestatten, im Weinsteuerbuche die während eines Monats abgeschriebenen steuerpflichtigen Einzelmengen an Wein derselben Nummer und desselben Entgelts oder gemeinen Wertes für den ganzen Monat zusammenzufassen und diese Monatsmengen, getrennt nach den einzelnen Nummern und Entgelten oder gemeinen Werten, in die Steueranmeldung aufzunehmen.

§ 105.

b) Erleichterungen, die sich aus der vereinfachten Steuerbuchführung ergeben.

Betriebsinhaber, denen die in den §§ 73, 74 vorgesehenen Erleichterungen in der Führung des Weinsteuerbuchs zugestanden worden sind, können die Versteuerungsanmeldung in der aus der erleichterten Steuerbuchführung sich ergebenden vereinfachten Form aufstellen.

§ 106.

c) Zulassung weiterer Erleichterungen durch die Landesfinanzämter.

Die Landesfinanzämter sind ermächtigt, auf Antrag Weinhändlern, die das Vertrauen der Finanzverwaltung genießen, in geeigneten Fällen in jederzeit widerruflicher Weise noch weitere Erleichterungen in der Anmeldung zur Versteuerung zu gewähren

§ 107.

d) Zwei- oder dreimonatliche Anmeldung zur Versteuerung.

Weinhändlern, die nicht im Besitze der Vergünstigung des § 108 sind und die in der Regel im Laufe von drei Monaten Steuer für nicht mehr als hundert Liter oder hundert ganze Flaschen schuldig werden, kann das Hauptzollamt auf Antrag widerruflich an Stelle der monatlichen Anmeldung zur Versteuerung dreimonatliche Anmeldung unter folgenden Bedingungen gestatten:

1. Die im Laufe von drei Monaten entstandenen Steuerschulden sind am fünfzehnten Tage des fünften Monats fällig.
2. Die Weinmengen, für die die Steuerschulden entstanden sind (Nr. 1), sind spätestens bis zum fünfzehnten Tage des vierten Monats zur Versteuerung anzumelden.

Für Betriebe, bei denen die im Abs. 1 genannte Menge in der Regel in zwei Monaten nicht überschritten wird, kann die Vergünstigung für zwei Monate zugelassen werden. Die Bedingungen im Abs. 1 gelten mit der Maßgabe, daß die Steuerschulden, die im Laufe von zwei Monaten entstehen, am fünfzehnten Tage des vierten Monats fällig und die Weinmengen spätestens bis zum fünfzehnten Tage des dritten Monats zur Versteuerung anzumelden sind

§ 108.

e) Vorausversteuerung.

Unter Befreiung von der Verpflichtung zur Anmeldung zur Versteuerung gemäß § 11 Nr. 2 und 3 des Gesetzes können auf Antrag vom Hauptzollamte widerruflich zur Vorausversteuerung zugelassen werden:

1. Inhaber kleinerer nach § 9 des Gesetzes angemeldeter Betriebe mit übersichtlichem Geschäftsgebaren unter folgenden Bedingungen:

a) Der Vorausversteuerung unterliegen die sämtlichen bei der Eröffnung oder Übernahme des Betriebs oder bei der Zulassung der Vorausversteuerung vorhandenen Bestände sowie die sämtlichen nach diesem Zeitpunkt selbst hergestellten und für den Betrieb bezogenen Weine des Betriebsinhabers.

b) Wein in Fässern ist faßweise, Wein in Flaschen postenweise zu versteuern. Die Steuerschuld für das Faß oder den Posten entsteht mit dem Zeitpunkt, in dem die Anmeldung zur Versteuerung eingereicht wird oder einzureichen gewesen wäre (c). Die Steuer ist am fünfzehnten Tage des dritten Monats, der auf den Monat folgt, in dem die Steuerschuld entstanden ist, fällig.

c) Das Faß oder der Posten ist zur Versteuerung anzumelden, bevor mit der Lieferung an Verbraucher oder mit der Entnahme zum eigenen Verbrauche begonnen wird. Wird Steuerbefreiung nach § 2 Nr. 2 a des Gesetzes beansprucht, so ist dies in der Anmeldung anzugeben und dabei zu vermerken, auf welche Mengen der angemeldeten Getränke die Voraussetzungen der Steuerbefreiung zutreffen.

d) Bei der Anmeldung zur Versteuerung tritt an die Stelle des in Rechnung gestellten Entgeltes das Entgelt, für das der Wein geliefert werden soll oder geliefert werden würde. Dieses Entgelt darf bei der Lieferung nur dann überschritten werden, wenn vorher der sich aus der Erhöhung ergebende Mehrbetrag des Entgelts gemäß c Satz 1 besonders zur Versteuerung angemeldet worden ist.

e) Die zur Versteuerung angemeldete Menge ist spätestens an dem auf die Einreichung der Steueranmeldung folgenden Tage in einer Summe im Weinsteuerbuch abzuschreiben. In der Bemerkungsspalte des Steuerbuchs ist der Tag anzugeben, an dem mit der Lieferung oder der Entnahme von Wein aus dem Fasse oder dem Posten begonnen worden ist. Auf Verlangen des Hauptzollamts ist der Ausgang der vorausversteuerten Menge nach den allgemeinen Bestimmungen (§ 70) im Steuerbuche nachzuweisen. Das Hauptzollamt kann ferner anordnen, daß die Behältnisse, in denen der Wein sich befindet, in besonderer Weise gekennzeichnet oder gelagert und Umfüllungen oder Vermehrungen der vorausversteuerten Mengen angezeigt werden müssen.

f) Umfaßt die zur Vorausversteuerung angemeldete Menge Wein, auf den die Voraussetzungen des § 2 Nr. 2 a des Gesetzes zutreffen, so findet § 20 Anwendung.

g) Wird Wein, den ein Inhaber eines angemeldeten Betriebs von einem anderen angemeldeten Betriebe bezogen und dann vorausversteuert hat, von dem anderen Betriebe nachweislich zurückgenommen, so kann auf Antrag die im voraus entrichtete Steuer vom Hauptzollamt erstattet werden. Nimmt der Inhaber eines angemeldeten Betriebes von ihm vorausversteuerten Wein nachweislich zurück, so kann er den im Steuerbuch anzuschreibenden Wein auf Antrag mit Genehmigung des Hauptzollamts als vorausversteuert wieder abschreiben.

h) Will der Betriebsinhaber von der Vorausversteuerung zur Anmeldung zur Versteuerung gemäß § 11 Nr. 2 oder 3 des Gesetzes übergehen, so hat er vorher die Genehmigung der Zollstelle nachzusuchen. Vor Erteilung der Genehmigung ist der Bestand amtlich aufzunehmen. Der für den Bestand nachweislich entrichtete Steuerbetrag kann mit Genehmigung des Hauptzollamts auf die später fällig werdenden Weinsteuerbeträge angerechnet werden.

i) Abgesehen von vorstehenden Ausnahmen wird die im voraus entrichtete Steuer nicht erstattet;

2. Wirte und Kleinverkäufer, die Verbraucher sind (§ 1 Nr. 1 des Gesetzes), bezüglich des aus selbstgewonnenen oder aus gemäß § 116 bezogenen Trauben hergestellten Weines oder Mostes und bezüglich der selbsthergestellten weinähnlichen Getränke unter folgenden Bedingungen:

a) Der Vorausversteuerung unterliegt aller von dem Wirte oder Kleinverkäufer selbst hergestellte Wein usw.

b) Die Steuerschuld entsteht mit der Beendigung der Herstellung, spätestens jedoch am Wochenende für den in der verflossenen Woche hergestellten Wein usw.

c) Die Menge, für die eine Steuerschuld entstanden ist, ist spätestens acht Tage nach Entstehung der Steuerschuld nach näherer Vorschrift des Landesfinanzamts zur Versteuerung anzumelden. Wird Steuerbefreiung nach § 2 Nr. 2 a des Gesetzes beansprucht, so ist dies in der Anmeldung anzugeben und dabei zu vermerken, auf welche Mengen der angemeldeten Getränke die Voraussetzungen der Steuerbefreiung zutreffen.

d) Die Steuer wird am fünfzehnten Tage des dritten Monats, der auf den Monat folgt, in dem die Steuerschuld entstanden ist, fällig.

e) Der Bemessung der Steuer ist das Entgelt zugrunde zu legen, das der Steuerschuldner am Tage der Entstehung der Steuerschuld hätte entrichten müssen, wenn er den Wein von einem Weinhändler bezogen hätte.

f) Eine nach der Versteuerung durch Zuckerung oder sonstige Behandlung erzielte Mengenvermehrung oder Werterhöhung ist der Zollstelle spätestens eine Woche nach der Vornahme der Behandlung zur Versteuerung anzumelden. Die Bestimmungen unter b bis e finden entsprechende Anwendung.

g) Die Bestimmungen unter 1 f, h und i finden Anwendung;

3. andere als die unter Nr. 2 genannten Verbraucher, die gemäß § 116 zum Bezuge von Keltertrauben und Traubenmaische zur Selbstkelterung zugelassen worden sind, bezüglich des selbstgekelterten Traubenmostes und Traubenweines unter den in Nr. 2 a, b, c Satz 1 d, e, f und g angeführten Bedingungen.

§ 109.

(Betrifft Weinsteueranmeldungsbuch.)

§ 110.

(Betrifft Steuererhebung.)

§ 111.

(Betrifft Weinsteuereinnahmebuch.)

Zu § 12 Abs. 1 des Gesetzes.

§ 112.

Bezug von Trauben zur Weinbereitung und von Traubenmaische durch Weinhändler.

Weinhändler, die Weintrauben zur Herstellung von Wein oder Traubenmaische im Geltungsbereiche des Gesetzes erwerben wollen, oder für deren Rechnung solche Erzeugnisse in den Geltungsbereich des Gesetzes verbracht werden sollen, haben beim Erwerbe dem Lieferer, beim Verbringen der Zollstelle, bei der die Abfertigung zum freien Verkehr erfolgen soll, einen Bezugsausweis nach Muster 13 vorzulegen.

§ 113.

Im Geltungsbereiche des Gesetzes dürfen Trauben der Weinlese und andere Keltertrauben sowie Traubenmaische nur gegen Vorlegung eines vorschriftsmäßig ausgestellten Bezugsausweises geliefert werden. Ohne Bezugsausweis dürfen nur frische Tafeltrauben geliefert werden, die nach Beschaffenheit, Verpackung usw. für die Kelterung nicht in Betracht kommen. Die Zollstellen dürfen Keltertrauben und Traubenmaische nur gegen Vorlegung eines vorschriftsmäßig ausgestellten Bezugsausweises zum freien Verkehr abfertigen.

§ 114.

Der Lieferer oder die Zollstelle haben über die gelieferten oder die zum freien Verkehr abgefertigten Erzeugnisse binnen einer Woche nach der Lieferung oder der Abfertigung der Zollstelle, bei der der Weinhändler angemeldet ist, der die Erzeugnisse erwirbt oder für dessen Rechnung sie in den Geltungsbereich des Gesetzes verbracht werden, eine Lieferungsanzeige nach Muster 14 zu übersenden. Werden Keltertrauben am Stock veräußert, so hat der Veräußerer sich über den Zeitpunkt der Aberntung und über die abgeerntete Traubenmenge zu vergewissern. Die Übersendung der Lieferungsanzeige hat in diesem Falle binnen einer Woche nach der Beendigung der Aberntung zu erfolgen. Das Hauptzollamt kann bei vorgekommenen Unregelmäßigkeiten vom Lieferer die Übersendung der Lieferungsanzeige durch Einschreibebrief verlangen.

Die Zollstelle, der die Lieferungsanzeigen zugehen, hat die Anzeigen daraufhin zu prüfen, ob diejenigen, die die Keltertrauben oder die Traubenmaische erworben haben oder für deren Rechnung diese Erzeugnisse in den Geltungsbereich des Gesetzes verbracht worden sind, bei ihr angemeldete Weinhändler sind.

§ 115.

Bezug von Trauben zur Weinbereitung und von Traubenmaische durch Verbraucher.

Für Gegenden, in denen landesüblich ist, daß Weintrauben oder Traubenmaische zur Selbstkelterung durch Verbraucher von diesen erworben oder für deren Rechnung in den Geltungsbereich des Gesetzes verbracht werden, kann das Landesfinanzamt einen solchen Erwerb und ein solches Verbringen zulassen.

§ 116.

Verbraucher, die Weintrauben oder Traubenmaische erwerben wollen, oder für deren Rechnung die Erzeugnisse in den Geltungsbereich des Gesetzes verbracht werden sollen, haben bei der für sie zuständigen Zollstelle die Erteilung eines Bezugsscheins nachzusuchen.

Der Bezugsschein wird nach Muster 15 unter folgenden Bedingungen erteilt:

1. Die Keltertrauben und die Traubenmaische dürfen nur von den Verbrauchern selbst oder für ihre Rechnung im Lohne gekeltert werden; die Lieferung an andere ist verboten.

2. Die Menge des hergestellten Traubenmostes ist der Zollstelle spätestens acht Tage nach der Kelterung anzuzeigen.

3. Der hergestellte Traubenmost oder Wein darf an andere nur mit Genehmigung der Zollstelle geliefert werden, soweit es sich nicht um die Lieferung durch Wirte oder Kleinverkäufer handelt.

4. Beim Erwerb von Keltertrauben oder Traubenmaische ist dem Lieferer, beim Verbringen der Zollstelle, die die Abfertigung zum freien Verkehre vornimmt, der Bezugsschein vorzulegen.

5. Nach Ablauf der Gültigkeitsdauer sind die Bezugsscheine der Zollstelle, die sie ausgestellt hat, einzureichen.

Der Lieferer oder die abfertigende Zollstelle haben auf dem Bezugsschein die Menge der Keltertrauben oder Traubenmaische zu vermerken. Lieferer, die Keltertrauben am Stock veräußern, haben sich zu diesem Zweck über den Zeitpunkt der Aberntung und über die abgeerntete Traubenmenge zu vergewissern.

§ 117.

Keltertrauben und Traubenmaische dürfen nur gegen Vorlegung des Bezugsscheins an Verbraucher geliefert oder zum freien Verkehr abgefertigt werden.

Die Zollstelle führt über die erteilten Bezugsscheine ein Verzeichnis, in dem die einzelnen Bezugsberechtigten, die Menge des hergestellten Traubenmostes und die Erledigung des Gefällpunktes nach näherer Anordnung des Hauptzollamts zu vermerken sind. Die Bezugsscheine sind als Belege zum Verzeichnis zu nehmen.

Zu § 14 des Gesetzes.

§§ 118—120.

(Betreffen Statistik.)

§ 121.

Änderungen der Muster und Anlagen.

Der Reichsminister der Finanzen ist ermächtigt, die Anlagen und die Muster zu diesen Bestimmungen zu ändern und neue Muster einzuführen. Er ist ferner ermächtigt, die vorstehenden Bestimmungen selbst zu ändern; diese Änderungen hat er jedoch unverzüglich dem Reichsrat vorzulegen und auf dessen Verlangen wieder aufzuheben.

§ 122.

Inkrafttreten.

Diese Verordnung tritt mit Wirkung vom 1. September 1925 in Kraft.

III.

Bier und bierähnliche Getränke.

16. Biersteuergesetz.

Vom 9. Juli 1923 (RGBl. I S. 557) in der Fassung des Gesetzes vom 11. August 1923 (RGBl. I S. 770), der Verordnung vom 13. Februar 1924 (RGBl. I S. 68) und des Gesetzes vom 10. August 1925 (RGBl. I S. 244).

Der Reichstag hat das folgende Gesetz beschlossen, das mit Zustimmung des Reichsrats hiermit verkündet wird:

I. Allgemeine Vorschriften.

Gegenstand der Biersteuer und Geltungsbereich des Gesetzes.

§ 1.

Bier,[1]) das zum Verbrauch im Geltungsbereiche dieses Gesetzes bestimmt ist, unterliegt einer Abgabe (Biersteuer).[2])

Das Biersteuergesetz gilt in dem innerhalb der Zollgrenze liegenden Gebiete des Deutschen Reichs[3]) und in den badischen Zollausschlüssen, und zwar in Württemberg, Bayern und Baden[4]) nach Maßgabe der Gesetze vom 27. März 1919 (RGBl. S. 345) und vom 24. Juni 1919 (RGBl. S. 599) in der Fassung des Gesetzes zur Abänderung dieser Gesetze vom heutigen Tage.

1. Begriff „Bier" siehe § 10. Wegen „bierähnlicher Getränke" vgl. §§ 27a bis 27c.

2. Der Biersteuer ist das zum Verbrauch im Inland bestimmte, also auch das aus dem Ausland eingeführte Bier unterworfen. Der Grundsatz der Trennung von Zoll und Steuer ist aus Art. III Nr. 2 und 3 des Gesetzes, betr. Erhöhung einzelner Verbrauchssteuern, v. 8. April 1922 nunmehr in das Biersteuergesetz übernommen.

Der Geltungsbereich des Gesetzes ist ein anderer geworden als der im Eingang des Biersteuergesetzes v. 26. Juli 1918 / 8. April 1922 angegebene. Die ausdrückliche Erwähnung der Gesetze über den Eintritt von Württemberg, Bayern und Baden in die Biersteuergemeinschaft ist erforderlich, weil diese Gesetze nur unter den Voraussetzungen geändert werden können, die nach der Reichsverfassung für Verfassungsänderungen vorgesehen sind, und weil für das Gebiet dieser Länder gewisse Abweichungen vom Biersteuergesetze zugelassen sind. (Entwurf.)

3. Vom Gebiete des Deutschen Reiches liegen außerhalb der Reichszollgrenze:

1. die im Gesetz besonders genannten badischen Zollausschlüsse, einige kleine Bezirke der Kreise Waldshut und Konstanz,
2. die Freihafengebiete in Hamburg, Kiel, Geestemünde, Emden, Flensburg, Cuxhaven, Bremerhaven,
3. die Insel Helgoland.

In 1 gilt das Gesetz, in 2 und 3 nicht.

4. Bayern, Württemberg und Baden (sowie Elsaß-Lothringen) gehörten früher nicht zur Biersteuergemeinschaft, sondern hatten eigene Steuergebiete mit abweichenden allgemeinen Bestimmungen. Durch die genannten Gesetze sind diese Reservatrechte beseitigt. Jetzt bestehen ihre Sonderstellungen wesentlich

nur noch in einer vereinbarten, etwas abweichenden Art der Beteiligung an den Erträgnissen der Reichsbiersteuer.

Entstehung der Steuerschuld, Person des Steuerschuldners.

§ 2.

Die Steuerschuld entsteht für das im Geltungsbereiche des Gesetzes hergestellte Bier, sobald das Bier aus der Brauerei[1]) entfernt oder innerhalb der Brauerei getrunken wird. Der Reichsminister der Finanzen kann für die Versendung von Farbebier[2]) Ausnahmen zulassen. Steuerschuldner ist, wer Bier für seine Rechnung herstellt oder herstellen läßt.

In Ansehung des Bieres, das in den Geltungsbereich des Gesetzes eingeführt wird, bestimmt sich die Entstehung der Steuerschuld und die Person des Steuerschuldners nach den entsprechenden Vorschriften des Zollrechts.

1. „Brauerei" oder „Braustätte" ist der Ort, an dem das Bier erzeugt wird, wenigstens aber der Ort, an dem die Herstellung begonnen oder fortgesetzt wird. Das Vorhandensein bestimmter Einrichtungen dazu ist nicht erforderlich. Stets aber muß die Absicht auf die Gewinnung von Bier gerichtet sein (siehe § 10 Anmerkung 1—6).

2. Farbebier siehe § 10 und die Ausführungsbestimmungen § 2 mit Anlage A, Farbebierordnung.

Höhe der Biersteuer.

§ 3.

Für Bier, das im Geltungsbereiche des Gesetzes hergestellt ist, beträgt die Biersteuer für jedes Hektoliter der in einem Brauereibetrieb innerhalb eines Rechnungsjahrs erzeugten Biermenge

von den ersten	1 000	Hektolitern	. . . 6,—	RM.,
„ „ folgenden	1 000	„	. . . 6,50	„
„ „ „	8 000	„	. . . 6,75	„
„ „ „	10 000	„	. . . 7,—	„
„ „ „	10 000	„	. . . 7,25	„
„ „ „	30 000	„	. . . 7,50	„
„ „ „	60 000	„	. . . 7,80	„
„ dem Reste		. . . .	8,15	„ .

Die Steuersätze[1]) im Abs. 1 ermäßigen sich für Einfachbier und erhöhen sich für Starkbier je um die Hälfte. Einfachbier im Sinne dieses Gesetzes ist Bier mit einem Stammwürzegehalte[2]) bis 6,5 vom Hundert. Vollbier ist Bier mit einem Stammwürzegehalte von 11 bis 14 vom Hundert. Starkbier ist Bier mit einem Stammwürzegehalte von 16 vom Hundert und mehr.[3])

Mehrere Brauereien, die für Rechnung einer und derselben Person oder Gesellschaft betrieben werden, sind im Sinne des Abs. 1 als ein Brauereibetrieb anzusehen. Sind mehrere, am 1. August 1909 für Rechnung einer und derselben Person oder Gesellschaft betriebene Brauereien bis dahin steuerlich getrennt behandelt worden, so sind sie auch nach dem Inkrafttreten dieses Gesetzes getrennt zu behandeln.

Wird eine Braustätte von mehreren, für eigene Rechnung brauenden Personen gemeinsam benutzt, so ist für die Höhe des Steuersatzes nicht die in der Brauerei insgesamt hergestellte Biermenge, sondern die Biermenge entscheidend, die jede einzelne dieser Personen auf eigene Rechnung herstellt. Nach dem 1. August 1909 errichtete Brauereien dieser Art erhalten die Vergünstigung nicht; Ausnahmen können nach näherer Bestimmung des Reichsministers der Finanzen zugelassen werden.

1. Die genannten Steuersätze betreffen Vollbier. Die Staffelung dieser Steuerbeträge für die einzelnen Bierkategorien erfolgt streng nach dem Gehalt an Stammwürze:

a) Einfachbiere (bis 6,5 v. H. St.W.) zahlen 50 v. H. obiger Sätze.

b) Nur mit besonderer Genehmigung des Reichsfinanzministers verkehrsberechtigte Biere mit 6,5 bis 11 v. H. zahlen 75 v. H. obiger Sätze.

c) Vollbiere mit 11 bis 14 v. H. zahlen 100 v. H. obiger Sätze.

d) Nur mit besonderer Genehmigung des Reichsfinanzministers verkehrsberechtigte Biere mit 14 bis 16 v. H. zahlen 150 v. H. obiger Sätze.

e) Starkbiere mit über 16 v. H. zahlen 150 v. H. obiger Sätze.

Vgl. auch § 11 Abs. 3. Die gezogenen Gehaltsgrenzen sind scharf ohne jeden Spielraum oder Schwankung. Nur analytische Fehlergrenzen sind zu berücksichtigen.

2. Stammwürze ist der technische Ausdruck für den Gehalt des ursprünglichen, noch unvergorenen Malzauszuges an Extrakt. Die Gärung zerlegt ihn teilweise in Kohlensäure und Alkohol, teilweise bleibt das Extrakt unberührt.

Die Stammwürze ist also der Ausdruck dafür, in welcher Konzentration das Bier angesetzt wurde. Nachträgliche Zusätze fester Stoffe (z. B. Zucker) können daher nach dieser Richtung täuschend wirken.

Da bei der Vergärung aus einem Kilo Zucker (hier Maltose) rund ein halbes Kilo Alkohol neben einem halben Kilo Kohlensäure entstehen, so läßt sich die Stammwürze aus dem fertigen Bier (wenn keine nachträglichen Zusätze erfolgt sind) leicht errechnen, indem man den gefundenen Alkoholgehalt verdoppelt (Alkohol × 2 = vergorener Zucker) und zu dem noch vorhandenen Extrakt hinzu addiert. Vgl. auch Anm. 1 bis 6 zu § 10.

3. Biersorten:

a) Nach der Stammwürze:

bis 6,5 v. H. Einfachbier,
6,5 bis 11 v. H. nicht verkehrsberechtigt,
11,0 bis 14 v. H. Vollbier,
14,0 bis 16 v. H. nicht verkehrsberechtigt,
16,0 und mehr Starkbier

b) Nach Bezeichnung:

Untergärige Biere: Gegorene Getränke nur aus Gerstenmalz, Hefe, Hopfen, Wasser. Weitere Zusätze auch nicht bei Deklaration.

Obergärige Biere: Gegorene Getränke nur aus Malz aus Getreide aller Art, Hopfen, Hefe, Wasser, aus Zucker hergestellten Farbstoffen.

Ferner bei Deklaration Zuckerarten und Süßstoffe. Die Zulassung der letzteren ist widerruflich

Einfachbier (mit weniger als 6,5 v. H. Stammwürze) muß die durch keine Abart ersetzbare Bezeichnung „Einfachbier" tragen. Daneben sind Marken- oder Firmenangaben zulässig, also etwa Tiger-Einfachbier.

Starkbier oder gleichwertige Wortbildungen (vgl Anm. 1), wenn wenigstens 16 v. H. Stammwürze vorhanden sind, zulässige, aber nicht erforderliche Bezeichnung.

Vollbier wird stets als vorliegend vorauszusetzen sein, wenn nicht Deklaration als „Einfachbier" stattfindet oder die Bezeichnung Starkbier oder eine gleichwertige noch höhere Ansprüche als eine Stammwürze zwischen 11 und 14 v. H. begründen.

Besondere Biere sind vom Reichsminister der Finanzen auf Grund des Gesetzes (§ 11 Abs. 3) genehmigte Ausnahmen. Es sind Biere, welche ohne diese Genehmigung nicht verkehrsberechtigt wären, weil ihre Stammwürze zwischen 6,5 und 11 oder zwischen 14 und 16 v. H. liegt.

§ 4.

Für Bier, das in den Geltungsbereich des Gesetzes eingeführt wird, beträgt die Biersteuer 8,15 Mark für ein Hektoliter. Die Vorschrift des § 3 Abs. 2 findet entsprechende Anwendung.

§ 5. (Gestrichen.)

Steuerpflichtige Menge.

§ 6.

Die Feststellung der steuerpflichtigen Menge des innerhalb der Brauerei getrunkenen Bieres erfolgt nach näherer Anordnung des Reichsministers der Finanzen. Im übrigen bestimmt sich die steuerpflichtige Menge nach dem Raumgehalte der Umschließungen (Fässer, Flaschen usw.)

Fälligkeit.

§ 7.

Die Steuer für Bier, das im Geltungsbereiche des Gesetzes hergestellt ist, wird am fünfundzwanzigsten Tage des zweiten Monats fällig, der auf den Monat folgt, in dem die Steuerschuld entstanden ist. Wird die Steuer wiederholt nicht rechtzeitig entrichtet oder liegen Gründe vor, die den Eingang der Steuer gefährdet erscheinen lassen, so kann die Bezahlung oder Sicherstellung der Steuer bei Entstehung der Steuerschuld gefordert werden.

In Ansehung des Bieres, das in den Geltungsbereich des Gesetzes eingeführt wird, bestimmt sich die Fälligkeit nach den entsprechenden Vorschriften des Zollrechts.

Ein Zahlungsaufschub nach § 105 Abs. 1 der Reichsabgabenordnung findet für die Biersteuer nicht statt.

Steuerbefreiung.

§ 8.

Bier, das von Brauereien an ihre Angestellten und Arbeiter als Haustrunk gegen Entgelt oder unentgeltlich abgegeben wird, ist nach näherer Bestimmung des Reichsministers der Finanzen von der Steuer befreit. Brauereien dürfen Bier, das nach dieser Vorschrift steuerfrei geblieben ist, an andere Personen als ihre Angestellten und Arbeiter nicht abgeben. In gleicher Weise bleibt steuerfrei der Haustrunk der Inhaber von Privatbrauereien, soweit sie selbst im Betriebe tätig sind.

Von der Biersteuer befreit ist Bier, das unter Steueraufsicht aus dem Geltungsbereiche dieses Gesetzes ausgeführt wird.

Erstattung der Steuer.

§ 9.

Für Bier, das in die Brauerei zurückgelangt, kann die Biersteuer nach näherer Bestimmung des Reichsministers der Finanzen erstattet werden.

Bierbereitung.[1])

§ 10.

Zur Bereitung von untergärigem[2]) Biere darf, abgesehen von der Vorschrift im Abs. 3, nur Gerstenmalz,[3]) Hopfen,[4]) Hefe[5]) und Wasser[6]) verwendet werden.

Die Bereitung von obergärigem[2]) Biere unterliegt derselben Vorschrift; es ist hierbei jedoch auch die Verwendung von anderem Malze[3]) und die Verwendung von technisch reinem Rohr-, Rüben- oder Invertzucker[7]) sowie von Stärkezucker[8]) und aus Zucker der bezeichneten Art hergestellten Farbmitteln zulässig.

Die Verwendung von Farbebieren,[8]) die nur aus Malz, Hopfen, Hefe und Wasser hergestellt sind, ist bei der Bierbereitung gestattet, unterliegt jedoch besonderen Überwachungsmaßnahmen.

Unter Malz wird alles künstlich zum Keimen gebrachte Getreide verstanden.

Für die Bereitung besonderer Biere[9]) sowie von Bier, das nachweislich zur Ausfuhr bestimmt ist, können Abweichungen von den Vorschriften im Abs. 1 und 2 gestattet werden.

Die Vorschriften im Abs. 1 und 2 finden keine Anwendung für diejenigen Brauereien, die Bier nur für den Hausbedarf herstellen (Hausbrauer).

Der Zusatz von Wasser[10]) zum Biere durch Brauer nach Feststellung des Extraktgehalts der Stammwürze im Gärkeller oder durch Bierhändler oder durch Wirte ist untersagt. Das Finanzamt (Hauptzollamt) kann Brauern unter den erforderlichen Sicherungsmaßnahmen den Zusatz von Wasser zum Biere nach Feststellung des Extraktgehalts der Stammwürze im Gärkeller gestatten.

Die Vermischung von Einfachbier, Vollbier und Starkbier miteinander sowie der Zusatz von Zucker zum Bier durch Brauer nach Entstehung der Steuerschuld oder durch Bierhändler oder Wirte ist untersagt. Der Reichsminister der Finanzen kann Ausnahmen zulassen.

Zur Bereitung obergärigen Bieres kann die Verwendung von Süßstoff[11]) nach Maßgabe des § 4 Abs. 4 des Süßstoffgesetzes vom 8. April 1922 (RGBl. I S. 390) zugelassen werden.

1. bis 6. Die Bereitung des Bieres, von dem es viele Abarten gibt, ist zwar für alle diese etwas abweichend, doch weisen sie im Grunde alle die gleichen Hauptmerkmale und Bestandteile auf, sowohl was die Rohmaterialien als die Fabrikationsmethode betrifft. Dieses Gemeinsame ist eben das Wesen des „Bieres".

In kurzen Zügen besteht dieses Gemeinsame darin, daß ein stärkehaltiges Rohmaterial zunächst zum Keimen gebracht wird (Malzbildung, Mälzerei). Dabei entsteht ein sogenanntes Ferment (eine Art lebendes Eiweiß), Diastase genannt, welche sowohl die Stärke des eigenen Getreidekornes (Gerste) wie auch andere Stärke bei geeigneter Behandlung in Malzzucker (Maltose) umwandeln kann. Solch gekeimtes Getreide nennt man „Malz", und zwar je nach der Getreideart „Gerstenmalz", „Weizenmalz" usw. Hat die Diastase die ihr überlassene Stärke „verzuckert", d. h. in Maltose umgewandelt, dann wird die wässerige Mischung (Maische) aufgekocht, um die Diastase abzutöten, und durchfiltriert. Der ungelöste Rückstand des Getreides, zumeist aus Schalen bestehend, heißt Trester (oder Treber), die klare Lösung Würze. Ihr Gehalt an gelösten Stoffen (Extrakt) heißt Stammwürze. Nachdem schon vor dem Aufkochen noch Hopfen, die Blüte eines Rankgewächses, zur Maische gegeben wurde, um Geschmack zu geben, konservierend auf das spätere Bier und auch klärend auf die Würze zu wirken, kommt jetzt Hefe zur Würze. Diese kleinen, mikroskopischen einzelligen Pflänzchen setzen die Maische in Gärung, d. h. sie zerlegen einen Teil des Zuckers in Kohlensäure und Alkohol.

Ist die Hauptgärung vorüber, wird das Bier abgezogen und erleidet dann noch eine Nachgärung, während welcher es getrunken wird. Nach vollendeter Nachgärung ist Bier schal und schmeckt nicht mehr erfrischend, weil die Kohlensäure fehlt.

Das Malz wird noch unterschieden als:

Grünmalz, wenn es frisch und unverändert ist,

luftgedarrtes Malz, wenn es mittels erwärmter Luft getrocknet ist,

Darrmalz, wenn es getrocknet ist und nur noch sehr wenig Feuchtigkeit hat;

koksgedarrtes Malz ist auf Darren, die mit Koks geheizt wurden, gedarrt,

Rauchmalz ist dasselbe, wenn der Rauch über das Malz streicht und ihm dadurch Rauchgeschmack verleiht (Grätzer Bier),

Farbmalz ist stark geröstet, damit viel Farbstoff entsteht

Gerstenmalz, Weizenmalz bezeichnen die verwendete Getreideart (siehe oben).

Die Hefe, welche die Vergärung veranlaßt, gibt es in vielen Abarten, die alle verschiedene Lebensbedingungen haben und demgemäß auch verschiedene Spaltungs- bezw. Stoffwechselprodukte liefern.

Eine Art der Hefen sammelt sich an der Oberfläche der vergorenen Maische, eine Art am Boden der Gefäße, übrigens bei verschiedenen Gärtemperaturen und sonstigen Abweichungen.

Im ersteren Falle spricht man von obergärigem Bier, im anderen von untergärigem. Die letzteren Biere sind haltbarer und daher die wichtigeren. Nur sie sind im allgemeinen versandfähig. Die obergärigen Biere sind Lokalbiere, d. h. nur im kleinen Umkreis ihrer Erzeugungsstätte verwertbar. Sie sind meist Flaschenbiere.

7. Technisch reiner Rohr-, Rüben- oder Invertzucker ist diejenige Handelsware, die die technisch als erreichbar geltende Reinheit aufweist. Vgl. § 18 d. Ausf.-Best.

Rohrzucker und Rübenzucker sind das gleiche chemische Individuum. Er ist der Zucker des alltäglichen Lebens.

Invertzucker ist ein Umwandlungsprodukt des Rohrzuckers. Er ist süßer und leichter zu vergären.

Stärkezucker ist ein aus Stärke gewonnener Traubenzucker, der noch erhebliche Mengen Dextrin infolge unvollkommener Umwandlung enthält. Von ihm wird technische Reinheit nicht verlangt.

Zuckerfarbmittel entstehen aus den Zuckerarten durch Einwirkung höherer Temperatur, oft unter gleichzeitiger Einwirkung von Chemikalien.

Die sogenannte Zuckercouleur ist das Resultat dieses Prozesses. Sie ist nach dem verwendeten Rohstoff in ihren Eigenschaften etwas abweichend.

8. Farbebier ist ein aus stark gedarrtem Malz gewonnenes, sehr dunkel gefärbtes Bier, das für sich nicht genossen wird, sondern nur als Zusatz zu anderem Bier wie ein Farbstoff benutzt wird. Es ist also eigentlich ein Halbfabrikat. Vgl. § 12 Anm. 1, § 2 der Ausf.Best. und Anlage A.

9. Besondere Biere sind solche, welche mit behördlicher Genehmigung abweichend von den strengen Bestimmungen des § 10 Abs. 1 und 2 bereitet werden, z. B. Grätzer Bier. Vgl. § 11 Abs. 3 und Anm. 3 zu § 3.

Die Vorschrift des Abs. 1 entspricht den bewährten, besonders in Bayern sehr alten Grundsätzen, welchen das bayrische Bier nicht zuletzt seinen Ruf in der Welt verdankt; sogenanntes Reinheitsgebot.

10. Wasser gehört zwar zu den in Abs. 1 gestatteten Zutaten, aber seine Verwendung ist nicht in jedem Stadium der Bereitung zulässig. Das ist notwendig, um nachträgliche Streckungen mit diesem „erlaubten" Bestandteil zu unterbinden. Im Gärkeller darf unter bestimmten Bedingungen Wasser noch zur Würze zugesetzt werden.

Wasser ist natürliches Wasser, dem aber mit Rücksicht auf die technischen Erfordernisse und die Ungleichheit der Wässer gewisse Stoffe (Kalksalze) unter Umständen zugefügt werden dürfen.

11 Die Verwendung von Süßstoff bei der Bereitung von obergärigem Biere war als Kriegswirtschaftsmaßnahme zugelassen worden, und zwar nur im Gebiete der ehemaligen Brausteuergemeinschaft. Durch § 6 Abs. 1 A 10 der Verordnung zur Durchführung des Süßstoffgesetzes v. 12. Sept. 1922 (Zentrbl. S. 633) war die Bekanntmachung v. 20. Juli 1916 auch nach dem Inkrafttreten des neuen Süßstoffgesetzes v. 8. April 1922 (RGBl. I S. 390) ausdrücklich aufrechterhalten worden. Die Verordnung v. 21. Juli 1923 trat an die Stelle dieser. Sie läßt die Süßstoffverwendung bei obergärigem Bier weiter zu (siehe im Anhang zu diesem Gesetz). Die ernährungspolitischen Gründe, die zur Zulassung der Süßstoffverwendung geführt haben, bestehen auch jetzt noch. Zur Herstellung von obergärigem Biere sind verwendet worden:

	Süßstoff	Dulzin
im III. Viertel des Rechnungsjahrs 1921	861,820 kg	670,600 kg
im IV. Viertel des Rechnungsjahrs 1921	1 078,595 kg	857,700 kg
im I. Viertel des Rechnungsjahrs 1922	1 738,700 kg	2 219,650 kg
im II. Viertel des Rechnungsjahrs 1922	1 333,300 kg	1 623,450 kg
Zusammen	5 012,415 kg	5 371,400 kg.

Es wurden also erhebliche Zuckermengen (in der Zeit v. 1. Okt 1921 bis 30. Sept. 1922 rund 36 000 dz) durch die Süßstoffverwendung in Brauereien gespart. Bei dem beträchtlichen Preisunterschiede zwischen Zucker und Süßstoff ist die Süßstoffverwendung zudem für zahlreiche, namentlich kleine und mittlere Betriebe von großer wirtschaftlicher Bedeutung. Württemberg, Bayern und Baden, für deren Gebiet die Zulassung der Süßstoffverwendung bisher nicht galt, haben die Ermächtigung erhalten, die Anwendung der Vorschriften über die Süßstoffverwendung in ihren Gebieten auszuschließen (Motive.)

Verkehr mit Bier.

§ 11.

Unter der Bezeichnung Bier[1]) — allein oder in Zusammensetzung — oder unter Bezeichnungen oder bildlichen Darstellungen,[2]) die den Anschein erwecken, als ob es sich um Bier handelt, dürfen nur solche Getränke in Verkehr gebracht werden, die gegoren sind[3]) und den Vorschriften im § 10 Abs. 1 bis 3 entsprechen. Bier, zu dessen Herstellung außer Malz, Hopfen, Hefe und Wasser auch Zucker verwendet worden ist, darf nur in Verkehr gebracht werden, wenn die Verwendung von Zucker in einer dem Verbraucher erkennbaren Weise kundgemacht wird.[4]) Das gleiche gilt hinsichtlich des Bieres, zu dessen Herstellung Süßstoff verwendet ist. Das Nähere bestimmt der Reichsminister der Finanzen.

Einfachbier darf nur in Verkehr gebracht werden, wenn es in einer dem Verbraucher erkennbaren Weise als solches bezeichnet ist.[5]) Bier darf unter der Bezeichnung Starkbier[6]) oder einer sonstigen Bezeichnung, die den Anschein erweckt, als ob das Bier besonders stark eingebraut sei, nur in den Verkehr gebracht werden, wenn der Extraktgehalt der Stammwürze des Bieres nicht unter die festgesetzte Grenze herabgeht.

Bier, dessen Stammwürzegehalt mehr als 6,5 und weniger als 11 vom Hundert oder mehr als 14 und weniger als 16 vom Hundert beträgt, darf nicht in Verkehr gebracht werden.[7]) Der Reichsminister der Finanzen kann Ausnahmen zulassen. Bier der ersteren Art ist mit 75 vom Hundert des Satzes für Vollbier, Bier der letzteren Art ist als Starkbier zu versteuern.

1. Eine Begriffsumschreibung für Bier wird hier nicht beabsichtigt. Es handelt sich lediglich darum, die Bezeichnung Bier oder gleichwertige Ausdrücke oder bildliche Darstellungen unter Schutz zu stellen.

2. Das bekannteste Synonym für Bier ist Bräu sowie die ausländischen allbekannten Wörter wie piwo, ale, porter, beer usw.

Bildliche Ausdrücke basieren meist auf Darstellung des Biergenusses oder der Herstellung. Auch Rohstoffe (Hopfen, Gerste) werden abgebildet.

3. Die Unterbrechung des einmal begonnenen Gärungsprozesses, etwa durch Erhitzen der Würze, nimmt den Charakter als Bier nicht.

4. Die Bezeichnung muß den Zusatz erkennen lassen. „Süßes" Bier dürfte nicht ausreichen, wohl aber „gesüßtes" oder „gezuckertes" oder „mit Zucker gesüßtes" Bier und ähnliches.

5. Da Einfachbier als solches bezeichnet werden muß, so hat die Ersetzung des Wortes „Einfachbier" durch ein anderes, wenn auch gleichbedeutendes, nicht die Wirkung der vorgeschriebenen Deklaration. Braunbier, Dünnbier u. a. dürfen höchstens neben dem Worte „Einfachbier" stehen. (Vgl. § 3 Anm. 3.)

6. Während Einfachbier als solches bezeichnet werden muß, darf das Wort Starkbier sowohl durch eine gleichwertige Bezeichnung ersetzt oder ganz weggelassen werden. Erfolgt die Bezeichnung, so muß nach § 3 Abs 1 die Stammwürze mehr als 16 v. H. betragen haben.

In Süddeutschland oder für süddeutsche Biere ist „Bockbier" gleichwertig mit Starkbier, für norddeutsche Erzeugnisse trifft das aber nicht allgemein zu. Hier gehen seit langen Jahren Biere als Bockbier, die zwar stärker eingebraut sind als die Schankbiere aber nicht die hohe Konzentration der süddeutschen Biere erreichen.

Bockbier und Starkbier können daher nicht ohne weiteres als gleichwertige Bezeichnungen aufgefaßt werden.

7. Diese Vorschrift soll auch Biere der gekennzeichneten Art von der Einfuhr fernhalten. Dagegen sollen gewisse eingeführte Spezialbiere, wie z. B. das Grätzer Bier, welches in die gezogene Grenze fallen würde, nicht behindert werden. Allerdings bedürfen sie nach Satz 2 besonderer Genehmigung.

Da nur das Inverkehrbringen von Bier mit einem Stammwürzegehalt zwischen 6,5 und 11 v. H. Stammwürze verboten ist, so bleibt die Herstellung zu einem anderen (etwa brautechnischen) Zweck unbehindert.

Zubereitungen.

§ 12.

Zur Herstellung von Bier bestimmte Zubereitungen,[1]) mit Ausnahme der im § 10 Abs. 2 bezeichneten, aus Zucker[2]) hergestellten Farbmittel[3]) und der im § 10 Abs. 3 bezeichneten Farbebiere,[4]) dürfen nicht in Verkehr gebracht werden.

1. Die Zubereitung ist der Gegensatz zum Rohstoff und zum chemischen Erzeugnis. Wie ihr Name ausdrückt, bedeutet sie eine aus dem jeweiligen Rohstoff ganz oder teilweise fertig gewonnene neue Ware. Sie ist ein Fertigfabrikat, wenn sie für den unmittelbaren Verbrauch geeignet bezw. bestimmt ist, oder ein Halbfabrikat, wenn sie für die Herstellung eines anderen verbrauchsfertigen Artikels dient. Hier handelt es sich nur um Halbfabrikate, da das Fertigprodukt das Bier selbst ist. Solche Zubereitungen sind z. B. Malzextrakte, Hopfenextrakte, Zuckerlösungen u. a.

Ihre Verwendung in der Brauerei ist zulässig, aber der Brauer muß sie selbst herstellen, da sie in den Verkehr nicht gelangen dürfen, wenn sie für Brauzwecke bestimmt sind.

Chemisch (auch biochemisch) veränderte Rohmaterialien sind keine „Zubereitung“, da etwas ganz Neues entstanden ist, was in seinem Wesen mit dem Ausgangsstoff nicht mehr übereinstimmt. Die „Zubereitung“ umfaßt nur mechanische Eingriffe ohne Wesensänderung, also Mischen, Zerkleinern, Extrahieren und dergl.

Malz ist keine Zubereitung des Getreides, Zuckerfarbe kein zubereiteter Zucker, wohl aber Malzextrakt oder Zuckerlösungen.

2. Zucker bedeutet sowohl Rohr- wie Rüben-, Invert- oder Stärkezucker. Alle diese können als Ausgangsmaterial dienen.

3. Die Farbmittel aus Zucker sind keine „Zubereitungen" (siehe Anm. 1). Sie entstehen durch tiefgreifende Umwandlung des Zuckermoleküles. Ob das umwandelnde Agens dabei physikalischer Natur (Hitze) oder chemischer (Soda, Säure) ist, bleibt für den bewirkten chemischen Eingriff gleich.

Da die aus Zucker hergestellten Farbmittel hier ausdrücklich als verkehrsberechtigt anerkannt, also zur Bierbereitung (unter Berücksichtigung des § 10) zugelassen sind, so muß angenommen werden, daß diese auch in Form von Zubereitungen (z. B. Lösungen) erlaubt sein sollen. Für andere Zwecke (als Bier) dürfen diese Zubereitungen selbstverständlich (vorbehaltlich spezieller Vorschriften) frei vertrieben werden.

4. Farbebiere sind nach den Grundsätzen der Bierbereitung (Gärung usw.) gewonnene, sehr dunkel gefärbte Zubereitungen, die nur zum Nachfärben der Biere Verwendung finden. Vgl. § 10.

II. Überwachungsvorschriften.

Steueraufsicht.

§ 18.

Die Brauereien und der Ausschank von Bier in Verbindung mit einer Brauerei unterliegen der Steueraufsicht.

Inhaber von Brauereien dürfen nach den Ausführungsbestimmungen anmeldepflichtige Gefäße nicht aus den Händen geben, bevor sie der Finanzbehörde den Empfänger angezeigt und eine Bescheinigung hierüber erhalten haben.

Für die Zeit, in der Brauereigeräte im Betriebe

nicht benutzt werden oder nicht benutzt werden dürfen, können sie amtlich verschlossen werden.

Die Steuerbeamten dürfen in den unter Steueraufsicht stehenden Betrieben unentgeltlich Proben von den Braustoffen, der Bierwürze und dem Biere entnehmen.

Bier darf aus der Brauerei nicht entfernt werden, bevor es in den nach seiner allgemeinen Beschaffenheit und regelmäßigen Brauart zum Genusse fertigen Zustand gebracht ist. Der Reichsminister der Finanzen kann Ausnahmen zulassen; er kann anordnen, daß das Erzeugnis beim Entfernen aus der Brauerei als fertiges Bier zu versteuern ist.

Anzeige des Brauereibesitzes und gemeinsame Betriebsführung.

§ 14.

Wer in den Besitz eines nach § 13 Abs. 1 der Steueraufsicht unterliegenden Betriebs gelangt, hat dies innerhalb acht Tagen nach der Besitzerlangung der Finanzbehörde anzuzeigen.

Eine Person oder Gesellschaft, für deren Rechnung mehrere Brauereien betrieben werden oder betrieben werden sollen (§ 3 Abs. 3), hat dies mindestens acht Tage vor Beginn des gemeinsamen Betriebs der Hebestelle anzuzeigen.

Verpflichtung zum Halten von Malzmühlen.

§ 15.

Die Inhaber

1. der Brauereien, die am 1. April 1918 betriebsfähig hergerichtet waren und in denen nach dem

1. Oktober 1918 in einem Rechnungsjahre die hergestellte Biermenge 3000 Hektoliter übersteigt,
2. der nach dem 1. April 1918 errichteten Brauereien

sind verpflichtet, in der Brauerei selbst oder in räumlicher Verbindung mit ihr eigene Mühlenwerke oder Malzquetschen mit einer zugelassenen selbsttätigen Verwiegungsvorrichtung zu halten und ausschließlich zum Schroten des in ihrer Brauerei zur Bierbereitung bestimmten Malzes zu benutzen.

Die Verpflichtung entsteht für die Inhaber der im Abs. 1 Nr. 1 bezeichneten Brauereien nach Ablauf desjenigen Rechnungsjahrs, in dem die Gesamtmenge des steuerpflichtig gewordenen Bieres zuerst 3000 Hektoliter überstiegen hat. Bei einer voraussichtlich nicht andauernden Übersteigung dieser Grenze, oder wenn die räumlichen Verhältnisse den Einbau der Malzmühle mit Verwiegungsvorrichtung ohne Aufwendung erheblicher Kosten nicht gestatten, soll die Finanzbehörde die Verpflichtung erlassen.

Die Inhaber anderer als der im Abs. 1 bezeichneten Brauereien, die in ihrer Brauerei das zur Bierbereitung bestimmte Malz auf eigenen Mühlenwerken oder Malzquetschen schroten, sind verpflichtet, die Malzmühle mit einer zugelassenen selbsttätigen Verwiegungsvorrichtung zu versehen. Die Verpflichtung soll von der Finanzbehörde erlassen werden, wenn wegen der Beschaffenheit der Malzmühle oder der räumlichen Verhältnisse die steuersichere Anbringung der Verwiegungsvorrichtung nicht oder nur mit erheblichen Kosten möglich ist.

Der Reichsminister der Finanzen ist ermächtigt,

in den Fällen der Abs. 2 und 3 vorübergehend weitere Erleichterungen zuzulassen.

Die Inhaber anderer als der im Abs. 1 und 3 bezeichneten Brauereien sind zur Aufstellung von Malzmühlen mit selbsttätigen Verwiegungsvorrichtungen in ihren Brauereien und zur Bestreitung der durch den Einbau dieser Mühlen entstehenden Kosten verpflichtet, wenn die räumlichen Verhältnisse den Einbau ohne Aufwendung erheblicher Kosten gestatten und die Malzmühlen nebst Verwiegungsvorrichtungen von dem Reiche kostenlos geliefert werden.

Unter allen Umständen kann Inhabern von Brauereien von der Finanzbehörde die Verpflichtung zur Aufstellung einer Malzmühle mit selbsttätiger Verwiegungsvorrichtung auferlegt werden, wenn sie sich einer Gefährdung der Biersteuer schuldig machen oder den Überwachungsvorschriften dieses Gesetzes und den hierzu ergangenen Ausführungsbestimmungen fortgesetzt zuwiderhandeln.

Die Verpflichtung geht im Falle eines Wechsels im Besitze der Brauerei auf den neuen Inhaber über und erlischt nicht durch spätere Verminderung der Biererzeugung.

Aufstellungsort und Einrichtung der Malzmühlen und der selbsttätigen Verwiegungsvorrichtungen unterliegen der Genehmigung der Finanzbehörde.

Die Verwiegungsvorrichtungen müssen mit den Malzmühlen in feste Verbindung gebracht und beide so eingerichtet sein, daß nach Anlegung des amtlichen Verschlusses ohne Aufwendung erkennbarer Gewalt Malz nur zum Mahlwerk gelangen kann, nachdem es die Verwiegungsvorrichtung durchlaufen hat.

Genossenschaftsmühlen.

§ 16.

Unter den erforderlichen Maßnahmen darf gestattet werden, daß mehrere zum Halten einer Malzsteuermühle verpflichtete Brauereiinhaber eine solche gemeinschaftlich besitzen oder benutzen.

Fehlmengen.

§ 17.

Bei Bestandsaufnahmen (§ 195 Nr. 4 der Reichsabgabenordnung) festgestellte Fehlmengen sind zu versteuern, soweit nicht dargetan wird, daß sie auf Umstände zurückzuführen sind, die eine Steuerschuld nicht begründen. Die Steuerschuld gilt als entstanden im Zeitpunkt der Bestandsaufnahme.

Abfindung.

§ 18.

Inhaber von Brauereien, in denen in einem Rechnungsjahre nicht mehr als 500 Hektoliter Bier hergestellt werden und die vor dem 1. April 1918 betriebsfähig hergerichtet worden sind, können abgefunden werden; auf sie finden alsdann die Vorschriften in dem § 2 Abs. 1, §§ 6, 7 Abs. 1, § 9 und § 17 keine Anwendung. Abgefundenen Brauern kann die Führung von Anschreibungen über die erzeugten Biermengen auferlegt werden. Die Biersteuer ist im Falle der Abfindung nach näherer Bestimmung des Reichsministers der Finanzen von der Biermenge, die aus den zur Bierbereitung angemeldeten Stoffmengen hergestellt werden kann, im voraus durch die Finanzbehörde bindend festzusetzen; sie wird am fünfundzwanzigsten Tage des zweiten auf die Festsetzung folgenden Monats fällig.

Durchsuchungen.

§ 19.

Durchsuchungen der der Steuerpflicht unterliegenden Betriebe sind zulässig, wenn hinreichender Verdacht vorhanden ist, daß die Biersteuer hinterzogen worden ist oder daß bei der Bierbereitung unzulässige Stoffe verwendet werden.

III. Strafvorschriften.

Biersteuerhinterziehung.

§ 20.

Die Hinterziehung der Biersteuer wird mit einer Geldstrafe bestraft, die das Vierfache des hinterzogenen Betrags beträgt.

§ 21.

Die Bestrafung wegen Steuerhinterziehung tritt ein, ohne daß der Vorsatz der Hinterziehung festgestellt zu werden braucht,

1. wenn mit der Herstellung von Bier begonnen wird, bevor die Brauereiräume und Brauereigeräte nach Maßgabe der Ausführungsbestimmungen angemeldet sind;
2. wenn über den Betrieb mehrerer Brauereien durch eine Person oder Gesellschaft die in den Ausführungsbestimmungen vorgeschriebene Anzeige nicht oder nicht rechtzeitig erstattet wird;

3. wenn die in den Ausführungsbestimmungen vorgeschriebenen Bücher nicht oder wissentlich nicht richtig geführt werden;
4. wenn unbefugt oder ohne ordnungsmäßige Buchung Bier aus der Brauerei entfernt oder in der Brauerei verbraucht wird;
5. wenn über das unter Steueraufsicht stehende Bier unbefugt verfügt wird;
6. wenn Inhaber von Brauereien Bier, für das Steuerfreiheit auf Grund von § 8 Abs. 1 in Anspruch genommen wird, an andere Personen als ihre Angestellten und Arbeiter abgeben;
7. wenn in einer Abfindungsbrauerei die gemäß § 18 vorgeschriebenen Anmeldungen oder Anschreibungen nicht oder wissentlich unrichtig bewirkt werden;
8. wenn in einer Brauerei, die zur Aufstellung einer Malzmühle mit selbsttätiger Verwiegungsvorrichtung verpflichtet ist, ohne Genehmigung der Finanzbehörde Malz zur Verwendung gelangt, das auf einer anderen Mahlvorrichtung als der für die Brauerei genehmigten Malzmühle geschrotet worden oder das (ausgenommen der Fall der Beschädigung der Malzmühle) nicht durch die mit der Malzmühle verbundene selbsttätige Verwiegungsvorrichtung gegangen ist;
9. wenn in einer solchen Brauerei die Malzmühle mit selbsttätiger Verwiegungsvorrichtung in ihrer regelmäßigen Tätigkeit derart vorsätzlich gestört wird, daß das Gewicht des geschroteten Malzes von dem Zählwerk entweder gar nicht oder zu gering angegeben wird;

10. wenn der Inhaber einer solchen Brauerei, obwohl er weiß, daß das Zählwerk der selbsttätigen Verwiegungsvorrichtung seiner Malzmühle das Gewicht des Malzes nicht oder zu niedrig angibt, die Malzmühle zum Schroten benutzt oder benutzen läßt, ohne einen glaubwürdigen Zeugen zuzuziehen und unter dessen Mitbeurkundung das Gewicht des Malzes im Mahlbuch anzuschreiben;
11. wenn dem Biere verbotswidrig (§ 10 Abs. 7) Wasser zugesetzt wird;
12. wenn dem Verbot im § 10 Abs. 8 zuwider Bier vermischt oder dem Biere Zucker zugesetzt wird;
13. wenn fertiges unversteuertes Bier vom Hersteller in anderen als den von der Finanzbehörde genehmigten Räumen abgefüllt oder gelagert wird;
14. wenn Bier in Fässern oder Gefäßen aus der Brauerei entfernt wird, die den Ausführungsbestimmungen nicht entsprechen;
15. wenn den Vorschriften über die Überwachung des Bierausschankes oder des Bierhandels einer Brauerei zuwidergehandelt wird.

Wird festgestellt, daß der Täter ohne den Vorsatz der Hinterziehung gehandelt hat, so tritt Bestrafung wegen Steuerhinterziehung nicht ein. Die §§ 367, 377 der Reichsabgabenordnung bleiben unberührt.

Strafe für Verwendung unzulässiger Stoffe bei der Bierbereitung.

§ 22.

Wer vorsätzlich oder fahrlässig andere als die nach § 10 zulässigen Stoffe zur Bereitung von Bier verwendet oder dem fertigen, zum Absatz bestimmten Biere zusetzt, wird, soweit nach nicht anderen[1]) Gesetzen eine schwerere Strafe verwirkt ist, wegen dieses Vergehens mit Geldstrafe bestraft. Ebenso wird bestraft, wer unzulässige Ersatz- oder Zusatzstoffe in einer unter Steueraufsicht stehenden Räumlichkeit aufbewahrt, sofern die Stoffe nicht nachweislich zu anderen Zwecken als zur Bierbereitung bestimmt sind.

Neben der Geldstrafe kann auf Einziehung der Ersatz- und Zusatzstoffe, des mit ihnen bereiteten oder versetzten Bieres und der Umschließungen erkannt werden. Die §§ 365 Abs. 2, 379, 380 Abs. 1 der Reichsabgabenordnung finden Anwendung.

Ebenso gelten die §§ 381 und 382 der Reichsabgabenordnung für die im Abs. 1 bezeichneten Zuwiderhandlungen.

Die Strafverfolgung von Zuwiderhandlungen im Sinne des Abs. 1 verjährt in drei Jahren; der § 384 Abs. 2 der Reichsabgabenordnung findet Anwendung.

Die Vorschriften im Abs. 1 Satz 1, Abs. 2 bis 4 finden auf Zuwiderhandlungen gegen das Verbot über die Verbreitung von Zubereitungen der im § 12 bezeichneten Art Anwendung.

1. Neben den allgemeinen Bestimmungen des StrGB bleibt insbesondere das Nahrungsmittelgesetz v. 14. Mai 1879 (§§ 10 bis 14) zu beachten. Siehe den Teil I dieser Ausgabe.

§ 23.

Zuwiderhandlungen gegen die Vorschriften des § 11 werden ebenso bestraft wie die im § 377 der Reichsabgabenordnung bezeichneten Zuwiderhandlungen, soweit nicht nach anderen Gesetzen eine schwerere Strafe verwirkt ist. Die §§ 381, 382, 384 der Reichsabgabenordnung finden entsprechende Anwendung.

§ 24.

In den Fällen der §§ 22, 23 gelten für das Strafverfahren die Vorschriften des zweiten Abschnitts des dritten Teiles der Reichsabgabenordnung.

Übertragung der strafrechtlichen Verantwortlichkeit.

§ 25.

Betriebsinhaber, die den Betrieb nicht selbst leiten, können die Übertragung der ihnen obliegenden strafrechtlichen Verantwortlichkeit auf den Betriebsleiter (§ 193 der Reichsabgabenordnung) bei der Finanzbehörde beantragen. Wird der Antrag genehmigt, so geht die strafrechtliche Verantwortlichkeit unbeschadet der im § 381 der Reichsabgabenordnung vorgesehenen Haftung des Betriebsinhabers auf den Betriebsleiter über. Die Genehmigung ist jederzeit widerruflich.

IV. Besondere Vorschriften.

Vereinbarungen mit fremden Staaten.

§ 26.

Die Reichsregierung kann unter Zustimmung des Reichsrats mit fremden Regierungen wegen Einführung einer den Vorschriften dieses Gesetzes entsprechenden Steuer in den dem Zollgebiet angeschlossenen Staaten und Gebietsteilen, wegen Überweisung der Steuer für das im gegenseitigen Verkehr übergehende Bier oder wegen Begründung einer Gemeinschaft Vereinbarungen treffen.

§ 27. (Gestrichen.)

IV a. Bierähnliche Getränke.[1])

§ 27 a.

Getränke, die als Ersatz für Bier in den Handel gebracht oder genossen zu werden pflegen (bierähnliche Getränke), unterliegen der Biersteuer nach Maßgabe der Bestimmungen in §§ 27 b, 27 c.

Der Reichsminister der Finanzen ist ermächtigt, den Kreis der bierähnlichen Getränke näher zu bestimmen.

1. Die bierähnlichen Getränke sind durch Novelle v. 11. Aug. 1923 (RGBl. I S. 770) in dieses Gesetz gebracht worden. Zuvor wurden sie steuerlich von dem Mineralwassersteuergesetz v. 26. Juli 1918 (RGBl. S. 849) und dessen Ergänzung v. 8. April 1922 (RGBl. S. 383) erfaßt. Das Gesetz v. 11. Aug. 1923, betr. Abänderung einzelner Verbrauchssteuergesetze, setzte in Art. II das Mineralwassersteuergesetz außer Kraft unter gleichzeitiger Einfügung der bierähnlichen Getränke in dieses Gesetz. Die Motive zum Gesetz v. 26. Juli 1918 führten hierzu aus: „Bierähnliche Getränke, d. h. Getränke, die als Ersatz für Bier in den Handel gebracht oder genossen werden, unterliegen zurzeit nur soweit sie unter Verwendung oder Mitverwendung von Malz oder Malzauszügen oder durch Vergärung von Zucker hergestellt sind,

der Besteuerung, und zwar gemäß § 3 des Brausteuergesetzes v. 15. Juli 1909 und § 8 der vom Bundesrat hierzu erlassenen Ausführungsbestimmungen der Brausteuer. Für andere bierähnliche Getränke besteht gegenwärtig eine Abgabenpflicht nicht" usw. Hieraus ist zu entnehmen, daß zur Umschreibung des Begriffes „bierähnlich" keine objektiven Merkmale vorhanden sind.

Ersatz für Bier nach Bestimmung und Eignung, eine gewisse (meist durch Bitterstoffe bedingte) Geschmacksähnlichkeit mit Bier irgendeiner Art muß vorhanden sein. Dagegen braucht kein Gärungsprozeß stattgefunden zu haben, wie bei echtem Bier. Der Genuß der betreffenden Getränke muß auch in ähnlicher Art und Menge wie bei Bier stattfinden, also in Gläsern entsprechenden Ausmaßes.

§ 27 b.

Die Biersteuer von bierähnlichen Getränken mit einem Stammwürzegehalte von 8 bis 14 vom Hundert wird mit 75 vom Hundert des höchsten Satzes der Steuer vom Vollbier (§ 3 Abs. 2) erhoben.

Sie ermäßigt sich für bierähnliche Getränke mit geringerem Stammwürzegehalt um die Hälfte und erhöht sich für Getränke mit höherem Stammwürzegehalt um die Hälfte.

§ 27 c.

Auf die Biersteuer von bierähnlichen Getränken finden keine Anwendung die vorstehenden § 2 Abs. 1 Satz 2, § 3, § 4, § 10 Abs. 1 bis 6 und 9, § 11, § 14 Abs. 2, § 15, § 16, § 18, § 21 Abs. 1 Nr. 2, 7 bis 10, §§ 22 bis 24, ferner die nachstehenden §§ 29 und 31 sowie §§ 4, 5, 72 des Biersteuergesetzes vom 26. Juli 1918 (RGBl. S. 863) / 8. April 1922 (RGBl. I S. 381).

V. Übergangs- und Schlußvorschriften.

§ 28.

Bier, das sich am Tage des Inkrafttretens dieses Gesetzes außerhalb der Erzeugungsstätte im Besitze von Bierhändlern oder Wirten befindet, unterliegt nach näherer Bestimmung des Reichsministers der Finanzen der Nachversteuerung.

§ 29.

Die Kosten für die erstmalige Aufstellung von Malzmühlen werden Inhabern der im § 15 Abs. 1 Nr. 1 bezeichneten Brauereien und die Kosten für die erstmalige Anbringung von selbsttätigen Verwiegungsvorrichtungen werden Inhabern der im § 15 Abs. 3 bezeichneten Brauereien nach näherer Anordnung des Reichsrats von dem Reiche erstattet. Im Falle des § 15 Abs. 6 findet eine Kostenerstattung nicht statt.

§ 30.

Soweit beim Inkrafttreten dieses Gesetzes Verträge über Lieferung von Bier durch Brauer oder Bierhändler bestehen, ist der Abnehmer verpflichtet, dem Brauer oder Bierhändler einen Zuschlag zum Hektoliterpreis in dem Betrage zu zahlen, um den die Steuer für das Hektoliter des zu liefernden Bieres durch dieses Gesetz erhöht wird. Gegenüber Bierhändlern fällt die Verpflichtung insoweit weg, als der Bierhändler dem Brauer einen erhöhten Hektoliterpreis nicht zu entrichten hat.

Soweit beim Inkrafttreten dieses Gesetzes ein Bierabnehmer vertraglich verpflichtet ist, bestimmte Ausschankpreise einzuhalten, ist er berechtigt, eine dem erhöhten Bezugspreis entsprechende Erhöhung der Ausschankpreise eintreten zu lassen.

Die Vorschriften in den Abs. 1 und 2 finden keine Anwendung, wenn ausdrückliche Vertragsbestimmungen entgegenstehen.

§ 31.

Die Ausführungsbestimmungen zu diesem Gesetz erläßt der Reichsminister der Finanzen mit Zustimmung des Reichsrats.

§ 32.

Den Zeitpunkt des Inkrafttretens dieses Gesetzes bestimmt der Reichsminister der Finanzen. Mit diesem Zeitpunkt treten außer Kraft:

1. das Biersteuergesetz vom 26. Juli 1918 (RGBl. S. 863) / 8. April 1922 (RGBl. I S. 381) mit Ausnahme der §§ 4, 5, 72;
2. Nr. 3 und 4 des Artikels III des Gesetzes, betr. Erhöhung einzelner Verbrauchssteuern, vom 8. April 1922 (Anlage 7 des Gesetzes über Änderungen im Finanzwesen vom 8. April 1922, RGBl. I S. 335).

Das Gesetz, betr. Abweichungen von dem Biersteuergesetze vom 26. Juli 1918, vom 9. Juli 1922 (RGBl. I S. 572 und 692) bleibt in Kraft mit der Maßgabe, daß an die Stelle der Vorschriften des Biersteuergesetzes vom 26. Juli 1918 die entsprechenden Vorschriften dieses Gesetzes treten.

In den hiernach in Kraft bleibenden §§ 4, 5 des Biersteuergesetzes vom 26. Juli 1918 / 8. April 1922 treten an die Stelle des Wortes „Bundesrat" das Wort „Reichsrat", an die Stelle der Vorschriften des Biersteuergesetzes vom 26. Juli 1918 / 8. April 1922 die entsprechenden Vorschriften dieses Gesetzes.

Aus dem **Gesetz vom 26. Juli 1918 (RGBl. S. 863)** sind folgende drei Paragraphen in Kraft geblieben:

§ 4.

Überschreitung der zugewiesenen Jahresmenge.

Der Reichsrat bestimmt während der ersten zehn Rechnungsjahre nach dem Inkrafttreten des Gesetzes nach Maßgabe des voraussichtlichen Verbrauchs im Biersteuergebiete für jedes Rechnungsjahr die den Brauereien zur Versteuerung nach den regelmäßigen Abgabesätzen (§ 3) zuzuweisende Gesamtjahresmenge. Die Gesamtjahresmenge wird auf die einzelnen vor dem 1. Januar 1914 in Betrieb genommenen Brauereien nach näherer Anordnung des Reichsrats auf der Grundlage ihres durchschnittlichen Bierabsatzes in den Kalenderjahren 1912 und 1913 verteilt. Der Reichsrat bestimmt die Grundsätze, nach denen die Jahresmengen für Brauereien, die in der Zeit vom 1. Januar 1914 bis zum 31. März 1918 neu in Betrieb genommen wurden, zu bemessen sind; er kann zur Vermeidung von Ungleichheiten oder Härten für einzelne Betriebe die Jahresmenge anderweit festsetzen.

Übersteigt in einer Brauerei die Biererzeugung innerhalb eines Rechnungsjahrs die der Brauerei zugewiesene Jahresmenge (Abs. 1), so erhöhen sich für die übersteigende Menge die Steuersätze des § 3 Abs. 1 und 2 während der ersten fünf Rechnungsjahre nach dem Inkrafttreten des Gesetzes auf das Dreifache, während der zweiten fünf Rechnungsjahre nach dem Inkrafttreten des Gesetzes auf das Zweifache.

Die einem Brauereibetriebe zugewiesene Jahresmenge kann nach näherer Bestimmung des Reichsrats auf eine andere Brauerei, sofern sie vor dem 1. April 1918 in Betrieb genommen worden ist, ganz oder teilweise übertragen werden.

§ 5.

Neue Brauereien.

Für neue Brauereien, die nach dem 1. April 1918 in Betrieb genommen werden, erhöhen sich die Steuersätze im § 3 Abs. 1 und 2 während der ersten fünf Rechnungsjahre nach dem Inkrafttreten des Gesetzes auf das Dreifache, während der zweiten fünf Rechnungsjahre nach dem Inkrafttreten des Gesetzes auf das Zweifache. Die Vorschrift im § 3 Abs. 2 findet sinngemäße Anwendung.

§ 72.

Werden Arbeiter oder nach dem Versicherungsgesetze für Angestellte versicherungspflichtige Angestellte eines Brauereibetriebs dadurch beschäftigungslos oder erleiden sie dadurch eine Verminderung ihres Arbeitsverdienstes, daß die dem Betriebe zugewiesene Jahresmenge nach dem Inkrafttreten des Gesetzes ganz oder teilweise auf eine andere Brauerei übertragen wird (§ 4 Abs. 3), so hat der übertragende Brauereibesitzer ihnen den entstehenden Einnahmeausfall für die Dauer von 26 Wochen zu ersetzen. Für Streitigkeiten hierüber sind, wo Gewerbe- oder Kaufmannsgerichte bestehen, diese, sonst die Amtsgerichte zuständig. Dasselbe gilt für Kriegsteilnehmer, die bei Ausbruch des Krieges in einem solchen Betrieb als Arbeiter oder Angestellte beschäftigt waren und die unmittelbar vor ihrem Eintritt in das Heer mindestens ein Jahr lang in diesem Beschäftigungsverhältnisse gestanden haben, sofern die Übertragung vor ihrer Entlassung aus dem Heere stattgefunden hat. Als Entlassung aus dem Heere gilt nicht die Zurückstellung für einen bestimmten Betrieb oder ein bestimmtes Arbeitsgebiet.

Für die aus Abs. 1 entstehenden Ansprüche haften der Veräußerer und der Erwerber der Jahresmenge dem Berechtigten als Gesamtschuldner.

17. Ausführungsbestimmungen zum Biersteuergesetz.

Vom 23. Juli 1923 (Reichsministerialblatt S. 805 ff.).

(Auszugsweise.)

I. Allgemeine Bestimmungen.

Zu § 2 des Gesetzes.

§ 1.

Entstehung der Steuerschuld.

Als aus der Brauerei entfernt gilt das ausgehende Bier, sobald es aus den von der Steuerbehörde für die Abgabe von Bier zugelassenen Räumen (vgl. § 44) fortgebracht wird (vgl. jedoch Abs. 3).

Durch das Trinken innerhalb der Brauerei entsteht eine Steuerschuld mit der Aushändigung des Bieres zum Genuß. Durch das Trinken des Bieres wird jedoch eine Steuerschuld nicht begründet, wenn das Trinken zu Untersuchungszwecken geschieht.

Steuerfrei abgeschrieben werden darf Bier, das innerhalb der Brauerei in anderer Weise als durch Trinken zu Untersuchungszwecken verbraucht wird.

§ 2.

Farbebier.

Die Bestimmungen über die Versendung von Farbebier enthält die Anlage A.

Zu § 3 Abs. 1 des Gesetzes.

§ 3.

Erzeugte Biermenge.

Als in einem Brauereibetrieb innerhalb eines Rechnungsjahres erzeugt gelten die Biermengen, für die in dem Betrieb innerhalb des Rechnungsjahres eine Steuerschuld entstanden ist (§ 2 Abs. 1 des Gesetzes), zuzüglich der auf Grund des § 8 des Gesetzes steuerfrei abgelassenen Biermengen, wobei jedoch von den Biermengen, für die eine Steuerschuld entstanden ist, das Rückbier abzusetzen ist (§ 61 Abs. 1).

Zu § 3 Abs. 2 des Gesetzes.

§ 4.

Einfach-, Schank-, Voll- und Starkbier.

Für die Unterscheidung von Einfach-, Schank-, Voll- und Starkbier ist der Gehalt des Bieres an löslichen, aus der Malz- und Zuckerverwendung herrührenden Stoffen (Extraktgehalt) in Zuckerspindelgraden, bezogen auf eine entsprechende unvergorene Würze (Stammwürze), maßgebend

Zu § 6 des Gesetzes

§ 11.

Steuerpflichtige Menge des Bieres, das innerhalb der Brauerei getrunken wird.

Bier, das dem steuerpflichtigen Verbrauch innerhalb einer Brauerei dienen soll (§ 1 Abs. 2), darf nur in den nach § 45 zugelassenen Gefäßen ausgehändigt werden. Die Aushändigung darf ferner nur in den nach § 44 genehmigten Räumen stattfinden. Das Hauptzollamt kann weitere Überwachungsmaßnahmen anordnen.

Zu § 8 Abs. 1 des Gesetzes

§ 12.

Haustrunk.

Als Haustrunk gilt Bier, das Brauereien an ihre Angestellten und Arbeiter für den eigenen Verbrauch und den Verbrauch ihrer Familien in einer den örtlichen Gewohnheiten entsprechenden Menge entgeltlich oder unentgeltlich abgeben, soweit den Angestellten und Arbeitern hierauf auf Grund ihres Dienst- oder Arbeitsverhältnisses ein Anspruch zusteht. Zu den Brauereiangestellten und -arbeitern gehören auch die Angestellten und Arbeiter in den außerhalb der Braustätte befindlichen eigenen Niederlagen der Brauerei. Ferner gilt als Haustrunk das Bier, das Inhaber von Privatbrauereien, soweit sie selbst im Betriebe tätig sind, für den Verbrauch in ihrem Haushalte entnehmen.

Inhaber von Brauereien, die nicht gemäß § 18 des Gesetzes abgefunden sind, haben über ihre Angestellten und Arbeiter, denen nach Abs. 1 ein Anspruch auf steuerfreien Haustrunk zusteht, ein Verzeichnis nach Muster 1 zu führen, das den Aufsichtsbeamten auf Verlangen jederzeit vorzulegen ist.

Zu § 9 des Gesetzes.

§ 15.

Rückbier.

Bier, für das eine Steuerschuld entstanden ist, kann in die Brauerei, in der es hergestellt ist, zurückgebracht werden (Rückbier) mit der Wirkung, daß es wieder als unversteuertes Bier gilt.

Beim Wiedereingang in die Brauerei ist es in dem nach Muster 2 zu führenden Rückbierbuch mit der in den Gefäßen tatsächlich enthaltenen Menge anzuschreiben. Bei Fässern ist der Literinhalt nach der eichamtlichen Raumgehaltsbezeichnung anzunehmen, wenn die Fässer spundvoll sind. Sind die Fässer nur teilweise gefüllt, so kann, sofern es sich um Einfachbier, Schankbier oder Vollbier handelt und das Auslitern mit erheblichen Schwierigkeiten verbunden ist, die Litermenge aus dem Eigengewicht des Bieres (Gewicht oder Flüssigkeit ohne

Umschließung) durch Gleichsetzung von ein Kilogramm Eigengewicht mit einem Liter berechnet werden.

Rückbier kann auf Antrag unter amtlicher Aufsicht vernichtet oder unbrauchbar gemacht werden, wenn seine Verwertung als Bier oder seine weitere Verarbeitung zu Bier unmöglich erscheint. Der Antrag ist bei den Aufsichtsbeamten mündlich oder schriftlich binnen drei Tagen nach dem Wiedereingange des Bieres zu stellen. Die Unbrauchbarmachung kann nach näherer Anordnung des Aufsichtsbeamten auch durch Vermischung mit Viehfutter oder Essig erfolgen. Als Unbrauchbarmachung gilt auch die Verwendung des Bieres zur Branntweinbereitung unter Überwachung. Die Vernichtung oder Unbrauchbarmachung des zurückverbrachten Bieres ist vom Aufsichtsbeamten im Rückbierbuche zu vermerken. Sie kann mit Genehmigung des Oberbeamten auch außerhalb der Brauerei stattfinden.

Für Rückbier, das nicht unter amtlicher Aufsicht vernichtet oder unbrauchbar gemacht wird, können im Bedarfsfall vom Hauptzollamt weitere Überwachungsmaßnahmen angeordnet werden.

Die im Rückbierbuche beim Wiedereingang in der Brauerei angeschriebenen Biermengen sind am Schlusse jedes halben Monats durch die Zollstelle von der Summe des steuerpflichtig gewordenen Bieres in der zutreffenden Spalte des Biersteuerbuchs (§ 59) abzusetzen. Zu diesem Zwecke hat der Brauereiinhaber gleichzeitig mit dem Biersteuerbuche auch das Rückbierbuch der Zollstelle vorzulegen, die im Rückbierbuche die Absetzung im Biersteuerbuche vermerkt. Ist im Biersteuerbuch eine der Rückbiermenge entsprechende Menge der gleichen Biergattung nicht eingetragen, so ist eine nach dem Steuerwerte (§ 3 Abs. 2 d. G.) gleiche Menge einer anderen Biergattung im Biersteuerbuch abzusetzen. Im Biersteuergegenbuch (§ 99) ist im letzteren Falle in der Bemerkungsspalte die tatsächlich im Rückbierbuch angeschriebene Biermenge besonders zu vermerken. Das als unter amtlicher Aufsicht vernichtet oder unbrauchbar gemacht im Rückbierbuch angeschriebene Bier ist ebenfalls in der Bemerkungsspalte des Biersteuergegenbuchs in einer Summe anzugeben.

Zu § 10 Abs. 1 bis 4 des Gesetzes.

§ 16.

Begriff der Bierbereitung.

Die Ausdrücke „Bereitung von Bier" und „Bierbereitung" sind im weitesten Sinne zu verstehen. Sie umfassen alle Teile der Herstellung und Behandlung des Bieres in der Brauerei selbst wie außerhalb dieser — beim Bierverleger, Wirt und dergleichen — bis zur Abgabe des Bieres an den Verbraucher.

§ 17.

Braustoffe.

Bei der Bereitung von Bier ist nicht nur die Verwendung von Malzersatzstoffen aller Art — mit der für obergärige Biere im § 10 Abs. 2 des Gesetzes zugelassenen Ausnahme —, sondern auch aller Hopfenersatzstoffe sowie aller Zutaten irgendwelcher Art, auch wenn sie nicht unter den Begriff der Malz- oder Hopfenersatzstoffe fallen, verboten. Ausgenommen von diesem Verbot ist nach § 10 Abs. 3 des Gesetzes die Verwendung der aus Malz, Hopfen, Hefe und Wasser innerhalb des Geltungsbereichs des Biersteuergesetzes hergestellten Farbebiere. Untergärigem Biere darf nur Farbebier zugesetzt werden, zu dessen Herstellung anderes Malz als Gerstenmalz nicht verwendet worden ist. Die Bestimmungen über die Herstellung und Verwendung von Farbebier sind in der Anlage A enthalten.

Die Verwendung von Bierklärmitteln, die rein mechanisch wirken und vollständig wieder ausgeschieden werden, verstößt nicht gegen das Verbot der Verwendung von Ersatz- und Zusatzstoffen bei der Bierbereitung. Die Verwendung von Bierklärmitteln, die nur unvollständig wieder ausgeschieden werden, ist bei der Bierbereitung nicht zulässig.

Die zulässigen Braustoffe müssen in der Beschaffenheit verwendet werden, in der ihnen die im Gesetz gewählte Bezeichnung zukommt.

Das Malz darf sowohl in ganzen, enthülsten oder unenthülsten Körnern wie auch zerkleinert, trocken, angefeuchtet, ungedarrt, gedarrt und geröstet verwendet werden. Die Verwendung von Malzschrot, aus dem die Hülsen ganz oder teilweise entfernt sind, sowie Malzmehl ist, soweit nicht vom Landesfinanzamt Ausnahmen zugelassen werden, nur statthaft, wenn das Entfernen der Hülsen oder die Vermahlung zu Mehl in der Brauerei selbst erfolgt.

Zur Bereitung von obergärigem Biere darf Malz auch aus anderem Getreide als Gerste verwendet werden. Reis, Mais oder Dari gelten nicht als Getreide im Sinne des § 10 Abs. 4 des Gesetzes.

§ 18.

Als technisch rein gilt Zucker von solcher Reinheit, wie sie in dem bei der Herstellung von Zucker gebräuchlichen Verfahren erreicht wird; der Aschengehalt, auf Trockenstoff berechnet, darf 0,75 v. H. nicht übersteigen. Invertzucker ist das aus Rohr- oder Rübenzucker durch Spaltung mit Säuren gewonnene Gemenge von Traubenzucker oder Fruchtzucker, das auch noch unverarbeiteten Rüben- oder Rohrzucker enthalten kann. Als Stärkezucker gilt derjenige Zucker, der durch Einwirkung von Säure auf Stärke gebildet wird. Es ist zulässig, den Zucker auch in der Form von wässerigen Lösungen zu verwenden.

§ 19.

Als Wasser im Sinne des § 10 Abs. 1 des Gesetzes ist alles in der Natur vorkommende Wasser anzusehen. Eine Vorbehandlung des Brauwassers durch Entziehen des Eisengehalts, Entkeimen, Filtern, Kochen, Abdampfen ist allgemein gestattet. Eine Vorbehandlung des Brauwassers durch Zusatz von Mineralsalzen (z. B. kohlensaurem oder schwefelsaurem Kalk, Kalkwasser oder Kochsalz) kann von dem Landesfinanzamt bei nachgewiesenem Bedürfnis insoweit gestattet werden, als dadurch das Wasser keine andere Zusammensetzung erhält, als sie für Brauzwecke geeignete Naturwässer besitzen. Die Beifügung muß vor Beginn des Brauens geschehen. Ein Zusatz von Säuren zum Brauwasser ist verboten.

§ 20.

Unter sichernden Maßnahmen darf das Hauptzollamt die Verwendung von in der Brauerei selbst gewonnenen Rückständen der Bierbereitung gestatten. Die Verwendung von Rückständen, die bei der Bereitung obergärigen Bieres verbleiben, zu dem anderes Malz als Gerstenmalz oder zu dem Zucker verwendet wurde, ist bei der Bereitung untergärigen Bieres nicht zulässig.

Bei der Bierbereitung in der Brauerei selbst abgefangene Kohlensäure darf dem Biere zugesetzt werden.

Die Verwendung von Kohlensäure nur als Druckmittel ist beim Abziehen des Bieres und beim Ausschank des Bieres allgemein gestattet.

§ 21.

Ober- und untergäriges Bier.

Als obergärig gelten die mit obergäriger, auftriebgebender Hefe hergestellten, als untergärig die mit untergäriger, ausschließlich zu Boden gehender Hefe bereiteten Biere.

§ 22.

Zuckerverwendung.

Die Verwendung von Zucker ist nur bei der Bereitung von solchem Biere zulässig, dessen Würze mit reiner obergäriger Hefe, also weder mit untergäriger Hefe noch mit einer aus obergäriger und untergäriger Hefe zusammengesetzten Mischhefe, angestellt worden ist. Das Hauptzollamt kann jedoch im Bedürfnisfalle widerruflich gestatten, daß unter Zuckerverwendung oder aus Weizenmalz hergestellten obergärigen Bieren eine verhältnismäßig geringe Menge untergäriger Hefe oder untergäriger Kräusen (in Gärung befindlicher, mit untergäriger Hefe angestellter Würze) zum Zwecke einer besseren Klärung oder zur Erzielung eines festeren Absetzens der Hefe zugesetzt wird Die Genehmigung ist an folgende Bedingungen zu knüpfen.

a) Der Zusatz der untergärigen Kräusen darf 15 v. H. der Menge der mit reiner obergäriger Hefe angestellten Würze nicht überschreiten.

b) Der Zusatz von untergäriger Hefe oder untergärigen Kräusen darf niemals in den Anstell- oder Gärbottichen erfolgen, sondern, sofern das Bier die Haupt- und Nachgärung in der Brauerei durchmacht, erst in den Gär- und Lagerfässern und auch hier erst, wenn keine Hefe mehr ausgestoßen wird und der auftretende zarte weiße Schaum erkennen läßt, daß die Hauptgärung und der erste Teil der Nachgärung — die sogenannte beschleunigte Nachgärung – beendet ist. Sofern das Bier in der Brauerei nur angegoren wird, darf der Zusatz erst in den Versandgefäßen stattfinden

Bierhändlern und Wirten kann der Zusatz an untergärigen Kräusen zum Berliner Weißbier und Grätzer Bier widerruflich unter folgenden Bedingungen gestattet werden:

a) Der Antragsteller hat die Brauerei anzugeben, aus der die Kräusen bezogen werden

b) Der Kräusenzusatz darf 25 v. H. der Menge des Weißbieres nicht überschreiten und erst kurz vor dem Abziehen des Bieres auf die Flaschen vorgenommen werden.

c) Der Antragsteller muß sich der Steueraufsicht nach Maßgabe der §§ 196, 197 der Reichsabgabenordnung und der §§ 83 bis 98 der Ausführungsbestimmungen unterwerfen.

Zu § 10 Abs. 5 des Gesetzes.

§ 23.

Besondere Biere, Ausfuhrbier.

Die nach § 10 Abs. 5 des Gesetzes zulässigen Abweichungen von den Vorschriften im § 10 Abs. 1 bis 4 ebenda für besondere Biere und für Bier, das nachweislich zur Ausfuhr bestimmt ist, unterliegen der Genehmigung des Landesfinanzamts und den von ihm angeordneten Bedingungen.

Zur erstmaligen Zulassung von Abweichungen für jede Art der besonderen Biere bedarf das Landesfinanzamt der Zustimmung des Reichsministers der Finanzen.

Zu § 10 Abs. 7 des Gesetzes.

§ 24.

Wasserzusatz zum Biere.

Unter das Verbot des § 10 Abs. 7 des Gesetzes fällt nicht ein Zusatz von Wasser zur Bierwürze oder zum Biere, der in der Brauerei während des Brauverfahrens lediglich aus Gründen des Betriebs und nicht zum Zwecke der Verdünnung erfolgt.

Ein Wasserzusatz zum Biere nach Feststellung des Extraktgehalts der Stammwürze im Gärkeller, der innerhalb der Brauerei nicht nur aus Gründen des Betriebs vorgenommen wird, sondern eine Verdünnung bezweckt, bedarf der Genehmigung durch das Hauptzollamt. Wird die Vergünstigung nicht nur für einzelne Fälle, sondern allgemein nachgesucht, so ist sie nur zu gewähren, wenn dazu ein durch die Betriebsverhältnisse der Brauerei begründetes Bedürfnis vorliegt.

Wegen der Anschreibung des Wasserzusatzes im Sudbuch vgl. Nr. 10 der Anleitung zum Gebrauch des Musters.

Zu § 11 des Gesetzes.

§ 25.

Verkehr mit Bier.

Ein Getränk, bei dem die Gärung durch Erhitzen unterbrochen ist, gilt als gegoren im Sinne des Gesetzes.

§ 26.

Wird Bier, das unter Verwendung von Zucker oder Süßstoff hergestellt ist, in Verkehr gebracht, so muß auf den Gefäßen (Fässern, Siphons, Kannen, Flaschen usw.) in deutlich lesbarer, unverwischbarer Schrift an augenfälliger Stelle die Bezeichnung „Unter Zuckerverwendung hergestellt" oder „Mit künstlichem Süßstoff zubereitet" angebracht sein.

Wird Einfachbier oder Schankbier in Verkehr gebracht, so muß es auf den Gefäßen (Fässern, Siphons, Kannen, Flaschen usw.) in deutlich lesbarer, unverwischbarer Schrift an augenfälliger Stelle als solches bezeichnet sein.

Die Bezeichnungen nach Abs. 1 und 2 sind auf den Gefäßen bis zur vollständigen Abgabe des Bieres an den Verbraucher zu erhalten, sie müssen auch in den Rechnungen, Anpreisungen und Ankündigungstafeln, soweit diese innerhalb der Ausschankstätten angebracht sind, enthalten sein.

Zu § 12 des Gesetzes.

§ 27.

Verbotene Zubereitungen.

Das Verbot des § 12 des Gesetzes bezieht sich auf solche Zubereitungen, die nach ihrer Bezeichnung, Gebrauchsanweisung oder Anpreisung usw. zur Herstellung von Bier bestimmt sind. Die Lösung einer der im § 10 Abs. 2 des Gesetzes bezeichneten Zuckerarten in Wasser gilt nicht als Zubereitung, wohl aber gelten als Zubereitungen Gemische von Lösungen verschiedener Zuckerarten oder von Zuckerlösungen mit Farbmitteln, Malzauszügen, Bier oder anderen Stoffen, ebenso Malzauszüge.

Zu §§ 27 a bis 27 c des Gesetzes.

§ 103 a.

Bierähnliche Getränke.

Betriebe, in denen bierähnliche Getränke hergestellt werden, gelten als Brauereien.

Auf die Biersteuer von bierähnlichen Getränken finden keine Anwendung die §§ 2 bis 8, §§ 16 bis 23, §§ 25 bis 27, § 30 Abs. 2, § 32 Abs. 3, § 33 Abs. 2, § 39, § 40, §§ 46 bis 51, § 52 Abs. 2 und 3, §§ 56 bis 58, § 61 Abs. 2, 3 und 4, § 62 Abs. 3, § 63, §§ 68 bis 82, § 90, § 94, § 102 Nr. 1 bis 9, §§ 104 bis 109, § 110. Die übrigen Bestimmungen sind sinngemäß anzuwenden.

Abgesehen von der Höhe der Steuer sind bierähnliche Getränke mit einem Stammwürzegehalt vom 8 bis 14 v. H. wie Schankbier, solche mit geringerem Stammwürzegehalt wie Einfachbier und solche mit höherem Stammwürzegehalt wie Vollbier zu behandeln; für den Begriff Stammwürzegehalt gilt die Bestimmung im § 4.

Unter Braustoffen sind alle Stoffe und Zubereitungen zur Herstellung der bierähnlichen Getränke zu verstehen.

In Brauereien, die bierähnliche Getränke herstellen, sind hinsichtlich dieser Getränke die vorgeschriebenen Bücher und Anschreibungen gesondert zu führen und die vorgeschriebenen Anmeldungen und Anzeigen gesondert zu erstatten.

Anlage A
zu § 2 der Ausf.-Best.

Farbebierordnung. (FBO.)

§ 1.

Farbebier darf nur aus Malz, Hopfen, Hefe und Wasser hergestellt werden; es muß vergoren sein.

Farbebier darf, soweit es nicht unter Einhaltung der Bestimmungen der Bierausfuhrordnung ausgeführt wird, nur an Brauereien abgegeben werden. Die Zwischenlagerung in genehmigten Farbebierlägern (§ 3) ist zulässig.

§ 2.

Wer Farbebier herstellen und an andere Brauereien abgeben will, bedarf dazu der Genehmigung des Landesfinanzamts. Die Genehmigung ist nur zuverlässigen Brauereiinhabern, die sich den in dieser Ordnung festgesetzten Bedingungen unterwerfen, und nur unter dem Vorbehalte des Widerrufs zu erteilen.

§ 5.

Wird in der Brauerei neben dem Farbebier auch anderes Bier hergestellt, so muß das Farbebier in besonderen, vom Oberbeamten zu genehmigenden Räumen gelagert werden. Das unter Verwendung von anderem Malz als Gerstenmalz bereitete Farbebier ist in besonderen Gefäßen, getrennt von dem übrigen Farbebier, aufzubewahren.

§ 15.

Die Verwendung von Farbebier unterliegt den in §§ 43, 56, 57 der Biersteuer-Ausführungsbestimmungen über die Aufbewahrung und Verwendung von Zucker gegebenen Vorschriften mit der Maßgabe, daß in der Verwendungserklärung (§ 56 Ausf.Best.) der Hersteller des Farbebiers, die Art des zu seiner Herstellung verwendeten Malzes, die Biersorten, denen das Farbebier zugesetzt werden soll, und deren Art (ob untergärig oder obergärig) anzugeben sind. Zur Verwendung von Farbebierproben genügt, sofern eine Verwendungserklärung noch nicht abgegeben ist, eine einfache Anzeige des Verwenders. Die Verwendung des Farbebieres ist in Spalte 24 und 25 des Sudbuchs anzuschreiben.

Anhang.

Verordnung über die Verwendung von Süßstoff zur Bereitung obergärigen Bieres.

Vom 21. Juli 1923 (RGBl. I S. 746).

Auf Grund des § 10 Abs. 9 des Biersteuergesetzes vom 9. Juli 1923 (RGBl. I S. 557), des § 4 Abs. 4 des Süßstoffgesetzes vom 8. April 1922 (RGBl. I S. 390), des § 4 der Bekanntmachung vom 20. Juli 1916 (RGBl. S. 763) und des § 4 der Bekanntmachung vom 8. August 1918 (RGBl. S. 1063) wird folgendes bestimmt:

§ 1.

Zur Bereitung obergärigen Bieres ist die Verwendung von Süßstoff zulässig.

Die für die Verwendung von Zucker geltenden Vorschriften des Biersteuergesetzes vom 9. Juli 1923 (RGBl. I S. 557) und der hierzu erlassenen Ausführungsbestimmungen finden Anwendung.

§ 2.

Im § 6 Abs. 1 A 10 der Verordnung zur Durchführung des Süßstoffgesetzes vom 12. September 1922 (Zentrbl. für das Deutsche Reich S. 633) tritt an die Stelle der Verordnung vom 20. Juli 1916 (RGBl. S. 763) diese Verordnung.

§ 3.

Diese Verordnung tritt am 1. August 1923 in Kraft. Gleichzeitig treten außer Kraft

1. die Bekanntmachung wegen Verwendung von Süßstoff zur Bierbereitung vom 20. Juli 1916 (RGBl. S. 763),
2. die §§ 2 bis 4 der Bekanntmachung zum Biersteuergesetz vom 8. August 1918 (RGBl. S. 1063).

IV.

Branntwein und Trinkbranntwein.

18. Branntweinmonopolgesetz.

Vom 8. April 1922 (RGBl. I S. 405), 9. Dezember 1922 (RGBl. I S. 913), 15. Februar 1923 (RGBl. I S. 151), 13. Februar 1924 (RGBl. I S. 68).

Erster Teil.

Branntweinmonopol.

Erster Abschnitt.

Gegenstand und Geltungsbereich des Monopols.

Gegenstand des Monopols.

§ 1.

Das Branntweinmonopol[1]) umfaßt, soweit nicht in diesem Gesetz Ausnahmen vorgesehen sind:

1. die Übernahme des im Monopolgebiete hergestellten Branntweins aus den Brennereien (§§ 58 ff.),
2. die Herstellung von Branntwein aus Stoffen der im § 21 Nr. 2 bezeichneten Art,
3. die Einfuhr von Branntwein aus dem Ausland (§ 3),
4. die Reinigung von Branntwein (§ 29),

5. die Verwertung von Branntwein und den Branntweinhandel (§§ 83 ff.).

1. Das Branntweinmonopol wurde erstmalig durch Gesetz v. 26. Juli 1918 begründet und am 6. Dez. 1919 ergänzt.

Das Monopol umfäßt nach § 1

den Handel (1),
die Herstellung (2),
die Einfuhr (3),
die Reinigung (4) und
die Verwertung des Branntweins (5),

alles allerdings mit Einschränkungen.

Die Übernahme erstreckt sich nicht auf Kornbranntwein, Obstbranntweine (§ 76 und § 27).

Die Herstellung erfolgt nur zum kleinsten Teil in Monopolbrennereien (§ 20).

Die Einfuhr ist Monopolsache bei Industriesprit, Korn und Obstbranntwein. Rum, Arrak, Kognak, Likör sind ausgenommen.

Die Reinigung darf außer durch die Monopolbehörde auch durch den Hersteller nicht ablieferungspflichtigen Branntweins und gewisse Vereinigungen erfolgen (§ 29).

Die Verwertung ist Monopolsache für allen Branntwein außer dem nicht ablieferungspflichtigen (§ 83, § 76).

Monopolgebiet.

§ 2.

Monopolgebiet ist das Gebiet des Deutschen Reichs mit Ausnahme der Zollausschlüsse, jedoch einschließlich des badischen Zollausschlußgebiets.[1])

1. Vgl. hierzu die Anm. 3 zu § 1 des Biersteuergesetzes.

Einfuhrmonopol.

§ 3.

Die Reichsmonopolverwaltung allein ist berechtigt, Branntwein[1]) mit Ausnahme von Rum, Arrak,[2])

Kognak[3]) und Likören[4]) aus dem Ausland in das Monopolgebiet einzuführen. Die Einfuhr durch andere ist verboten; die Reichsmonopolverwaltung kann Ausnahmen zulassen. Auf die Verwertung des durch die Reichsmonopolverwaltung eingeführten Branntweins finden die Vorschriften der §§ 84, 85, 89, 90 des Gesetzes keine Anwendung.

Der Reichsminister der Finanzen kann für den von der Reichsmonopolverwaltung eingeführten Branntwein in besonderen Fällen von der Erhebung des Zolles und des Monopolausgleichs absehen.

1. Branntwein ist ein vom Gesetzgeber nirgends umschriebener Begriff. Als Begriff des täglichen Lebens ist Branntwein zwar identisch mit Trinkbranntwein. Es kann aber nach § 83 nicht zweifelhaft sein, daß der „Trinkbranntwein" im Sinne dieses Gesetzes ein aus „Branntwein" hergestelltes oder doch herstellbares Erzeugnis ist. Branntwein ist demnach ein umfassenderer Begriff. Nach § 21 Abs. 2, §§ 22, 25, 27 ist als sicher zu unterstellen, daß Branntwein im Sinne dieses Gesetzes ein in Brennereien durch Brennen im wesentlichen aus stärke- oder zuckerhaltigen Rohstoffen gewonnenes Erzeugnis ist. (Der im Karbid- oder Sulfitverfahren gewonnene Branntwein ist gesondert, nämlich rein chemisch zu definieren.)

Das gemeinsame Kennzeichen dieser Branntweine ist, daß sie durch Destillation (Brennen) gegorener Maischen oder Zuckerlösungen erhalten sind. Die Alkoholbildung durch einen Gärungsprozeß allein ist zur Vollendung des Branntweinbegriffes im Sinne des Monopolgesetzes nicht ausreichend. Sonst wären Bier, Wein, Obstweine nur Abarten von Branntwein. Erst wenn Wein destilliert ist, hat man in dem resultierenden Weindestillat einen Branntwein vor sich.

Folgerichtig heißen die zur Gewinnung von Weindestillat bestimmten Weine „Brennweine". Dem entspricht auch die Entstehung des Wortes Branntwein überhaupt. Bevor es Brennereien im heutigen Sinne gab, konnte man Alkohol durch Brennen von Wein erhalten und bezeichnete darum das Produkt als Branntwein. Auf diese Entwicklung deuten auch die heute noch üblichen Namen Weingeist, Weinsprit hin. (Vgl. übrigens diesbezüglich Anm. 2, 3 u. 7 zu § 18 des Weingesetzes, S. 63 und 64.) Erkennen wir noch, daß die vom Chemiker Äthylalkohol (sonst einfach Alkohol, Spiritus, Sprit) genannte Verbindung es ist, die bei der Gärung (alkoholischen Gärung) stärke- oder zuckerhaltiger Lösungen entsteht, so können wir Branntwein als die Handelsbezeichnung für den durch Destillation vergorener Maischen oder Moste oder Zuckerlösungen abgesonderten Äthylalkohol bezeichnen. In Übereinstimmung hiermit auch § 120 Ziff. 3.

2. Rum und Arrak sind zwei sehr aromareiche ausländische Branntweine. Von beiden gibt es eine größere Zahl von Abarten und Qualitäten. Von Rum ist in Deutschland besonders der Jamaika-Rum, von Arrak der Batavia-Arrak beliebt. Während die Arrak-Erzeuger zugestehen (es sind einige wenige chinesische Familien), daß ihr Fabrikat sein intensives Aroma dem Zusatz von (geheimgehaltenen) Pflanzenstoffen verdanke, behaupten die Rum-Erzeuger auf Jamaika immer noch, daß die im Rum mehrfach nachgewiesenen ätherischen Öle bei der Gärung von Zuckerrohrmelasse entstehen. Das ist nach dem, was wir bis jetzt wissen, wenig wahrscheinlich; aber solange wir nicht imstande sind, auch bei uns dieses Aroma zu erzeugen, werden wir die beiden Branntweine zum Schaden unserer Wirtschaft als „Edelbranntweine" weiter behandeln müssen, obgleich sie wahrscheinlich nur Anspruch auf die Bezeichnung „Destillat" haben dürften.

3. Kognak oder Cognac ist die jetzt demjenigen französischen Weinbrand vorbehaltene Bezeichnung, der nach französischem Recht als „Cognac" anerkannt ist. Vgl. § 18 des Weingesetzes.

4. Liköre sind nach der gemäß § 100 Abs. 3 ergangenen Bekanntmachung des Monopolamtes (Teil IV, 20) v. 18. Juni 1922 diejenigen süßen Liköre, die mindestens 20 v. H. Extrakt enthalten.

Zweiter Abschnitt.
Verwaltung des Monopols.

Erster Titel.
Reichsmonopolverwaltung.

Allgemeine Vorschriften.

§ 4.

Die Verwaltung des Monopols liegt unter Aufsicht des Reichsministers der Finanzen der Reichsmonopolverwaltung ob. Sie besteht aus dem Reichsmonopolamte (§ 8) und der Verwertungsstelle (§ 9); an ihrer Spitze steht ein Präsident (§ 7).

Der Reichsmonopolverwaltung stehen der Beirat (§§ 11 ff.) und der Gewerbeausschuß (§ 16) zur Seite.

Der Ausdruck Reichsmonopolverwaltung bezeichnet das Monopolamt und die Verwertungsstelle zusammen. Der Beirat und der Gewerbeausschuß haben keinen behördlichen Charakter, wie sich schon daraus ergibt, daß eine Schweigepflicht nur dann besteht, wenn sie besonders auferlegt wurde (§ 14 Abs. 1 und § 16 Abs. 4)

§ 5.

Die Reichsmonopolverwaltung hat alle zur Durchführung des Monopols erforderlichen Maßnahmen zu treffen; sie hat hierbei nach kaufmännischen Grundsätzen zu verfahren. Die Reichsmonopolverwaltung ist befugt, die erforderlichen Anlagen und Betriebe, auch Brennereien, die Branntwein aus den den Monopolbrennereien vorbehaltenen Stoffen (§ 21 Nr. 2) herstellen, zu errichten oder zu erwerben, Branntwein aus dem Ausland einzuführen (§ 3), Aufwendungen zur wissenschaftlichen Erforschung und technischen Förderung der

Branntweinerzeugung zu machen, neue Verfahren zur Gewinnung von Branntwein sowie sonstige die Durchführung des Monopols fördernde Erfindungen zu erwerben und ihre Zwecke fördernde Preisausschreiben zu erlassen.

§ 6.

Die Reichsmonopolverwaltung legt jährlich dem Reichstag und dem Reichsrat einen Geschäftsbericht vor.

Der Präsident der Reichsmonopolverwaltung.

§ 7.

Der Präsident ist zur Vertretung der Reichsmonopolverwaltung bei allen Rechtshandlungen und Rechtsstreitigkeiten vor Gerichten und anderen Behörden sowie im schiedsgerichtlichen Verfahren berufen.

Das Reichsmonopolamt.

§ 8.

Das Reichsmonopolamt ist eine Behörde.

Die Besoldung der Beamten des Reichsmonopolamts wird aus den Erträgnissen des Monopols bestritten.

Die Verwertungsstelle.

§ 9.

Der Verwertungsstelle liegt die Führung der kaufmännischen Geschäfte der Reichsmonopolverwaltung ob. Sie hat sich hierbei nach den grundsätzlichen Weisungen des Reichsmonopolamts zu richten. Die Geschäftsführer bestellt der Reichsminister der Finanzen.

Die Verwertungsstelle hat eine Bilanz nebst Gewinn- und Verlustrechnung aufzustellen. Beide sind alljährlich binnen sechs Monaten nach Schluß des Geschäftsjahrs dem Reichstag vorzulegen. Die Bilanz und der Geschäftsbetrieb sind vom Rechnungshofe des Deutschen Reichs zu prüfen. Die Verwertungsstelle hat alle gewünschten Unterlagen zum Zwecke der Prüfung der Bilanz und des Geschäftsbetriebs vorzulegen. Der Bericht über die Prüfung ist dem Reichstag und dem Reichsrat mitzuteilen. Der Reichstag kann beschließen, daß der Geschäftsbetrieb der Verwertungsstelle durch eine von ihm zu bezeichnende Stelle geprüft wird.

Der Reichsminister der Finanzen kann mit Zustimmung des Reichsrats die Vereinigung der Verwertungsstelle mit dem Reichsmonopolamte zu einer einheitlichen Behörde anordnen. Angestellte der Reichsmonopolverwaltung, die in Beamtenstellen übergeführt werden, verlieren ihren Entschädigungsanspruch nach dem neunten Abschnitt des Gesetzes über das Branntweinmonopol vom 26. Juli 1918; das gleiche gilt, wenn ein entschädigungsberechtigter Angestellter eine ihm angebotene Beamtenstelle ohne wichtigen Grund ablehnt. Die näheren Anordnungen, insbesondere über die Einstufung der zu übernehmenden Angestellten in die Besoldungsklassen trifft der Reichsminister der Finanzen.

1. Die Begründung zu dem Monopolgesetz v. 23. Juli 1918 (Reichstagsdrucksache Nr. 1460) führt zu den §§ 82 bis 84 aus, die bewährten Einrichtungen des Privatmonopols der Spirituszentrale ließen sich am leichtesten in das Reichsmonopol überleiten, wenn die kaufmännischen Angestellten eine besondere Ge-

schäftsabteilung bildeten. Da die eigentliche Verantwortung bei dem Amt liege, so müsse dieses auch die grundsätzliche Leitung behalten.

2. Der Reichstag hat von dem Recht, einen Sonderausschuß zu bestellen, bereits Gebrauch gemacht.

§ 10.

Soweit die im Dienste der Reichsmonopolverwaltung, insbesondere die bei der Verwertungsstelle beschäftigten Personen nicht in einem zur Amtsverschwiegenheit verpflichtenden Reichs- oder Staatsdienstverhältnisse stehen, sind sie zur gewissenhaften Erfüllung ihrer Obliegenheiten und insbesondere zur Amtsverschwiegenheit durch Handschlag zu verpflichten.

Der Beirat.

§ 11.

In besonderen, im Gesetze vorgesehenen Fällen (§§ 40, 64, 79, 89, 100) entscheidet die Reichsmonopolverwaltung in Gemeinschaft mit dem Beirat.[1]) Die Reichsmonopolverwaltung soll den Beirat über alle Angelegenheiten auf dem laufenden erhalten, deren Kenntnis für diese Entscheidungen von Bedeutung ist.

Der Beirat besteht aus dreißig Mitgliedern. Je fünf sind vom Reichstag und Reichsrat, drei vom Reichswirtschaftsrat aus ihrer Mitte und siebzehn vom Reichsminister der Finanzen zu berufen. Unter den vom Reichsminister der Finanzen zu berufenden Mitgliedern müssen sich befinden

1. fünf Vertreter der landwirtschaftlichen Brennereien, je ein Vertreter der Kornbrenner, der Melassebrenner, der Lufthefebrenner sowie ein gemeinsamer Vertreter der Obst- und Kleinbrenner,

2. drei Vertreter der Arbeitnehmer des Branntweingewerbes, darunter ein Angestellter,
3. zwei Vertreter der verbrauchenden Industrie,
4. zwei Vertreter der letzten Verbraucher.

Die Berufung der zu Nr. 1, 2 und 4 genannten Mitglieder hat auf Vorschlag der vom Reichsminister der Finanzen zu bestimmenden Vereinigungen und Organisationen [2]), die Berufung der zu Nr. 3 genannten Mitglieder auf Vorschlag des Gewerbeausschusses zu erfolgen. Für jedes Mitglied ist in gleicher Weise ein Stellvertreter zu bestellen.

Die vom Reichstag, Reichsrat und Reichswirtschaftsrat ernannten Mitglieder üben ihre Tätigkeit während der Zeit aus, in der sie Mitglieder des Reichstags, des Reichsrats oder des Reichswirtschaftsrats sind, die übrigen Mitglieder werden auf fünf Jahre ernannt.

Die Mitglieder des Beirats und ihre Stellvertreter versehen ihr Amt als Ehrenamt; sie erhalten Ersatz ihrer Auslagen.

In jedem Vierteljahr mindestens einmal hat die Reichsmonopolverwaltung dem Beirat einen mündlichen Bericht über den Geschäftsgang zu erstatten. Auf Anfrage ist Auskunft zu erteilen. Die Reichsmonopolverwaltung hat auf Verlangen des Beirats dem Reichsminister der Finanzen über Fragen, die Gegenstand der Auskunftserteilung gewesen sind, Bericht zu erstatten.

1. Die Preisbildung unter Mitwirkung des Beirats ist die Fortbildung des Preisbestimmungsverfahrens der Spirituszentrale, bei der ein Ausschuß, bestehend aus je sieben Vertretern des Brennereigewerbes und der Spritfabriken, die Preise festsetzte.

2. Die vorschlagsberechtigten Organisationen sind in einer Verordnung des Reichsfinanzministers v. 18. Juli 1922 (RGBl. I

S. 690) bezeichnet. Das darin genannte Hefesyndikat hat sich inzwischen aufgelöst.

§ 12.

Der Beirat wird vom Präsidenten der Reichsmonopolverwaltung einberufen. Auf Verlangen von zehn Mitgliedern muß die Einberufung unverzüglich erfolgen. Der Beirat ist beschlußfähig bei Anwesenheit von mindestens sechzehn Mitgliedern.

Für einzelne Gegenstände kann der Beirat seine Befugnisse auf Ausschüsse übertragen.[1])

1. Von der Befugnis zur Delegation von Entscheidungen ist bisher kein Gebrauch gemacht worden. Es ist nur ein vorbereitender Ausschuß für die Preisfragen gebildet worden.

§ 13.

Die Beschlüsse der Reichsmonopolverwaltung und des Beirats werden mit einfacher Stimmenmehrheit der stimmberechtigten Anwesenden gefaßt. Der Reichsmonopolverwaltung stehen drei Stimmen zu; diese Stimmen entscheiden bei Stimmengleichheit.

§ 14.

Die Mitglieder des Beirats sind zur Verschwiegenheit verpflichtet, soweit die Reichsmonopolverwaltung den Gegenstand der Beratungen als vertraulich bezeichnet.

Mißbraucht ein Mitglied des Beirats die durch sein Amt erlangten Aufschlüsse oder gefährdet es sonst die Belange der Reichsmonopolverwaltung, so kann die entsendende Stelle auf Antrag des Reichsministers der Finanzen oder von mindestens fünf Mitgliedern des Beirats das Mitglied ausschließen. Der Beirat kann ein solches Mitglied bis zur Entscheidung des

Antrags von der Teilnahme an seiner Tätigkeit ausschließen. Der Nachfolger soll binnen einer Frist von drei Monaten ernannt werden.

§ 15.

Gegen einen Gemeinschaftsbeschluß (§ 11 Abs. 1) kann von der Reichsmonopolverwaltung oder von wenigstens fünf Mitgliedern des Beirats binnen einer Ausschlußfrist von drei Tagen Beschwerde bei dem Reichsminister der Finanzen eingelegt werden. Über die Beschwerde entscheidet endgültig der Reichsrat.[1])

1. Vorübergehend war durch die Zweite Steuernotverordnung der Reichsfinanzminister bezw. das Reichskabinett an Stelle des Reichsrats gesetzt worden. Daß die Beiratsbeschlüsse als Gemeinschaftsbeschluß bezeichnet werden, obwohl von 30 Stimmen nur 8 der Verwaltung zustehen, soll die Bedeutung der Verwaltung genügend hervortreten lassen. Soweit nicht die Einberufung seitens einer Minderheit von einem Drittel der Stimmen verlangt ist, hat die Verwaltung durch die Formulierung der Tagesordnung den maßgeblichen Einfluß auf die Möglichkeit der Beschlußfassung.

Der Gewerbeausschuß.

§ 16.

Der Gewerbeausschuß hat die Aufgabe, die an dem Absatz und der Verarbeitung von Branntwein und Branntweinerzeugnissen beteiligten Gewerbe bei der Reichsmonopolverwaltung zu vertreten. Seine Mitglieder ernennt der Reichsminister der Finanzen.[1])

In dem Gewerbeausschusse sollen diese Gewerbe entsprechend ihrer wirtschaftlichen Bedeutung sowie die in ihnen tätigen Angestellten und Arbeiter vertreten sein. Der Gewerbeausschuß ist berechtigt, fünf Mitglieder mit beratender Stimme zu den Sitzungen des Beirats zu entsenden.[2])

Das Nähere regeln die Ausführungsbestimmungen. Auf die Mitglieder des Gewerbeausschusses findet § 14 Anwendung.

1. Nach § 11 der Grundbestimmungen erfolgt die Ernennung auf jeweils fünf Jahre.

2. Der Gewerbeausschuß sollte infolge seiner Sachkunde ein Gegengewicht gegen den zur Hälfte politisch eingestellten Beirat bilden. Er ist durch die Entwicklung der Dinge nahezu bedeutungslos geworden.

Vertreten sind außer dem Destillationsgewerbe die chemische Industrie, das Gärungsessiggewerbe, die Industrie der Feinseifen und Parfümerien sowie die Lackindustrie.

Zweiter Titel.

Mitwirkung anderer Behörden bei der Verwaltung des Monopols.

§ 17.

Soweit die Ausführung dieses Gesetzes nicht der Reichsmonopolverwaltung übertragen ist, liegt sie den mit der Verwaltung der Zölle und Verbrauchsabgaben des Reichs beauftragten Reichsbehörden (Finanzbehörden) ob.

Der Reichsminister der Finanzen regelt das Verhältnis zwischen der Reichsmonopolverwaltung und den Finanzbehörden.

Die Grundbestimmungen (§ 12) geben für die Monopolbetriebe die Begriffsbestimmung, daß darunter die von der Monopolverwaltung selbst oder für ihre Rechnung betriebenen Brennereien, Reinigungsanstalten, Lager oder sonstigen Betriebe zu verstehen sind.

§ 18.

Für die Kosten der Verwaltung des Monopols durch die Finanzbehörden wird aus der Monopoleinnahme eine vom Reichsminister der Finanzen mit Zustimmung des Reichsrats näher zu bestimmende Vergütung gewährt.

§ 19.

Neben den Beamten der Reichsmonopolverwaltung[1]) und den im § 17 genannten Beamten haben alle Reichs- und Landesbeamten, desgleichen die Gemeindebeamten, namentlich alle Polizeibeamten zum Schutze des Monopols mitzuwirken. Sie haben Zuwiderhandlungen gegen dieses Gesetz, die ihnen bei Ausübung ihres Dienstes bekannt werden, sofort den Strafverfolgungsbehörden anzuzeigen.

1. Die Bestimmung war überflüssig, da die praktisch allein in Frage kommenden Beamten des Polizei- und Sicherheitsdienstes bereits nach § 392 der Reichsabgabenordnung, anwendbar nach § 148 des Gesetzes, diese Verpflichtung haben.

Dritter Abschnitt.

Herstellung und Reinigung des Branntweins und Einteilung der Brennereien.

Erster Titel.

Brennereien.

§ 20.

Die Brennereien werden eingeteilt in Monopolbrennereien (§§ 21 ff.) und in Eigenbrennereien.

§ 21.[1])

Zu den Monopolbrennereien gehören

1. die Brennereien, die von der Reichsmonopolverwaltung betrieben werden,

2. die Brennereien, die Branntwein aus Zellstoffen, einschließlich der Ablaugen der Zellstoffgewinnung, aus Kalziumkarbid oder aus anderen Stoffen herstellen, aus denen Branntwein im Monopolgebiete vor dem 1. Oktober 1914 gewerblich nicht gewonnen worden ist.

1. Einteilung der Brennereien:

I. Monopolbrennereien (§ 21).

1. Der Monopolverwaltung gehörige.
2. Solche, die Sprit auf chemischen Wege machen.

II. Eigenbrennereien.

Sie gehören „privaten" Eigentümern, im Gegensatz zur Monopolverwaltung. Sie zerfallen nach Besitz- und Rohstoffverhältnissen in:

1. landwirtschaftliche Brennereien, in der Hand eines Besitzers (§§ 25, 26),
2. landwirtschaftliche Genossenschaftsbrennereien, die einer Mehrzahl von Besitzern gehören (§ 42 Abs. 4),
3. Obstbrennereien, die nur einen Besitzer haben (§ 27),
4. Obstgemeinschaftsbrennereien, die im Besitze einer Gemeinschaft sind (§ 37),
5. gewerbliche Brennereien, deren Besitzverhältnisse unbeträchtlich sind (§ 28),
6. Kleinbrennereien, die nur das Minimalbrennrecht haben, einem Besitzer gehörig (§ 34),
7. Stoffbesitzer, die überhaupt keine Brennerei, sondern nur die Stoffe (Obststoffe) besitzen und in fremden Brennereien verwerten (§ 36).

Zu I. Das frühere Gesetz von 1918 stellte gegenüber: Reichsbetriebe und Monopolbrennereien einerseits sowie monopolfreie Betriebe andererseits. Diese letzteren heißen jetzt Eigenbrennereien.

Zu den Monopolbrennereien gehören in erster Linie solche, die Branntwein aus Zellstoffen, einschließlich der Ablaugen der Zellstoffgewinnung, aus Kalziumkarbid und aus anderen Stoffen gewinnen, aus denen im Monopolgebiete vor dem 1. Okt. 1914 gewerblich Branntwein nicht gewonnen wurde.

Demgemäß spricht man auch von Laugenbrennereien, von Sulfitspiritus oder von Karbidspiritus.

Sulfitbranntwein. Die Zellstoffabriken kochen zerkleinertes Holz unter Druck mit Kalziumbisulfitlösung aus, um die „Zellulose" zu reinigen. Die Lösung, welche Ablauge heißt, floß früher einfach in Flüsse oder dergl. Schließlich fand man in ihr noch etwa 1 v. H. Zucker. Durch Vergärung dieses Zuckers erhält man aus etwa 1000 Liter Ablauge jetzt 5,8 bis 6,7 Liter Alkohol.

Holzalkohol wird durch chemische Verzuckerung von Holzsubstanz und Vergärung dieses Zuckers gewonnen. 100 Kilogramm Holztrockenstoff sollen 6,4 bis 9,5 Liter Alkohol ergeben.

Holzgeist ist etwas ganz anderes, nämlich Methylalkohol.

Karbidspiritus ist derjenige unter den chemisch erzeugten, der wirklich fabrikatorische Aussichten für die Zukunft bietet.

Karbide (Carbid) nennt man gewisse Verbindungen aus Kohle (carbo) und einem Metall: Kalziumkarbid, Eisenkarbid usw. Sie entstehen im elektrischen Ofen bei hoher Temperatur (etwa 2800° C), z. B. aus Kalk und Kohle. Karbid schlechthin ist Kalziumkarbid. Übergießt man es mit Wasser, so zerfällt es in Kalk und Azetylen, das entweder als solches verbraucht oder weiterverarbeitet wird. Leitet man Azetylen bei Gegenwart gewisser Quecksilberverbindungen in warme verdünnte Säuren, so entsteht durch Vereinigung mit Wasser der gewöhnliche Aldehyd (Azetaldehyd). Aus diesem entstehen durch Verbindung mit Sauerstoff Alkohol (Äthylalkohol) und Essigsäure.

2000 Kilogramm Karbid geben rund 1000 Kilogramm Alkohol.

Zu II. Landwirtschaftliche Brennereien sind solche, die ausschließlich Getreide oder Kartoffeln, hauptsächlich eigener Erzeugung, verarbeiten und welche verpflichtet sind, die gesamten Schlempen (Brennereirückstände) in ihrer Landwirtschaft zu verfüttern und auch den erzielten Dünger vollkommen dem bewirtschafteten Grund und Boden zuzuführen. Bei mehreren genossenschaftlichen Besitzern müssen die Schlempen entsprechend den Rohstofflieferungen zur Verteilung und Benutzung gelangen.

Ausnahmen § 25 Abs. 3 und § 26.

Zum Getreide gehören nach Br.O. § 2 und § 25 Abs. 3 dieses Gesetzes Roggen, Weizen, Buchweizen, Hafer, Gerste, Mais, Hülsenfrüchte und Dari (eine Hirseart), aber nicht Reis.

Im Zwischenbetrieb dürfen sie selbstgewonnene Obststoffe bis zu 10 v. H. ihrer Jahreserzeugung brennen (Br.O. § 5).

Obstbrennereien dürfen nur Obst, Beeren, Wein, Weinhefe, Most, Wurzeln oder Rückstände davon verarbeiten (§ 27). Alles, was die Obstbrennereien verwerten dürfen, heißt Obststoffe. Br.O. § 2 Abs. 4 (hinter dem Gesetz) zählt die Stoffe im einzelnen auf, ebenso was unter Rübenstoffen und Material zu verstehen ist.

Gewerbliche Brennereien können alle Rohstoffe verarbeiten. Hierher zählen außer den Hefefabriken (§ 28, 1) alle diejenigen sowohl mehlige wie zuckerhaltige Rohmaterialien verarbeitenden Brennereien, die nicht zu den landwirtschaftlichen noch zu den Obstbrennereien zugehören.

Kleinbrennereien sind ohne besonderes Brennrecht. Sie dürfen bis 10 Hektoliter Branntwein im Jahre herstellen, gleichgültig, ob mehlige oder zuckerhaltige Rohstoffe verwendet werden (§ 34).

Stoffbesitzer (§ 36) haben keine eigene Brennerei, dürfen aber so viel selbstgewonnene Obststoffe in einer fremden Brennerei verarbeiten, daß sie im Jahresdurchschnitt nicht über 50 Liter Branntwein erzeugen.

§ 22.

Die Herstellung von Branntwein aus den den Monopolbrennereien vorbehaltenen Stoffen (§ 21 Nr. 2) steht ausschließlich der Reichsmonopolverwaltung zu; sie kann die Herstellung anderen gestatten. Ohne Genehmigung der Reichsmonopolverwaltung hergestellter Branntwein geht ohne Entschädigung in das Eigentum des Reichs über.

Aus den den Monopolbrennereien vorbehaltenen Stoffen darf in einem Betriebsjahr eine Branntweinmenge hergestellt werden, die zehn Hundertteilen der gesamten Branntweinerzeugung des vorhergehenden Betriebsjahrs entspricht. Jedoch dürfen jedenfalls aus den im § 21 Nr. 2 genannten Stoffen 250 000 Hektoliter Weingeist hergestellt werden. Steigt der gesamte Jahresbedarf an Branntwein über eine Menge von 2,5 Millionen Hektoliter Weingeist, so kann den im § 21 unter Nr. 2 genannten Brennereien auch noch die Hälfte der darüber hinausgehenden Menge zur Herstellung überwiesen werden.

Kann der voraussichtliche Bedarf an Branntwein, der zu ermäßigten Verkaufspreisen abzugeben ist, in einem Betriebsjahr nicht gedeckt werden, so kann der Reichsminister der Finanzen Ausnahmen von den Vorschriften des Abs. 2 zulassen.

Die Herstellung von Branntwein aus den den Monopolbrennereien vorbehaltenen Stoffen gilt als Herstellung im Interesse der öffentlichen Wohlfahrt im Sinne des § 5 Abs. 2 des Patentgesetzes vom 7. April 1891 (RGBl. S. 79).

§ 23.

Die Reichsmonopolverwaltung kann zur Förderung oder Nutzbarmachung nach dem 1. Oktober 1919 erfundener oder in wirtschaftlich wertvoller Weise vervollkommneter Verfahren der Branntweingewinnung aus den den Monopolbrennereien vorbehaltenen Stoffen genehmigen, daß Betriebe, in denen solche Verfahren erfunden oder vervollkommnet sind, in diesem Verfahren Branntwein ausschließlich für gewerbliche Zwecke des eigenen Betriebs herstellen. Diese Branntweinmengen sind auf die Mengen anzurechnen, die nach § 22 aus den den Monopolbrennereien vorbehaltenen Stoffen erzeugt werden dürfen.

Brennereiklassen.

§ 24.

Die Eigenbrennereien werden eingeteilt in
1. landwirtschaftliche Brennereien (§§ 25, 26),
2. Obstbrennereien (§ 27),
3. gewerbliche Brennereien (§ 28).

Landwirtschaftliche Brennereien.

§ 25.

Als landwirtschaftliche Brennereien gelten die Brennereien, die ausschließlich Kartoffeln oder Getreide verarbeiten und bei deren Betriebe die sämtlichen Rückstände in einer oder mehreren den Eigentümern oder Besitzern der Brennerei gehörenden oder von ihnen betriebenen Wirtschaften verfüttert werden und der so gewonnene Dünger vollständig auf dem den Eigentümern oder Besitzern der Brennerei gehörenden oder von ihnen bewirtschafteten Grund und Boden verwendet wird.

Landwirtschaftliche Brennereien, auch wenn sie ausnahmsweise andere Rohstoffe als Kartoffeln verarbeiten, verlieren die Eigenschaft als landwirtschaftliche Brennerei, wenn sie durch andere als die Eigentümer, Pächter oder sonstige Besitzer des dazugehörigen Grund und Bodens oder für Dritte gegen Entlohnung betrieben werden.

In den nach dem 1. September 1902 betriebsfähig hergerichteten Brennereien müssen außerdem die zur Verarbeitung kommenden Rohstoffe an Kartoffeln und Getreide, mit Ausnahme von Roggen, Weizen, Buchweizen, Hafer und Gerste, in der Hauptsache von den Eigentümern oder Besitzern der Brennereien selbst gewonnen sein. Bei Genossenschaftsbrennereien, die als solche nach dem 1. September 1902 entstanden sind, müssen ferner die so gewonnenen Rohstoffe in der Hauptsache von den einzelnen Teilnehmern nach Verhältnis ihrer Beteiligung an der Brennerei geliefert und außerdem die sämtlichen Betriebsrückstände von den Teilnehmern in diesem Verhältnis verfüttert werden. Der Reichsminister der Finanzen kann mit Zustimmung des Reichsrats im Falle des Bedürfnisses und für Genossenschaftsbrennereien, die vor dem 1. September 1907 als solche bestanden haben, Ausnahmen von den Vorschriften über die Gewinnung der Rohstoffe gestatten.

§ 26.

Der Reichsminister der Finanzen kann mit Zustimmung des Reichsrats anordnen,

1. daß Rückstände oder Dünger vorübergehend veräußert werden dürfen,
2. daß neben Kartoffeln und Getreide im Zwischenbetriebe selbstgewonnene Stoffe der im § 27 bezeichneten Art verarbeitet werden dürfen,
3. daß neben Kartoffeln und Getreide auch andere Stoffe, namentlich Rübenstoffe, verarbeitet werden dürfen.

Die Ermächtigung unter Nr. 3 gilt nur für den Fall, daß die Verarbeitung der anderen Stoffe aus Gründen der Volksernährung notwendig ist.

Obstbrennereien.

§ 27.

Als Obstbrennereien gelten die Brennereien, die ausschließlich Obst, Beeren, Wein, Weinhefe, Most, Wurzeln oder Rückstände davon verarbeiten.

Der Kreis der im Abs. 1 bezeichneten Stoffe ist durch die Ausführungsbestimmungen zu umschreiben;[1]) er kann vom Reichsminister der Finanzen mit Zustimmung des Reichsrats für besondere Ausnahmefälle erweitert werden.[2])

1. Ist in Br.O, § 2 Abs. 4 geschehen.

2. Aus dem Kommissionsbericht geht hervor, daß dieser Absatz wesentlich die Möglichkeit eröffnen sollte, um deutschen Rum herstellen und so die Einfuhr des Jamaika-Rums einschränken zu können. Wie amtlich ausgeführt wurde, soll zuerst aus Rüben- und Apfelschnitzeln ein weinähnliches Getränk (Paheiowein) erzeugt werden, das man auch genießen könne. Durch Abbrennen des Paheioweines erhalte man ein rumähnliches Getränk. Leider haben die Resultate der deutschen Rumbrennerei den Erwartungen bisher nicht entsprochen.

Gewerbliche Brennereien.

§ 28.

Als gewerbliche Brennereien gelten die Brennereien, die weder zu den landwirtschaftlichen Brennereien noch zu den Obstbrennereien gehören, sowie die Brennereien, die Hefe erzeugen.

Brennereien, die bereits vor dem 1. April 1909 als landwirtschaftliche Brennereien mit Hefenerzeugung betrieben worden sind, gelten auch fernerhin als landwirtschaftliche Brennereien, solange sie die Bedingungen der §§ 25 und 26 erfüllen.

Zweiter Titel.

Reinigung des Branntweins.

§ 29.

Außerhalb des Monopolbetriebs darf Branntwein nur mit Genehmigung der Reichsmonopolverwaltung gereinigt werden.

Ohne weiteres ist die Reinigung[2]) außerhalb des Monopolbetriebs gestattet

1. den auf Grund des § 82 zugelassenen Vereinigungen für den an sie abgelieferten Branntwein,
2. Brennereien für den von ihnen erzeugten, von der Ablieferungspflicht befreiten Branntwein, jedoch nur in dem erzeugenden Betrieb in einer ihren Betriebsbedürfnissen[3]) entsprechenden Weise.

1. Der durch Abtrieb (Destillation) der vergorenen Maische erhaltene Branntwein ist noch stark durch die sogenannten „Nebenerzeugnisse“ verunreinigt. Denn neben dem Äthylalkohol entstehen noch stets eine ganze Reihe von anderen Verbindungen,

Wenn diese auch gegenüber dem Hauptprodukt quantitativ stark zurücktreten, so macht sich ein Teil von ihnen durch Geruch und Geschmack doch sehr unangenehm bemerkbar. Der aus der Maische erhaltene Branntwein ist daher stets ein Rohbrand, der erst durch den (eventuell wiederholten) Feinbrand gereinigt werden muß. Der Erfolg hängt fast ausschließlich von der Beschaffenheit der Apparatur ab. Doch gibt es auch andere Reinigungsmethoden, z. B. mittels Kohle. Endlich gibt es gewisse Verunreinigungen, die so hartnäckig dem Branntwein anhaften, daß sie praktisch überhaupt nicht zu entfernen sind. Ein bekanntes Beispiel der letzteren Art ist der Maisbranntwein.

2. Im Entwurf hatte § 29 Abs. 2 folgenden Wortlaut: „Unter Reinigung im Sinne dieser Vorschrift ist nicht der wiederholte Abtrieb (Feinbrand) des in der Brennerei gewonnenen Branntweins zu verstehen." Die Redestillation der eigenen Rohware sollte also freistehen.

In der Kommission erläuterte ein Vertreter des Reichsfinanzministeriums den Begriff der Reinigung von Branntwein in den Brennereien dahin, „daß diese den in ihrem Betrieb selbst gewonnenen Branntwein einem wiederholten Abtrieb (Feinbrand) unterziehen dürfen. Dies sei erforderlich, weil der Branntwein bei ablieferungsfreien Brennereien als Rohbranntwein gewonnen werde und in dieser Gestalt in der Regel nicht verwendbar sei. Dagegen erhalten die Destillateure von der Monopolverwaltung bereits gereinigten Branntwein, der also einer weiteren Rektifikation nicht mehr bedürfe."

3. Welche Weise den „Betriebsbedürfnissen" entspricht, ist nur vom Besitzer oder Leiter der Brennerei zu ermessen, der sich dabei nach den Wünschen seiner Abnehmer richten muß. Daß nur die Brennerei selbst zuständig für den Grad der Reinigung ist, geht auch daraus hervor, daß das Gesetz von einer „ihren" Betriebsbedürfnissen entsprechenden Weise spricht.

Trotzdem bestehen über den zulässigen Reinigungsgrad gelegentlich Meinungsverschiedenheiten zwischen Korn- oder Obstbrennern und der Monopolverwaltung. Das Monopolamt glaubt verlangen zu dürfen, daß diese Brennereien nicht so weit „reinigen" dürfen, daß ein „neutraler" Sprit resultiert. Es verlangt, daß die nicht ablieferungspflichtigen Branntweine stets noch so viel der ursprünglichen charakteristischen Nebenerzeugnisse zurückbehalten, daß ihr Ursprung ohne weiteres erkennbar bleibt.

Der Wortlaut des § 29 unterstützt diese Forderung nicht. Der Umstand, daß die Monopolverwaltung „bis zur Neutralität" gereinigten Obst- oder Kornbranntwein als ihr Geschäft schädigende Konkurrenz empfindet (siehe unten), ist für die Auslegung des Gesetzes nicht maßgeblich. Sie schreibt in einem in Nr. 1668 der „Brennerei-Zeitung" von 1925 abgedruckten Schreiben:

„In Nr. 1666 Ihrer Zeitung v. 17. Juni 1925 haben Sie unter dem Stichwort „Reinigung von ablieferungsfreiem Branntwein" Ausführungen eines Ihrer Vereinsmitglieder abgedruckt, in denen, an einen vom Oberzollinspektor Kollibay in Nr. 1664 der „Brennerei-Zeitung" veröffentlichten Artikel anknüpfend, Maßnahmen der Reichsmonopolverwaltung beanstandet werden. Hierzu ist zu bemerken, daß die Reichsmonopolverwaltung keinem Kornbrenner das Recht bestreitet, im Wege des Feinbrandes hochgradigen Kornbranntwein herzustellen. Dagegen bestreitet sie jedem Brenner, der ablieferungsfreien Branntwein, also auch Kornbranntwein herstellt, das Recht, die in den Brennereien an sich ohne weiteres nach § 29 MG. erlaubte Reinigung so weit auszudehnen, daß dadurch ein n e u t r a l e r Sprit erzielt wird. Eine derartige Reinigung, die auch bisher nicht üblich gewesen ist, geht zweifellos über das Betriebsbedürfnis einer Korn- oder Obstbrennerei hinaus. Mit Rücksicht auf Mißstände, die sich bei der Reinigung ablieferungsfreien Branntweins ergeben haben, sind daher den Behörden und Beamten der Zollverwaltung in dem obigen Sinne von hier aus Richtlinien über die Auslegung des Begriffs „in einer ihren Betriebsbedürfnissen entsprechenden

Weise" in § 29 MG. bekanntgegeben worden. Es liegt auch nach den Ausführungen in Nr. 1666 Ihrer Zeitung für die Monopolverwaltung kein Anlaß vor, die den Zollbehörden mitgeteilten Richtlinien abzuändern. gez. Rebelung."

Der jetzige Gesetzestext reicht, wie gesagt, für diese Auffassung nicht aus.

Noch mehr umstritten ist das Recht zur Reinigung außerhalb der Erzeugungsstellen, also bei den Abnehmern, die wohl mit den Destillateuren meist identisch sein dürften. Daß letztere keinen „Feinbrand" vornehmen dürfen, erscheint beiderseits anerkannt. Aber die seit Jahrzehnten geübte Kohlefiltration, welche die Monopolverwaltung neuerdings als in ihr Monopol fallend bezeichnet, wollen sich die Branntweinverbraucher nicht so ohne weiteres untersagen lassen. Bevor die Spritfabriken den heutigen guten Primasprit in den Handel brachten, war die „Entfuselung" mit Kohle allgemein bei den Destillateuren gebräuchlich.

Sie glauben daher einen Anspruch auf diese Methode zu besitzen. Die Monopolverwaltung will aber nur Filtrationen zur Entfernung von Schwebestoffen gestatten. Die seitens der streitenden Parteien vorgebrachten Gründe scheinen mir aneinander vorbeizugehen. Meines Erachtens ist die Sache so aufzufassen, daß die Kohlefiltration, welche lediglich die Reinigung des Branntweins (meist Obstbranntwein) zum Zwecke hat, ohne Frage durch § 1 Ziff. 4 und § 29 Abs. 1 der Monopolverwaltung vorbehalten ist. Um dagegen zuviel Farbstoff oder Fabrikationsfehler aus fertigem oder halbfertigem Trinkbranntwein zu entfernen, wird sich gegen die Kohlebehandlung kaum etwas einwenden lassen, zumal bei den heutigen sehr hohen Branntweinpreisen ein Verlust zu groß werden würde und andere Methoden zur Behebung solcher Fehler im allgemeinen nicht zur Verfügung stehen.

Wegen eines Apparates namens „Carborator", der auf der Wirksamkeit von Kohle beruht, waren bezügliche Korrespondenzen entstanden. Unter dem 7. März 1924 hat sich das Monopolamt in einem Schreiben an eine Fachzeitung wie folgt geäußert:

„Nach § 29 des Branntweinmonopolgesetzes vom 8. April 1922 darf Branntwein in der Regel nur mit Genehmigung der Reichsmonopolverwaltung gereinigt werden. Als Reinigung kommt nicht nur die Destillation, sondern auch die Filtration von Branntwein, soweit sie über die Beseitigung von Schwebestoffen hinausgeht, in Betracht. Bei der Veredelung des Branntweins durch den Alkoholfilter „Carborator" handelt es sich nicht um eine Filtration im gewöhnlichen Sinne, d. h. um die Trennung einer Flüssigkeit von festen Bestandteilen (Schwebestoffen), sondern um eine darüber hinausgehende Reinigung. Die Benutzung des Alkoholfilters „Carborator" bedarf daher, soweit die Voraussetzungen des § 229 Abs. 1 der Brennereiordnung nicht gegeben sind, der Genehmigung der Reichsmonopolverwaltung.

Hiernach können Sie den Filter unter Aufsicht der Zollbehörde zur Reinigung des in Ihrer Obstbrennerei erzeugten von der Ablieferungspflicht befreiten Branntweins ohne Genehmigung der Reichsmonopolverwaltung benutzen. In allen sonstigen Fällen bedarf die Benutzung der Genehmigung der Reichsmonopolverwaltung. Die Genehmigung wird Ihnen nur erteilt werden, und zwar für den Einzelfall, wenn es sich um die Reinigung von Monopolsprit oder der aus Monopolsprit oder von Ihnen selbst erzeugtem ablieferungsfreien Branntwein hergestellten Branntweinerzeugnisse und der sich dabei ergebenden Abfallbranntweine handelt."

In einem anderen Schreiben der Monopolverwaltung heißt es, „daß auch die Filtration von Vor- und Nachläufen in Destillationen und Likörfabriken ohne Genehmigung der Reichsmonopolverwaltung nicht zulässig ist".

Vierter Abschnitt.

Brennrecht.

§ 30.

Die Vorschriften über das Brennrecht finden auf Monopolbrennereien, soweit sie Branntwein aus den im § 21 Nr. 2 genannten Stoffen verarbeiten, keine Anwendung. Im übrigen (§ 21 Nr. 1) sind sie mit der Maßgabe anzuwenden, daß in Monopolbrennereien Branntwein außerhalb des jeweiligen Jahresbrennrechts nicht hergestellt werden darf.

§ 31.

Soweit Eigenbrennereien nach dem bisherigen Gesetz ein Brennrecht[1]) hatten, bleibt es in Geltung.

1. Brennrecht ist diejenige Branntweinmenge, welche eine Brennerei herstellen und zum normalen Satze versteuern darf. Im allgemeinen (Ausnahmen siehe später) darf eine Brennerei auch mehr Branntwein erzeugen, aber der das Brennrecht übersteigende Teil, Überbrand genannt, ist höher zu versteuern. In bestimmten Fällen hat die Überschreitung des Brennrechts auch für innerhalb desselben erzeugte Branntweinmengen steuererhöhende Wirkung (siehe unten).

Die in Anm. 1 zu § 21 erörterten Brennereiabarten sind bezüglich der Art, wie bei ihnen die Steuer, der Branntweinaufschlag, errechnet wird, einzuteilen in

Verschlußbrennereien und
Abfindungsbrennereien.

Beide Arten der Steuerberechnung finden sich bei den Brennereien der verschiedenen Kategorien. Verschlußbrennereien sind die, deren Branntweinerzeugung genau gemessen wird. Das geschieht entweder dadurch, daß der Branntwein eine Meßuhr passiert, oder in einem Sammelgefäße zusammenfließt und dort der Menge nach ermittelt wird.

Die ganzen Ableitungen der weingeistigen Dämpfe sind fest verschlossen, ebenso der Kühler, den sie passieren müssen. Daher der Name Verschlußbrennerei.

Abfindungsbrennereien haben keine solche Meßeinrichtungen. Sie sind viel einfacher in der Anlage und deshalb auch billiger einzurichten.

Der von ihnen erzeugte Branntwein wird rechnerisch festgestellt, und zwar aus der zur Verfügung stehenden Menge Rohstoffe unter Berücksichtigung der mittleren Zusammensetzung dieser. Daraus sind feststehende Ausbeutemengen errechnet (siehe § 122 Br.O.).

Die Feststellungen bei beiden Arten der Steuerberechnung findet am Rauhbrand (Rohbrand, Lutter) statt, nicht am Feinbrand.

Abfindungsbrennereien sind nur noch sehr schwer zu errichten. Im allgemeinen sind nur solche zugelassen, die bereits vor dem 1. Okt. 1922 bestanden. Im Durchschnitt dürfen sie nur 3 Hektoliter Branntwein jährlich erzeugen. Etwa neuzuzulassende dürfen sogar nur 50 Liter aus selbstgewonnenen Rohstoffen gewinnen. Die große Mehrzahl der süddeutschen Obstbrennereien gehört zu dieser Kategorie.

Vorübergehend können auch landwirtschaftliche Brennereien bezüglich der als Zwischenbetrieb zugelassenen Obstbranntweingewinnung „abgefunden" werden.

Alle Erörterungen (auch bei § 21) über ein Brennrecht haben zur Voraussetzung, daß die Brennereien „verschlossen" sind. Das Brennrecht der „Abgefundenen" beschränkt sich wie hierüber angegeben.

Abfindungsbrennereien können jederzeit in Verschlußbrennereien umgewandelt werden. Sie haben dann nicht nur Anspruch, wenigstens als „Kleinbrennerei" behandelt zu werden, also 10 Hektoliter Branntwein im Jahre herzustellen, sondern erhalten sogar noch vom Reich unter bestimmten Voraussetzungen die Kosten der Umwandlung erstattet (§ 55).

Das Brennrecht wird nur von zehn zu zehn Jahren veranlagt (§ 32). Das nächste Mal findet Veranlagung im Jahre 1932/33 statt. Bis dahin dürfte dieses Gesetz aber wieder geändert sein.

Kleinbrennereien sind diejenigen, welche höchstens 10 Hektoliter jährlich erzeugen. Sie bedürfen keines Brennrechtes, da in allen Brennereien die ersten 10 Hektoliter als im Brennrecht erzeugt versteuert werden; das eigentliche Brennrecht beginnt daher erst bei der diese Zahl übersteigenden Branntweinmenge. Bei landwirtschaftlichen und Obstbrennereien, die kein Brennrecht haben und nicht als Kleinbrennereien betrieben werden, gelten die ersten 10 Hektoliter trotzdem als im Brennrecht erzeugt, bei gewerblichen Brennereien wird dagegen, sobald sie die 10-Hektoliter-Grenze überschreiten, alles als Überbrand versteuert.

Bei Obstgemeinschaftsbrennereien ohne Brennrecht wird sogar (§ 37) aller Branntwein wie im Brennrecht hergestellt behandelt, also auch mehr als 10 Hektoliter, wenn die Genossen nur selbstgewonnene Rohstoffe anliefern.

Neue landwirtschaftliche und Obstbrennereien erhalten ihr Brennrecht nach § 33, jedoch für erstere nicht über 400, für letztere nicht über 60 Hektoliter. Alte Brennrechte bleiben nach § 31 unberührt.

Alle Brennrechte können auf gemeinsamen Beschluß der Monopolverwaltung und des Beirates (§ 40) für ein Betriebsjahr gekürzt oder erhöht werden, doch darf die gekürzte Menge nicht weniger als 10 Hektoliter betragen.

§ 32.

Von zehn zu zehn Jahren, zunächst im Betriebsjahr 1922/23, wird auf Antrag für die in den vorhergehenden zehn Betriebsjahren, erstmalig jedoch für die nach dem 30. September 1919 neu entstandenen oder bisher ohne Brennrecht betriebenen landwirtschaftlichen Brennereien und Obstbrennereien ein Brennrecht mit Gültigkeit vom Beginne des auf das Veranlagungsjahr folgenden Betriebsjahrs festgesetzt.

Für abgefundene landwirtschaftliche Brennereien und Obstbrennereien ohne Brennrecht, die auf Grund dieses Gesetzes verschlußsicher eingerichtet werden, wird auf Antrag ein Brennrecht mit Gültigkeit vom Beginne des auf die verschlußsichere Einrichtung folgenden Betriebsjahrs festgesetzt.

§ 33.

Die Veranlagung zum Brennrecht (§ 32) findet in der Weise statt, daß für die bis zu dem maßgebenden Zeitpunkt neu entstandenen und betriebsfähig hergerichteten oder bisher ohne Brennrecht betriebenen landwirtschaftlichen Brennereien und Obstbrennereien nach dem Umfang ihrer Betriebseinrichtungen und dem wirtschaftlichen Bedürfnis, bei landwirtschaftlichen Brennereien unter Berücksichtigung der beackerten oder sonst landwirtschaftlich genutzten Fläche und der gesamten wirtschaftlichen Verhältnisse sowie des Betriebsumfanges anderer am Brennrecht beteiligter Brennereien der im § 31 bezeichneten Art diejenige Weingeistmenge ermittelt wird, deren jährliche Herstellung als angemessen zu erachten ist. Dabei sind zwei Sachverständige zu hören, darunter einer auf Vorschlag des Besitzers der neu zu veranlagenden Brennerei.

Von der nach Abs. 1 ermittelten Jahresmenge werden 60 Hundertteile als Brennrecht festgesetzt; dieses darf jedoch bei einer landwirtschaftlichen Brennerei 400 Hektoliter und bei einer Obstbrennerei 60 Hektoliter Weingeist nicht überschreiten.

In gleicher Weise kann auf Antrag des Brennereibesitzers das Brennrecht für landwirtschaftliche Brennereien und Obstbrennereien anderweit, jedoch nicht auf mehr als 400 oder 60 Hektoliter Weingeist festgesetzt werden. Voraussetzung hierfür ist:

1. bei landwirtschaftlichen Brennereien, daß ihre wirtschaftliche Lage durch Vergrößerung der regelmäßig beackerten oder sonst landwirtschaftlich genutzten Fläche während der letzten zehn Betriebsjahre eine wesentliche Veränderung erfahren hat, oder daß ihr Brennrecht in einem starken Mißverhältnisse steht zu ihrer landwirtschaftlich genutzten Fläche, zu dem wirtschaftlichen Bedürfnis und zu dem Brennrecht wirtschaftlich gleichgestellter Brennereien, die in demselben Verwaltungsbezirke liegen,
2. bei Obstbrennereien, daß ihr Brennrecht in einem starken Mißverhältnisse steht zu dem bisherigen Betriebsumfange, zu den vorhandenen Betriebseinrichtungen, zu dem wirtschaftlichen Bedürfnis und zu dem Brennrecht gleichartiger Brennereien, die in demselben Verwaltungsbezirke liegen.

Das Nähere wird durch die Ausführungsbestimmungen geregelt.

Kleinbrennereien.[1])

§ 34.

In Brennereien, deren Besitzer erklären, in einem Betriebsjahre nicht mehr als 10 Hektoliter Weingeist erzeugen zu wollen, gilt der gewonnene Branntwein als innerhalb des Brennrechts hergestellt, sofern die

Erzeugungsgrenze von 10 Hektoliter Weingeist eingehalten wird (Kleinbrennereien).

1. Vgl. Anmerkungen zu §§ 21 und 31.

§ 35.

In den nicht als Kleinbrennereien (§ 34) betriebenen landwirtschaftlichen Brennereien und Obstbrennereien gilt die Erzeugung bis zu 10 Hektoliter Weingeist auch dann als innerhalb des Brennrechts hergestellt, wenn ihnen ein Brennrecht nicht zugewiesen ist.

Stoffbesitzer.[1]

§ 36.

Wer keine eigene Brennerei besitzt, darf nach näherer Bestimmung des Reichsministers der Finanzen selbstgewonnene Stoffe der im § 27 bezeichneten Art in der Brennerei eines anderen verarbeiten, soweit der im Betriebsjahr gewonnene Branntwein nicht über 50 Liter Weingeist hinausgeht (Stoffbesitzer). Dieser Branntwein gilt als innerhalb des Brennrechts hergestellt.

Die Vorschrift im Abs. 1 gilt nicht für Stoffe, die in Bezirken[2]) gewonnen sind, in denen in den Betriebsjahren 1908/09 bis 1914/15 solche Stoffe in der bezeichneten Weise nicht verarbeitet worden sind.

1. Vgl. Anmerkung zu § 21.

2. Bezirke sind nach einer Auskunft eines Vertreters des Reichsfinanzministers in der Kommission wirtschaftliche Gebiete, also Gebiete, in denen bisher vorwiegend Obstbau betrieben sei und Stoffbesitzer gewesen seien. Von Grenzen der Länder, Landesfinanzamts- oder Finanzamtsbezirke sollten diese Gebiete nicht abhängig sein.

Obstgemeinschaftsbrennereien.[1])

§ 37.

Wird eine Verschlußbrennerei, in der Branntwein ausschließlich aus Stoffen der im § 27 bezeichneten Art hergestellt wird, von einer Gemeinde, einer Genossenschaft oder einem Vereine betrieben und haben die Mitglieder die Rohstoffe selbst gewonnen (Obstgemeinschaftsbrennereien), so gilt nach näherer Bestimmung des Reichsministers der Finanzen der aus diesen Stoffen erzeugte Branntwein als im Brennrecht hergestellt. Teilnehmer einer Obstgemeinschaftsbrennerei dürfen Stoffe der im § 27 bezeichneten Art anderweit nicht auf Branntwein verarbeiten.

1. Vgl. die Anm 1 zu § 21 sowie Anm. 1 zu § 31.

Verlust des Brennrechts.

§ 38.

Das Brennrecht[1]) erlischt, wenn

1. die Brennerei Stoffe verwendet, deren Verarbeitung den Monopolbrennereien (§ 21) vorbehalten ist,[2])
2. die Brennerei aus einer Brennereiklasse in eine andere übertritt,
3. die Brennerei zum Betrieb als Kleinbrennerei (§ 34) übergeht,
4. die Brennerei auf ein anderes Grundstück verlegt wird,
5. die Brennerei in zehn aufeinanderfolgenden Betriebsjahren nicht mindestens den doppelten Betrag des niedrigsten Jahresbrennrechts (§§ 40, 41) benutzt hat,

6. das Brennereiunternehmen als erloschen zu gelten hat (§ 47 Abs. 2).

In Fällen des Abs. 1 unter Nr. 4 und 5 können durch die Ausführungsbestimmungen Ausnahmen zugelassen werden.

Der Verlust des Brennrechts tritt ein in den Fällen des Abs. 1 unter Nr. 1, 2 und 3 mit dem Beginne des Betriebsjahrs, in dem die Veränderung vorgekommen ist, in den übrigen Fällen des Abs. 1 mit dem Eintritt der dort bezeichneten Tatsachen.

1. Vgl. Anmerkung zu § 31

2. Vgl. Anmerkung zu § 21

§ 39.

Das Brennrecht erlischt ferner, wenn

1. eine Brennerei, die zuvor andere Stoffe als Roggen, Weizen, Buchweizen, Hafer oder Gerste verarbeitet hat, zur Verarbeitung dieser Stoffe ohne Hefenerzeugung übergeht,
2. eine Brennerei, die zuvor ohne Hefenerzeugung betrieben worden ist, zur Hefenerzeugung oder eine Brennerei, die zuvor mit Hefenerzeugung nach dem Wiener Verfahren betrieben worden ist, zur Hefenerzeugung nach dem Würzeverfahren übergeht,
3. eine Brennerei, die zuvor mit Hefenerzeugung nach dem Würzeverfahren betrieben worden ist, zur Verarbeitung von Roggen, Weizen, Buchweizen, Hafer oder Gerste ohne Hefenerzeugung oder mit Hefenerzeugung nach dem Wiener Verfahren übergeht,

4. eine Brennerei, die vor dem 1. Oktober 1914 Rübenstoffe (Melasse, Rüben oder Rübensaft) nicht verarbeitet hat, zur Verarbeitung von Rübenstoffen ohne Hefenerzeugung oder zur Verarbeitung von Rübenstoffen mit einer Hefenerzeugung, die in einem zur bisherigen Betriebsweise offenbaren Mißverhältnisse steht, übergeht.

Brennereien, deren Brennrecht zu einem Teile für den einen, zum anderen Teile für den anderen der im Abs. 1 bezeichneten Betriebe gilt, können den gemischten Betrieb nach dem festgesetzten Verhältnis weiterführen. Wird dieses Verhältnis um mehr als 10 Hundertteile des Gesamtbrennrechts geändert und stellt sich diese Änderung als ein Betriebswechsel im Sinne des Abs. 1 dar, so erlischt das Brennrecht ebenfalls.

Ein Betriebswechsel im Sinne des Abs. 1 liegt nicht vor, wenn eine Brennerei zu der Betriebsart zurückkehrt, für die die Festsetzung ihres Brennrechts maßgebend war.

Der Verlust des Brennrechts tritt mit dem Beginne des Betriebsjahrs ein, in dem der Übergang stattgefunden hat.

Im Falle des Bedürfnisses kann der Reichsminister der Finanzen für einzelne Betriebsjahre Ausnahmen von den Vorschriften des Abs. 1 und 2 zulassen.

Jahresbrennrecht.

§ 40.

Die Reichsmonopolverwaltung kann in gemeinschaftlicher Beschlußfassung mit dem Beirat unter Berücksichtigung der angesammelten Bestände und des voraussichtlichen Verbrauchs an Branntwein festsetzen, um wieviel Hundertteile das Brennrecht der einzelnen Brennereigruppe für das Betriebsjahr zu erhöhen oder zu kürzen ist. Das Brennrecht der einzelnen Brennerei darf nicht unter den Betrag von 10 Hektoliter Weingeist und bei den im § 41 Abs. 1 Nr. 2 genannten Brennereien nicht unter den Betrag von 50 Hektoliter Weingeist gekürzt werden.

Wenn in einem Betriebsjahre sich eine Kürzung des Gesamtbrennrechts als notwendig erweist, so werden die Brennrechte

von 10 bis 100 Hektoliter nur um 1/10,
„ 100 „ 200 „ „ „ 2/10,
„ 200 „ 300 „ „ „ 4/10

des Betrages gekürzt, um den die übrigen Brennrechte gekürzt werden.

§ 41.

In Abschnitten von zehn zu zehn Jahren dürfen in beliebigen Jahren dieses Abschnitts

1. Obstbrennereien, die als Kleinbrennereien betrieben werden, insgesamt 100 Hektoliter Weingeist,
2. Obstbrennereien mit einem Brennrecht von mehr als 10 Hektoliter, aber nicht mehr als 50 Hektoliter, die ausschließlich Obst, Beeren oder Rückstände davon verarbeiten, insgesamt das Zehnfache der dem jährlichen Brennrecht entsprechenden Weingeistmenge,
3. Stoffbesitzer (§ 36) insgesamt fünf Hektoliter Weingeist

mit dem Anspruch herstellen, daß der gewonnene Branntwein als innerhalb des Brennrechts hergestellt gilt. Das gleiche Recht haben Brennereien, die ausschließlich die zu Nr. 2 bezeichneten Stoffe verarbeiten und ein Brennrecht von mehr als 50 Hektoliter haben, wenn sie auf den über 50 Hektoliter Weingeist hinausgehenden Teil ihres Brennrechts für den hier maßgebenden Zeitabschnitt oder für den Rest dieses Zeitabschnitts von Beginn des Jahres ab, in dem sie von dem Rechte Gebrauch machen wollen, verzichten.

Der erste Abschnitt umfaßt vierzehn Jahre und läuft vom 1. Oktober 1919 bis zum 30. September 1933. Die nach Abs. 1 im Jahresdurchschnitt herstellbare Weingeistmenge erhöht sich dementsprechend.

Überschreitet ein Brennerei- oder Stoffbesitzer die nach Abs. 1 zulässige Höchstmenge und hat er für die bisher erzeugte Menge den ermäßigten Branntweinaufschlag (§ 79 Abs. 1) entrichtet, so hat er für die gesamte Erzeugung den Unterschied zwischen dem regelmäßigen und dem ermäßigten Branntweinaufschlage zu entrichten. Maßgebend sind die Sätze, die in dem Jahre gelten, in dem die Überschreitung stattfindet.

Übertragung des Brennrechts.

§ 42.

Brennereien, die in der Zeit vom 1. Oktober 1909 bis einschließlich 30. September 1917 wenigstens in einem Betriebsjahr den Durchschnittsbrand benutzt haben, dürfen ihr Brennrecht auf andere Brennereien der gleichen Klasse (§ 24) übertragen. Für landwirtschaftliche Brennereien mit einem Brennrecht von mehr als 300 Hektoliter gilt dies nur, wenn die Brennereien demselben Besitzer gehören und nicht weiter als 25 Kilometer voneinander entfernt liegen.

In bezug auf die Übertragung des Brennrechts bilden die Länder Bayern, Württemberg und Baden ein besonderes Gebiet, ebenso die übrigen Teile des Monopolgebiets mit der Folge, daß die Übertragung von Brennrechten aus dem einen Gebiet in das andere unzulässig ist.

Anträgen auf Übertragung des Brennrechts ist nur zu entsprechen, wenn sie vor Schluß des Betriebsjahrs 1928/29 bei der zuständigen Verwaltungsbehörde eingegangen sind und wenn die das Brennrecht abgebende Brennerei zugleich das Brennereiunternehmen unter Verzicht auf einen etwaigen Rest von Brennrecht gänzlich abmeldet und die das Brennrecht erwerbende Brennerei selbst am 30. September 1919 einen Durchschnittsbrand besaß.

Landwirtschaftliche Brennereien, von denen keine mehr als 15 Kilometer von den anderen abliegt, dürfen ihre Betriebe zu landwirtschaftlichen Genossenschaftsbrennereien zusammenlegen. Bestanden sämtliche zusammengelegten Brennereien bereits vor dem 1. September 1902, so gilt die Genossenschaftsbrennerei als vor diesem Zeitpunkte betriebsfähig hergerichtet.

Gewerbliche Brennereien ohne Brennrecht, die in der Zeit vom 2. Oktober 1909 bis zum 30. September 1919 Branntwein unter Gewinnung von Hefe zu Backzwecken im Würzeverfahren hergestellt haben, dürfen nach näherer Bestimmung des Reichsministers der Finanzen Brennrechte bis zu einer Gesamtmenge von 9000 Hektoliter Weingeist erwerben. Die Vorschriften der Absätze 1 bis 3 finden mit der Maßgabe Anwendung, daß die Erwerbung nicht auf Brennrechte von Brennereien der gleichen Klasse beschränkt ist. Eine weitere Übertragung oder Zusammenlegung der von diesen Brennereien erworbenen Brennrechte ist unzulässig.

Der Reichsrat wird ermächtigt, in Jahren, in denen das Brennrecht um 50 Hundertteile oder mehr gekürzt wird, allgemein zuzulassen, daß die Übertragung des Brennrechts von einer Brennerei auf eine andere der gleichen Brennereiklasse für die Dauer des Betriebsjahres statthaft ist, jedoch, soweit es sich nicht um gewerbliche Brennereien handelt, nur bis zur vollen Erfüllung des Brennrechts der übernehmenden Brennerei. Auf eine solche Übertragung finden die Vorschriften der Absätze 1 bis 3 mit der Maßgabe keine Anwendung, daß die Übertragung nur auf solche Brennereien erfolgen darf, die am 30. September 1919 selbst einen Durchschnittsbrand besaßen. Der im § 71 vorgesehene Zuschlag wird nicht gewährt, soweit Brennrechte aus den Ländern Bayern, Württemberg und Baden in das übrige Monopolgebiet oder umgekehrt übertragen werden. Die Übertragung ist auch nach dem Beginn des Betriebsjahres zulässig, wenn die übertragende Brennerei den Betrieb in dem Betriebsjahr noch nicht eröffnet hat.

Landwirtschaftliche Verschlußbrennereien, die ihre Brenngeräte während des Krieges für Heereszwecke abgeliefert haben, können, solange sie ihre Brennerei nicht betriebsfähig hergerichtet haben, den Brennereibetrieb auf einer anderen landwirtschaftlichen Verschlußbrennerei in einer Entfernung von nicht mehr als 15 Kilometer mit der Wirkung ausüben, daß der Branntwein als in der eigenen Brennerei hergestellt gilt.

Fünfter Abschnitt.

Überwachung der Herstellung und Verwendung von Branntwein und Branntweinerzeugnissen.

Erster Titel.

Amtliche Aufsicht.

§ 43.

Betriebe, Unternehmen oder Personen, die

1. Branntwein oder Branntweinerzeugnisse herstellen, lagern, bearbeiten, weiterverarbeiten oder vertreiben,
2. Brenn- oder Wiengeräte herstellen, erwerben, besitzen oder vertreiben,
3. im weingeistigen Gärungsverfahren Hefe[1]) oder andere Stoffe[2]) ohne gleichzeitige Branntweingewinnung herstellen,
4. ohne Verwendung von Branntwein Erzeugnisse herstellen, aus denen ohne Gärung aus den darin enthaltenen Athylverbindungen Branntwein gewonnen werden kann, oder solche Erzeugnisse (z. B. Ester) weiterverarbeiten oder vertreiben,[3])

unterliegen der amtlichen Aufsicht.

1. Vgl. hierzu §§ 218 und 282 Br.O.

2. Im weingeistigen Gärverfahren ohne Branntweingewinnung werden z. B. Weine, weinähnliche Getränke, Bier und dergl. erhalten. Regelung dieser durch das Weinsteuer- und Biersteuergesetz; siehe dort.

3. Es handelt sich um die Gewinnung gewisser Ester, z. B. Essigäther, nach dem Karbidverfahren. Hier könnte evtl. Branntwein erzeugt werden. Vgl. hierzu § 284 Br.O.

§ 44.

Inhaber von Betrieben oder Unternehmen, die nach § 43 der amtlichen Aufsicht unterliegen, haben die Verpflichtungen, die ihnen gegenüber der Monopol- oder Finanzverwaltung obliegen, selbst zu erfüllen oder, wenn sie den Betrieb oder das Unternehmen nicht selbst leiten, hierfür einen geeigneten Betriebsleiter zu bestellen. Die Bestellung eines Betriebsleiters ist dem Finanzamt anzuzeigen.

§ 45.

Wer Betriebe oder Unternehmen, die nach § 43 der amtlichen Aufsicht unterliegen, eröffnen oder übernehmen will, hat dies dem Finanzamt anzumelden. Zur Anmeldung verpflichtet ist auch, wer Brenn- oder Wiengeräte anfertigt, erwirbt oder besitzt. Das Nähere über Zeitpunkt, Form und Inhalt der Anmeldung regeln die Ausführungsbestimmungen.

§ 46.

Es ist verboten, Vorrichtungen, die nach dem Angebot oder der Anpreisung dazu bestimmt oder geeignet sind, Branntwein in nichtgewerblicher Weise in kleinen Mengen, insbesondere im Haushalt herzustellen sowie Anleitungen zur Herstellung von Vorrichtungen der bezeichneten Art oder zur Herstellung von Branntwein auf die bezeichnete Art anzubieten, anzupreisen oder zu verkaufen.

Der Reichsminister der Finanzen kann Ausnahmen zulassen.

§ 47.

Die Ausführungsbestimmungen ordnen an, welchen Bedingungen die nach § 45 zur Anmeldung verpflichteten Personen zur Sicherung des Monopolaufkommens zu genügen haben. Insbesondere können sie anordnen:

1. daß und in welcher Weise unter amtlicher Aufsicht stehende Betriebe verschlußsicher einzurichten sind,
2. daß Branntwein und Branntweinerzeugnisse in bestimmter Weise gelagert, verpackt, bezeichnet oder versandt werden müssen,
3. daß Betriebe, in denen Trinkbranntwein hergestellt und in denen außerdem noch Trinkbranntwein im kleinen vertrieben oder Branntwein noch zu anderen Zwecken verwendet wird, besonders zu überwachen sind,
4. daß über den Betrieb und über den hergestellten oder in den Verkehr gebrachten Branntwein oder die Branntweinerzeugnisse Buch zu führen ist und die Bestände festzustellen sind,
5. daß Vorgänge und Maßnahmen in den Betrieben, die für die amtliche Aufsicht wichtig sind, dem Finanzamt anzumelden sind.

Die Ausführungsbestimmungen ordnen ferner an, wann ein Betrieb oder Unternehmen als erloschen zu gelten hat.

§ 48.

Die Aufsichtsbehörden sind befugt, in Betrieben und bei Personen, die der amtlichen Aufsicht unterliegen, Nachschau zu halten. Die Ausführungsbestimmungen ordnen an, zu welchen Zeiten die Nachschau stattfinden darf und welche Befugnisse den Beamten im einzelnen zustehen. Zeitliche Beschränkungen der Nachschau fallen weg, wenn Gefahr im Verzuge liegt.

Es dürfen keine Einrichtungen getroffen werden, die die Ausführung der Aufsicht hindern oder erschweren.

Den Aufsichtsbeamten sind bei ihren Amtshandlungen die Hilfsmittel (Geräte, Beleuchtung usw.) zu stellen und die nötigen Hilfsdienste zu leisten. Auf Verlangen des Finanzamts ist für die Beamten, die sich in einem der amtlichen Aufsicht unterliegenden Betrieb aufzuhalten haben, ein geeigneter Raum zur Verfügung zu stellen, auszustatten und instand zu halten.

§ 49.

Den Aufsichtsbeamten ist jede für die amtliche Aufsicht oder zu statistischen Zwecken erforderliche Auskunft über den Betrieb zu erteilen.

Den Oberbeamten des Aufsichtsdienstes sind die Geschäftsbücher und die Schriftstücke über Beschaffung der Rohstoffe, über Herstellung, Bezug und Absatz von Erzeugnissen, die Gegenstand dieses Gesetzes bilden, sowie über den Wirtschaftsbetrieb der Brennereien auf Erfordern zur Einsicht vorzulegen.

§ 50.

Wenn die Reichsmonopolverwaltung oder die Finanzämter befugt sind, zu prüfen, ob Bücher, Aufzeichnungen und Verzeichnisse wie vorgeschrieben geführt und vorgeschriebene Bescheinigungen ausgestellt werden, können ihre Beamten und die von ihnen zugezogenen Sachverständigen die Geschäftsräume in den üblichen Geschäftsstunden betreten. Die Inhaber der unter amtlicher Aufsicht stehenden Betriebe und ihre Angestellten haben ihnen jede Auskunft und Nachweisung zu erteilen, deren sie für die Prüfung bedürfen, und ihnen alle für die Prüfung in Betracht kommenden Schriftstücke zur Einsicht vorzulegen.

§ 51.

Unter amtlicher Aufsicht stehende Betriebe, deren Inhaber wegen Hinterziehung (§§ 119 ff.) bestraft sind oder bei denen eine Hinterziehung strafrechtlich festgestellt ist oder in denen mit Wissen des Inhabers oder eines Vertreters Angestellte oder Arbeiter beschäftigt werden, die wegen Hinterziehung mit einer Geldstrafe von mindestens fünfhundert Mark oder mit Freiheitsstrafe oder wiederholt bestraft sind, können auf Kosten des Inhabers besonderen Aufsichtsmaßnahmen unterworfen werden.

Zweiter Titel.

Verschlußbrennereien.

§ 52.

Die Brennereien sind entsprechend den Anordnungen in den Ausführungsbestimmungen verschlußsicher einzurichten (Verschlußbrennereien), soweit nicht im § 57 Ausnahmen vorgesehen sind.

1. Vgl. Anmerkung zu § 31 und die §§ 71 bis 113 der Br.O

§ 53.

Die Finanzbehörde kann den Betrieb einer Brennerei untersagen, solange die Brennerei nicht verschlußsicher eingerichtet ist und die amtlichen Anordnungen in dieser Hinsicht nicht befolgt werden.

Sie kann die vorübergehende Einstellung des Brennereibetriebs anordnen, wenn infolge Betriebsstörung oder Verletzung der Brennereieinrichtung das Monopolaufkommen gefährdet und dessen Sicherung auf andere Weise nicht zu erreichen ist.

§ 54.

Der Brennereibesitzer ist verpflichtet, die Brennerei auf seine Kosten entsprechend den Anordnungen in den Ausführungsbestimmungen verschlußsicher einzurichten und zu erhalten.

§ 55.

Die Kosten der verschlußsicheren Einrichtung sind auf Antrag durch die Reichsmonopolverwaltung zu erstatten:

1. wenn für eine Brennerei, die bis zum Inkrafttreten dieses Gesetzes der Abfindung unterlegen hat, die Einrichtung als Verschlußbrennerei vom Brennereibesitzer beantragt oder von Amts wegen angeordnet wird,
2. wenn für eine Brennerei nach ihrer verschlußsicheren Herrichtung von der Reichsmonopolverwaltung oder von der Finanzbehörde Änderungen oder Ergänzungen der Verschlußeinrichtung verlangt werden.

Außerdem sind auch die Kosten der baulichen Änderungen und die Kosten eines neuen Brenngeräts ganz oder teilweise zu erstatten, wenn ohne bauliche Änderungen oder ohne Aufstellung eines neuen Brenngeräts die verschlußsichere Einrichtung oder die Änderung oder Ergänzung der verschlußsicheren Einrichtung sich nicht durchführen läßt.

Die Vergünstigung des Abs. 1 wird nicht gewährt, wenn die Brennerei von der Abfindung ausgeschlossen wird, weil in ihr eine Hinterziehung (§§ 119 ff.) begangen worden ist.

Die näheren Bestimmungen trifft die Reichsregierung mit Zustimmung des Reichsrats.

§ 56.

Der Reichsminister der Finanzen wird ermächtigt, die Kosten des Baues und der inneren Einrichtung von Obstgemeinschaftsbrennereien (§ 37) ganz oder teilweise durch die Reichsmonopolverwaltung erstatten zu lassen.

Dritter Titel.

Abfindungsbrennereien.

§ 57.

Brennereien können abgefunden werden, sofern sie vor dem Inkrafttreten dieses Gesetzes als abgefundene Brennereien in Betrieb waren und in einem Betriebsjahr nicht mehr als drei Hektoliter Weingeist herstellen. Außerdem können abgefunden werden nach dem Inkrafttreten dieses Gesetzes betriebsfähig hergerichtete sowie vor diesem Zeitpunkt betriebsfähig hergerichtete, aber nicht verschlußsicher eingerichtete Obstbrennereien (§ 27), die nur selbstgewonnene Stoffe verarbeiten und in einem Betriebsjahr nicht mehr als 50 Liter Weingeist herstellen, sofern durch die Zulassung dieser Brennereien zur Abfindung die Zahl der am 1. Oktober 1919 in dem Verwaltungsbezirke vorhandenen abgefundenen Obstbrennereien mit einer Jahreserzeugung von nicht mehr als vier Hektoliter Weingeist abzüglich der Brennereien, die für die Aufgabe des Betriebes entschädigt sind

(§ 213 des Gesetzes über das Branntweinmonopol vom 26. Juli 1918), nicht erhöht wird. Was unter Verwaltungsbezirk[2]) im Sinne dieser Vorschrift zu verstehen ist, bestimmt der Reichsminister der Finanzen.

Der Reichsminister der Finanzen kann für eine Zeitdauer bis zu fünf Jahren nach dem Inkrafttreten dieses Gesetzes auch andere als die im Abs. 1 genannten, bisher abgefundenen Brennereien zur Abfindung weiter zulassen.

Der Reichsminister der Finanzen wird ermächtigt, die Übertragung abgefundener Obstbrennereien auf ein anderes Grundstück in besonderen Fällen zu gestatten.

1. Vgl. Anmerkung zu § 31 und die §§ 114 bis 140 Br O

2. Vgl Anmerkung zu § 36

Sechster Abschnitt.

Ablieferung und Übernahme des Branntweins.

§ 58.

Der im Monopolgebiete hergestellte Branntwein ist, soweit nicht in diesem Gesetz Ausnahmen vorgesehen sind (§ 76), nach der Abnahme (§ 59) zum Branntweinübernahmepreis an die Reichsmonopolverwaltung abzuliefern.

Wird ablieferungspflichtiger Branntwein nicht abgeliefert, so hat nach näherer Bestimmung des Reichsministers der Finanzen der Brennereibesitzer unbeschadet der strafrechtlichen Verfolgung den Branntweinaufschlag (§ 79) zu entrichten.

1. Die Ausführungsbestimmung enthält § 254 Br O

§ 59.

Der erzeugte Branntwein ist seiner Weingeistmenge nach festzustellen und abzufertigen (Branntweinabnahme).

1. Ausführungsbestimmungen geben die §§ 233 bis 253 Br.O.

§ 60.

Die mit der Branntweinabnahme (§ 59) beauftragten Beamten übernehmen den an die Reichsmonopolverwaltung abzuliefernden Branntwein für deren Rechnung und nach deren Weisung. Die Reichsmonopolverwaltung stellt kostenlos die Versandgefäße und, soweit der Branntwein zu vergällen ist, auch das Vergällungsmittel; außerdem trägt sie die Eisenbahn- und Schiffsfrachten.

1. Ausführungsbestimmungen: §§ 255 bis 258 Br.O.

§ 61.

Der Brennereibesitzer hat den abgenommenen Branntwein ohne Anspruch auf besonderes Entgelt zur nächsten Güterstelle zu befördern und ihn dort nach den Weisungen der Reichsmonopolverwaltung zu verladen. Es kann ihm aufgegeben werden, den Branntwein nach einem anderen von der Reichsmonopolverwaltung bestimmten Orte zu befördern und an die ihm bezeichnete Empfangsstelle abzuliefern, wenn der Versand auf der Eisenbahn oder auf dem Wasserweg unzweckmäßig ist. Die Mehrkosten gegenüber der Ablieferung zur nächsten Güterstelle trägt die Reichsmonopolverwaltung.

Auf Verlangen hat der Brennereibesitzer ohne Anspruch auf besonderes Entgelt den Branntwein in der Brennerei oder auf der Güterstelle zu vergällen, auch in die zur Beförderung von Flüssigkeiten besonders eingerichteten Eisenbahnwagen oder Schiffsgefäße umzufüllen und die zur Vergällung oder Umfüllung erforderlichen Einrichtungen zu stellen. Ebenso hat er die zur Beförderung des Branntweins bestimmten leeren Fässer und das Vergällungsmittel von der Güterstelle oder dem Ablieferungsorte des Branntweins (Abs. 1 Satz 2) zur Brennerei oder an den Ort der Vergällung zu befördern, auch die mit dem Vergällungsmittel befüllt gewesenen Fässer an den Ort, von dem das Vergällungsmittel abgeholt ist, zurückzubefördern.

Der Brennereibesitzer haftet[1]) für den Schaden, der durch Verlust oder Beschädigung des Branntweins bis zu dessen Übernahme durch den neuen Warenführer oder den Empfänger eintritt. Er wird von der Haftung frei, wenn durch von ihm nicht verschuldete Vorgänge Branntwein vernichtet worden oder unbrauchbar geworden ist.

1. Es wird dem Brennereibesitzer eine zivilrechtliche Haftung für Verschulden bis zur Ablieferung an die Empfangsstelle auferlegt. Eine Haftung für höhere Gewalt wäre auch ohne den Schlußsatz nicht anzunehmen gewesen. Es bestehen Versicherungen gegen diese Haftung.

Siebenter Abschnitt.

Branntweinübernahmepreise.

§ 62.

Der Übernahmepreis für Branntwein aus Stoffen, die den Monopolbrennereien vorbehalten[1]) sind, wird, soweit der Branntwein nicht in Brennereien der Reichsmonopolverwaltung hergestellt wird, von dem Reichsmonopolamte durch Vereinbarung mit dem Hersteller festgesetzt.

1. Vorbehalten sind nach § 21 Ziff. 2 insbesondere Zellstoffe und Kalziumkarbid. Die Herstellung geschieht bei Brennereien, die nicht im Eigentum des Reichs stehen, im Lohnvertrag.

§ 63.

Der Übernahmepreis für Branntwein aus den Eigenbrennereien [1]) wird aus dem Branntweingrundpreise (§ 65) und den in den §§ 66 bis 74 bezeichneten Abzügen und Zuschlägen berechnet.

Die Abzüge und Zuschläge werden, soweit nicht einzelne Vorschriften etwas anderes bestimmen, unabhängig voneinander in Ansatz gebracht. [2])

1. Die Begriffsbestimmung der Eigenbrennerei gibt § 20 dahin, daß es alle Nichtmonopolbrennereien sind.

2. Abs. 2 begründet ein Staffelsystem, die einzelnen Zuschläge schließen einander nicht aus.

§ 64.

Der Branntweingrundpreis (§ 65) sowie die Abzüge und Zuschläge nach §§ 72, 73 und 74 werden von der Reichsmonopolverwaltung in gemeinschaftlicher Beschlußfassung mit dem Beirat festgesetzt. In dem Beschlusse wird der Zeitpunkt bestimmt, von dem ab die Festsetzung zu gelten hat. Dieser Zeitpunkt kann auf einen zurückliegenden Tag festgesetzt werden. Das Reichsmonopolamt kann vorläufige Abschlagpreise festsetzen, die demnächst ausgeglichen werden. Der festgesetzte Branntweingrundpreis und die festgesetzten Abzüge und Zuschläge sind öffentlich bekanntzugeben.

1. Die öffentliche Bekanntmachung erfolgt durch den Deutschen Reichsanzeiger, das Zentralblatt für das Deutsche Reich und das Reichszollblatt (§ 260 Br.O.).

Branntweingrundpreis.

§ 65.

Der Branntweingrundpreis wird so festgesetzt, daß er die durchschnittlichen Herstellungskosten eines Hektoliters Weingeist in gutgeleiteten landwirtschaftlichen Kartoffelbrennereien mittleren Umfanges deckt, wobei davon auszugehen ist, daß bei angemessener Verwertung der Kartoffeln die Schlempe dem Brennereibesitzer kostenfrei zur Verfügung bleibt. Kartoffelbrennereien mittleren Umfanges in diesem Sinne sind solche Brennereien, die jährlich durchschnittlich 500 Hektoliter Weingeist erzeugen.[1])

1. Gemeint ist: Brennereien, die bei Ausnutzung des hundertprozentigen Durchschnittsbrandes 500 Hektoliter herstellen würden. Die angemessene Verwertung wird hauptsächlich den Preis für Futterkartoffeln berücksichtigen, da meist nur die abfallenden Kartoffeln gebrannt wurden. Nach § 262 Br.O. besteht auf Verlangen eine Auskunftspflicht der Brennereibesitzer über die in dieser Hinsicht ins Gewicht fallenden Umstände.

Betriebsabzüge.

§ 66.

Allgemeiner Betriebsabzug.

Der Branntweingrundpreis wird bei Brennereien mit einer Jahreserzeugung von mehr als 600 Hektoliter Weingeist gekürzt (allgemeiner Betriebsabzug). Dieser Betriebsabzug[1]) beträgt für die Erzeugung

über	600 bis	1000	Hektoliter	Weingeist	1	Hundertteil,
„	1000 „	1400	„	„	2	Hundertteile
„	1400 „	1800	„	„	3	„
„	1800 „	2200	„	„	4	„
„	2200 „	2600	„	„	5	„
„	2600 „	3000	„	„	6	„
„	3000	Hektoliter	Weingeist		7	„

des Branntweingrundpreises.

1. Die Betriebsabzüge regeln neben der Bestimmung über den Überbrand die wirtschaftlichen Wettbewerbsverhältnisse der einzelnen Brennereiklassen und innerhalb der Brennereiklassen die der einzelnen Brennereigrößen untereinander. In dem Branntweinsteuergesetz v. 15. Juli 1909 hatte dieselbe Funktion die staffelförmige Betriebsauflage. Sie erscheint jetzt als Abzug von dem Grundpreis, weil dieser für Kartoffelbrennereien von 500 bis 600 Hektoliter Durchschnittsbrand den richtigen Preis darstellen soll.

§ 67.

Betriebsabzug für gewerbliche Brennereien.

Der in gewerblichen Brennereien hergestellte Branntwein erfährt einen Betriebsabzug [1]) in Höhe von drei Hundertteilen des Branntweingrundpreises.

1. Dieser Abzug erfolgt neben dem allgemeinen Betriebsabzug (§ 63 Abs. 2).

Betriebszuschläge.

§ 68.

Der Branntweingrundpreis wird für den innerhalb des Brennrechts hergestellten oder als innerhalb des Brennrechts hergestellt geltenden Branntwein bei Brennereien mit einer Jahreserzeugung von nicht mehr als 300 Hektoliter Weingeist erhöht (Betriebszuschlag).[1]) Der Betriebszuschlag beträgt für die Erzeugung

bis zu 100 Hektoliter Weingeist 15 Hundertteile,
über 100 bis zu 200 Hektoliter Weingeist 10 Hundertteile,
über 200 bis zu 300 Hektoliter Weingeist 5 Hundertteile

des Branntweingrundpreises.

Wird die Jahreserzeugung von 300 Hektoliter Weingeist überschritten, so darf für die darüber hinausgehende Menge Übernahmegeld nur insoweit gezahlt werden, als das für die gesamte Jahreserzeugung sich ergebende Übernahmegeld das nach Abs. 1 für 300 Hektoliter Weingeist berechnete Übernahmegeld übersteigt.[2])

1. Der Ausdruck ist gewählt, weil Kleinbrennereien ein Brennrecht nicht besitzen.

2. Abs. 2 betrifft die Einbehaltung des Übernahmegeldes, wenn trotz der Erklärung des Brennereibesitzers, daß er unter 300 Hektoliter bleiben werde, eine Überschreitung erfolgt und damit der Betriebszuschlag zu Unrecht gewährt war.

§ 69.

An Stelle des Betriebszuschlags nach § 68 wird in Kleinbrennereien für den als innerhalb des Brennrechts hergestellt geltenden Branntwein ein Betriebszuschlag von 30 Hundertteilen des Branntweingrundpreises gewährt.[1])

1. Ausführung für die verschiedenen Arten von Kleinbrennereien in § 264 Br.O.

§ 70.

Obstgemeinschaftsbrennereien[1]) erhalten für den als innerhalb des Brennrechts hergestellt geltenden Branntwein einen Betriebszuschlag von 10 Hundertteilen des Branntweingrundpreises.

1. Die Gemeinschaftsbrennereien stellen für mehrere Obstbesitzer her und überschreiten deshalb die Grenzen des § 69. Vgl. § 31 Anm. 1.

§ 71.

In den Ländern Bayern, Württemberg und Baden wird für den innerhalb des Brennrechts hergestellten Branntwein ein Zuschlag[1]) zum Branntweingrundpreise gewährt, der beträgt

bei landwirtschaftlichen Brennereien und Obstbrennereien 5 Hundertteile des Branntweingrundpreises, mindestens aber 7,50 Mark für das Hektoliter Weingeist,

bei gewerblichen Brennereien, denen im Betriebsjahr 1917/18 ein Kontingent zustand, 2 Hundertteile des Branntweingrundpreises, mindestens aber 5 Mark für das Hektoliter Weingeist.

Dieser Zuschlag tritt nicht ein, soweit nach den §§ 68, 69 und 70 ein höherer Zuschlag begründet ist.[2])

1. Sogenannter Kontingentzuschlag. Die Bestimmung geht auf das frühere Vorrecht der drei genannten süddeutschen Staaten zurück, eine geringere Verbrauchsabgabe zu zahlen als in Norddeutschland.

2. Abs. 2 besagt, daß jeweils die günstigere Berechnung anzuwenden ist.

Abzüge und Zuschläge bei besonderen Verhältnissen.

§ 72.

Für Branntwein, der aus anderen Stoffen als Kartoffeln hergestellt wird, oder der in Brennereien erzeugt wird, die Hefe oder infolge Anwendung eines besonderen Verfahrens Stoffe gewinnen, deren Wert im Verhältnis zu dem des Branntweins erheblich ist,[1]) können Abzüge vom Branntweingrundpreis oder Zuschläge festgesetzt werden.[2]) Der Abzug oder Zuschlag für Branntwein, der in Brennereien mit Hefengewinnung hergestellt ist, kann verschieden bemessen werden, je nachdem Hefe nach dem Wiener Verfahren oder nach dem Würzeverfahren gewonnen wird.[3])

1. Stoffe, deren Wert erheblich ist: In den letzten Kriegsjahren wurde Glyzerin durch ein Gärungsverfahren erzeugt (sog. Protolbrennerei).

2. Zuschläge bestehen z. B. für Branntwein aus Wein, Kirschen, Himbeeren, Brombeeren, Heidelbeeren, Pfirsichen, Aprikosen, Zwetschen, Pflaumen, Mirabellen, Schlehen, Vogelbeeren, Holunderbeeren, Wacholderbeeren und Enzian.

Abschläge für andere Obststoffe.

3. Das Würzeverfahren ist das technisch vollkommenere; es kann dadurch das Wettbewerbsverhältnis zwischen alten Kornhefebrennereien und modernen Preßhefefabriken geregelt werden.

§ 73.

Für Branntwein, der über einer vom Reichsmonopolamte bestimmten Stärke abgeliefert wird[1]) oder sich durch besondere Reinheit auszeichnet, können Zuschläge zum Branntweingrundpreis und für Branntwein, der unter einer vom Reichsmonopolamte bestimmten Stärke abgeliefert wird oder erhebliche Verunreinigungen aufweist, Abzüge vom Branntweingrundpreise festgesetzt werden.

1. Solche Grenzen sind für Zuschläge zurzeit 93 bezw. 94 Gewichtsprozente, für Abschläge 80 Gewichtsprozente.

Überbrand.[1])

§ 74.

Für den außerhalb des Brennrechts hergestellten oder als außerhalb des Brennrechts hergestellt geltenden Branntwein werden Abzüge vom Branntweingrundpreise festgesetzt, die für Branntwein aus Obstbrennereien mindestens 10 Hundertteile, für Branntwein aus anderen Brennereien mindestens 20 Hundertteile des Branntweingrundpreises betragen sollen.

1. Die Bestimmung schützt den Durchschnittsbrand und damit die alten Brennereien. Es sind nur Mindestgrenzen im Gesetz genannt, es kann bis 99 Prozent festgesetzt werden. Zurzeit sind es 50 v. H., entsprechend den gesetzlichen Zuschlägen bei den Essigkontingenten.

Zahlung des Übernahmegeldes.

§ 75.

Die Reichsmonopolverwaltung ist zur Zahlung des Branntweinübernahmegeldes verpflichtet, sobald festgestellt ist, daß der Brennereibesitzer den ihm nach § 61 Abs. 1 und 2 obliegenden Verpflichtungen nachgekommen ist. Ergeben sich Anstände, für die der Brennereibesitzer nach § 61 Abs. 3 in Anspruch genommen werden kann, so kann bis zu deren Erledigung die Zahlung des Übernahmegeldes ganz oder teilweise ausgesetzt werden. Das Übernahmegeld ist von Ablauf der zweiten Woche nach dem Tage der Abfertigung ab mit 5 v. H. zu verzinsen, sofern die Verladung des abgefertigten Branntweins nicht durch dem Brennereibesitzer nachzuweisende Schuld über den zweiten nach der Abfertigung folgenden Werktag hinaus verzögert ist. Im letzteren Falle beginnt die Verpflichtung zur

Verzinsung des Übernahmegeldes erst mit Ablauf der zweiten Woche nach dem Tage der Verladung.

Die Zahlung des Übernahmegeldes gilt nicht als Leistung aus öffentlichen Kassen im Sinne des Artikels 92 des Einführungsgesetzes zum Bürgerlichen Gesetzbuch.[1])

1. Art. 92 EG. zum BGB. besagt, daß landesgesetzliche Vorschriften in Kraft bleiben, wonach Zahlungen aus öffentlichen Kassen abzuholen sind.

Achter Abschnitt.

Befreiung von der Ablieferung. Branntweinaufschlag.

§ 76.

Von der Ablieferung befreit ist:[1])

1. Kornbranntwein (§ 101) und solcher Branntwein, zu dessen Herstellung lediglich Stoffe der im § 27 bezeichneten Art verwendet worden sind,
2. Branntwein, der in Abfindungsbrennereien (§ 57) oder von Stoffbesitzern (§ 36) gewonnen ist.

Ferner ist auf Antrag von der Ablieferung zu befreien Branntwein aus Verschlußbrennereien mit einer Jahreserzeugung von nicht mehr als vier Hektoliter Weingeist, soweit der Branntwein nicht schon nach Abs. 1 Nr. 1 von der Ablieferung befreit ist.[2])

Die Reichsmonopolverwaltung ist zur Übernahme des nach Abs. 1 von der Ablieferung befreiten Branntweins nicht verpflichtet.[3])

1. Das Monopol hat erhebliche Lücken, da es die in § 76 genannten Branntweinarten nicht bewirtschaftet. Allerdings hat es durch Bemessung des Branntweinaufschlags auf die Preisgestaltung auch des monopolfreien Branntweins erheblichen Einfluß.

Monopolfrei sind also Kornbranntwein, Weinbrand, Obstbranntwein und das Erzeugnis gewisser kleinster Brennereien.

2. Der Antrag muß jeweils für das Betriebsjahr gestellt sein (§ 267 Br.O.).

3. Diese Bestimmung schützt die Monopolverwaltung davor, kleine Mengen einer von ihr sonst nicht bewirtschafteten Branntweinart anzunehmen.

§ 77.

Auf die Feststellung der Weingeistmenge findet § 59 Anwendung. Durch die Ausführungsbestimmungen können Ausnahmen zugelassen werden.

§ 78.

Für den von der Ablieferung befreiten Branntwein ist der Branntweinaufschlag zu entrichten.[1])

1. Der Branntweinaufschlag erscheint als eine Art von Rückkauf des Branntweins seitens des Herstellers von der Monopolverwaltung. Im technischen Sinne ist er keine Steuer (vgl. Vorbem. vor § 119 am Ende).

§ 79.

Der Branntweinaufschlag besteht in dem Unterschiede zwischen dem Branntweinübernahmepreise (§§ 63 bis 71 und 74) und dem regelmäßigen Branntweinverkaufpreise (§§ 88 ff.).[1]) Abweichend hiervon beträgt der Branntweinaufschlag:

1. für Verschlußbrennereien mit einer Jahreserzeugung von nicht mehr als 10 Hektoliter Weingeist 75 Hundertteile, von nicht mehr als 4 Hektoliter Weingeist 50 Hundertteile,
2. für abgefundene Brennereien mit einer Jahreserzeugung von nicht mehr als 3 Hektoliter Weingeist und für Stoffbesitzer mit einer Jahres-

erzeugung von nicht mehr als 50 Liter Weingeist
60 Hundertteile

des Unterschieds zwischen dem Branntweingrundpreise (§ 65) und dem regelmäßigen Verkaufpreise. Verschlußbrennereien ist für ihren im eigenen Betriebe hergestellten und verwerteten Branntwein ein von der Reichsmonopolverwaltung in gemeinschaftlicher Beschlußfassung mit dem Beirat festzusetzender Durchschnittssatz vom Branntweinaufschlag in Abzug [2]) zu bringen, welcher den Kosten der Reichsmonopolverwaltung für Reinigung, Lagerung und Beförderung bis zur Abgabe als gereinigter Branntwein entspricht.

Im Falle der Hinterziehung sind bei der Berechnung des nachzuentrichtenden Branntweinaufschlags und der Strafe Abzüge und Zuschläge (§§ 66 ff.) außer Ansatz zu lassen.

1. Beispiel: Wenn der regelmäßige Verkaufpreis 430 ℳ beträgt, der Grundpreis 50 ℳ, so ist der Aufschlag 380 ℳ je Hektoliter.

2. Der Abzug beträgt zurzeit (Ende 1925) 18,50 ℳ für das Hektoliter Weingeist.

§ 80.

Die Branntweinaufschlagschuld entsteht mit der Gewinnung des Branntweins. Der Branntweinaufschlag wird für den in Verschlußbrennereien hergestellten Branntwein zahlbar, sobald die Weingeistmenge durch Abfertigung festgestellt ist (§ 59), und fällig eine Woche nach Mitteilung des Betrags an den Schuldner; für den in Abfindungsbrennereien hergestellten Branntwein wird der Branntweinaufschlag zahlbar mit der Gewinnung und fällig eine Woche nach Schluß des Monats, in dem der Betrieb stattgefunden hat. Schuldner des Branntweinaufschlags ist der Brennereibesitzer.

Wird der Branntweinaufschlag nicht rechtzeitig entrichtet, so sind Verzugszinsen zu zahlen; § 104 der Reichsabgabenordnung und Artikel III § 2 des Gesetzes über die Berücksichtigung der Geldentwertung in den Steuergesetzen vom 20. März 1923 (RGBl. I S. 198) in der Fassung des Artikels I des Steuerzinsgesetzes vom 11. August 1923 (RGBl. I S. 774) finden entsprechende Anwendung. Außerdem kann die Finanzbehörde Vorausbezahlung oder Sicherstellung des Branntweinaufschlags verlangen, wenn die Zahlungsfrist wiederholt versäumt wird oder Gründe vorliegen, die den Eingang des Branntweinaufschlags gefährdet erscheinen lassen.

§ 81.

Den von der Ablieferungspflicht befreiten Branntwein kann der Hersteller frei verwerten. Branntwein aus Stoffen der im § 27 bezeichneten Art sowie Kornbranntwein (§ 101), der vom Hersteller nicht verwertet wird, ist der nach § 82 zugelassenen Stelle zum Branntweinübernahmepreise zu überlassen.

§ 82.

Die Reichsmonopolverwaltung hat auf Antrag eine Vereinigung von Brennereien, die Branntwein aus den im § 27 bezeichneten Stoffen herstellen, als diejenige Stelle zuzulassen, der der vom Hersteller nicht selbst verwertete Branntwein aus diesen Stoffen (§ 81) zu überlassen ist. Die Verpflichtung der Reichsmonopolverwaltung besteht nur gegenüber einer Vereinigung. [1]) Beantragen mehrere Vereinigungen die Zulassung, so entscheidet der Reichsrat. Die Vereinigung hat Sicherheit dafür zu bieten, daß die ihr gestellten Bedingungen erfüllt werden, insbesondere, daß der festgesetzte Übernahmepreis gezahlt wird. Die Reichsmonopolverwaltung kann die Zulassung zurücknehmen, wenn die Vereinigung ihren Verpflichtungen nicht nachkommt.

In gleicher Weise wie im Abs. 1 ist Kornbranntwein (§ 101) einer Vereinigung von Brennereien zu überlassen, die Kornbranntwein herstellen.

Soweit auf Grund des bisherigen Gesetzes Vereinigungen im Sinne der Abs. 1 und 2 zugelassen sind, hat es hierbei zu bewenden.

1. Bisher besteht als einzige Verwertungsstelle die mit Hilfe der Landwirtschaftskammer gegründete Deutsche Edelbranntweinstelle in Karlsruhe. Das Kornbrennereigewerbe hat keine Vereinigung gebildet, wobei das Verbot der Verarbeitung von Inlandsgetreide wohl eine maßgebliche Rolle spielte.

Neunter Abschnitt.

Branntweinverwertung und Branntweinhandel.

Erster Titel.

Branntweinverwertung durch die Reichsmonopolverwaltung.

I. Allgemeine Vorschriften.

§ 83.

Die Reichsmonopolverwaltung verwertet den Branntwein durch Verkauf des unverarbeiteten Branntweins [1]) oder durch Verkauf des zu Monopoltrinkbranntwein (Monopolerzeugnisse) verarbeiteten Branntweins.

1. Der unverarbeitete Branntwein wird von den Fachgewerben, sofern er hochgrädig ist, als Sprit bezeichnet. Die Herstellung von Monopolerzeugnissen ist mit dem 1. Sept. 1925 bis auf weiteres eingestellt worden. Vgl. Anm. 1 zu § 8 und Anm. 1 zu § 95.

§ 84.

Von dem zu regelmäßigen Verkaufpreisen (§ 90) abgesetzten und von dem zur Herstellung von Monopolerzeugnissen (§§ 95 ff.) verwerteten Branntwein ist eine Reineinnahme von mindestens viertausend Mark für das Hektoliter Weingeist (Hektolitereinnahme) an die Reichskasse abzuführen.[1])

1. Die Hektolitereinnahme ist an Stelle der ehemaligen Verbrauchsabgabe getreten. Diese betrug nach dem Branntweinsteuergesetz v. 15. Juli 1909 für das Hektoliter 125 ℳ. Im ersten Monopolgesetz waren 800 ℳ vorgesehen. Die hohe Zahl des Gesetzes erklärt sich aus der Geldentwertung der Inflationszeit. Das Betriebsjahr 1925/1926 beginnt mit einer Hektolitereinnahme von 280 ℳ für ein Hektoliter Weingeist.

§ 85.

Der Branntwein ist so zu verwerten, daß außer der Hektolitereinnahme (§ 84) und dem Übernahmepreise (§§ 62 ff.) gedeckt werden:

1. die sämtlichen Verwaltungs- und Geschäftskosten einschließlich des Besoldungsaufwandes für die Beamten der Reichsmonopolverwaltung,
2. die nach § 118 zu leistenden Zahlungen,
3. die für Entschädigungen auf Grund des neunten Abschnitts des Gesetzes über das Branntweinmonopol vom 26. Juli 1918 zu zahlenden Beträge.

§ 86.

Außer der Hektolitereinnahme ist der darüber hinausgehende Betrag der Reineinnahme an die Reichskasse abzuführen, soweit er nicht zu Betriebsmitteln oder sonstigen Verwaltungszwecken zurückzuhalten ist.

II. Verwertung des unverarbeiteten Branntweins.

§ 87.

Die Reichsmonopolverwaltung bestimmt unter Berücksichtigung der zur Verfügung stehenden Branntweinbestände, in welcher Menge, zu welchen Zwecken und an wen Branntwein abzusetzen ist.[1])

Der Branntwein darf zu anderen Zwecken, als er von der Reichsmonopolverwaltung abgegeben ist, ohne besondere Genehmigung nicht verwendet werden. Die Reichsmonopolverwaltung ist befugt, Maßnahmen zur Sicherstellung der bestimmungsmäßigen Verwendung des Branntweins zu treffen; sie kann bei Zuwiderhandlungen gegen ihre Anordnungen weitere Lieferungen ablehnen.[2])

Der zu ermäßigten Verkaufspreisen (§ 92) abzugebende Branntwein kann zur Sicherung gegen mißbräuchliche Verwendung vergällt werden.[3]) Die Vergällung des Branntweins ist entweder vollständig, d. h. derart, daß sie an sich als genügend erachtet wird, den Branntwein zum Trinkverbrauch unverwendbar zu machen, oder unvollständig, d. h. derart, daß außerdem weitere Maßnahmen zur Verhütung mißbräuchlicher Verwendung des Branntweins zu treffen sind. Die vollständige Vergällung des Branntweins steht ausschließlich der Reichsmonopolverwaltung zu.

1. Abs. 1 bietet die Handhabe zu Kontingentierungen, wie sie bei Knappheit an Sprit oft vorgenommen wurden.

2. Durch die allgemeine Angabe des Zwecks wird nicht ausgeschlossen, daß zum regelmäßigen Verkaufspreis bezogener Sprit beliebig verwendet wird. Das Steuergesetz denkt an Sicherung des Steueraufkommens. Verboten soll werden, daß ein Sprit mit

preisbegünstigtem Verwendungszweck zu einem Zweck verwendet wird, zu dem sonst nur voll versteuerter Sprit verwandt werden darf.

Durch Verordnung des Finanzministers v. 29. Juni 1925 (Reichszollblatt Nr. 21) sind hinter dem § 127 der Branntweinverwertungsordnung eine Reihe von Bestimmungen eingeschoben, durch die auch für die weiterverarbeitenden Betriebe eine Buchführung und Anmeldepflichten hinsichtlich des von ihnen bezogenen, gelagerten oder abgegebenen Sprits eingeführt werden.

Rohbranntwein und Sprit, die lediglich durch Zusatz von Wasser trinkfertig gemacht werden, gelten als verarbeitet, wenn die Herabsetzung auf 40 Raumhundertteile und weniger erfolgt und wenn sie unter einer verkehrsüblichen Bezeichnung verkauft werden, die sie als trinkfertig erscheinen lassen.

Sehr weitgehend ist insbesondere die dem Abgeber unverarbeiteten Branntweins auferlegte Verpflichtung, sich davon zu überzeugen, daß der Empfänger der Sendung bei seiner Zollstelle als verarbeitender Betrieb richtig angemeldet ist. Der Reichsfinanzminister hat es ausdrücklich abgelehnt, auch dem Empfänger von Sprit die entsprechende Verpflichtung hinsichtlich des Abgebers aufzubürden. Vgl. das Schreiben des Reichsfinanzministers S. 286.

Die neuen Bestimmungen siehe in der VO. Vgl. hierzu Anm. 2 zu § 100.

3. Einzelheiten über vollständige Vergällung und den Handel mit Brennspiritus enthalten die §§ 88 bis 94 der Branntweinverwertungsordnung, über unvollständige Vergällung die §§ 95 bis 109. Vgl. auch die Anlage zu den Ausf. Best. „Technische Bestimmungen".

§ 88.

Die Reichsmonopolverwaltung verwertet den unverarbeiteten Branntwein zu regelmäßigen und zu ermäßigten Verkaufpreisen (§§ 90, 92).[1])

1. Es gibt nur einen Regelpreis, dagegen eine ganze Stufenleiter von ermäßigten Preisen. Die vom Gesetz gebrauchte Mehrzahlform ist ungenau.

§ 89.

Die Verkaufpreise (§§ 90, 92) werden von der Reichsmonopolverwaltung in gemeinschaftlicher Beschlußfassung mit dem Beirat festgesetzt und öffentlich bekanntgemacht. Die Reichsmonopolverwaltung setzt die Bezugsbedingungen fest und macht sie in gleicher Weise bekannt.[1])

Für Branntwein, der einem besonderen Reinigungsverfahren unterlegen hat, sowie für Branntwein, der in anderen Gefäßen als in Kesselwagen geliefert wird, kann die Reichsmonopolverwaltung besondere Zuschläge zu den Verkaufpreisen festsetzen.[2])

1. Die öffentliche Bekanntmachung erfolgt durch den Reichsanzeiger, das Reichszollblatt und das Zentralblatt für das Deutsche Reich (§ 82 der Branntweinverwertungsordnung). Die Bezugsbedingungen erhalten ihre Bedeutung dadurch, daß jeder Besteller formularmäßig darauf Bezug nehmen muß und nur bei Unterwerfung unter diese Bedingungen beliefert wird.

2. Das besondere Reinigungsverfahren ist eine nochmalige Filtration in der Reinigungsanstalt, von der Monopolverwaltung als „Weinsprit" oder „Weinsprit Marke Adlershof" bezeichnet. Von der Befugnis des Schlußhalbsatzes ist bisher kein Gebrauch gemacht.

§ 90.

Zu regelmäßigen Verkaufpreisen ist der Branntwein zu verwerten, soweit er nicht zu ermäßigten Verkaufpreisen (§ 92) abgegeben werden darf oder zur Herstellung von Monopolerzeugnissen (§§ 95 ff.) verwendet wird.[1])

1. Der Sprit zum Regelpreis ist der voll versteuerte Sprit, also insbesondere der zur Trinkbranntweinherstellung abgegebene. Aber auch andere Gruppen müssen voll versteuerten Sprit beziehen, z. B. Apotheken, Likóressenzenfabriken usw.

§ 91.

Wird von der Reichsmonopolverwaltung zu regelmäßigen Verkaufpreisen abgegebener Branntwein unter amtlicher Überwachung[1]) versandt, gelagert oder weiterverarbeitet, so kann der Branntwein mit dem der Hektolitereinnahme entsprechenden Teile des regelmäßigen Verkaufpreises belastet bleiben, bis er in den freien Verkehr tritt. Die Hektolitereinnahme ist nach demjenigen Satze zu erheben, der im Zeitpunkt des Übertritts des Branntweins in den freien Verkehr gilt.[2])

Auf Branntwein, der dem Branntweinaufschlag oder dem Monopolausgleich unterliegt, finden die Vorschriften des Abs. 1 entsprechende Anwendung.

Die näheren Bestimmungen, insbesondere über die Zahlung und Beitreibung der Hektolitereinnahme, über die Verpflichtung zur Entrichtung von Verzugszinsen im Falle der nicht rechtzeitigen Zahlung, ferner darüber, inwieweit die Hektolitereinnahme für den während der Versendung, Lagerung oder Weiterverarbeitung entstehenden Schwund unerhoben bleiben kann, trifft der Reichsminister der Finanzen.

1. Unter amtlicher Überwachung stehender Branntwein kann nur mit Branntweinbegleitscheinen versandt werden. Einzelheiten darüber enthalten die §§ 1 bis 39 der Branntweinverwertungsordnung. Die Lagerung von Branntwein wird in den §§ 40 bis 77 ebenda geregelt Die Bestimmungen regeln die Formalitäten bei Ermittlung des Weingeistgehalts vor Abgang

und bei Ankunft von Sendungen sowie bei Aufnahme und bei Verlassen des Lagers.

2. Nach § 73 der Grundbestimmungen wird der Unterschied zwischen Regelpreis und Steuer als Spitze bezeichnet. Die „Bestellung zum Spitzenpreis" ermöglicht das Hinlegen von Sprit auf ein Eigenlager mit dem Vorbehalt späterer Versteuerung. Bei Wechsel des Betrages der Hektolitereinnahme in der Zeit zwischen Bestellung und Abfertigung der Ware in den freien Verkehr kommt stets der Steuersatz des Abfertigungstages zur Anwendung.

Falls eine Bestellung zum Spitzenpreis als Begleitscheinsendung bei der Verwertungsstelle bestellt war, kann während Rollens der Sendung die Umwandlung in einen „Vollkauf" vorgenommen werden. Weist der Adressat die Zahlung der Hektolitereinnahme nach, so ist die Sendung bei Ankunft zum freien Verkehr abzufertigen. (§ 25 Abs 1 Satz 3 der Branntweinverwertungsordnung.)

§ 92.

Zu ermäßigten Verkaufpreisen ist nach näherer Bestimmung des Reichsrats Branntwein abzugeben, der zur Bereitung von Speiseessig, zu Putz-, Heizungs-, Koch- und Beleuchtungszwecken oder zu gewerblichen Zwecken verwendet wird, soweit sie nicht im Abs. 2 aufgeführt sind.[1])

Nach näherer Bestimmung des Reichsrats darf Branntwein auch zur Herstellung von Heilmitteln, Riech- und Schönheitsmitteln und Essenzen für alkoholfreie Getränke, Backzwecke und Zuckerwaren zu ermäßigten Verkaufpreisen abgegeben werden, sofern der Branntwein zu Genußzwecken unbrauchbar gemacht oder unter ständiger amtlicher Überwachung verarbeitet wird.[2]) Diese ermäßigten Verkaufpreise müssen den Branntweingrundpreis, einen angemessenen Anteil an den Verwaltungskosten (§ 85) und einen an die Reichskasse abzuführenden Betrag von mindestens 800 Mark enthalten.

1. Der Preis des Abs. 1 wird in der Branntweinverwertungsordnung (§ 83) als „allgemeiner ermäßigter Verkaufspreis" bezeichnet, der des Abs. 2 als „besonderer ermäßigter Verkaufspreis". Der erstere betrug zu Beginn des Betriebsjahrs 1925 für das Hektoliter 30 ℳ, der letztere 200 ℳ, während der Beschluß des Beirats auf 300 ℳ gelautet hatte.

Nähere Bestimmungen über den Umfang, in dem der vollständig vergällte Spiritus verwendet werden darf, geben die §§ 83 bis 87 der Branntweinverwertungsordnung, die auch den Handel mit dieser Spiritusart regeln.

2. Die Voraussetzungen für den Bezug von Branntwein zur unvollständigen Vergällung werden nach § 95 Abs. 2 der Branntweinverwertungsordnung im Reichszollblatt und im Zentralblatt für das Deutsche Reich bekanntgegeben, soweit sie für einen größeren Bezieherkreis von Bedeutung sind.

§ 93.

Die auf Grund des § 148 Abs. 1 und 2 des Gesetzes über das Branntweinmonopol vom 26. Juli 1918 festgesetzten Rechte zum Bezuge von Branntwein zur Speiseessigbereitung bleiben bis zum 30. September 1929 in Geltung. Der Reichsrat wird jedoch ermächtigt, die Bezugsrechte für einzelne Betriebsjahre unter Berücksichtigung des voraussichtlichen Bedarfs an Speiseessig zu kürzen.[1])

Der Verkaufpreis für Branntwein, dessen Menge die dem Bezugsrecht (Abs. 1) entsprechende Weingeistmenge übersteigt, erhöht sich um 50 Hundertteile.

Die Bezugsrechte sind unbeschränkt übertragbar und auf Antrag in Betriebsrechte (§ 162) umzurechnen.

1. Die Bestimmung betrifft die für die Gärungsessigindustrie geltenden Rechte zum kontingentierten Bezuge von Branntwein. Es wird auf die Erläuterungen zu den §§ 160 bis 162 verwiesen, die für die Essigessenzindustrie gelten.

§ 94.

Bei der Ausfuhr von Branntwein durch die Reichsmonopolverwaltung findet § 105 Anwendung.[1])

1. Die Bestimmung entbindet die Verwaltung gegenüber der Reichskasse von der Zahlung der Steuer (Hektolitereinnahme, Aufschlag oder Ausgleich) bei Spritverkäufen nach dem Ausland. Der Fall ist wiederholt praktisch geworden.

III. Herstellung und Vertrieb der Monopolerzeugnisse.[1])

§ 95.

Die Reichsmonopolverwaltung darf nur die dem Massenverbrauche[2]) dienenden einfachen Trinkbranntweine herstellen.[3]) Als solche sind insbesondere Verschnitte von Weinbrand, Arrak und Rum und solche gesüßten Branntweine,[4]) die mehr als 10 Kilogramm Zucker in 100 Liter enthalten, nicht anzusehen.

1. Monopolerzeugnisse sind aus Branntwein hergestellte Trinkbranntweine. Andere alkoholhaltige Zubereitungen wären z. B. die pharmazeutischen Tinkturen, kosmetische Präparate u. a.

2. In den Motiven zum Gesetz von 1918 heißt es hierzu: „Die überwiegende Menge des Trinkbranntweins besteht in auf Trinkstärke herabgesetztem Sprit, dem häufig Essenzen, ätherische Öle oder Kornlutter zugesetzt sind. Diese alkoholischen Getränke

werden in großem Umfang „auf kaltem Wege“ hergestellt, ohne daß besondere verteuernd wirkende Kosten in Betracht kommen. Nur etwa 10 bis 15 Hundertteile der Trinkbranntweine sollen Liköre im engeren Sinne, Bitterschnäpse, Edelbranntweine sein. Die Monopolverwaltung wird die großen Mengen einfacherer Trinkbranntweine liefern.“

3. Zurzeit hat die Monopolverwaltung freiwillig die Herstellung von Trinkbranntwein ganz eingestellt, während sie bei Vorlage des Gesetzes das Recht zur Herstellung aller Spirituosen in Anspruch nahm. Vgl. § 83.

4. Gesüßte Branntweine sind nicht immer Liköre, da letztere nach § 100 und der dazu ergangenen Bekanntmachung v. 18. Juni 1922 (hinter dem Gesetz) wenigstens 20 v. H. Extrakt (Zucker) haben müssen. Die Liköre sind ebenso wie die genannten Verschnitte dem Geschäftskreise des Monopolamtes entzogen.

§ 96.

Die Monopolerzeugnisse sind an jeden, der sich gewerbsmäßig mit dem Verkaufe von Trinkbranntwein an Verbraucher befaßt (Wiederverkäufer), nach Maßgabe der zur Verfügung stehenden Bestände zu liefern. Reichen die Bestände zur vollen Deckung des Bedarfs nicht aus, so bestimmt die Reichsmonopolverwaltung den Kreis der Bezugsberechtigten.

Die Reichsmonopolverwaltung kann die Lieferung ablehnen, wenn der Wiederverkäufer wiederholt wegen Verletzung der Vorschriften der §§ 119 ff. bestraft worden ist.

Der Raumgehalt der Kleinverkaufbehältnisse, in denen Monopolerzeugnisse geliefert werden, darf nicht kleiner als 0,25 Liter sein. Der Reichsminister der Finanzen kann Ausnahmen zulassen.

§ 97.

Wiederverkäufer sind, soweit sie Monopolerzeugnisse in einzelnen Mengen von 0,25 Liter oder mehr abgeben, an die von der Reichsmonopolverwaltung festgesetzten Preise gebunden. Sie dürfen die Abgabe in diesen Mengen, sofern die Erzeugnisse nicht an der Verkaufstelle verzehrt werden, nicht verweigern.

§ 98.

Wiederverkäufern ist verboten:[1])

1. die Monopolerzeugnisse in Weingeistgehalt, Geruch, Geschmack oder Aussehen zu verändern; jedoch ist das Mischen der Monopolerzeugnisse miteinander oder mit anderen Stoffen auf Verlangen des Verbrauchers zum Zwecke des sofortigen Genusses gestattet;
2. die Verschlüsse der Kleinverkaufbehältnisse oder die zu ihrer Sicherung angebrachten Vorkehrungen zu entfernen, bevor die Behältnisse geöffnet werden;
3. die in Kleinverkaufbehältnissen gelieferten Monopolerzeugnisse anders als unmittelbar aus den Behältnissen, in denen sie geliefert sind, abzugeben;
4. die in Kleinverkaufbehältnissen gelieferten Monopolerzeugnisse in Mengen von 0,25 Liter oder mehr anders als in den verschlossenen Kleinverkaufbehältnissen der Reichsmonopolverwaltung abzugeben.

Der Reichsminister der Finanzen kann Ausnahmen von den Vorschriften im Abs. 1 Nr. 3 und 4 zulassen.

1. Durch die Einstellung der Trinkbranntweinherstellung seitens der Monopolverwaltung sind die §§ 96 bis 98 praktisch bedeutungslos geworden.

Zweiter Titel.

Branntweinverwertung durch andere als die Reichsmonopolverwaltung und Branntweinhandel.

§ 99.

Außerhalb des Monopolbetriebs darf verwertet werden:

1. von der Reichsmonopolverwaltung bezogener Branntwein nach Maßgabe der Vorschrift des § 87 Abs. 2,
2. inländischer Branntwein, der von der Ablieferung an die Reichsmonopolverwaltung befreit ist, und aus dem Ausland eingeführter Branntwein, dessen Einfuhr der Reichsmonopolverwaltung nicht vorbehalten ist oder dessen Einfuhr durch andere von der Reichsmonopolverwaltung gestattet worden ist.

§ 100.

Die Verwertung von Branntwein[1]) außerhalb des Monopolbetriebs zur Herstellung von Trinkbranntwein ist zulässig, soweit für den Branntwein der regelmäßige Verkaufpreis oder der Branntweinaufschlag oder der regelmäßige Monopolausgleich entrichtet worden ist.[2])

Im Inland darf Trinkbranntwein[3]) nur unter Kennzeichnung des Weingeistgehalts in Raumhundertteilen in den Verkehr gebracht werden.[4]) Die Kennzeichnung hat bei Lieferungen in Behältnissen von mehr als einem Liter Inhalt auf der Rechnung, bei Lieferung in Behältnissen bis zu einem Liter Inhalt auf dem Flaschenschild zu erfolgen.[5])

Im Inland dürfen Arrak, Rum[6]) und Obstbranntwein[7]) sowie Verschnitte[8]) davon und Steinhäger[9]) nur mit einem Weingeistgehalt von mindestens 38 Raumhundertteilen, sonstige Trinkbranntweine nur mit einem Weingeistgehalt von mindestens 35 Raumhundertteilen in den Verkehr gebracht werden.[10]) [11]) Die Reichsmonopolverwaltung kann in gemeinsamer Beschlußfassung mit dem Beirat Ausnahmen für besondere Gegenden und besondere Trinkbranntweinarten zulassen.[10])

Trinkbranntwein, der in Flaschen oder ähnlichen Gefäßen gewerbsmäßig verkauft oder feilgehalten wird, muß eine Bezeichnung tragen, die erkennen läßt, ob der Trinkbranntwein im Inland oder Ausland fertiggestellt[12]) ist. Außerdem sind der Fertigsteller und der Ort der Fertigstellung anzugeben sowie der Sitz der Firma, wenn dieser mit dem Orte der Fertigstellung nicht übereinstimmt.[13]) Es ist verboten, den Flaschen eine Ausstattung zu geben, die geeignet ist, den Käufer über die Herkunft irrezuführen.[14])

Das Nähere regeln die Ausführungsbestimmungen.

Die Vorschriften im § 18 des Weingesetzes vom 7. April 1909 (RGBl. S. 393 ff.) bleiben unberührt.[15])

1. Hierzu die §§ 127 bis 131 BwO.

2. Die Ausf.Best. (Bw.O. § 127 Abs. 1) fassen die Verwendungsfreiheit für Branntwein, soweit er zum regelmäßigen Verkaufspreis bezogen ist oder für ihn der Branntweinaufschlag bezw. der Monopolausgleich gezahlt sind, etwas umfassender als der Gesetzestext. Während dieser nur von der Trinkbranntweinherstellung spricht, gestatten die Ausf.Best. Verwendung zu

beliebigen Zwecken, soweit nicht bei Überlassung des Branntweines durch die Monopolverwaltung bestimmte Bedingungen festgesetzt wurden.

Wegen Branntweinaufschlag vgl. § 79, wegen Monopolausgleich §§ 151 und 152.

Nachdem durch die Verordnung v. 29. Juni 1925 eine Buchführungspflicht eingeführt wurde, ist durch die neuen §§ 127 a bis h Bw.O. die Verarbeitung von Branntwein insofern ein wichtiger Rechtsbegriff geworden, als im § 127 c bei der Weitergabe von Branntwein zwischen verarbeitetem und unverarbeitetem erhebliche Unterschiede gemacht wurden. Während „verarbeiteter" Branntwein seine Erledigung durch Abschreiben im Aufsichtsbuch findet, muß bei unverarbeitetem die zuständige Zollstelle nach § 127 e Bw.O. benachrichtigt werden. Die neuen §§ 127a bis h siehe hinter dem Gesetz in der BwO. Dort befindet sich auch die Verordnung selbst. Vgl. auch Anm. 2 zu § 87.

Auf eine Eingabe des Verbandes Deutscher Spiritus- und Spirituosen-Interessenten e. V. hat sich der Reichsminister der Finanzen am 25. Juli 1925 — II Bst. 4870 — hierzu wie folgt geäußert:

„. . .

Hinsichtlich der Frage, wann Branntwein als verarbeitet anzusehen ist und daher der Buchführungspflicht nicht mehr unterliegt, habe ich folgende Regelung getroffen:

In Brennereien hergestellter Branntwein, der an sich trinkfertig ist, unterliegt, wenn die Abgabe ohne weitere Verarbeitung erfolgt, dem Anmeldungszwang nach § 127 e Abs. 1 der Branntweinverwertungsordnung. Jeder Erwerber solchen Branntweins hat den Zugang in seinem Branntweinvertriebsbuch zu vermerken. Soweit er ihn unverarbeitet weitergibt, hat er ferner die Abgabe ebenfalls vorschriftsmäßig anzumelden. Als **Verarbeitung** kann die Umfüllung auf Flaschen und deren verkaufsfertige Verschließung und Ausstattung angesehen werden.

Rohbranntwein und Sprit, der lediglich durch Zusetzen von Wasser trinkfertig hergestellt ist, gilt als verarbeitet im Sinne der Verordnung vom 29. Juni 1925 dann, wenn die Herabsetzung auf 40 Raumhundertteile und weniger erfolgt, und wenn er mit einer im Verkehr üblichen Bezeichnung, z. B. Ostdeutscher, Richtenberger, Korn u. ä., abgegeben wird, die ihn als fertigen Trinkbranntwein kennzeichnet.

Branntwein, der lediglich dem wiederholten Abtriebe (Wienen, Feinbrand) unterworfen oder gereinigt ist, gilt noch nicht als verarbeitet.

Der dortigen Anregung, die dem Abgeber von unverarbeitetem Branntwein durch § 127 e Abs. 1 der Branntweinverwertungsordnung auferlegte Verpflichtung, sich davon zu überzeugen, daß der Empfänger nach den Bestimmungen des § 127 a bei der Zollstelle angemeldet ist, auch auf den Empfänger in bezug auf den Abgeber auszudehnen, beabsichtige ich vorläufig keine Folge zu geben. Der Empfänger wird sich wie bisher unter Beobachtung der im Geschäftsverkehr üblichen Sorgfalt vergewissern müssen, ob gegen den Erwerb von Branntwein im einzelnen Falle keine Bedenken bestehen."

Das Verlangen der Herabsetzung von Sprit auf 40 % für den in Rede stehenden Zweck geht etwas zu weit. 50 % hätten genügt, nicht nur wegen der Frachtdifferenz, sondern auch wegen des Umstandes, daß ohnehin schon zu alkoholarme Trinkbranntweine noch weiter nach der Richtung „Alkoholverarmung" gezwungen werden.

3. Trinkbranntwein ist die aus Branntwein hergestellte oder doch herstellbare trinkfertige Ware. Vgl. Anm. 1 zu § 3. Die Motive zum Gesetz von 1918 bemerkten hierzu:

„Auf der 11. Hauptversammlung Deutscher Nahrungsmittelchemiker sind Beschlüsse über die Beurteilung der Trinkbranntweine gefaßt worden. Danach sind „Trinkbranntweine alkoholische Getränke, die entweder durch Destillation alkoholhaltiger Flüssigkeiten oder auf kaltem Wege aus Alkohol verschiedenen Ursprungs, Wasser und Geruch- und Geschmackstoffen verschiedenen Ursprungs hergestellt werden". Dieser Umschreibung dürfte zuzustimmen sein mit dem Bemerken, daß der Zusatz von Geruch- und Geschmackstoffen verschiedenen Ursprungs zum Alkohol-Wasser-Gemisch wohl auch nach der Absicht der Umschreibung kein Erfordernis zur Erfüllung des Begriffsinhaltes ist. Als Trinkbranntweine im Sinne der Vorschriften über die Erhebung der Verarbeitungsgebühr sind auch diejenigen alkoholhaltigen Erzeugnisse anzusehen, die, wie Punsch-, Glühwein-, Grog-Essenzen und -Extrakte, regelmäßig zwar nicht als Trinkbranntweine Verwendung zu finden bestimmt sind, aber hierzu sehr wohl dienen können."

Die in Anm. 2 wiedergegebene Äußerung des Reichsfinanzministers, daß ein mit Wasser wenigstens auf 40 Raumhundertteile herabgesetzter Branntwein als „verarbeitet", d. h. also als fertiger Trinkbranntwein zu behandeln sei, stimmt mit der gegebenen Definition überein. Wegen „Fertigstellen" siehe hierunter Anm. 12.

4. Die Angabe des Weingeistgehaltes hat (Bw.O. § 128) in ganzen oder halben, nach oben abgerundeten Raumhundertteilen zu geschehen. Die Bestimmung betrifft alle Trinkbranntweine mit alleiniger Ausnahme des Weinbrandes und Kognaks, die durch § 18 des Weingesetzes (vgl. auch den Abs. 6 des § 100) geregelt sind. Vgl. dort S. 68.

5. Im Gesetzentwurf war ein vollständiger Verpackungszwang für die Nichtmonopoltrinkbranntweine vorgesehen gewesen. Es sollten keine Gefäße mit weniger als 0,25 Liter oder mehr als ein Liter Rauminhalt zugelassen sein. Offene Ware sollte also verboten sein. Der Reichstag hat dem aber nicht zugestimmt.

Dagegen darf die Monopolverwaltung kleinere Verkaufsbehältnisse als zu 0,25 Liter im allgemeinen nicht benutzen. Vgl. §§ 95 bis 97.

6. Wegen Arrak und Rum vgl. Anm. 2 zu § 3. Wegen des sog. „Deutschen Rum" siehe Anm. 1 zu § 27.

7. Obstbranntweine sind nach § 27 des Gesetzes und § 2 Abs. 4 Br.O. die aus den dort aufgeführten Rohmaterialien hergestellten Branntweine. Der Ausdruck „Obstbranntwein" ist hier nicht eng oder streng nahrungsmittelrechtlich, sondern umfassend, lediglich verkehrsrechtlich so auszulegen, daß er alles mitbegreift, was in den Obstbrennereien hergestellt werden darf und unter dem Namen des betreffenden Rohstoffes in Verkehr gebracht wird. Mit Ausnahme der durch §§ 101 und 102 geschützten Branntweine dürfen auch Verschnitte von ihnen vertrieben werden.

8 „Verschnitt" bedeutet allgemein eine verdünnte Ware. Aber die Gepflogenheiten der Art, wie der Verschnitt auszuführen sei, stimmen bei den einzelnen Lebensmitteln nicht überein.

Wein z. B. darf nur mit Wein gestreckt werden unter Beobachtung zum Teil genauer Vorschriften durch das Weingesetz.

Weinbrand wird in der Art verschnitten, daß in Wirklichkeit nur das Weindestillat mit Branntwein entsprechender Stärke gestreckt wird, daß aber die übrigen Bestandteile im Weinbrandverschnitt sich in etwa der gleichen Menge wie im Weinbrand vorfinden. Als Kirschwasser, Zwetschgenwasser (§ 102) noch verschnitten werden durften, diente dazu nichts als Alkohol angemessener Stärke.

Arrak wird noch jetzt in gleicher Art gestreckt.

Bei Rum ist es dagegen von jeher üblich, den Verschnitt nachzufärben, bis er etwa wieder die Nuance des angewendeten Rums hat. Dieser selbst ist auch stets gefärbt, so daß eine Täuschung durch die Nachfärbung bezüglich des Rumgehaltes im Verschnitt nicht zustande kommen kann.

Wegen des zu verwendenden Farbstoffes besteht bei manchen Chemikern die Vorstellung, als dürfe nur aus Zucker hergestellte Farbe, sog. Zuckercouleur zum Braunfärben Anwendung finden, weil für Weinbrand diese Bestimmung im Weingesetz enthalten ist. Für andere Spirituosen besteht keinerlei andere Vorschrift als die im sog. Farbengesetz (S. 14) enthaltene.

Ein beamteter Chemiker geht sogar so weit, in seinem Buche eine bezügliche französische Verfügung mit ihrem Datum für eine Verordnung des preußischen Landwirtschaftsministers auszugeben!

Die französische Verordnung v. 8. März 1912 verbietet andere als pflanzliche Farbstoffe, nur für Kognak und Rum verlangt sie Karamel.

Da es für den Gewerbetreibenden schließlich (auch bezüglich der Kosten) ganz gleich bleibt, ob er Zuckerfarbe oder Teerfarbstoff nimmt, so wird er zur Vermeidung von Streiterei und Prozeß seine Rumverschnitte der Einfachheit wegen mit Zuckerfarbe nachdunkeln.

Auch für einige andere Spirituosen ist eine Art Zeitungskrieg darüber entstanden, ob man gewisse Liköre färben dürfe. Es kann gar nicht zweifelhaft sein, daß der Likörfabrikant gleiches Recht genießt wie der Zuckerbäcker, d. h. daß er seine Waren so ausstatten darf, daß sie auch dem Auge gefällig erscheinen. Abgesehen von den direkt als „weiß" (im Gegensatz zu anderen) bezeichneten Spirituosen (weißer Kakaolikör — brauner Kakaolikör; weißer Curaçao — brauner Curaçao; weißer Ingwer — brauner Ingwer usw.) gibt es fast gar keine farblosen Liköre. Gewohnheitsmäßig erwartet man den Rosenlikör rot, den Pfefferminzlikör grün, den Pomeranzen- braun und den Blutorangenlikör folgerichtig rot. Kein Mensch, der überhaupt von diesen Dingen etwas weiß, erwartet etwas anderes als das Aroma der namengebenden Pflanzen oder Früchte. Lediglich die sogenannten Fruchtsaftliköre machen insofern eine Ausnahme, als sie die gleichen Bedingungen wie die betreffenden Fruchtsäfte erfüllen müssen.

Diese gefärbten Liköre brauchen auch keine Kennzeichnung zu tragen, da der Farbstoffzusatz selbstverständlich ist. Das gleiche gilt für nachgefärbten Rumverschnitt.

Resumierend: Weinbrand darf nur mit Karamel ebenso wie Weinbrandverschnitt gefärbt werden. Liköre aus Fruchtsäften sollen diese so enthalten, als wenn sie unverarbeitet wären. Die übrigen Spirituosen dürfen nicht durch das Farbengesetz verbotene Farbstoffe enthalten. Rumverschnitt färbe man aus Zweckmäßigkeitsgründen mit Zuckerfarbe.

Wegen des Gehaltes der Verschnitte an Urstoff vgl. Anm. 11 zu diesem Paragraphen.

9. Wegen Steinhäger vgl. § 102 Abs. 2.

10. Nachdem durch Bekanntmachung v. 28. Juni 1922 (Teil IV Nr. 20, hinter den Ausf.-Best.) von der Vollmacht des Abs. 3 letzter Satz Gebrauch gemacht ist, regeln sich die Mindestalkoholstärken für die einzelnen Trinkbranntweine wie folgt:

(Die angegebenen Alkoholstärken sind die gesetzlichen Mindestzahlen. Sie erlauben daher keine, wenn auch noch so geringfügige Unterschreitung. Wer mit Alkoholschwund zu rechnen hat, wolle diesen äußerst wichtigen Umstand nicht aus dem Auge lassen. Es könnte ihm sonst sehr erheblicher Schaden zustoßen. Die Zollbehörden beschlagnahmen abweichende Ware ohne weiteres und führen überdies noch die Bestrafung herbei.)

Weinbrand (§ 18 WG.)	38 v. H.
Weinbrandverschnitt (§ 18 WG.)	38 „ „
Arrak (§ 100 MG.)	38 „ „
Arrakverschnitt (§ 100)	38 „ „
Rum (§ 100)	38 „ „
Rumverschnitt (§ 100)	38 „ „
Kornbranntwein (§ 100)	35 „ „
Kornbranntweinverschnitt nicht gestattet (§ 101)	—
Kirschwasser (§ 100)	38 „ „
Kirschwasserverschnitt nicht gestattet (§ 102) . .	—
Zwetschenwasser (§ 100)	38 „ „
Zwetschenwasserverschnitt nicht gestattet (§ 102)	—

Heidelbeergeist	38 v. H.
Heidelbeergeistverschnitt *nicht gestattet*	—
Steinobstbranntwein	38 „ „
Steinobstbranntweinverschnitt *nicht gestattet*	—
Kernobstbranntwein	38 „ „
Kernobstbranntweinverschnitt *nicht gestattet*	—
Andere Obstbranntweine, nach Früchten benannt	38 „ „
Andere Obstbranntweinverschnitte, nach Früchten benannt, *nicht gestattet*	—
Obstbranntwein, *nicht* nach Früchten benannt (§ 100)	38 „ „
Obstbranntweinverschnitt, *nicht* nach Früchten benannt (§ 100)	38 „ „
Steinhäger (§ 100)	38 „ „
Eier- und Schokoladenlikör (Bek.)	20 „ „
Kakao-, Tee-, Kaffeelikör (Bek.)	25 „ „
Schwedischer Punsch (Bek.)	25 „ „
Alle sonstigen Spirituosen (Liköre) mit wenigstens 20 v. H. Extrakt (Bek.)	30 „ „
Alle nicht besonders aufgeführten Trinkbranntweine (§ 100)	35 „ „

11. *Ungeregelt* ist bisher, bis auf den dem Weingesetz unterstellten Weinbrandverschnitt, die Frage, *wieviel Originaltrinkbranntwein in den* aus ihnen gewonnenen *Verschnitten* enthalten sein müsse, soweit diese überhaupt zugelassen sind.

Für Weinbrandverschnitt fordert § 18 WG., daß wenigstens 10 v. H. des Gesamtalkoholgehalts aus Weinbrand stammen müssen. Es ist aber weder rechtlich noch praktisch gerechtfertigt, den gleichen Anspruch nun einfach auf andere Verschnittbranntweine zu übertragen. *Mehr* als 10 v. H. des Gesamtalkoholgehaltes wird man nirgends als aus dem unverschnittenen Branntwein herrührend verlangen dürfen, in besonderen Fällen, z. B. bei Rumverschnitt, nur die Hälfte davon, also 5 v. H. Doch bleibt diese Frage einstweilen offen. Es hängt sehr viel von der

Ausgiebigkeit der Originalware ab, von der jedenfalls so viel vorhanden sein muß, daß ihr besonderer Charakter im Verschnitt voll zum Ausdruck gelangt, nicht etwa nur angedeutet ist.

12. Als Ort der Fertigstellung gilt der Ort, an dem die letzte Manipulation an dem Branntwein vorgenommen wurde, auch wenn diese nur in der Herabsetzung auf Trinkstärke (siehe Anm. 10) besteht. Das einfache Abfüllen auf Flaschen ist keine Fertigstellung, da die Ware dabei nicht substantiell verändert wird. Vgl. § 130 Bw.O. Daraus folgt umgekehrt, daß auf Flaschen gefüllter Branntwein nicht immer als „fertiggestellt" anzusehen ist. Ein Kirschwasser von 60 oder gar 70 v. H. ist auch auf Flaschen nicht ohne weiteres trinkfertig.

13. Die Bezeichnungsvorschriften aus dem Gesamtinhalt des § 100 in Verbindung mit §§ 130 und 131 Bw.O. lassen sich folgendermaßen gruppieren. Es sind diese Möglichkeiten vorhanden:

a) Ursprungsland: Deutsches Erzeugnis, oder Ausländisches Erzeugnis, oder Ausländisches Erzeugnis, in Deutschland fertiggestellt.

b) Die Bezeichnung des Inhaltes, z. B. Jamaika-Rum, oder Rumverschnitt, oder Kornbranntwein, oder Cherry Brandy, oder Cordial Medoc, oder Stonsdorfer, oder usw. usw.

c) Der Alkoholgehalt, z. B. 38 Volumprozent oder 30 Volumprozent, oder dergl.

d) Des Herstellers Firma und Wohnort, wenn er gleichzeitig auch der Fertigsteller ist, oder der Name und Wohnort des Fertigstellers, wenn es sich um ein ausländisches Erzeugnis handelt, oder die Firma des Fertigstellers, wenn die Fertigstellung nicht am Sitze der herstellenden Firma erfolgte, oder wenn ein anderer als der Hersteller die Ware auf Flaschen gefüllt hat, Firma und Wohnsitz beider.

e) Einige Beispiele mögen die Etikettierung nach § 100 erläutern:

Deutsches Erzeugnis

—

Zwetschenwasser
38 Volumprozent

Friedrich Müller
Berlin W 105

Deutsches Erzeugnis

—

Rumverschnitt
38 Volumprozent

August Borchart
Potsdam

Ausländisches Erzeugnis

—

Curaçao
30 Volumprozent

Auguste Boulanger, Metz

Ausländisches Erzeugnis
in Deutschland fertiggestellt

—

Genièvre
38 Volumprozent

Franz Lehmann, Bernau

Deutsches Erzeugnis

—

Arrakverschnitt
40 Volumprozent
von Karl Lehmann, Bremen,
durch
Franz Meier, Magdeburg,
fertiggestellt

Deutsches Erzeugnis

Kirschwasser
40 Volumprozent
von Karl Rau, Freiburg i. B.,
von C. F. Franz, Stettin,
auf Flaschen gefüllt

f) Die Ausführungsbestimmungen (§§ 130, 131 Bw.O.) geben hierzu noch genaue Einzelheiten, betreffend die Schriftgrößen, Sprache und Druckfarben auf den Flaschenschildern, an.

1. Weingeistgehalt, Firma des Fertigstellers, Ort der Fertigstellung und evtl. auch Name und Sitz des Fabrikanten müssen in deutscher Sprache abgefaßt sein.

2. Die gleichen Angaben müssen in deutlicher und unverwischbarer, mindestens 3 mm hoher Schrift entweder auf dem Flaschenschild oder auf besonderem Bandstreifen, der an einer in die Augen fallenden Stelle der Flasche geklebt ist, gedruckt sein.

3. Die Angabe über das Ursprungsland (Deutsches Erzeugnis usw) schwarze, lateinische, deutliche und unverwischbare Schrift auf weißem Grunde auf einem bandförmigen Streifen.

Schriftgröße bei Flaschen von 350 ccm und mehr Inhalt: mindestens 5 mm hoch und so breit, daß durchschnittlich zehn Buchstaben wenigstens 35 mm Länge beanspruchen. Falls die Aufschrift mehr als 10 cm Länge beansprucht, dürfen zwei Zeilen dafür verwendet werden

Der Streifen ist an einer in die Augen fallenden Stelle der Flasche dauerhaft zu befestigen. Besteht er mit dem Hauptschild aus einem gemeinsamen Blatt, so muß er gegen die Hauptaufschrift durch einen wenigstens 1 mm breiten Strich deutlich abgegrenzt sein.

14 Die Bestimmung des letzten Satzes des Abs. 4 bringt die Ergänzung für dieses im Nahrungsmittelgesetz v. 14. Mai 1879 noch vollkommen unberücksichtigt gebliebene Delikt, das nicht nur bereits durch die beiden Bundesratsverordnungen v. 18. Mai 1916 und v 26. Juni 1916 (siehe Teil I Nr. 8 S. 34) betroffen wurde, sondern auch in dem neuen Lebensmittelgesetz (I. Band dieses Werkchens) Platz gefunden hat.

Neben den beiden Bundesratsverordnungen sind die Bestimmungen des Warenzeichengesetzes, des Gesetzes gegen den unlauteren Wettbewerb sowie das Madrider Abkommen (für Ausland) zu berücksichtigen. Siehe Teil I S. 17 ff. Hauptsächlich handelt es sich hierbei immer wieder um die Frage, was Herkunfts-, was Gattungsbezeichnung ist. Es ist ohne weiteres klar, daß die Klassifizierung solcher Benennung nicht feststehend, sondern flüssig ist, da ganz von selbst viele Herkunftsangaben mit der Zeit zu

Gattungsbegriffen werden, geradeso wie es die jetzt als solche anerkannten auch geworden sind.

Der Verband Deutscher Spiritus- und Spirituosen-Interessenten E. V., Berlin, hat die folgende Liste solcher Bezeichnungen, die den Charakter als Herkunftsangabe verloren haben, aufgestellt. Vom Bund Deutscher Nahrungsmittelhändler und -Fabrikanten ist sie noch etwas berichtigt worden.

1. Allasch.
2. Bayerischer Bierbitter.
3. Bayerischer Bitter.
4. Bayerischer Kräuterlikör.
5. Berliner Kümmel.
6. Breslauer.
7. Kottbusser.
8. Curaçao.
9. Dänischer.
10. Danziger Goldwasser.
11. Danziger Kurfürst.
12. Danziger Pomeranzen.
13. Danziger Tropfen.
14. Eckau.
15. Eckau 00.
16. Eckau Kümmel.
17. Ebenstöcker.
18. Englisch Bitter.
19. Fichtelgebirgs-Bitter.
20. Hamburger Tropfen.
21. Karlsbader Bitter.
22. Münsterländer.
23. Neukircher.
24. Neukirchener.
25. Nordhäuser.
26. Olbernhauer.
27. Pirnaer Bitter.
28. Richtenberger.
29. Rodewicher.
30. Schwedenpunsch.
31. Schweizer Bitter.
32. Schweizer Kräuterlikör.
33. Spanischer Bitter.
34. Stargarder Bitter.
35. Stargarder Tropfen.
36. Steinhäger.
37. Stonsdorfer.
38. Stonsdorfer Bitter.
39. Stralsunder.
40. Thorner Lebenstropfen.
41. Thorner Tropfen.
42. Westfälischer.

Vgl. hierzu auch die Anmerkung zum Madrider Abkommen (S. 30)
Es bedarf wohl kaum eines Hinweises, daß die irreführende Ausstattung nicht nur in der Bezeichnung, sondern sehr wohl auch in der Flaschenform, deren koloristischer Ausstattung, Verpackung u. ä. gefunden werden kann.

15. Vgl. die Ausführungen zu § 18 WG. Die Reichstagskommission hatte zwar versucht, den Weinbrand in § 100 MG. zu nennen, das Plenum hat sich aber dagegen entschieden. Insbesondere besteht für Weinbrand und Weinbrandverschnitt nicht die Pflicht, ihren Weingeistgehalt auf dem Flaschenschilde anzugeben.

Auch die Vorschriften über die Beschilderung sind abweichend; siehe dort.

§ 101.[1])

Unter der Bezeichnung Kornbranntwein[2]) darf nur Branntwein in den Verkehr gebracht werden, der ausschließlich aus Roggen, Weizen, Buchweizen, Hafer oder Gerste hergestellt und nicht im Würzeverfahren gewonnen ist. Mischungen von Kornbranntwein mit weingeisthaltigen Erzeugnissen[3]) anderer Art dürfen nicht unter der Bezeichnung Kornverschnitt oder unter einer ähnlichen Bezeichnung, die auf die Herstellung aus Korn (Roggen, Weizen, Buchweizen, Hafer oder Gerste) schließen läßt, in den Verkehr gebracht werden.[4]) [5]) [6])

1. Der § 101 ist unverändert aus dem ersten Monopolgesetz übernommen worden (§ 151 d. G. von 1918).

2. Die Vorschrift ist bezüglich der Ursprungsstoffe so präzis, daß auch kleinste Mengen Alkohols anderer Herkunft die Berechtigung zur Benutzung des Namens Kornbranntwein nehmen. Gleichwertig sind Worte wie „Korn" oder „Getreide" oder dergl. Die Firmen, welche früher die billigen Kornbranntweinverschnitte oder mittels Kornlutter erhaltene sog. Kornmischungen vertrieben, nennen jetzt ihre Branntweine ohne die Silbe Korn einfach: Richtenberger, Breslauer, Kottbusser, Nordhäuser usw. Bildliche Andeutungen, wie Ähren, Körner von Getreide und dergl., sind unzulässig.

Da § 230 Br.O. allgemein gestattet, daß dem Branntwein beim Feinbrand andere Stoffe, insbesondere Geschmackstoffe, zugesetzt werden, sofern sie weder Weingeist enthalten noch sich in gärendem oder vergorenem Zustande befinden, so muß es auch zulässig sein, Kornbranntwein zu würzen, ohne das Recht zu verlieren, das Enderzeugnis z. B. Getreidekümmel zu nennen. Die im § 101 aufgezählten Rohstoffe Roggen, Weizen, Buchweizen, Hafer oder Gerste sind doch offenbar nur als Quelle des Alkohols genannt, nicht aber um auszudrücken, daß jeder aromatisierende Zusatz ausgeschlossen bleiben soll.

Unverständlich bleibt daher ein Schreiben der Monopolverwaltung nach dieser Richtung, das dem über Kümmelsamen abgetriebenen Kornbranntwein die Berechtigung zur Führung des Namens „Kornbranntwein" versagen will. Gesetz und Ausführungsbestimmungen (siehe oben) geben keinen Anhalt für solche Stellungnahme.

Das leider ohne Datum in Nr. 52 der Deutschen Destillateurzeitung von 1925 in einem Artikel von Dr. Derz vom Verband der Spiritus- und Spirituosen-Interessenten E. V. mitgeteilte Schreiben lautet:

„Branntwein, der unter der Bezeichnung „Kornbranntwein" in den Verkehr gebracht wird, muß nach § 101 des Branntweinmonopolgesetzes vom 8. April 1922 ausschließlich aus Roggen, Weizen, Buchweizen, Hafer oder Gerste hergestellt und nicht im Würzeverfahren gewonnen werden. Es dürfen also Typagen, die dazu verwendet zu werden pflegen, Trinkbranntweinen einen bestimmten geschmacklichen Charakter zu verleihen, einem mit „Kornbranntwein" bezeichneten Branntwein nicht zugesetzt sein. Aus dem gleichen Grunde darf auch der durch Abtrieb von Kornbranntwein über Kümmelsamen gewonnene Brantwein nicht die Bezeichnung „Kornbranntwein" tragen.

Die Beurteilung der Frage, ob die Bezeichnung „Weinkorn" für ein Erzeugnis, das durch Lagern von Kornbranntwein auf Weintrestern hergestellt wird, zulässig ist, gehört zur Zuständigkeit der Staatlichen Nahrungsmitteluntersuchungsbehörde. Ich stelle anheim, sich zur Herbeiführung eines Gutachtens an die Staatliche Nahrungsmitteluntersuchungsanstalt in Berlin zu wenden."

Zu dem letzten Satze dieses Briefes vgl. hierunter die Ausführungen über Weinkorn in Anm. 3.

Ganz eigenartig aber ist dieser Satz in seiner allgemeinen Bedeutung, die nicht ohne Widerspruch bleiben darf. Denn abgesehen davon, daß das Monopolamt über den einen Punkt (Kümmelzusatz) ein präzises, wenn auch hier für irrtümlich gehaltenes Gutachten abgibt und im andern Fall (Weinkorn) eine Auskunft nahrungsmittelrechtlicher Art ablehnt, so muß es doch auffallen, daß die „staatliche Nahrungsmittelbehörde" für „die" zuständige Stelle erklärt wird. Die Zuständigkeit ist nicht den sogenannten amtlichen Laboratorien vorbehalten. Zuständig sind alle staatlich für befähigt erklärten Nahrungsmittelchemiker, deren Gutachten nicht dadurch an Wert gewinnt, wenn es auf einen Briefbogen geschrieben wird, der links oben in der Ecke den Reichsadler oder etwas Ähnliches trägt. Der Wert hängt ausschließlich vom Inhalt und der persönlichen Autorität, also dem Wissen des Gutachters ab. Das Monopolamt hätte den anfragenden Verband auf eine zu erstrebende gerichtliche Entscheidung verweisen müssen, die ganz allein maßgeblich werden kann.

Diese Ausführungen richten sich nicht gegen die empfohlene Untersuchungsanstalt, wenn auch deren Gutachten nicht als aufklärend anerkannt werden kann, soweit es sich mit Kornbranntwein, der mit Kümmelsamen aromatisiert ist, befaßt. Die Berliner Anstalt antwortete nämlich auf Anfrage des angezogenen Verbandes:

„Die durch die Reichsmonopolverwaltung für Branntwein erfolgte Auslegung des § 101 des Branntweinmonopolgesetzes vom 8. April 1922 halte ich für zutreffend. Der Gesetzgeber wollte m. E. die Trinkbranntweine, die nur aus den im § 101 angeführten Getreidearten — nicht im Würzeverfahren — hergestellt worden sind und einen bestimmten, den Verbrauchern, die wirklichen Kornbranntwein schätzen, wohlbekannten Charakter haben, als „Kornbranntwein" schützen. Ein über Kümmelsamen abgetriebener Branntwein hat aber nicht mehr den Charakter von „Kornbranntwein"; sein Vertrieb als „Kornbranntwein" kann demnach irreführend sein (vgl. die Bundesratsverordnung gegen irreführende Bezeichnungen von Nahrungs- und Genußmitteln vom 26. Juni 1916). Es bleibt dem Brenner unbenommen, „Kümmel" mit Hilfe von Kornbranntwein herzustellen, wenn er diese Art Kümmel vertreiben möchte. Eine andere Auslegung der Gesetze würde zudem geeignet sein, die weitere Verbreitung von Mißständen im Verkehr mit Trinkbranntwein zu fördern, was wohl zweifellos von Ihrem Verbande nicht angestrebt wird.

Weiter halte ich die Bezeichnung „Weinkorn" für einen auf Weintrestern gelagerten Kornbranntwein im Hinblick auf die bereits erwähnte Bundesratsverordnung vom 26. Juni 1916, betreffend irreführende Bezeichnungen von Nahrungs- und Genußmitteln, für nicht zulässig. Diese Verordnung verbietet schlechthin alle Bezeichnungen und Angaben, die zur Täuschung geeignet sind, also ohne Rücksicht darauf, ob Täuschungsabsicht nachzuweisen ist. Ebensowenig wie Auszüge aus Weintrestern und z. B. auch Weinschlempe noch die Bezeichnung „Wein" verdienen, kann ein mit Hilfe von Weintrestern oder von Weinschlempe hergestellter Trinkbranntwein als „Weinkorn" angesehen werden. Weinkorn ist zudem auch herkömmlich kein Erzeugnis aus Weintrestern oder Weinschlempe und Kornbranntwein."

Diese Äußerung ist deshalb leicht mißzuverstehen, weil natürlich ein über Kümmelsamen abgetriebener Kornbranntwein nicht mehr einfach „Kornbranntwein" heißen darf, sondern diesen Gewürzzusatz in zutreffender, nicht irreführender Weise in seinem Namen mit zum Ausdruck zu bringen hat. Ob nun „Kornbranntwein mit Kümmelgeschmack" oder „Kümmelkornbranntwein" odersonstwie gesagt wird — es bleibt echter vollberechtigter und legitimer Kornbranntwein, dem nur eine Gesetzesänderung das Anrecht auf das Wort „Korn" oder Kornbranntwein nehmen kann, aber keine Verwaltungs- oder Gutachterstelle.

3. Unter „weingeisthaltigen Erzeugnissen anderer Art" sind alle äthylalkoholhaltigen Produkte, Abfälle, Erzeugnisse usw. zu verstehen, also nicht nur Wein und Bier, sondern auch Weingeläger oder Weintrester, die stets noch Alkohol aus Weintrauben enthalten.

Ein infolge Lagerung auf Weintrestern mit Weinalkohol vermischter Kornbranntwein ist daher aus § 101 nicht mehr legitimiert. Er darf sich z. B. nicht als Weinkorn bezeichnen. Alkoholfreie Weingeläger dürfte es ebensowenig wie alkoholfreie Trester geben. Auch kann man der Äußerung der Berliner staatlichen Untersuchungsanstalt (siehe Anm. 2) insoweit beistimmen, daß eine Behandlung mit diesen Abfallprodukten (abgesehen von Alkohol) nicht berechtigen könnte, von einem „Wein"produkt zu sprechen.

4. In Übereinstimmung mit den vorstehenden Ausführungen der Anm. 1 bis 3 befinden sich die von Dr. Derz (Anm. 2) mitgeteilten Thesen, die anscheinend die des von ihm vertretenen Verbandes sind:

„Als Ergebnis der Stellungnahmen der in Frage kommenden Behörden sowie als maßgebliche Anschauung der beteiligten Gewerbekreise kann folgende Auslegung des § 101 des Branntweinmonopolgesetzes festgestellt werden:

I. Ein Trinkbranntwein, der unter der Bezeichnung „Kornbranntwein" in den Verkehr gebracht wird, muß ausschließlich aus Roggen, Weizen, Buchweizen, Hafer oder Gerste hergestellt und darf nicht im Würzeverfahren gewonnen sein.

II. Wird ein Kornbranntwein mit weingeisthaltigen Erzeugnissen anderer Art gemischt, so verliert er dadurch völlig seinen Charakter als Kornbranntwein. Es darf in diesem Falle für seine Benennung keinerlei Bezeichnung gewählt werden, die irgendwie auf die Herstellung aus Korn schließen läßt.

III. Wird dagegen ein Kornbranntwein mit nicht weingeisthaltigen Aromastoffen aromatisiert, wie z. B. durch Abtrieb des Kornbranntweins über Kümmelsamen, Wacholderbeeren oder dergl., so darf dieses Erzeugnis zwar nicht als Kornbranntwein bezeichnet werden, sondern muß einen Namen tragen, der sich z. B. aus den verwendeten Aromastoffen herleitet, wie „Kümmel", „Wacholder" oder dergl., doch darf dann in diesem Falle der Zusatz gemacht werden: „Hergestellt unter Verwendung von Kornbranntwein", vorausgesetzt, daß der gesamte Weingeistgehalt des fertigen Erzeugnisses ausschließlich aus Kornbranntwein stammt."

5. Die Frage einer Färbung des Kornbranntweins ist gelegentlich aufgetaucht. Ein Bedürfnis zur Färbung dürfte nur gelegentlich eintreten. Wenn dadurch nicht etwa Bezeichnungen wie „Alter Korn" oder ähnlich gedeckt werden sollen, ist der Farbzusatz unbedenklich, bei alter Ware ist sie das Kennzeichen langer Faßlagerung. Handelsüblich ist die Färbung nicht, weil bei uns meist farblose Kornbranntweine im Verkehr zu sein pflegen

6. Wegen des zulässigen Reinigungsgrades sind Beanstandungen der Monopolverwaltung nicht selten. Diese steht auf dem Standpunkt, daß der Kornbranntwein (vgl. § 29) nicht „neutral" sein dürfe. Das Gesetz bietet keine Handhabe für diese Forderung, nur der Wunsch besserer Kontrollmöglichkeiten verursacht die Geltendmachung einer solchen Forderung. Tatsächlich hat sich der Geschmack der Konsumenten insofern geändert, als jetzt das Fuselige und Scharfe der früheren Korne nicht mehr beliebt ist. Zutreffend sagt Dr. Wüstefeld (Zur Qualitätsbeurteilung von Kornbranntweinen, Korrespondenz des Instituts für Gärungsgewerbe in Berlin, Nr. 3 von 1925): „In kurzen Worten ausgedrückt, verlangt man heute von einem guten Kornbranntwein, besonders in Norddeutschland, Neutralität und Fuselfreiheit sowie absolute Reinheit des Geschmacks und abgerundete Milde."

§ 102.

Unter der Bezeichnung Kirschwasser,[1]) Zwetschenwasser, Heidelbeergeist oder ähnlichen Bezeichnungen, die auf die Herstellung aus Kirschen, Zwetschen, Heidelbeeren oder sonstigen Obst- und Beerenarten hinweisen (Kirschbranntwein, Kirsch, Zwetschenbranntwein, Steinobstbranntwein, Kernobstbranntwein und dergleichen), darf nur Branntwein in den Verkehr gebracht werden, der ausschließlich aus den betreffenden Obst- oder Beerenarten[2]) hergestellt ist.[3]) Die Vorschrift im § 101 Satz 2 findet entsprechende Anwendung.[4])

Unter der Bezeichnung Steinhäger[5]) darf nur Trinkbranntwein in den Verkehr gebracht werden, der ausschließlich durch Abtrieb unter Verwendung von Wacholderlutter aus vergorener Wacholderbeermaische hergestellt ist.[6])

1. Wegen der Herkunftsbezeichnungen, insbesondere „Schwarzwälder Kirschwasser", vgl. beim Madrider Abkommen Teil I Nr. 5 S. 30.

2. Eine Vorschrift darüber, daß die Obst- und Beerenarten „frisch" sein müssen, enthält der § 102 nicht. Die Zulässigkeit der Verwendung getrockneter Pflaumen, Kirschen, Aprikosen usw. kann daher nicht bestritten werden. Tatsächlich haben Brennereien auch schon mit Trockenobst gearbeitet.

3. Die Bezeichnung Obstbranntwein ist zu allgemein, um ein Erzeugnis dieses Namens zu schützen. Es ist schlechterdings alles darunter zu begreifen, was aus Stoffen des § 2 Br.O. gewonnen wurde, gleichgültig, ob nur ein Rohstoff oder mehrere gleichzeitig Verwendung fanden. Sobald jedoch irgendeine engere Abgrenzung der Obstsorten aus der Bezeichnung zu entnehmen ist, muß der Inhalt auch absolut damit übereinstimmen. Das trifft auch zu, wenn der Name nur gewisse Gruppen andeutet, wie etwa

Steinobstbranntwein, der zwar Kirschen, Pflaumen, Mirabellen und dergl., aber keine Äpfel, Birnen usw. umfaßt.

4. Der Satz 2 enthält das Verschnittverbot. Es betrifft nur Obstbranntweine, die nach einer bestimmten Frucht oder Fruchtgruppe benannt sind.

Obstbranntwein, der nur mit dieser allgemeinen Bezeichnung in Verkehr gelangt, darf auch als Obstbranntweinverschnitt erscheinen. Diese Freiheit hat aber kaum einen praktischen Wert, da solche „Obstbranntweine" billiger zu sein pflegen als der für einen Verschnitt benötigte Industriesprit. Die Verschnitte müßten also teurer sein als die Originalware.

5. Steinhäger ist nach der westfälischen Stadt Steinhagen benannter Branntwein, der ursprünglich aus Kornbranntwein und vergorener Wacholderbeerenmaische gewonnen wurde. Von alledem ist nicht mehr viel übriggeblieben. Aus der geographischen Bezeichnung ist ein Gattungsbegriff geworden, Kornbranntwein ist nicht mehr erforderlich, nur noch daß nicht gerade jede Auflösung ätherischen Wacholderbeerenöles in Industriesprit zugelassen ist. Die Beeren müssen eingemaischt und vergoren sein. Ihr Abtrieb darf mit Korn oder anderem Branntwein erfolgen, aber andere Zusätze (außer Wasser) dürfen nicht erfolgen.

Im gegenteiligen Falle dürfte das Erzeugnis nicht mehr „Steinhäger" heißen, sondern etwa Wacholderbranntwein oder ähnlich.

Alkoholmindestgehalt 38 Raumhundertteile.

„Echter Steinhäger" muß einer Steinhagener Brennerei entstammen.

Seine Qualität erhält der Branntwein erst durch längeres Lagern. Zum Rechtsbegriff gehört die Lagerung aber nicht.

6. Außer dem Steinhäger gehörten noch einige Branntweine an diese Stelle. Ihre Erwähnung ist mit Recht unterblieben, weil sie ursprünglich und zum großen Teil auch heute noch ausländischen Ursprunges sind; es sind das besonders der russische Wotka und der englische Whisky. Der erstere ist nichts als ein sehr reiner, neutraler, auf Trinkstärke (etwa 38 v. H.) gesetzter Brannt-

wein ohne jeden Zusatz. Whisky ist ein englischer Kornbranntwein besonderer Type. Besonders Schottland und Irland erzeugen beliebte Whiskys. In England konnte man sich jahrelang nicht über den Begriff Wh.sky einigen. E.ne besonders dafür eingesetzte königliche Kommission bestimmte schließlich: Alle aus Korn gewonnenen Trinkbranntweine können sich Whisky nennen.

§ 103.

Die Verwendung von Branntweinschärfen ist untersagt.

1. Ausführungsbestimmungen sind niemals hierzu ergangen, obgleich der Begriff „Branntweinschärfen" schon im § 107 des Branntweinsteuergesetzes v. 15. Juli 1909 enthalten war.

E.n Entwurf zu Ausführungsbestimmungen, der aber niemals gesetzliche Kraft erlangt hat, wurde vom preußischen Minister für Handel und Gewerbe unter dem 23. Mai 1912 veröffentlicht. Da er als Erläuterung immerhin gewissen Wert hat, mag er hier folgen.

I. Unter Branntweinschärfen sind solche Stoffe und Zubereitungen zu verstehen, die vermöge ihres Geschmacks oder ihrer berauschenden Wirkungen geeignet und bestimmt sind, den damit versetzten Trinkbranntweinen, einschließlich der L.köre und Bitterbranntweine (Bittern), den Anschein eines höheren Alkoholgehaltes zu geben.

II. Als Branntweinschärfen sind insbesondere anzusehen:

1. Mineralsäuren.
2. Oxalsäure.
3. Gebrannter Kalk.
4. Äthyläther.
5. Salpeteräther (Salpetersäureester).
6. Essigäther (Essigester).
7. Fuselöl und fuselölhaltige Zubereitungen.
8. Kampfer.

9. Nachstehende Pflanzenstoffe und deren Auszüge:

a) Pfeffer,
b) Capsicumfrüchte (spanischer Pfeffer, Paprika, Cayennepfeffer),
c) Paradieskörner,
d) Bertramwurzel,
e) Ingwer,
f) Senfsamen,
g) Meerrettich,
h) Meerzwiebeln,
i) Seidelbast,
k) Sabadillsamen.

10. Gemische, welche unter Verwendung eines der vorgenannten Stoffe hergestellt sind.

III. Als Branntweinschärfen sind jedoch nicht anzusehen:

a) bei der Herstellung von Trinkbranntweinen, die als Kunstbranntweine in den Verkehr gebracht werden, Essigäther, (Essigester),

b) bei Likören und Bitterbranntweinen (Bitteren) die unter II Nr. 9 a bis e genannten Stoffe sowie deren Auszüge und Mischungen, sofern sie nicht zur Ersparung von Alkohol, sondern nur zur Erzielung der besonderen Eigenart dieser Getränke und ohne Überschreitung der dazu erforderlichen Mengen zugesetzt werden. Als Liköre im Sinne dieser Bestimmungen sind alle Trinkbranntweine anzusehen, die in 100 Raumteilen mindestens 10 Gewichtsteile Zucker, berechnet als Invertzucker, enthalten.

Erläuterungen zu Abs. I. In der Fachliteratur werden als Branntweinschärfen meist nur solche Stoffe bezeichnet, die vermöge ihres Geschmacks geeignet sind, einen höheren Alkoholgehalt vorzutäuschen. Außer diesen müssen aber, um der dem § 107 Abs. I des Branntweinsteuergesetzes v. 15. Juli 1909 zugrunde liegenden Absicht gerecht zu werden, auch diejenigen Stoffe als Branntweinschärfen anerkannt werden, die infolge ihrer berauschenden Wirkung geeignet sind, die gleiche Täuschung hervorzurufen. Dem entspricht die im § 1 gegebene allgemeine Bestimmung des Begriffs der Branntweinschärfe, die auch mit der einschlägigen Gesetzgebung des Auslands im Einklang steht.

Zu Abs. II. Das hier gegebene Verzeichnis enthält diejenigen Stoffe und Zubereitungen, die, soweit bekannt, seither zumeist als Branntweinschärfen benutzt worden sind. Die Aufzählung will die im Abs. I vorangestellte allgemeine Begriffsbestimmung an der Hand der Praxis erläutern, soll und kann aber nicht erschöpfend sein, denn wenn das Verbot sich auf diese oder überhaupt auf eine bestimmte Anzahl von Stoffen und Zubereitungen beschränkte, würde es Fälschern immer möglich bleiben, andere für ihren Zweck geeignete Stoffe ausfindig zu machen und sich so der Vorschrift des § 107 des Branntweinsteuergesetzes zu entziehen. Nicht aufgeführt sind außerdem solche Stoffe, die zwar vereinzelt als Schärfen verwendet worden sind, bei denen sich aber die Unzulässigkeit der Verwendung wegen ihrer Eigenschaft als Gift ohne weiteres aus § 12 RMG. ergibt. Hierher gehören z. B. Kanthariden und Koloquinten. Um jedem Zweifel zu begegnen, erscheint es zweckmäßig, auch die Gemische der verbotenen Branntweinschärfen ausdrücklich zu erwähnen. Ihre Verwendung ist unstatthaft, auch wenn in dem Gemisch der zu dessen Herstellung verwendete Stoff als solcher nicht mehr enthalten ist. Wenn z. B. ein Gemisch mit der zu den Mineralsäuren gehörenden Schwefelsäure verwendet würde, so wäre ein solcher Zusatz selbst dann unzulässig, wenn das Gemisch die Schwefelsäure als solche nicht mehr enthalten, sondern durch die Vermischung eine Veränderung der Stoffe eingetreten sein sollte.

Zu Abs. III. Einige der im Abs. II aufgeführten Stoffe kommen zwar bei der Herstellung gewöhnlicher Trinkbranntweine als Schärfen in Betracht, dienen aber bei gewissen Erzeugnissen der Branntweinindustrie nicht sowohl zur Vortäuschung eines höheren Alkoholgehaltes als zur Aromatisierung des Getränks und fallen insoweit nicht unter das Verbot des § 107 des Branntweinsteuergesetzes. Abs. III ist bestimmt, Zweifel zu beseitigen, die in dieser Hinsicht entstehen können. Im einzelnen ist zu bemerken:

Zu a. Essigäther hat einen scharfen, brennenden Geschmack und ist daher an sich geeignet, als Branntweinschärfe zu dienen.

Zur Herstellung gewisser Nachahmungen, besonders von Arrak, Franzbranntwein und Kornbranntwein, Rum, wird er aber mehr wegen seines fruchtartigen Aromas benutzt, und zwar in Mischung mit anderen aromatischen Stoffen in Form sogenannter Essenzen. Wenn derartige Nachahmungen durch Bezeichnungen wie „Kunstrum" und ähnliches oder durch Phantasienamen ausdrücklich und deutlich als Kunsterzeugnisse gekennzeichnet werden, kann jede Täuschung des Käufers als ausgeschlossen gelten.

Zu b. Ähnlich verhält es sich bei der Herstellung von Likören und Bitterbranntweinen (sog. Bitteren). Die hier in Betracht kommenden Stoffe sind Pfeffer, Capsicumfrüchte, Paradieskörner, Bertramwurzel und Ingwer. Auszüge aus diesen Drogen werden meist in geringen Mengen bei der Herstellung einzelner schon lange eingeführter Likör- und Bittersorten gebraucht, um deren eigentümlichen Charakter hervorzurufen. Der eigenartige Charakter dieser Getränke beruht gerade auf den neben den scharf schmeckenden Bestandteilen vorhandenen Aromastoffen und läßt sich ohne die in Abs. III aufgeführten Drogen nicht erzielen. Eine Täuschung des Publikums über den Alkoholgehalt kommt hier um so weniger in Betracht, als diese Getränke meist besonders reich an Alkohol sind.

§ 104.

Trinkbranntwein, den nicht die Reichsmonopolverwaltung hergestellt hat, oder dessen Verpackungen oder Umhüllungen dürfen nicht mit der Bezeichnung Monopol [1]) oder mit einer ähnlichen Bezeichnung oder mit einer Ausstattung versehen oder in den Verkehr gebracht werden, die geeignet ist, den Eindruck hervorzurufen, daß es sich um Monopolerzeugnisse handelt. Das gleiche gilt für Ankündigungen, Preislisten, Geschäftsbriefe, Empfehlungen, Rechnungen oder dergleichen.

Unternehmungen oder Betriebe dürfen Bezeichnungen, die geeignet sind, den Eindruck hervorzurufen, daß eine Verbindung mit der Reichsmonopolverwaltung besteht, nur mit Genehmigung dieser Verwaltung verwenden.

1. § 104 richtet sich gegen unlautere Konkurrenzmanöver. Nachdem die Monopolverwaltung aber auf die Herstellung von Erzeugnissen verzichtet hat, ist die Bestimmung bedeutungslos geworden.

Ausfuhr.

§ 105.

Bei der Ausfuhr von Branntwein oder von Branntweinerzeugnissen kann nach näherer Bestimmung des Reichsrats der Verkaufpreis ermäßigt oder erstattet werden. In gleicher Weise kann bei der Ausfuhr von Branntwein, der dem Branntweinaufschlag oder dem Monopolausgleich unterlegen hat, oder von Erzeugnissen aus solchem Branntwein der Branntweinaufschlag oder der Monopolausgleich erlassen oder erstattet werden.

Branntweinhandel.

§ 106.

Der Handel mit Branntwein ist nur mit Genehmigung der Reichsmonopolverwaltung gestattet.

Ohne Genehmigung der Reichsmonopolverwaltung zulässig ist der Handel

1. mit dem im § 99 bezeichneten Branntwein und dem daraus hergestellten Trinkbranntwein, soweit sich nicht aus § 87 Abs. 2 Beschränkungen ergeben,
2. mit Monopolerzeugnissen.

§ 107.

Der Reichsminister der Finanzen wird ermächtigt, den Kleinhandel mit vergälltem Branntwein abweichend von den Vorschriften des § 33 der Gewerbeordnung zu regeln.

Zehnter Abschnitt.

Besondere Vorschriften.

§ 108.

Branntwein jeder Art, der auf Grund der §§ 965 ff. des Bürgerlichen Gesetzbuchs oder auf Grund des § 18 der Strandungsordnung vom 17. Mai 1874 (RGBl. S. 73) öffentlich zu verkaufen wäre, ist vor dem Verkaufe der Reichsmonopolverwaltung anzubieten und ihr auf Verlangen zu einem angemessenen Preise zu liefern. Streitigkeiten über die Höhe des Preises entscheidet endgültig der Reichsminister der Finanzen.

Im Falle des § 35 Abs. 1 der Strandungsordnung hat der Landesfiskus Branntwein jeder Art der Reichsmonopolverwaltung anzubieten. Abs. 1 findet Anwendung.

§ 109.

Sicherungsgelder und Erzwingungsstrafen.

Die Reichsmonopolverwaltung ist berechtigt, bei der Durchführung dieses Gesetzes den Beteiligten besondere Bedingungen aufzuerlegen und zu bestimmen, daß bei der Nichteinhaltung dieser Bedingungen Geldbußen verwirkt sein sollen (Sicherungsgelder). Vom Reichsmonopolamt wird das Sicherungsgeld auferlegt und seine Höhe bestimmt.

Die Finanzämter können die auf Grund des ersten und vierten Teiles dieses Gesetzes getroffenen Anordnungen durch Geldstrafen, Ausführung auf Kosten des Pflichtigen und unmittelbar erzwingen. Die Vorschriften des § 202 Abs. 2 bis 7 der Reichsabgabenordnung finden Anwendung.

§ 110.

Soweit mehrere Personen für die Monopoleinnahme haften, haften sie als Gesamtschuldner.

Rechte Dritter an Branntwein, der an die Reichsmonopolverwaltung abzuliefern ist oder wegen dessen noch Ansprüche der Reichsmonopolverwaltung auf Bezahlung von Branntweinverkaufgeld oder Branntweinaufschlag bestehen, können insoweit nicht geltend gemacht werden, als dadurch die Ansprüche der Reichsmonopolverwaltung beeinträchtigt werden. Solcher Branntwein haftet ohne Rücksicht auf die Rechte Dritter für die darauf ruhenden Ansprüche der Reichsmonopolverwaltung; er kann, solange die Ansprüche nicht befriedigt sind, von der Reichsmonopolverwaltung oder den Finanzbehörden mit Beschlag belegt werden.

Verjährung.

§ 111.

Ansprüche auf Zahlung oder Erstattung von Branntweinübernahmegeld (§ 75) und Branntweinaufschlag (§ 80) verjähren in einem Jahre. Die Verjährung beginnt mit Ablauf des Jahres, in dem der Anspruch entstanden oder die Zahlung erfolgt ist.

Der Anspruch auf Zahlung hinterzogener Monopoleinnahmen verjährt in zehn Jahren.

Die Verjährung der Ansprüche der Reichsmonopolverwaltung wird unterbrochen durch jede Anerkennung des Zahlungspflichtigen, durch eine schriftliche Zahlungsaufforderung und durch jede Handlung, die die Reichsmonopolverwaltung oder das zuständige Finanzamt zur Feststellung des Anspruchs oder des Verpflichteten vornimmt. Mit Ablauf des Jahres, in dem die Unterbrechung ihr Ende erreicht hat, beginnt eine neue Verjährung.

§ 112.

Zur Entscheidung von Streitigkeiten, für die der ordentliche Rechtsweg zulässig sein würde, können nach näherer Bestimmung des Reichsministers der Finanzen Schiedsgerichte eingerichtet werden, die unter Ausschluß des Rechtswegs endgültig entscheiden.

§ 113.

Die Ansprüche der Reichsmonopolverwaltung auf Zahlung von Branntweinverkaufgeld genießen im Zwangsvollstreckungs- und im Konkursverfahren die gleichen Vorrechte wie die Forderungen der Reichskasse wegen öffentlicher Abgaben.

Beitreibung.

§ 114.

Auf die Beitreibung von Branntweinaufschlag (§ 80) sowie von Sicherungsgeldern und Erzwingungsstrafen (§ 109) finden die Vorschriften im fünften Abschnitt des zweiten Teiles der Reichsabgabenordnung Anwendung.

Methylalkohol.

§ 115.

Nahrungs- und Genußmittel — insbesondere weingeisthaltige Getränke —, Heil-, Vorbeugungs- und Kräftigungsmittel, Riechmittel und Mittel zur Reinigung, Pflege oder Färbung der Haut, des Haares, der Nägel oder der Mundhöhle dürfen nicht so hergestellt werden, daß sie Methylalkohol enthalten. Zubereitungen dieser Art, die Methylalkohol enthalten, dürfen nicht in den Verkehr gebracht oder aus dem Ausland eingeführt werden.[1])

Die Vorschriften des Abs. 1 finden keine Anwendung

1. auf Formaldehydlösungen und auf Formaldehydzubereitungen, deren Gehalt an Methylalkohol auf die Verwendung von Formaldehydlösungen zurückzuführen ist,[2])
2. auf Zubereitungen, in denen technisch nicht vermeidbare geringe Mengen von Methylalkohol sich aus darin enthaltenen Methylverbindungen gebildet haben oder durch andere mit der Herstellung verbundene natürliche Vorgänge entstanden sind.[3])

Als Methylalkohol im Sinne dieser Vorschrift gilt auch Holzgeist.

1. Methylalkohol ist der nächste chemische Verwandte des gewöhnlichen Alkohols, des Äthylalkohols. Er ist eigentlich nur durch Vorkommnisse im Berliner Nachtasyl vor einigen Jahren populär geworden. Damals hatte ein gewissenloser Händler auf eigene Faust, ohne jede wissenschaftliche Unterlage, den billigeren Methylalkohol an einige Destillationen statt des gewöhnlichen

Äthylalkohols geliefert, mit dem Ergebnis, daß eine Anzahl Todesfälle sich ereigneten. Die im § 21 des sog. Änderungsgesetzes zum Branntweinsteuergesetz von 1909 zum ersten Male erschienene Bestimmung über den Methylalkohol ist hierauf zurückzuführen.

Methylalkohol ist dem Äthylalkohol äußerlich recht ähnlich. Er wird in reinem Zustande nur für Zwecke der chemischen Industrie gewonnen. Dagegen findet unreiner Methylalkohol als sogenannter Vergällungsholzgeist Verwendung bei Vergällung des Branntweins zu Brennspiritus.

Das Verbot des Abs. 1 hat aber nicht rein sanitäre, sondern auch steuerfiskalische Motive.

2. Formaldehydlösungen lassen langsam Methylalkohol entstehen, so daß sie nie frei davon sind.

3. Gewisse Branntweine enthalten kleine Mengen Methylalkohol als normalen Bestandteil, z. B. Rum, ohne deshalb zu irgendwelchen Bedenken Anlaß zu geben.

Hefe.[1])

§ 116.

Gemische von Branntweinhefe mit Bierhefe[2]) dürfen nicht in den Verkehr gebracht, auch nicht im gewerbsmäßigen Verkehr angekündigt oder vorrätig gehalten werden.

Unter Branntweinhefe (Lufthefe, Preßhefe, Pfundhefe, Stückhefe, Bärme) im Sinne dieses Gesetzes werden die bei der Branntweinbereitung unter Verwendung von stärkemehl- oder zuckerhaltigen Rohstoffen, insbesondere von Getreide (Roggen, Weizen, Gerste, Mais), Kartoffeln, Buchweizen, Melasse oder Gemischen der bezeichneten Rohstoffe erzeugten obergärigen frischen Hefen oder Gemische dieser Hefen verstanden.[3])

Branntweinhefe darf nicht unter einer Bezeichnung in den Verkehr gebracht werden, die auf die Herstellung aus einem bestimmten Rohstoff hinweist (z. B. als Getreidehefe, Roggenhefe, Maishefe, Kartoffelhefe, Melassehefe), wenn die Hefe nicht ausschließlich aus diesem Rohstoff hergestellt worden ist.

Unter Bierhefe im Sinne dieses Gesetzes wird diejenige frische Hefe verstanden, die bei der Bereitung von Bier oder bierähnlichen Getränken unter Verwendung der durch die Biersteuergesetzgebung zugelassenen Rohstoffe erzeugt ist.[4])

Bierhefe darf nur unter dieser Bezeichnung, Preßhefe, die aus Bierhefe hergestellt ist, jedoch auch als Bierpreßhefe in den Verkehr gebracht werden.

Branntwein- und Bierhefe, die einen Zusatz von anderen Stoffen erhalten hat, darf nicht in den Verkehr gebracht werden.[5])

Der Reichsminister des Innern wird ermächtigt, Bestimmungen für die Untersuchung der Hefe zu treffen.[6])

1. Hefe sind mikroskopische, einzellige Pilze sehr verschiedener Art. Sie vermehren sich durch Sprossen und sondern neben anderen einen Stoff ab (ein Ferment), der Zucker in Alkohol und Kohlensäure spaltet. Nach Verwendungszweck teilt man sie in Branntwein-, Wein-, Bierhefen usw. Es gibt zahlreiche Abarten, Rassen, welche in besonderen Reinzuchtanstalten gezüchtet und an die Betriebe abgegeben werden. Die Hefenart ist für den aromatischen und geschmacklichen Charakter der vergorenen Lösungen von Bedeutung.

2. Bierhefe gilt als weniger wertvoll für andere als Brauzwecke, weil sie bitter schmeckt.

3. Die Preßhefen wurden meist in den Kornbrennereien oder auch ohne Branntweingewinnung erhalten, indem man Roggenmaischen mit Malz (auch mit anderen Getreidearten)

versetzt, ansäuert und die obergärige Mutterhefe zusetzte. Bald beginnt eine stürmische Gärung, die Hefe bildet einen Schaum, der abgeschöpft wird. Man seiht ihn durch seidene Gaze, wäscht ihn aus, preßt ihn ab oder befreit ihn durch Zentrifugieren möglichst von Flüssigkeit. (Altes, Wiener Verfahren.)

Jetzt wird Hefe fast ausschließlich aus Würzen unter Luftzuführung gewonnen (Lufthefe); der hierbei erhaltene Branntwein ist sehr stark verunreinigt, so daß § 101 ihn von der Kategorie „Kornbranntwein" ausschließt.

4. Vgl. hierzu § 10 des Biersteuergesetzes, Teil III Nr. 16 S. 175.

5. Die Vermengung von Preßhefe (Bärme) mit Mehl war früher vielfach im Gebrauch. Der Zusatz sollte nicht nur die Menge vermehren, sondern auch die Trocknung erleichtern. Die jetzigen technischen Einrichtungen erfordern aber den Zusatz nicht mehr, er ist also mit Recht verboten, da sein Mißbrauch zu nahe liegt.

Kleine Stärkemengen, etwa bis 2 v. H., finden sich übrigens von der Herstellung her in der Preßhefe. Die Stärkekörner sind dann aber unter dem Mikroskop als bereits durch die Hefe angegriffen erkennbar.

6. Amtliche Untersuchungsmethoden sind bis jetzt nicht bekanntgegeben.

Das Hauptkennzeichen für die Qualitätsbeurteilung einer Hefe bleibt ihre Triebkraft.

Hefebetriebe besonderer Art.

§ 117.

Soweit Unternehmungen während des Krieges zum Zwecke der Herstellung von Hefe ganz oder teilweise aus Reichsmitteln eingerichtet worden sind, dürfen diese Einrichtungen bis zum 1. Oktober 1929 nur mit Genehmigung des Reichsrats zur Herstellung von Backhefe benutzt werden.

Aufwendungen für Wohlfahrts- und Wirtschaftszwecke.

§ 118.

Aus der Monopoleinnahme sind dem Reichsminister der Finanzen jährlich bis zu fünfhunderttausend Goldmark zur Verbilligung des in öffentlichen Kranken-, Entbindungs- und der öffentlichen Gesundheitspflege dienenden Anstalten oder in öffentlichen wissenschaftlichen Lehr- und Forschungsanstalten verwendeten Branntweins zur Verfügung zu stellen.

Der Reichsminister der Finanzen wird ermächtigt, den Betrag der Veränderung der Branntweinverkaufspreise und des Verbrauchs anzupassen.

Die Mittel sind in den Reichshaushaltsplan einzustellen.

Elfter Abschnitt.

Strafvorschriften.

Erster Titel.

Strafrecht.

Vorbemerkung zum elften Abschnitt.

Das Verhältnis des besonderen Steuerstrafrechts dieses Gesetzes zu dem Deutschen Strafgesetzbuch ist durch die umfangreichen Verweisungen des § 147 auf die **Reichsabgabenordnung** geregelt.

In Abweichung von dem allgemeinen Teil des Strafgesetzbuchs gelten folgende Sonderregeln:

Straffrei bleibt, wer in unverschuldetem Irrtum über das Bestehen oder die Anwendbarkeit steuerrechtlicher Vorschriften die Tat für erlaubt gehalten hat. (§ 358 RAO.)

Es ist damit dem subjektiven Irrtum ein weiteres Feld eingeräumt, als nach allgemeinem Recht nach der heutigen Rechtsprechung zugebilligt wird.

Hinsichtlich des Versuchs findet sich eine Erweiterung auch auf Übertretungen und eine Strafverschärfung auf die Strafe der vollendeten Tat. (§ 360 RAO.)

Ferner werden Beihilfe und Begünstigung mit der Strafe der vollendeten Tat belegt, wenn sie jemand seines Vorteils wegen begeht. Auch bei Übertretungen sind sie strafbar. (§ 361 RAO.)

Eine allgemeine Möglichkeit zur Veröffentlichung von Strafurteilen in Steuersachen besteht, wenn neben der Geldstrafe auf Gefängnis hätte erkannt werden können oder wenn die erkannte Geldstrafe mehr als fünftausend Mark beträgt. (§ 363 RAO.)

Bei Verurteilungen über drei Monate Gefängnis können die bürgerlichen Ehrenrechte aberkannt werden. (§ 364 RAO.)

Die Verjährung von Steuerdelikten erfolgt in einem Jahre, wenn sie mit Ordnungsstrafe bedroht sind, sonst in fünf Jahren. (§ 384 RAO.)

Am wichtigsten ist die Regelung, die die Gesetzeskollision zwischen Steuerstrafrecht und allgemeinem Strafrecht gefunden hat. Sie ist restlos zugunsten des Steuerfiskus gelöst. Der § 383 RAO. lautet wie folgt:

§ 383. Ist ein und dieselbe Handlung zugleich als Steuerzuwiderhandlung und nach einem anderen Gesetze strafbar, so ist die Strafe aus dem Steuergesetze zu entnehmen, es sei denn, daß das andere Gesetz eine schwerere Strafe oder bei ungleichen Strafarten eine schwerere Strafart androht (§ 73 StGB.). Ist die Strafe aus dem anderen Gesetze zu entnehmen, so ist eine nach dem Steuergesetze verwirkte Geldstrafe besonders zu verhängen. Auch muß auf Haftbarkeit dritter Personen oder auf Einziehung erkannt werden, wenn dies das Steuergesetz vorschreibt, und es kann hierauf, sowie auf sonstige Nebenstrafen erkannt werden, wenn dies das Steuergesetz zuläßt.

Wenn ein und dieselbe Handlung mehrere Strafvorschriften der Steuergesetze über Steuerzuwiderhandlungen verletzt, so ist die Strafe nach § 73 des Strafgesetzbuchs zu bestimmen; jedoch muß auf Haftbarkeit dritter Personen oder auf Einziehung erkannt werden, wenn dies eine der verletzten Vorschriften vorschreibt, und es kann hierauf sowie auf sonstige Nebenstrafen erkannt werden, wenn dies eine der anwendbaren Vorschriften zuläßt.

Hat jemand mehrere selbständige Steuerzuwiderhandlungen begangen, so darf eine nach § 74 des Strafgesetzbuchs zu erkennende Gesamtfreiheitsstrafe fünf Jahre nicht überschreiten. Auf Haftbarkeit dritter Personen, Einziehung und sonstige Nebenstrafen muß oder kann erkannt werden, wenn dies neben einer der verwirkten Einzelstrafen geboten oder zulässig ist.

Bei Umwandlung mehrerer uneinbringlicher Geldstrafen ist der Höchstbetrag der an ihre Stelle tretenden Freiheitsstrafe drei Jahre Gefängnis und, wenn die einzelnen Geldstrafen 1000 Mark nicht übersteigen (§ 378 Abs. 3), sechs Monate Haft. Treffen Gefängnis und Haft infolge der Umwandlung zusammen, so ist die Haftstrafe nur insoweit zu vollstrecken als die Gefängnisstrafe drei Jahre nicht erreicht.

Der elfte Abschnitt gliedert sich, soweit er materielles Recht enthält, in

a) allgemeine Delikte: § 119, 132 und 144; kraft Verweisung treten hinzu die Bestimmungen der Reichsabgabenordnung über Hehlerei, Begünstigung und Rückfall (§§ 368 und 369 RAO.);

b) Brennereidelikte: §§ 120 Ziff. 1 bis 7, 121, 122 bis 128 und 130 Ziff. 1;

c) Verstöße gegen Nahrungsmittelrecht: §§ 120 Ziff. 8 und 9, 121, 129, 131 und 140 bis 142;

d) Verstöße gegen lauteren Wettbewerb: §§ 129, 130 Ziff. 2 und 133;

e) Angestelltenstrafrecht der Verwertungsstelle: §§ 134 bis 139.

Die Hektolitereinnahme ist keine Steuer im Sinne der Reichsabgabenordnung, infolgedessen kommt das Feststellungsverfahren des § 433 RAO. bei Hinterziehung der Hektolitereinnahme nicht in Frage.

Für den Monopolausgleich ist die Frage zwischen dem Reichsgericht und dem Reichsfinanzhof (beides Feriensenate) streitig geworden. Praktisch dürfte sich die Auffassung durchsetzen, daß auch hier das Steuerstrafverfahren nicht vorauszugehen braucht (JW. 1925 S. 1057).

Wegen der aus der Inflationszeit noch stammenden angedrohten Geldstrafen ist zu beachten die

Verordnung über Vermögensstrafen und Bußen vom 6. Febr. 1924 (RGBl. I S. 44).

Aus Artikel I.

§ 27 des StGB. lautet:

Die Geldstrafe ist in Goldmark festzusetzen. Sie beträgt

1. bei Verbrechen und Vergehen, soweit nicht höhere Beträge oder Geldstrafe in unbeschränkter Höhe angedroht sind oder werden, mindestens 3 Goldmark und höchstens 10 000 Goldmark,

2. bei Übertretungen mindestens 1 Goldmark, soweit nicht ein höherer Mindestbetrag angedroht ist oder wird, und höchstens 150 Goldmark.

Die Vorschriften des Abs. 2 über Höchstbeträge gelten nicht, soweit die angedrohte Strafe in dem Mehrfachen, dem Einfachen oder dem Bruchteil eines bestimmten Betrags besteht. Ist dieser nicht auf Goldmark gestellt, so ist er für die Festsetzung der Geldstrafe in Goldmark umzurechnen.

§ 27 c.

Bei der Bemessung einer Geldstrafe sind die wirtschaftlichen Verhältnisse des Täters zu berücksichtigen.

Die Geldstrafe soll das Entgelt, das der Täter für die Tat empfangen, und den Gewinn, den er aus der Tat gezogen hat, übersteigen.

Reicht das gesetzliche Höchstmaß hierzu nicht aus, so darf es überschritten werden.

Artikel III.

Geldstrafen, die nicht bei Verbrechen, Vergehen oder Übertretungen angedroht sind oder werden, insbesondere Zwangsstrafen und Ordnungsstrafen, sind in Goldmark festzusetzen.

Die Geldstrafe beträgt, soweit nicht höhere Beträge oder Geldstrafe in unbeschränkter Höhe angedroht sind oder werden, mindestens 1 Goldmark und höchstens 1000 Goldmark.

Artikel VIII.

Die Vorschriften der Artikel I bis VII gelten für das gesamte Reichs- und Landesrecht.

§ 119.

Wer zum eigenen Vorteil oder zum Vorteil eines anderen einen nach dem ersten und vierten Teile dieses Gesetzes nicht gerechtfertigten Vorteil erschleicht oder vorsätzlich bewirkt, daß Einnahmen aus dem Branntweinmonopole verkürzt werden, wird wegen Hinterziehung mit einer Geldstrafe bestraft, die das Vierfache des hinterzogenen Betrags, mindestens aber 200 Mark, beträgt. Außerdem ist der hinterzogene Betrag nachzuzahlen.[1])

Die gleiche Strafe trifft denjenigen, der einen ihm nach dem neunten Abschnitt des Gesetzes über das Branntweinmonopol vom 26. Juli 1918 nicht zustehenden Vorteil erschleicht.

1. Die Bestimmung behandelt einen Sonderfall des Betruges (§ 263 StrGB.). Einnahmen aus dem Branntweinmonopol sind Hektolitereinnahme, Monopolausgleich und Branntweinaufschlag, auch die Verwaltungskosten (§ 12 Schlußsatz). Der Abs. 2 bedroht die Falschangabe über Tatsachen, die einen Entschädigungsanspruch begründen sollen. Insoweit wird stets Idealkonkurrenz mit Betrug vorliegen, während dies in den Fällen des Abs. 1 eine Tatfrage bildet. Die Strafe des Vierfachen ist die klassische Strafe der Konterbande im Vereinszollgesetz und von dort in die Verbrauchssteuergesetze übernommen.

§ 120.

Die Bestrafung wegen Hinterziehung tritt ein, ohne daß der Vorsatz der Hinterziehung festgestellt zu werden braucht:[1])

1. wenn ohne die in den Ausführungsbestimmungen vorgeschriebene Betriebsanmeldung oder an anderen Tagen, in anderen Räumen oder unter Benutzung von anderen Brennvorrichtungen, als in der Betriebsanmeldung angegeben, Branntwein hergestellt oder Maische zubereitet oder aufbewahrt wird;
2. wenn die für Abfindungsbrennereien (§ 57) in den Ausführungsbestimmungen vorgeschriebenen Bücher nicht oder unrichtig geführt werden oder in solchen Brennereien unter Verwendung nicht

angemeldeter Stoffe Branntwein hergestellt oder Maische zubereitet oder aufbewahrt wird;

3. wenn weingeisthaltige Dämpfe oder Branntwein unbefugt abgeleitet oder entnommen werden;

4. wenn über den unter amtlicher Überwachung stehenden Branntwein unbefugt verfügt wird;

5. wenn Brennvorrichtungen, die durch amtliche Sicherungen oder durch Anordnungen der Finanzbehörde außer Gebrauch gesetzt sind, unbefugt in Betrieb genommen werden;

6. wenn ein auf Grund der Ausführungsbestimmungen angelegter amtlicher Verschluß oder einer derjenigen Teile der Brennereigeräte einschließlich der Branntweinsammelgefäße und der Meßvorrichtungen, aus denen weingeisthaltige Dämpfe oder Branntwein abgeleitet oder entnommen werden können, unbefugt verletzt wird;

7. wenn in einer Brennerei an den Meßvorrichtungen Handlungen vorgenommen werden, die ihre regelmäßige Tätigkeit zu stören geeignet sind, oder wenn Meßvorrichtungen, die unrichtig anzeigen, fortbenutzt werden;

8. wenn von der Reichsmonopolverwaltung abgegebener Branntwein der Vorschrift im § 87 Abs. 2 zuwider verwendet wird;

9. wenn aus vergälltem Branntweine das Vergällungsmittel ganz oder teilweise ausgeschieden oder dem vergällten Branntweine Stoffe beigefügt werden, durch die die Wirkung des Vergällungsmittels in bezug auf Geschmack, Geruch oder Aussehen vermindert wird, oder wenn derartig behandelter Branntwein feilgehalten oder verkauft wird.

1. Die Ziff. 1 bis 7 betreffen Zuwiderhandlungen von Brennereien. Die Ziff. 8 und 9 finden Anwendung, wenn preisbegünstigter Sprit zu anderen Zwecken verarbeitet oder gehandelt wird. Nach § 121 sind zu unterscheiden: absichtliche Begehung, unabsichtliche Begehung und Begehung, bei der die subjektive Seite dahingestellt bleibt.

§ 121. [1])

Neben der Geldstrafe ist in den Fällen des § 120 auf Gefängnis bis zu einem Jahre zu erkennen, wenn die Handlung in der Absicht der Hinterziehung begangen worden ist.

Wird festgestellt, daß der Täter ohne den Vorsatz der Hinterziehung gehandelt hat, so greift nur die Ordnungsstrafe des § 144 Platz.

1. Vgl. die Vorbemerkung über die Frage, ob § 433 RAO anwendbar ist.

§ 122. [1])

Die hinterzogene Monopoleinnahme und die Strafe werden, wenn eine Brennvorrichtung unbefugt in Betrieb genommen worden ist, nach der Weingeistmenge berechnet, die bei unausgesetztem Betriebe während der dem Zeitpunkt der Entdeckung vorhergegangenen drei Monate damit gewonnen werden konnte, sofern nicht festgestellt wird, daß die Brennvorrichtung in einem größeren oder in einem geringeren Umfang benutzt worden ist.

1. Entspricht dem § 116 des Branntweinsteuergesetzes vom 15. Juli 1909. Das Vierfache der so berechneten Menge bildet die Grundlage für die Strafberechnung.

§ 123.

Sind weingeisthaltige Dämpfe oder Branntwein unbefugt abgeleitet[1]) oder entnommen, oder ist der Gang der Meßvorrichtung absichtlich gestört worden, so werden die Monopoleinnahme und die Strafe in der Art berechnet, daß für die dem Zeitpunkt der Entdeckung vorhergehenden drei Monate der ununterbrochene Bestand der Ableitung, Entnahme oder Störung angenommen wird, sofern nicht eine andere Dauer oder eine größere Hinterziehung festgestellt wird.

1. Übereinstimmend mit § 117 Abs. 1 des Branntweinsteuergesetzes v. 15. Juli 1909 Die Ableitung muß innerhalb der Brennerei stattgefunden haben (RGEntsch. i. StrafS. Bd. 22 S 388)

§ 124.

Soweit — abgesehen von den Fällen der §§ 122 und 123 — der hinterzogene Betrag, nach dem die Geldstrafe zu bemessen ist, nicht festgestellt werden kann, ist auf eine Geldstrafe von zweihundert bis zu zehn Millionen Mark zu erkennen.[1])

1. Entspricht dem § 118 des Branntweinsteuergesetzes v. 15. Juli 1909. Die Geldstrafe wird entsprechend dem § 119 auf das Vierfache des Betrages festzusetzen sein, der nach Lage der Sache als hinterzogen angenommen wird.

§ 125.

Der Besitzer einer Brennerei wird mit einer Ordnungsstrafe von zweihundert bis zu hunderttausend Mark bestraft, wenn in seiner Brennerei

1. weingeisthaltige Dämpfe oder Branntwein unbefugt abgeleitet oder entnommen werden oder

der Gang der Meßvorrichtung absichtlich gestört wird oder

2. aus besonderen Anlagen bestehende heimliche Vorrichtungen getroffen sind, um weingeisthaltige Dämpfe oder Branntwein abzuleiten oder zu entnehmen oder den Gang der Meßvorrichtung zu stören oder

3. ein amtlicher Verschluß oder einer derjenigen Teile der Brennereigeräte, aus denen weingeisthaltige Dämpfe oder Branntwein abgeleitet oder entnommen werden können (§ 120 Nr. 6), unbefugt verletzt wird.

Die Strafe tritt nur dann ein, wenn festgestellt ist, daß die Zuwiderhandlung mit Wissen des Brennereibesitzers verübt worden ist.

§ 126.

Brennereibesitzer, die den Betrieb nicht selbst leiten, können die Übertragung der ihnen gemäß § 125 obliegenden strafrechtlichen Verantwortlichkeit auf den Betriebsleiter (§ 44) bei der Finanzbehörde [1]) beantragen. Wird der Antrag genehmigt, so geht die strafrechtliche Verantwortlichkeit unbeschadet der aus § 145 dieses Gesetzes sich ergebenden Haftung des Brennereibesitzers auf den Betriebsleiter über. Die Genehmigung ist jederzeit widerruflich.

1. Finanzbehörde ist das Hauptzollamt. Die Haftung des § 145 ist der Buße der Strafprozeßordnung ähnlich geregelt

§ 127.

Wird ein Brennereibesitzer wegen Hinterziehung verurteilt, die durch unangemeldete Branntweinbereitung, durch unbefugte Ableitung oder Entnahme[1]) von weingeisthaltigen Dämpfen oder Branntwein (§ 120 Nr. 1, 3) oder durch absichtliche Störung des Ganges der Meßvorrichtung (§ 120 Nr. 7) begangen ist, so kann ihm das Landesfinanzamt nach Rechtskraft der Entscheidung auf Zeit oder Dauer untersagen, das Brennereigewerbe selbst auszuüben oder durch andere zu seinem Vorteil ausüben zu lassen.

Liegen die Voraussetzungen des ersten Absatzes bei Vertretern oder Angestellten eines Brennereibesitzers vor, so kann ihnen das Landesfinanzamt die weitere Tätigkeit im Brennereibetriebe verbieten.

1. Ebenso der bisherige § 127 des Branntweinsteuergesetzes v. 15. Juli 1909. Die unangemeldete Branntweinbereitung betrifft insbesondere die Abfindungsbrennereien, die anderen Tatbestände die Verschlußbrennereien.

§ 128.

Bei Verurteilung wegen Hinterziehung ist neben der Geld- oder Freiheitsstrafe auf Einziehung des Branntweins oder der Branntweinerzeugnisse, hinsichtlich deren die Hinterziehung begangen worden ist, einschließlich der Umschließungen zu erkennen. Ferner kann auf Einziehung der Rohstoffe, Halberzeugnisse, Geräte, Vorrichtungen oder Beförderungsmittel, die zur Hinterziehung benutzt worden oder bestimmt sind, erkannt werden.

Kann die Einziehung nicht vollzogen werden, so ist auf Erlegung des Wertes der Gegenstände und, soweit dieser nicht zu ermitteln ist, auf Zahlung einer Geldsumme von zwanzig bis drei Millionen Mark zu erkennen.[1])

1. Vgl. die Vorbemerkung vor § 119 wegen des Falles der Verurteilung, die aus einem anderen Gesetz als diesem erfolgt.

§ 129.

Branntwein jeder Art, dessen Herkunft oder Erwerb [1]) von dem Besitzer oder von dem Inhaber nicht nachgewiesen werden kann, Branntwein und Branntweinerzeugnisse, die im Handel nicht vorschriftsmäßig verpackt oder bezeichnet (§ 47 Nr. 2 [2]) und § 100 Abs. 2 und 4) [3]) angetroffen werden, sowie Trinkbranntweine, die den Vorschriften des § 100 Abs. 3 hinsichtlich des Weingeistgehalts nicht entsprechen, unterliegen der Einziehung.

1. Die Bestimmung setzt bei dem erstgenannten Fall voraus, daß ein solcher Nachweis handelsüblich erbracht wird. Vor der Einführung der Buchführung für die weiterverarbeitenden Betriebe genügte eine Rechnung des Lieferanten, sofern es sich um eine ablieferungsfreie Branntweinart handelte oder Sprit auf 55 v. H. herabgesetzt war.

2. Die Bezugnahme auf § 47 Abs. 2 ist gegenstandslos.

3. Es ist zweifelhaft, ob die Bestimmung ohne Rücksicht auf strafrechtliches Verschulden anwendbar ist. Sie könnte zu dem absurden Ergebnis führen, daß ein Bestand wertvoller Liköre eingezogen wird, weil der Trennungsstrich unter der Angabe „Deutsches Erzeugnis" vergessen wurde, oder weil die Buchstaben nicht die vorgeschriebene Millimetergröße haben. In den Reichstagsberatungen sind solche Möglichkeiten nicht erörtert worden. § 142 sagt für die analogen Fälle ganz deutlich, daß die Einziehung „neben der Strafe" stattfinde. Eine klare Entscheidung einer letzten Instanz liegt bislang nicht vor. Der Zusatz betr. § 100 Abs. 3 ist erst in der dritten Lesung des Reichstags eingefügt worden. Ebenso sind die Vorschriften des § 100 Abs. 4 erst durch den Reichstag eingefügt worden.

§ 100 Abs. 2 des Entwurfs zu dem Gesetz von 1922 lautete:

Trinkbranntwein darf im Inland nur in verschlossenen Behältnissen von nicht weniger als ein viertel Liter und nicht mehr als ein Liter Raumgehalt in den Verkehr gebracht werden. Auf jedem Behältnis ist der Inhalt nach Art, Menge und Weingeistgehalt sowie der Name und Sitz des Herstellers anzugeben. Die Ausführungsbestimmungen regeln das Nähere, sie können Ausnahmen zulassen.

Diese Bestimmung sah gewisse Mindesterfordernisse vor; wenn diese aber erfüllt waren, so war es gleichgültig, wenn etwa eine Verletzung von Ausführungsanordnungen stattfand. Man wird auch heute noch die Ausführungsbestimmungen als instruktioneller Natur ansehen und nur eine Verletzung der Haupterfordernisse des Gesetzes als den Tatbestand des § 129 erfüllend ansehen. Auch das kann noch große Härten enthalten. Die Bestimmung findet übrigens von sämtlichen Strafbestimmungen des Abschnitts weitaus am häufigsten Anwendung.

§ 130.

Mit Geldstrafe von einhundert bis zu einhunderttausend Mark oder mit Gefängnis bis zu einem Jahre wird bestraft:

1. wer Brenn- oder Wiengeräte anfertigt, besitzt, erwirbt oder an andere Personen überläßt, ohne der Finanzbehörde die vorgeschriebene Anzeige gemacht zu haben;
2. wer dem Verbot in § 46 zuwiderhandelt.[1])

Im Falle des Abs. 1 Nr. 1 ist auf Einziehung der Brenn- oder Wiengeräte, im Falle des Abs. 1 Nr. 2 auf Einziehung der Vorrichtungen sowie der Schriften, Abbildungen oder Darstellungen sowie der zu ihrer Herstellung bestimmten Platten und Formen zu erkennen.

1. Ziff. 1 entspricht dem § 128 des Branntweinsteuergesetzes v. 15. Juli 1909. § 46 betrifft die Mitteilung von Verfahrer zum Abdestillieren kleiner Mengen im Haushalt.

§ 131.[1])

Wer den Vorschriften in § 100 zuwiderhandelt, wird mit Geldstrafe bis zu hunderttausend Mark bestraft.[2])

1. Gemeint ist ein strafrechtliches Zuwiderhandeln, es muß also Vorsatz oder Fahrlässigkeit festgestellt werden. Die einzelnen Absätze des § 100 stehen zueinander in Gesetzeskonkurrenz, es kann also durch dieselbe Ware der § 100 nur einheitlich verletzt werden, nicht etwa zweimal, z. B. durch Mindergehalt an Weingeist und fehlende Angabe des Herstellers. (Urt. des RG. 1 S 592/25 v. 14. Juli 1925, Deutsche Destillateurzeitung 1925 Nr. 100.)

2. In wenig systematischer Weise wird die Verletzung der nahrungsmittelrechtlichen Bestimmungen erst in §§ 140 und 141 behandelt.

§ 140 ist sorgfältiger gefaßt, da darin ein „vorsätzliches oder fahrlässiges" Zuwiderhandeln verlangt wird.

§ 132.

Wer Erzeugnisse aus Branntwein, zu deren Herstellung Branntwein zu einem ermäßigten Verkaufspreis abgegeben wird [1]) oder die zu einem ermäßigten Monopolausgleichsatze (§ 152 Abs. 2) aus dem Ausland eingeführt werden dürfen, zu Zwecken verwendet oder abgibt, zu denen nur zu regelmäßigen Verkaufspreisen abgegebener Branntwein oder Erzeugnisse aus solchem Branntwein verwendet werden dürfen, wird, sofern nicht die Strafe der Hinterziehung (§§ 119 ff.) verwirkt ist, mit Geldstrafe von zweihundert bis zu zehn Millionen Mark bestraft. Daneben ist der Betrag, um den die Monopoleinnahme durch die unzulässige Verwendung verkürzt worden ist, nachzuzahlen.

1. Solche Erzeugnisse sind z. B. Parfüme oder Parfümessenzen. Der Fall, daß nicht eine objektive Hinterziehung vorläge, ist schwer denkbar. Der Entwurf versprach sich von der Bestimmung eine Verfolgung von Schiebungen, die im einzelnen nicht aufzuklären sind.

§ 183.

Wer der Vorschrift im § 104[1]) zuwiderhandelt, wird mit Geldstrafe bis zu hunderttausend Mark bestraft. Daneben kann auf Einziehung des Branntweins und der sonstigen im § 104 Abs. 1 bezeichneten Gegenstände, hinsichtlich deren die Zuwiderhandlung begangen worden ist, erkannt werden.

1. Die Bestimmung betrifft die Verwendung des Wortes „Monopol" seitens dazu nicht berechtigter Privatbetriebe.

§ 184.[1])

Wer gemäß § 10 verpflichtet worden ist, wird mit Gefängnis bis zu einem Jahre und mit Geldstrafe bis zu hunderttausend Mark oder mit einer dieser Strafen bestraft, wenn er für eine zu seinen Obliegenheiten gehörende Handlung Geschenke oder andere Vorteile annimmt, fordert oder sich versprechen läßt.[1])

1. Die §§ 184 bis 189 treffen Sonderbestimmungen unter Berücksichtigung des Umstandes, daß die Angestellten der Verwertungsstelle nicht Beamte sind. Es werden Bestechung sowie Verrat der Dienstgeheimnisse bedroht. Dementsprechend findet sich hier nur eine Tätigkeit der Organe der ordentlichen Rechtspflege (§ 148 Abs. 2), nicht der Zollbehörden.

§ 185.

Wer gemäß § 10 verpflichtet worden ist, wird mit Gefängnis und mit Geldstrafe bis zu fünfhunderttausend Mark oder mit einer dieser Strafen bestraft, wenn er für eine Handlung, die eine Verletzung der ihm übertragenen Obliegenheiten enthält, Geschenke oder andere Vorteile annimmt, fordert oder sich versprechen läßt.

§ 136.

Wer einer gemäß § 10 verpflichteten Person für eine Handlung, die eine Verletzung der ihr übertragenen Obliegenheiten enthält, Geschenke oder andere Vorteile anbietet, verspricht oder gewährt, wird mit Gefängnis bis zu drei Jahren und mit Geldstrafe bis zu zweihunderttausend Mark oder mit einer dieser Strafen bestraft.

§ 137.

In den Fällen der §§ 134 bis 136 ist das Empfangene oder dessen Wert im Urteil zugunsten des Landes für verfallen zu erklären.

In den Fällen der §§ 135 und 136 kann neben Gefängnis auf Verlust der bürgerlichen Ehrenrechte erkannt werden

§ 138.

Wer gemäß § 10 verpflichtet worden ist, wird, soweit nicht nach anderen Bestimmungen eine schwerere Strafe verwirkt ist, mit Gefängnis bis zu einem Jahre und mit Geldstrafe bis zu hunderttausend Mark oder mit einer dieser Strafen bestraft, wenn er die infolge seiner Tätigkeit erlangten Kenntnisse über Einrichtungen oder Maßnahmen der Reichsmonopolverwaltung dazu mißbraucht, sich oder einem anderen einen Vermögensvorteil zu verschaffen oder einem anderen Schaden zuzufügen.

Die Verfolgung tritt nur auf Antrag ein Antragsberechtigt ist der Präsident der Reichsmonopolverwaltung

§ 139.

Wer gemäß § 10 verpflichtet worden ist, wird mit Geldstrafe bis zu hunderttausend Mark oder mit Gefängnis bis zu drei Monaten bestraft. wenn er

Geschäfts- oder Betriebsgeheimnisse eines Dritten, die bei Wahrnehmung seiner Obliegenheiten zu seiner Kenntnis gelangt sind, unbefugt offenbart.

Hat er die Handlung aus Eigennutz oder in der Absicht begangen, den Inhaber des Geschäfts oder Betriebs zu schädigen, oder verwertet er in gleicher Absicht ein Geheimnis der im Abs. 1 bezeichneten Art, so wird er mit Gefängnis bis zu einem Jahre und mit Geldstrafe bis zu dreihunderttausend Mark oder mit einer dieser Strafen bestraft.

Die Verfolgung tritt nur auf Antrag ein; die Zurücknahme des Antrags ist zulässig.

Neben der Strafe kann auf Verlangen des Verletzten auf eine an ihn zu erlegende Buße bis zum Betrage von hunderttausend Mark erkannt werden. Eine erkannte Buße schließt die Geltendmachung eines weiteren Entschädigungsanspruchs aus.

§ 140.

Wer den Vorschriften der §§ 101 bis 103, 116 oder den dazu erlassenen Ausführungsbestimmungen vorsätzlich oder fahrlässig zuwiderhandelt, wird mit Geldstrafe bis zu hunderttausend Mark oder mit Haft bestraft.[1])

1. Es ist bemerkenswert, daß hier der subjektive Dolus ausdrücklich erfordert wird. Vgl. Anm. 2 zu § 131.

§ 141.

Wer der Vorschrift des § 115 vorsätzlich zuwiderhandelt, wird mit Gefängnis bis zu sechs Monaten und mit Geldstrafe bis zu hunderttausend Mark oder mit einer dieser Strafen bestraft. Ist die Zuwiderhandlung aus Fahrlässigkeit begangen worden, so ist auf Geldstrafe bis zu hunderttausend Mark oder auf Gefängnis bis zu zwei Monaten zu erkennen.

§ 142.

Neben der Strafe kann auf Einziehung der Gegenstände, die den Vorschriften in den §§ 101 bis 103, 115, 116 zuwider hergestellt, in den Verkehr gebracht oder eingeführt worden sind, einschließlich der Umschließungen erkannt werden, ohne Unterschied, ob sie dem Verurteilten gehören oder nicht; auch kann die Vernichtung ausgesprochen werden.

Die Vorschriften der §§ 15, 16 des Gesetzes, betreffend den Verkehr mit Nahrungsmitteln, Genußmitteln und Gebrauchsgegenständen, vom 14. Mai 1879 (RGBl. S. 145) finden auch bei Strafverfolgungen auf Grund der Vorschriften in den §§ 140 und 141 Anwendung.

§ 143.

Die Vorschriften anderer Gesetze, nach denen in den Fällen der §§ 101 bis 103, 115, 116 eine schwerere Strafe verwirkt ist, bleiben unberührt. Die Einziehung oder Vernichtung sowie die öffentliche Bekanntmachung der Verurteilung sind auch dann zulässig, wenn die Strafe gemäß § 73 des Strafgesetzbuchs auf Grund eines anderen Gesetzes zu bestimmen ist.[1])

1. Neben § 383 der Reichsabgabenordnung hat die Bestimmung nur hinsichtlich der Publikation eine Bedeutung. (Vgl. Vorbem.)

§ 144.

Wer den Vorschriften des ersten und vierten Teiles dieses Gesetzes oder den dazu ergangenen und öffentlich oder den Beteiligten besonders bekanntgemachten Verwaltungsbestimmungen durch andere als die in den §§ 119 bis 143 unter Strafe gestellten Handlungen oder Unterlassungen zuwiderhandelt, wird, sofern nicht nach anderen Gesetzen eine schwerere Strafe verwirkt ist, mit einer Ordnungsstrafe von fünf bis zu zwanzigtausend Mark bestraft.[1]) Die Ordnungsstrafe wird nicht verhängt, wenn festgestellt wird, daß Strafausschließungsgründe vorliegen oder die Zuwiderhandlung auf einem unabwendbaren Zufall beruht.

Die Ordnungsstrafe kann bis auf das Doppelte erhöht werden, wenn der Täter vorsätzlich einen mit der Durchführung dieses Gesetzes beauftragten Beamten in der rechtmäßigen Ausübung seines Dienstes hindert.

1. Generalbestimmung für alle Zuwiderhandlungen dem Sinne nach, auch wenn ein Spezialtatbestand nicht vorliegt. Abs. 2 gibt den Beamten einen Schutz, auch wenn der Tatbestand des § 114 StrGB. nicht vorliegt.

Höchstbetrag einer Ersatzfreiheitsstrafe ist nach § 378 RAO. drei Monate

§ 145.

Inhaber der der amtlichen Aufsicht unterliegenden Betriebe (§ 43) haften für die von ihren Verwaltern, Geschäftsführern, Gehilfen und sonstigen in ihrem Dienste oder Lohne stehenden Personen sowie von ihren Familien- oder Hausmitgliedern verwirkten Geldstrafen und Kosten des Strafverfahrens sowie für die nachzuzahlende Monopoleinnahme.

Die Haftung für die Geldstrafe und die Kosten tritt nicht ein, wenn die Zuwiderhandlung nachweislich ohne Wissen des Inhabers begangen worden ist. Die Haftung ist jedoch auch in diesem Falle begründet, wenn es der Inhaber bei der Auswahl oder der Beaufsichtigung des Angestellten oder bei der Beaufsichtigung der Familien- oder Hausmitglieder an der erforderlichen Sorgfalt hat fehlen lassen oder wenn er aus der Tat einen Vorteil gezogen hat.[1]) Als Verletzung der erforderlichen Sorgfalt gilt insbesondere die Anstellung oder Beibehaltung eines wegen Branntweinsteuerhinterziehung nach den bisherigen Gesetzen oder wegen Hinterziehung der Monopoleinnahme bereits bestraften Verwalters, Geschäftsführers oder Gewerbegehilfen, falls nicht das Landesfinanzamt die Anstellung oder Beibehaltung genehmigt hat.[2])

Die im ersten und zweiten Absatz vorgesehene Haftung fällt weg, wenn der Schuldige oder der Haftende stirbt, bevor das Straferkenntnis, das gegen sie ergeht, rechtskräftig geworden ist.

1. Die Bestimmung entspricht den §§ 131 und 132 des Branntweinsteuergesetzes v. 15. Juli 1909. Neu ist der Umstand der Vorteilsziehung. Es wird sich dabei um einen bewußten Vorteil handeln müssen.

2. Es besteht keine Haftung juristischer Personen oder von Handelsgesellschaften (RG. in Pr. Zentrbl. 1913 S. 173). Die Mittäterschaft des Verantwortungspflichtigen beseitigt seine Haftung nicht (RGEntsch. Straff. Bd. 3 S. 105, Bd. 21 S. 391). Vgl. aber Anmerkung zu § 147. Die Haftung ist abweichend von dem früheren Recht im Strafurteil auszusprechen.

§ 146.

Wer neben dem Schuldigen für Geldstrafe, Kosten und Monopoleinnahme haftet (§ 145), kann in Anspruch genommen werden, wenn Geldstrafe, Kosten und Monopoleinnahme aus dem beweglichen Vermögen des Schuldigen nicht beigetrieben werden können.[1])

Die Ersatzfreiheitsstrafen können an dem Schuldigen ganz oder zum Teil vollzogen werden, ohne daß die Person, die für die Geldstrafe haftet, in Anspruch genommen wird.

1. Es braucht nicht der Ausgang des Vollstreckungsversuchs abgewartet zu werden.

§ 147.

Die Vorschriften der §§ 355, 357, 358, 360, 361, 363, 364, 368, 369, 375, 378, 379, § 380 Abs. 1, §§ 383, 384 der Reichsabgabenordnung[1]) finden mit folgenden Maßgaben entsprechende Anwendung:

1. An die Stelle der im § 368 angeführten § 359 Abs. 1 und 2, §§ 362 und 365 der Reichsabgabenordnung treten die Vorschriften in §§ 119, 124 und 128 dieses Gesetzes.[2])
2. Die Bestrafung wegen Rückfalls (§ 369 der Reichsabgabenordnung) tritt nur dann ein, wenn der Täter innerhalb der im § 369[3]) der Reichsabgabenordnung vorgesehenen Zeit im Inland nach den bisherigen Gesetzen wegen Branntweinsteuerhinterziehung oder wegen Hinterziehung der Monopoleinnahme oder wegen Monopolhehlerei bestraft worden ist.

1. Die Bestimmungen der §§ 355, 358, 360, 361, 363, 364, 383 und 384 sind in der Vorbemerkung zu diesem Abschnitt (vor § 119) besprochen.

§ 357 RAO. läßt eine Verurteilung von juristischen Personen und Personenvereinigungen zu, wenn eine Strafe ohne Verschulden einer natürlichen Person verhängt werden kann (vgl. z. B. § 120).

2. § 368 RAO. betrifft die Steuerhehlerei: wer seines Vorteils wegen Gegenstände an sich bringt, absetzt oder abzusetzen hilft, von denen er wissen muß, daß Monopoleinnahmen bei ihnen hinterzogen sind.

3. § 369 RAO. betrifft den Rückfall, der innerhalb einer dreijährigen Frist seit Strafzahlung oder Strafverbüßung mit Verschärfungen bedroht ist. Die Ziff. 2 stellt klar, daß nicht eine Weinsteuerhinterziehung mit nachfolgender Monopolhehlerei einen Anlaß zu einer Rückfallstrafe bilden kann.

Zweiter Titel.
Strafverfahren.

§ 148.

Auf das Strafverfahren finden die Vorschriften des zweiten Abschnitts des dritten Teiles der Reichsabgabenordnung entsprechende Anwendung.

Für das Strafverfahren in den Fällen der §§ 134[1]) bis 143 sind nur die ordentlichen Gerichte zuständig.

1. Es sind das die §§ 385 bis 443 RAO. Praktisch werden insbesondere häufig die Bestimmungen über Beschlagnahme und Durchsuchung durch die Zollämter (§§ 395 bis 404). Auf Einzelheiten kann aus Raumgründen nicht eingegangen werden.

§ 149.

Ein im Strafverfahren eingegangener Geldbetrag ist zunächst auf die Monopoleinnahme zu verrechnen.[1])

Im Strafverfahren eingezogener Branntwein ist der Reichsmonopolverwaltung anzubieten. § 108 Abs. 1 findet Anwendung.

Die Vorschrift im Abs. 2 gilt auch, wenn Branntwein in anderen Strafverfahren als wegen Zuwiderhandlung gegen das Gesetz über das Branntweinmonopol eingezogen wird.

1. Reicht der gezahlte Betrag nicht aus, um Steuer und Geldstrafe zu decken, so soll zuerst der Steueranspruch befriedigt werden. So auch schon das bisherige Recht. Der fehlende Betrag wird in Ersatzfreiheitsstrafe umgewandelt, wobei § 378 RAO. maßgeblich ist. Er lautet:

An Stelle einer Geldstrafe, die nicht beigetrieben werden kann, tritt Freiheitsstrafe. Die Freiheitsstrafe darf zwei Jahre und bei Ordnungsstrafen drei Monate nicht übersteigen.

Bei der Umwandlung ist ein Betrag von 10 bis 50 ℳ einer eintägigen Freiheitsstrafe gleichzuachten. Der Mindestsatz einer Ersatzfreiheitsstrafe ist ein Tag.

Zweiter Teil.

Zoll- und Monopolausgleich.

§ 150.

Die nachstehend genannten Nummern des Zolltarifs vom 25. Dezember 1902 erhalten folgende Fassung:

Nr. d. Zolltarifs		Zollsatz für 1 Doppelzentner ℳ
	(178/9) Branntwein:	
178	in Behältnissen mit einem Raumgehalte von 15 Liter oder mehr:	
	Likör[1])	1 200
	Rum und Arrak mit einem Weingeistgehalte von nicht mehr als 76 Gewichtsteilen in 100[2])	350
	sonstige gebrannte geistige Flüssigkeiten	1 000
179	in anderen Behältnissen	1 200
187	Speiseessig:	
	Weinessig:[3])	
	in Behältnissen mit einem Raumgehalte von 15 Liter oder mehr	90
	in anderen Behältnissen	120

Nr. d. Zolltarifs		Zollsatz für 1 Doppelzentner ℳ
	anderer Speiseessig:	
	in Behältnissen mit einem Raumgehalte von 15 Liter oder mehr	60
	in anderen Behältnissen	100
	Anmerkung: Als Weinessig ist jeder Speiseessig zu verzollen, dessen Extraktgehalt mehr als 3 g im Liter beträgt.	
214	Säfte von Früchten (mit Ausnahme der Weintrauben) und von Pflanzen, zum Genuß, äther- oder weingeisthaltig[4])	1 000
215	Früchte, mit Branntwein zubereitet oder in Branntwein eingelegt	300
277	Essigsäure	60
347	Äther: in Behältnissen mit einem Raumgehalte von 15 Liter oder mehr	500
	in anderen Behältnissen	600
356	Äther- oder weingeisthaltige Riechmittel (Parfümerien) und Schönheitsmittel (kosmetische Mittel, z. B. Haarfärbemittel sowie Haut- und andere Verschönerungsmittel); äther- oder weingeisthaltige Kopf-, Mund- und Zahnwässer; wohlriechende oder zur Verbreitung von Wohlgeruch dienende äther- oder weingeisthaltige Auszüge (Essenzen, Extrakte, Tinkturen) und Wässer; wohlriechender Essig	1 100

1. Liköre sind nach der Bekanntmachung des Monopolamtes zu § 100 dieses Gesetzes (siehe dort) Trinkbranntweine mit wenigstens 20 v. H. Extraktgehalt.

2. Stärkere Rums oder Arraks als mit 76 v. H. Alkoholgehalt kommen kaum vor.

3. Wegen des Zollsatzes für Weinessig gilt die hierauf bezügliche Anmerkung im Tarif. Nahrungsmittelrechtlich ist diese Kennzeichnung aber in keiner Weise verwertbar. Weinessig in diesem Sinne ist ursprünglich ein Essig nur aus Wein, dessen Alkoholgehalt zu Essigsäure umgewandelt wurde Jetzt begnügt man sich meist mit einem Verschnitt

Übrigens besagt die Anmerkung im obigen Tarif nicht, daß nur Essig mit mehr als 3 v. H. Extrakt als Weinessig zu behandeln sei, noch daß Weinessig mit weniger Extrakt nicht einfuhrfähig sei.

4. Gemeint sind hier gespritete Fruchtsäfte, nicht solche, die infolge geringer Gärungsvorgänge einen geringfügigen Alkoholgehalt aufweisen, wie die meisten ihrer Art.

Monopolausgleich.

§ 151.

Bei der Einfuhr aus dem Ausland unterliegen Branntwein, weingeisthaltige Erzeugnisse, Äther und ätherhaltige Erzeugnisse außer dem Zoll einer der Belastung des inländischen Branntweins entsprechenden Abgabe (Monopolausgleich).

Der Monopolausgleich ist Steuer im Sinne der Reichsabgabenordnung.

§ 152.

Der Monopolausgleich besteht in dem Unterschiede zwischen dem regelmäßigen Branntweinverkaufpreis und dem Branntweingrundpreise (regelmäßiger Monopolausgleich). Er ist zu berechnen:

bei Branntwein und bei weingeisthaltigen Erzeugnissen von der in dem Branntwein und den weingeisthaltigen Erzeugnissen enthaltenen Weingeistmenge,

bei Äther von einer nach näherer Bestimmung des Reichsministers der Finanzen festzusetzenden Weingeistmenge, die zur Herstellung des Äthers, und bei ätherhaltigen Erzeugnissen von einer in gleicher Weise festzusetzenden Weingeistmenge, die zur Herstellung des in diesen Erzeugnissen enthaltenen Äthers erforderlich ist.

Beim Eingang solcher weingeisthaltigen Erzeugnisse, zu deren Herstellung, falls sie im Inland erfolgt wäre, Branntwein zum ermäßigten Verkaufpreise hätte abgegeben werden dürfen, sowie beim Eingang von Äther, der nachweislich zu Zwecken verwendet wird, zu denen im Inland Äther aus einem zum ermäßigten Branntweinverkaufpreis abgegebenen Branntwein hätte verwendet werden dürfen, und beim Eingang von ätherhaltigen Erzeugnissen, zu denen im Inland in der bezeichneten Weise hergestellter Äther hätte verwendet werden dürfen, wird der Monopolausgleich nur in Höhe des Unterschieds zwischen dem ermäßigten Branntweinverkaufpreis und dem Branntweingrundpreis erhoben (ermäßigter Monopolausgleich).

§ 153.

Wer Waren einführt, die dem Monopolausgleich unterliegen, hat nach näherer Bestimmung des Reichsministers der Finanzen Erklärungen über das Gewicht und den Weingeistgehalt der Ware und, soweit es bestimmt wird, auch über deren Raummenge abzugeben.

Werden solche Erklärungen nicht vorgelegt, oder sind sie unvollständig oder unzutreffend, so kann nach näherer Bestimmung des Reichsministers der Finanzen die Finanzbehörde die Weingeistmenge in einer von den Abfertigungsbeamten zu bestimmenden zweckdienlichen Weise festsetzen oder den Monopolausgleich von dem Gewichte der Ware berechnen.

§ 154.

Die Monopolausgleichschuld entsteht mit der Überschreitung der Zollgrenze; der Monopolausgleich wird fällig, sobald die Ware durch Abfertigung oder sonst in den freien Verkehr gelangt.

Monopolausgleichschuldner ist der, für dessen Rechnung die Ware eingeht. Neben diesem haftet für den Monopolausgleich jeder, der die Ware von der Überschreitung der Zollgrenze bis zur Abfertigung in den freien Verkehr im Gewahrsam hat.

§ 155.

Der Monopolausgleich ist nach den Sätzen zu entrichten, die an dem Tage gültig sind, an dem die zum Eingange bestimmten Waren der zuständigen Zollstelle zur Abfertigung in den freien Verkehr oder auf Zollbegleitschein II angemeldet und gestellt werden

§ 156.

Für Monopolausgleich wird Zahlungsaufschub nicht gewährt.

§ 157.

Für monopolausgleichpflichtige Erzeugnisse, die aus den dem Zollgebiet angeschlossenen Staaten und Gebietsteilen eingehen, entsteht die Monopolausgleichschuld beim Eintritt in das Inland. Der Reichsminister der Finanzen bestimmt den Zeitpunkt der Fälligkeit.

§ 158.

Die Hinterziehung des Monopolausgleichs (§ 359 der Reichsabgabenordnung) wird mit einer Geldstrafe bestraft, die das Vierfache des hinterzogenen Betrags, mindestens aber zweihundert Mark beträgt.

§ 159.

Die Einnahme an Monopolausgleich fließt in die Reichskasse; jedoch ist davon an die Reichsmonopolverwaltung abzuführen:

1. vom regelmäßigen Monopolausgleiche der die Hektolitereinnahme (§ 84) übersteigende Betrag,
2. vom ermäßigten Monopolausgleiche, der nach dem Grundsatz des § 92 Abs. 2 bemessen ist, der Betrag, der über den nach dieser Vorschrift an die Reichskasse abzuführenden Betrag hinausgeht,
3. der sonstige ermäßigte Monopolausgleich ganz.

Dritter Teil.

Essigsäure.

Erster Abschnitt.

Essigsäuresteuer.

§ 160.

Essigsäure, die im Inland in anderer Weise als durch Gärung[1]) gewonnen ist, sowie Essigsäure und Essig, die aus dem Ausland eingehen, unterliegen einer Verbrauchsabgabe (Essigsäuresteuer), deren Höhe sich nach dem Verkaufpreise des zur Bereitung von Speiseessig abzugebenden Branntweins (§ 92 Abs. 1) richtet.

Der Steuersatz beträgt bei einem Verkaufpreise von 2500 Mark für das Hektoliter Weingeist 1000 Mark für den Doppelzentner wasserfreier Säure. Er erhöht oder ermäßigt sich für jede Mark, um die der Verkaufpreis höher oder niedriger als 2500 Mark ist, um 1 Mark 48 Pfennige mit der Maßgabe, daß der Steuersatz nach unten auf durch 10 in Mark teilbare Beträge abgerundet wird.

Maßgebend ist der Steuersatz, der in dem Zeitpunkt gilt, in dem die Ware in den freien Verkehr tritt.

Abweichend von der Bestimmung im Abs. 2 kann der Reichsfinanzminister mit dem Reichsrat anderweitige Regelung nach Anhörung der beteiligten Gewerbezweige treffen, wenn die Wettbewerbsfähigkeit der Essigsäureindustrie oder des Gärungsessiggewerbes nachhaltig gefährdet ist.

1. Die Herstellung von Essigsäure aus Branntwein ist zwar die älteste Methode, heute aber nicht mehr die wirtschaftlich wichtigste. Die Gärungsessigsäure ebenso wie der Gärungsessig werden durch die Essigsäuresteuer zwar noch geschützt, aber den jahrelangen Kampf des Gärungsessigs gegen den „chemischen“ Essig muß man als endgültig verloren ansehen. Die Chemie kennt eben nur e i n e Essigsäure, gleichgültig welchen Ursprungs. Hatte schon die Holzessigsäure die Stellung des Branntweinessigs erschüttert, die Karbidessigsäure hat ihn vollends entbehrlich gemacht.

§ 161.

Für Essigsäure, die über das Betriebsrecht (§ 162) hinaus zum freien Verkehr abgefertigt wird, sowie für Essigsäure und Essig, die aus dem Ausland eingeführt werden, erhöht sich der Steuersatz (§ 160 Abs. 2) um 50 Hundertteile.[1])

1. Wie bei den Branntwein herstellenden Betrieben der Überbrand mit wirtschaftlichen Nachteilen bedroht ist, wird bei den Essigsäure herstellenden Betrieben das Überschreiten des Betriebsrechts mit einer fünfzigprozentigen Steuererhöhung belegt. Die analoge Bestimmung für Bezüge der Gärungsessigindustrie, die das Bezugsrecht übersteigen, findet sich in § 93 Abs. 2 des Gesetzes.

§ 162.

Die nach § 149 des Gesetzes über das Branntweinmonopol vom 26. Juli 1918 festgesetzten Betriebsrechte sowie die auf Grund der Verordnung vom 17. Oktober 1919 (RGBl. S. 1797) festgesetzten Hilfsbetriebsrechte bleiben bis zum 30. September 1929 in Geltung.[1]) Die Betriebsrechte sind unbeschränkt übertragbar. § 93 Abs. 1 Satz 2 findet auf die Betriebsrechte und die Hilfsbetriebsrechte Anwendung.[2])

1. Die Betriebsrechte der Essigessenzindustrie waren nur für diejenigen Betriebe vorgesehen, die bereits im Betriebsjahr 1913/14 Essigsäure zu Genußzwecken hergestellt hatten. Während des Krieges war dann durch Verordnungen v. 17. Okt. 1919 und 28. Okt. 1920 (RGBl. S. 1841) auch für die aus Kalziumkarbid herstellenden Betriebe durch Einführung von Hilfsbetriebsrechten eine Möglichkeit zum Fortbestehen geschaffen worden.

2. Die Bezugnahme auf § 93 Abs. 1 Satz 2 besagt, daß der Reichsrat für das Betriebsjahr im voraus eine Kürzung der Betriebsrechte und der Hilfsbetriebsrechte eintreten lassen kann.

Dem Betriebsrecht der Essigessenzindustrie entspricht das in § 93 des Gesetzes geregelte Bezugsrecht der Gärungsessigindustrie. Da nach Abs. 3 des § 93 die Bezugsrechte in Betriebsrechte umgewandelt werden können, haben die Fabriken für Gärungsessig die Möglichkeit, zur Herstellung von Essigessenz überzugehen.

§ 163.

Die Steuer ist durch Abfertigung festzustellen. Das Nähere regeln die Ausführungsbestimmungen.

§§ 10 ff. der Essigsäureordnung.

§ 164.

Für inländische Essigsäure entsteht die Steuerschuld mit der Herstellung. Die Steuer wird zahlbar, sobald die Essigsäure die Erzeugungsstätte verläßt; sie wird fällig drei Tage nach Mitteilung des Betrags an den Steuerschuldner. Steuerschuldner ist der Hersteller.

Für Essigsäure und Essig, die aus dem Ausland eingehen, entsteht die Steuerschuld mit der Überschreitung der Zollgrenze; die Steuer wird fällig, sobald die Ware durch Abfertigung oder sonst in den freien Verkehr gelangt. Steuerschuldner ist derjenige, für dessen Rechnung die Ware eingeht. Neben diesem haftet für die Steuer jeder, der die Ware von der Überschreitung der Zollgrenze bis zur Abfertigung in den freien Verkehr im Gewahrsam hat.

Ein Zahlungsaufschub nach § 105 Abs. 1 der Reichsabgabenordnung findet für die Essigsäuresteuer nicht statt.

§ 165.

Nach näherer Bestimmung des Reichsrats kann Essigsäure, die ausgeführt oder zu gewerblichen Zwecken verwendet wird, von der Steuer befreit werden.[1])

1. §§ 8 und 9 sowie 54 ff. der Essigsäureordnung.

§ 166.

Betriebe, die Essigsäure herstellen oder zu gewerblichen Zwecken steuerfrei verwenden oder mit unversteuerter Essigsäure Handel treiben, unterliegen der

Steueraufsicht und der Anmeldepflicht gemäß § 194 Abs. 1 der Reichsabgabenordnung.[1])

1. Die Verweisung auf die Reichsabgabenordnung ist belanglos Maßgeblich sind die §§ 20 ff. der Essigsäureordnung.

§ 167.

Für Essigsäure und Essig, die aus den dem Zollgebiet angeschlossenen Staaten und Gebieten eingehen, entsteht die Steuerschuld beim Eintritt in das Inland. Der Reichsminister der Finanzen bestimmt den Zeitpunkt der Fälligkeit.

§ 168.

Die Hinterziehung der Essigsäuresteuer (§ 359 der Reichsabgabenordnung) wird mit einer Geldstrafe bestraft, die das Vierfache des hinterzogenen Betrags, mindestens aber fünfzig Mark beträgt. Außerdem ist die Steuer nachzuzahlen.

§ 169.

Der Reichsminister der Finanzen kann mit Zustimmung des Reichsrats der Essigsäuresteuer auch Erzeugnisse, die dem Ersatze für Essig und Essigsäure zu Genußzwecken dienen, unterwerfen. Er trifft in diesem Falle die näheren Anordnungen.

Zweiter Abschnitt.

Essigsäurenachsteuer.

§§ 170—178

sind gegenstandslos geworden.

Vierter Teil.
Übergangs- und Schlußvorschriften.

§ 174.

Der Reichsminister der Finanzen wird ermächtigt, die Anteile der Länder und Personen, die sich an den zur Herstellung von Branntwein aus Holz gegründeten Unternehmungen beteiligt haben, auf das Reich zu übernehmen; die fälligen Beträge sind aus den Betriebsmitteln der Reichsmonopolverwaltung (§ 86) zu bezahlen.

§ 175.

Für Rechnung von Ländern dürfen im Monopolgebiet Abgaben auf Branntwein nicht erhoben werden. Länder, die im Rechnungsjahre 1918 Abgaben für Landesrechnung erhoben haben, erhalten bis 1. Oktober 1924 jährlich eine Entschädigung in Höhe des durchschnittlich in den Landesrechnungsjahren 1893 bis 1912 nach den Landesrechnungen aufgekommenen Ertrags ihrer Branntweinabgaben. Gemeinden,[1]) die am 1. Januar 1921 Abgaben auf Branntwein erhoben haben, dürfen diese Abgaben für die Dauer von fünf Jahren nach Inkrafttreten dieses Gesetzes im bisherigen Umfang weitererheben. Die anderweitige Erhebung von Gemeindeabgaben auf den Verbrauch von Trinkbranntwein bleibt gesetzlicher Regelung vorbehalten.

1. Die Regelung der Gemeindeabgaben ist inzwischen durch das Finanzausgleichsgesetz v. 23. Juni 1923 erfolgt.

Nach § 14 a des Finanzausgleichsgesetzes dürfen solche Gemeinden, in denen nicht am 1. Oktober 1925 Gemeindeabgaben auf Getränke bestanden, solche nicht neu einführen. Auch sollen bestehende Steuern dieser Art nur bis zum 31. März 1927 erhoben werden. (Fassung des Gesetzes v. 10. Aug. 1925, RGBl. I S. 259).

Zollausschlüsse.

§ 176.

Die außerhalb des Monopolgebiets liegenden Teile des Reichsgebiets zahlen nach den für die Zölle maßgebenden Vorschriften an Stelle der dem Reiche durch dieses Gesetz zufließenden Einnahmen aus dem Branntwein entsprechende Ausgleichungsbeträge an die Reichskasse. Die Reichsregierung kann mit Zustimmung des Reichsrats die Vorschriften dieses Gesetzes in den außerhalb der Zollgrenze liegenden Teilen eines Landes auf Antrag dieses Landes in Wirksamkeit setzen.

§ 177.

Der Reichsrat ist ermächtigt, in Einzelfällen aus Billigkeitsgründen Ausnahmen von den Vorschriften dieses Gesetzes zuzulassen. Er kann diese Ermächtigung auf die Reichsfinanzverwaltung übertragen.

§ 178.

Die Ausführungsbestimmungen zu diesem Gesetz erläßt der Reichsminister der Finanzen mit Zustimmung des Reichsrats.

§ 179

ist gegenstandslos.

§ 180.

Stellt die Reichsmonopolverwaltung die Herstellung von Trinkbranntwein ein,[1]) so fallen rückwirkend von

Beginn des Betriebsjahres, in dem die Einstellung erfolgt, die Entschädigungen der Trinkbranntweinhersteller weg, soweit diese nicht bis zum Tage der Bekanntgabe des Einstellens auf die Herstellung von Trinkbranntwein verzichtet und ihren Betrieb völlig aufgelöst haben. Mit dem gleichen Tage erlöschen alle mit der Entschädigungszahl verbundenen Vorrechte.

Angestellte von Trinkbranntweinherstellern, die nicht spätestens am Tage vor der Bekanntgabe entlassen sind, sind nicht entschädigungsberechtigt.

Unberührt bleibt die für Aufgabe des Kleinhandels gewährte Entschädigung.

Nimmt die Reichsmonopolverwaltung die Herstellung von Trinkbranntwein wieder auf, so treten von diesem Zeitpunkt die Entschädigungsbestimmungen des Gesetzes vom 26. Juli 1918 wieder in Wirksamkeit.

1. Die Einstellung ist mit dem 1. Sept. 1925 erfolgt.

§ 181.

(Betrifft Inhaber von Obstbrennereien in Gebieten, die durch den Friedensvertrag abgetreten sind.)

§ 182.

(Betrifft den Zeitpunkt des Inkrafttretens und Außerkrafttreten früherer Gesetze und dieses Gesetzes.)

§ 183.

Den in Kraft bleibenden §§ 230 und 236 des Gesetzes über das Branntweinmonopol vom 26. Juli 1918 wird folgender Absatz angefügt:

Die Entschädigung, auch die bereits gezahlte, unterliegt nicht der Einkommensteuer.

Vorschriften des Gesetzes vom 26. Juli 1918 soweit sie in Kraft bleiben.

(Vgl. § 183.)

Vorbemerkung zu den Entschädigungsbestimmungen.

Praktisch am wichtigsten ist die Frage der Aufwertung, die vom Reichsgericht neuerdings nach dem Marktwert am 8. April 1922 bemessen wird. Die Frage nach dem Muß der Aufwertung ist noch nicht abschließend beantwortet.

Zu beachten bleibt, daß infolge des § 180 die Entschädigungen der Destillateure, die nicht bis zum 31. August 1925 ihren Betrieb völlig abgemeldet hatten, seit Ende des Betriebsjahrs 1923/24 weggefallen sind.

Durch die Zweite Steuernotverordnung vom 21. Dezember 1923 (RGBl. I S. 1238) sind die §§ 213 bis 242 des Gesetzes mit Wirkung vom 1. Oktober 1923 ab aufgehoben. Die Gültigkeit der Verordnung ist nicht völlig unzweifelhaft, da die Gesetzesform hätte angewandt werden können und vielleicht müssen. In Geltung sind danach nur noch die Bestimmungen für die Reinigungsanstalten (§§ 199 bis 212).

Neunter Abschnitt.

Beschäftigung und Entschädigung der bestehenden Betriebe und der Angestellten.

Branntwein-Reinigungsanstalten.

§ 199.

Inhaber von besonderen Anstalten zur Reinigung von Branntwein (Branntwein-Reinigungsanstalten), in denen nach dem 30. September 1909 in wenigstens drei Betriebsjahren unter steuerlicher Aufsicht stehender Branntwein gereinigt worden ist, werden von der Monopolverwaltung nach deren Wahl gegen Entgelt beschäftigt oder entschädigt.

§ 200.

(1) Die Beschäftigung oder Entschädigung richtet sich nach den bisher auf Grund von Vereinbarungen für die Beteiligung der Reinigungsanstalten an der Reinigung von Branntwein in Rechnung gestellten Beschäftigungszahlen und innerhalb dieser nach den besonderen Beschäftigungszahlen für die Herstellung von über Holzkohle filtriertem Primasprit, Feinsprit und Weinsprit. Soweit solche Vereinbarungen nicht bestanden, werden die allgemeinen und besonderen Beschäftigungszahlen nach dem durchschnittlichen Umfang der Reinigungstätigkeit in den Betriebsjahren 1910/11 bis 1914/15 unter Weglassung der beiden Jahre mit der höchsten und der niedrigsten Menge berechnet.

(2) Läßt sich nach den Vorschriften des Abs. 1 eine Feststellung nicht treffen oder ergeben sich Zweifel, so setzt der Bundesrat die Beschäftigungszahl fest oder bestimmt die Grundlage für die Beschäftigung oder Entschädigung. Die gleiche Befugnis hat der Bundesrat für solche Fälle, in denen die Festsetzung nach Abs. 1 zu besonderen Härten führen würde.

§ 201.

Die Reinigungsanstalten sind verpflichtet, bis zum Schlusse des zehnten Betriebsjahrs nach dem Inkrafttreten dieses Gesetzes auf Verlangen der Monopolverwaltung und nach deren Anweisung die bisher mit dem Betrieb einer Reinigungsanstalt geschäftsüblicherweise verbundenen Leistungen zu übernehmen. Sie haben insbesondere den Übernahmepreis des aus den Brennereien überwiesenen Branntweins für Rechnung der Monopolverwaltung zu zahlen, den bei ihnen lagernden Branntwein gegen Feuersgefahr zu versichern und für den bei der Reinigung und Lagerung entstehenden Schwund aufzukommen. Die Reinigungsanstalten sind befugt, ihr Branntweinlager bis zur Höhe des von ihnen gezahlten Übernahmepreises zu lombardieren.

§ 202.

Unbeschadet der verwirkten Ordnungsstrafen kann die Monopolverwaltung die Ausführung der Reinigung, Lagerung und Versendung von Branntwein für ihre Rechnung durch Androhung und Einziehung von Geldstrafen bis zu zwanzigtausend Mark im einzelnen Falle erzwingen, auch, wenn die Ausführung abgelehnt wird, diese auf Kosten des Pflichtigen bewirken lassen. Das Verfahren regelt sich nach § 184.

§ 203.

Reinigungsanstalten, die weiterbeschäftigt werden, erhalten für ihre Tätigkeit bis zum Schlusse des zehnten Betriebsjahrs nach dem Inkrafttreten dieses Gesetzes

1. für jedes Hektoliter ihrer Beschäftigungszahl eine Grundgebühr (§ 205),
2. ein nach dem Umfang ihrer Tätigkeit sich richtendes Geschäftsentgelt (§ 206).

§ 204.

Die Beschäftigung der Reinigungsanstalten hat sich nach dem Verhältnis der Beschäftigungszahlen zu der Menge des in einem Betriebsjahr zu reinigenden Branntweins zu richten (Jahreszahl). Die Beschäftigung der Reinigungsanstalten mit der Herstellung von über Holzkohle filtriertem Primasprit, Feinsprit und Weinsprit hat sich nach der Nachfrage nach den Erzeugnissen bestimmter Reinigungsanstalten, möglichst jedoch nach dem Verhältnis der für diese Sorten festgesetzten besonderen Beschäftigungszahlen (§ 200) zu richten. Ungleichheiten sind durch erhöhte Beschäftigung im folgenden Betriebsjahr oder durch eine Entschädigung für entgangenen Gewinn abzugelten.

§ 205.

(1) Die Grundgebühr beträgt für jedes Hektoliter der Beschäftigungszahl 2,50 Mark und für jedes Hektoliter des Raumgehalts der in den Lagern aufgestellten, nicht zum Versand geeigneten Aufbewahrungsgefäße 0,50 Mark ohne Rücksicht darauf, ob die Tätigkeit oder die Lager in Anspruch genommen werden. Die Reinigungsanstalt hat als Gegenleistung ihre gesamten Betriebseinrichtungen, insbesondere Gebäude, Branntweinlager, Branntweinreinigungsgeräte, Maschinen, Versandeinrichtungen dauernd in gebrauchsfertigem Zustand zu erhalten.

(2) Die nach § 200 zur Herstellung von über Holzkohle filtriertem Primasprit, Feinsprit und Weinsprit befugten Reinigungsanstalten können von der Bereitstellung der zur Herstellung dienenden besonderen Einrichtungen durch die Monopolverwaltung befreit werden.

Soweit sie diese Einrichtungen in gebrauchsfertigem Zustand erhalten, wird ihnen ein von dem im § 212 bestellten Ausschuß festzusetzender angemessener Zuschlag zur Grundgebühr nach Maßgabe der besonderen Beschäftigungszahlen für über Holzkohle filtrierten Primasprit, Feinsprit und Weinsprit gezahlt.

§ 206.

(1) Das Geschäftsentgelt besteht aus dem Lohne für die eigentliche Reinigungstätigkeit (Reinigungslohn) und dem Entgelte für die übrigen nach § 201 zu übernehmenden Leistungen.

(2) Der Reinigungslohn ist auf das Hektoliter zu bemessen und in der Weise festzusetzen, daß die höheren Arbeitskosten, insbesondere für kleinere Betriebe, durch Zuschläge ausgeglichen werden.

(3) Für die Herstellung von über Holzkohle filtriertem Primasprit, Feinsprit und Weinsprit werden unter Berücksichtigung der höheren Verwertung dieser Erzeugnisse Zuschläge gezahlt.

§ 207.

Die Reinigungsanstalten sind auf ein innerhalb des ersten Jahres nach Inkrafttreten dieses Gesetzes gestelltes Verlangen verpflichtet, ihre Kesselwagen der Monopolverwaltung gegen einen angemessenen Übernahmepreis zu überlassen.

§ 208.

Reinigungsanstalten, die nicht beschäftigt werden, erhalten vom Tage der Betriebseinstellung ab bis zum

Schlusse des zehnten Betriebsjahrs nach dem Inkrafttreten dieses Gesetzes außer der Grundgebühr und dem für besondere Fälle vorgesehenen Zuschlag (§§ 205, 206) für jedes Hektoliter der allgemeinen Beschäftigungszahl (§ 200) eine Gewinnentschädigung und für jedes Hektoliter der besonderen Beschäftigungszahlen (§ 200) einen Zuschlag zur Gewinnentschädigung. Grundgebühr und Gewinnentschädigung sind am Schlusse der einzelnen Betriebsjahre zu zahlen. Der Anspruch auf weitere Entschädigungen nach Ablauf des zehnten Betriebsjahrs (§ 210) wird hierdurch nicht berührt.

§ 209.

Über die Reinigung der auf freigewordene Beschäftigungszahlen entfallenden Branntweinmenge entscheidet die Monopolverwaltung.

§ 210.

Die Beschäftigung der Reinigungsanstalten nach Schluß des zehnten Betriebsjahrs nach dem Inkrafttreten dieses Gesetzes unterliegt der freien Vereinbarung. Kommt eine solche nicht zustande, so zahlt die Monopolverwaltung während fünf weiterer Betriebsjahre je an deren Schluß für jedes Hektoliter der Beschäftigungszahl 2,50 Mark und für jedes Hektoliter des nicht benutzten Raumgehalts der in den Lagern aufgestellten, nicht zum Versand geeigneten Aufbewahrungsgefäße 0,50 Mark jährlich als Entschädigung; die Verpflichtung der Reinigungsanstalt zur Gegenleistung erlischt.

§ 211.

Durch die in den §§ 205, 206, 208 und 210 vorgesehenen Entschädigungen werden die Reinigungsanstalten zugleich in Beziehung auf alle in den §§ 228 bis 239 nicht berücksichtigten Ansprüche von Vorstandsmitgliedern, Geschäftsführern, Angestellten, Mitgliedern des Aufsichtsrats oder anderen Personen, mit denen sie hinsichtlich des Betriebs, der Versendung oder des Absatzes von Branntwein Verträge abgeschlossen haben, endgültig abgefunden.

§ 212.

(1) Das Geschäftsentgelt und die Zuschläge, die Gewinnentschädigung und den Zuschlag zur Grundgebühr (§§ 203, 204, 205, 206, 208) setzt ein Ausschuß fest, der aus zwei vom Reichskanzler zu ernennenden höheren Verwaltungsbeamten, von denen einer Vorsitzer ist, zwei Mitgliedern des Monopolamts und zwei Vertretern der Reinigungsanstalten besteht; bei Stimmengleichheit entscheidet die Stimme des Vorsitzers. Der Ausschuß kann Sachverständige vernehmen.

(2) Gegen die Entscheidung des Ausschusses ist Beschwerde beim Reichskanzler zulässig, der endgültig entscheidet. Der Bundesrat trifft die näheren Bestimmungen über das Verfahren und über die Wahl der Vertreter der Reinigungsanstalten.

19. Ausführungsbestimmungen zum Branntweinmonopolgesetz.

(Wegen allzu großen Umfanges nur stark gekürzt.)

a) Grundbestimmungen.

§ 56.

10. Einfuhr. a) Einfuhrmonopol.

(1) Unter Rum und Arrak im Sinne des § 3 des Gesetzes sind solche unverschnittenen Branntweine zu verstehen, die nach dem in den Herstellungsländern üblichen und anerkannten Verfahren hergestellt sind.

(2) Unter Kognak (Cognac) im Sinne des § 3 des Gesetzes ist solcher Weinbrand zu verstehen, der nach französischem Rechte die Bezeichnung Cognac tragen darf und in trinkfertigem Zustand, entweder in Frankreich oder unter deutscher Zollaufsicht auf Flaschen gefüllt, mit den für den Verkehr innerhalb des Ursprungslandes vorgeschriebenen Begleitscheinen zur Einfuhr gelangt.

(3) Liköre im Sinne des § 3 des Gesetzes sind die nach der allgemeinen Verkehrsauffassung als Liköre anzusehenden Getränke, die in 100 Gewichtsteilen nicht weniger als 10 Gewichtsteile Extrakt und nicht mehr als 50 Gewichtsteile Weingeist enthalten.

§ 57.

Der Reichsminister der Finanzen kann anordnen, daß die in § 56 bezeichneten Erzeugnisse nur über bestimmte Zollstellen eingeführt werden dürfen.

§ 58.

(1) Wer Rum, Arrak oder Kognak einführt, hat bei dem Antrag auf Zollabfertigung in dem Abfertigungspapier das Herstellungsland zu bezeichnen und die Versicherung abzugeben, daß die Ware unverschnitten ist.

(2) Der Antragsteller hat auf Erfordern die Richtigkeit seiner Versicherung über die Beschaffenheit der Ware durch sachverständige Gutachten nachzuweisen.

(3) Das Reichsmonopolamt kann anordnen, daß ihm Proben der Ware zur Untersuchung übersandt werden. In Zweifelsfällen entscheidet das Reichsmonopolamt über die Einfuhrfähigkeit der Ware. Die Kosten der Untersuchung und Begutachtung der Ware hat der Antragsteller zu tragen, soweit die Feststellungen zu seinen Ungunsten ausfallen.

§ 62.

Bei Erhebung vom Gewichte der Ware ist der Monopolausgleich nach den Bestimmungen über die Zollerhebung zu berechnen; er beträgt alsdann für den Doppelzentner:

a) bei Likören und weingeisthaltigen Erzeugnissen	60	Hundertteile,
b) bei Arrak, Rum und Kognak	80	„ ,
c) bei anderem Branntwein	100	„ ,
d) bei Äther	130	„ ,
e) bei ätherhaltigen Erzeugnissen	65	„

von dem für das Hektoliter Weingeist festgesetzten Betrage des regelmäßigen oder ermäßigten Monopolausgleichs.

Anlagen.

§ 75.

(1) Die näheren Bestimmungen zum dritten bis achten Abschnitt des ersten Teiles des Gesetzes sind in der Brennereiordnung (BO.), zum neunten Abschnitt des ersten Teiles des Gesetzes in der Branntweinverwertungsordnung (BwO.), zum dritten Teil des Gesetzes in der Essigsäureordnung (EO.) enthalten.

(2) Die Bestimmungen über die Branntweinstatistik enthält die Branntweinzählordnung (ZO).

(3) Die Anlage 11 der Grundbestimmungen zu dem Gesetz über das Branntweinmonopol vom 26. Juli 1918 (Entschädigungsordnung) bleibt in Geltung.

b) Brennereiordnung.

Herstellung des Branntweins und Einteilung der Brennereien.

§ 1.

1. Herstellungsstätten.

(1) Branntwein darf nur in Monopolbrennereien oder Eigenbrennereien hergestellt werden. Zu den Monopolbrennereien gehören:

1. die Brennereien, die von der Reichsmonopolverwaltung betrieben werden,
2. die Brennereien, die im Einverständnis mit der Reichsmonopolverwaltung Branntwein aus Zellstoffen, einschließlich der Ablaugen der Zellstoffgewinnung, aus Kalziumkarbid oder aus anderen Stoffen herstellen, aus denen Branntwein im Monopolgebiete vor dem 1. Oktober 1914 gewerblich nicht gewonnen worden ist.

Zu den Eigenbrennereien gehören alle übrigen der Zollbehörde angemeldeten Brennereien.

(2) Die Bestimmungen der Brennereiordnung finden auf Monopolbrennereien nur insoweit Anwendung, als dies von dem Reichsmonopolamt angeordnet wird.

§ 2.

2. Rohstoffe der Branntweinerzeugung.

(1) In Eigenbrennereien dürfen nur Rohstoffe verarbeitet werden, aus denen schon vor dem 1. Oktober 1914 Branntwein in gewerblicher Weise hergestellt worden ist.

(2) Als Rohstoffe der Branntweinerzeugung kommen für die Eigenbrennereien mehlige, d. h. Stärkemehl enthaltende Stoffe (Getreide, Kartoffeln usw.) und nichtmehlige Stoffe (Obst, Wein, Obstwein, Rübenstoffe usw.) in Betracht.

(3) Zum Getreide sind auch Hülsenfrüchte, Mais und Dari, nicht aber Reis zu rechnen. Erzeugnisse der Kartoffelverarbeitung und Rückstände davon sind den Kartoffeln, Erzeugnisse der Getreideverarbeitung und Rückstände davon sind dem Getreide gleichzustellen, sofern die Erzeugnisse und Rückstände Stärkemehl enthalten; diese Erzeugnisse und Rückstände (auch Abfälle)

dürfen Bestandteile anderer Herkunft, soweit letztere als Rohstoffe der Branntweingewinnung in Betracht kommen, nicht enthalten

(4) Es werden verstanden unter Korn: Roggen, Weizen, Buchweizen, Hafer und Gerste, unter Obststoffen: die sämtlichen unter § 27 des Gesetzes fallenden Stoffe.

Im einzelnen werden verstanden:

a) unter Obst: die Früchte der einheimischen Arten von Stein- und Kernobstpflanzen und Bestandteile von ihnen,

b) unter Beeren: die Früchte der einheimischen Beeren- und Beerenobstpflanzen und Bestandteile von ihnen, nicht aber Korinthen und Rosinen,

c) unter Wein: Wein im Sinne des Weingesetzes, ferner die aus Obst oder Obstsäften sowie aus Beeren und Beerensäften hergestellten weinähnlichen Getränke (Obst- und Beerenweine), nicht aber weinähnliche Getränke aus Pflanzensäften anderer Art, aus Malzauszügen usw. (z. B. Rhabarberwein, Malzwein),

d) unter Wurzeln: Enzian-, Ingwer- und Kalmuswurzeln sowie vom Reichsmonopolamt näher zu bezeichnende Wurzeln, die einen Branntwein mit besonderen, geschmacklich wertvollen Eigenschaften liefern,

e) unter Rückständen: die bei der Verarbeitung von Obst, Beeren und Wurzeln (vergl. unter a, b und d) und bei der Bereitung von Wein (vergl. unter c) entstehenden Abfälle und Rückstände

(5) Zu den in § 27 des Gesetzes genannten Stoffen sind auch Topinamburs (Roßkartoffeln) zu rechnen.

(6) Unter Rübenstoffen sind Melassen aller Art (Abläufe der Zuckerherstellung), Rüben, Rübensäfte und andere Erzeugnisse von Rüben zu verstehen.

(7) Unter Material sind zuckerhaltige Früchte, Pflanzen und Pflanzenteile sowie bei deren Verarbeitung oder bei der Verarbeitung verzuckerten Stärkemehls gewonnene Erzeugnisse, Abfälle und Rückstände mit Ausnahme der Rüben- und Zellstoffe zu verstehen.

§ 3.

3. Landwirtschaftliche Brennereien.

(1) Als landwirtschaftliche Brennerei im Sinne des § 25 des Gesetzes gilt eine Brennerei nur dann, wenn

die Brennerei und das zugehörige landwirtschaftliche Gut für Rechnung eines und desselben Unternehmers betrieben werden.

(2) Als landwirtschaftliche Genossenschaftsbrennerei wird eine landwirtschaftliche Brennerei behandelt, die von mindestens zwei Eigentümern oder Besitzern von Landgütern auf gemeinschaftliche Rechnung betrieben wird, wenn jeder Eigentümer oder Besitzer die ihm zukommenden Brennereirückstände in seinem Landwirtschaftsbetriebe verfüttert und den gewonnenen Dünger auf den zu diesem Betriebe gehörigen Ländereien verwendet. Wird ein Landgut von mehreren Eigentümern oder Besitzern auf gemeinschaftliche Rechnung bewirtschaftet, so zählen diese in Ansehung ihrer Beteiligung an der Brennerei nur als ein Eigentümer oder Besitzer. Über die Beteiligung der einzelnen Teilnehmer an dem Unternehmen, über den Bezug der Rohstoffe und über die Abgabe der Rückstände haben die Genossenschaftsbrennereien nach näherer Anordnung des Hauptzollamts Anschreibungen zu führen; diese sind den Oberbeamten auf Erfordern vorzulegen.

(3) Soweit im § 25 Abs. 3 des Gesetzes gefordert wird, daß die Rohstoffe in der Hauptsache von den Eigentümern oder Besitzern der Brennerei selbst gewonnen sein müssen und daß bei Genossenschaftsbrennereien die so gewonnenen Rohstoffe in der Hauptsache nach dem Verhältnis der Beteiligung der einzelnen Teilnehmer an der Brennerei geliefert und die sämtlichen Betriebsrückstände von den Teilnehmern in diesem Verhältnis verfüttert werden müssen, gelten diese Bedingungen als erfüllt, wenn dies mit neun Zehnteln der in Betracht kommenden Mengen zutrifft. Erzeugnisse der Kartoffel- oder Getreideverarbeitung oder Rückstände davon sind dabei nach Verhältnis ihres Stärkegehalts zu dem Stärkegehalte der in der Brennerei zur Verwendung gelangenden Rohstoffe an Kartoffeln oder Getreide in Kartoffeln oder Getreide umzurechnen; als selbstgewonnen gelten sie nur dann, wenn sie aus einem den Eigentümern oder Besitzern der Brennerei gehörenden Betriebe stammen und aus selbstgewonnenen Kartoffeln oder aus selbstgewonnenem Getreide hergestellt sind. Stehen infolge Mißernte, Kartoffelfäule oder anderer zufälliger Ereignisse die zur Erledigung des Brennrechts erforderlichen Mengen an Kartoffeln aus eigener Ernte nicht zur Verfügung, so kann das Landesfinanzamt im Einzelfalle für die Dauer eines Betriebsjahres zulassen, daß die fehlenden

Kartoffeln anderweit erworben und bei Genossenschaftsbrennereien auch von anderen Teilnehmern an dem Brennereiunternehmen geliefert und die der Lieferung entsprechenden Rückstände durch diese Teilnehmer mit verfüttert werden.

(4) In landwirtschaftlichen Brennereien dürfen als Gärmittel oder Zukühlwasser auch nichtmehlige Rückstände von der Bierbereitung (Faßgeläger, Glattwasser, Kühltrub usw.) in angemessenen Mengen verwendet werden.

§ 6.

4. Obstbrennereien.

(1) Zu den Obststoffen (§ 2 Abs. 4) gehören auch selbstgewonnene Rückstände von der Bereitung eines weinähnlichen Haustrunks aus Korinthen und Rosinen.

(2) Obststoffe, denen zur Erhöhung der Weingeistausbeute Zucker, Melasse oder dergleichen zugesetzt ist (z. B. gezuckertes Obst, überzuckerter Wein), dürfen in Obstbrennereien nicht verarbeitet werden.

(3) Als Obstgemeinschaftsbrennereien (§ 37 des Ges.) werden auf Antrag die von einer Gemeinde, von einer Genossenschaft oder von einem Verein betriebenen Verschlußbrennereien behandelt, die ausschließlich von Mitgliedern der Gemeinde, der Genossenschaft oder des Vereins selbstgewonnene Obststoffe verarbeiten und denen im Betriebsjahr mindestens zehn Mitglieder Rohstoffe liefern. Das Landesfinanzamt kann in Ansehung der Zahl der am Betriebe beteiligten Mitglieder Ausnahmen zulassen.

§ 7.

5. Gewerbliche Brennereien.

(1) Als gewerbliche Brennereien im Sinne des § 28 Abs. 1 des Gesetzes kommen hauptsächlich in Betracht:

a) Brennereien, die, wenn auch nur zeitweise, Hefe erzeugen,

b) Brennereien, die ausschließlich Getreide oder Kartoffeln verarbeiten, aber die sonstigen allgemeinen oder die für sie etwa in Betracht kommenden besonderen Bedingungen für landwirtschaftliche Brennereien nicht erfüllen,

c) Brennereien, die zeitweise Getreide oder Kartoffeln zeitweise nichtmehlige Stoffe verarbeiten, soweit es sich hierbei nicht um einen landwirtschaftlichen Zwischenbetrieb (§ 5) handelt,

d) Brennereien, die andere mehlige Stoffe als Getreide oder Kartoffeln oder die Mischungen aus mehligen und nichtmehligen Stoffen verarbeiten.

e) Brennereien, die, wenn auch nur zeitweise, andere als die für Obstbrennereien zugelassenen nichtmehligen Stoffe (z. B. Rübenstoffe, Rhabarber, Rhabarberwein, Bierrückstände, Südfrüchte) allein oder neben anderen Stoffen verarbeiten.

(2) Zu den gewerblichen Brennereien gehören außerdem alle diejenigen Brennereien, die einen Antrag (§ 10) auf Zuweisung zu den landwirtschaftlichen Brennereien oder Obstbrennereien nicht gestellt haben.

(3) Brennereien, der im § 28 Abs. 2 des Gesetzes bezeichneten Art, die die für landwirtschaftliche Brennereien vorgeschriebenen Bedingungen nicht erfüllen oder auf die Zugehörigkeit zu den landwirtschaftlichen Brennereien verzichten, sind vom Beginne des Betriebsjahres ab, in dem sie die Bedingungen nicht mehr erfüllen, oder den Verzicht erklären, zu den gewerblichen Brennereien zu rechnen. Auf das Brennrecht bleibt dieses Ausscheiden aus der Klasse der landwirtschaftlichen Brennereien ohne Einfluß.

§ 8.

6. Kleinbrennereien.

(1) Als Kleinbrennereien gelten ohne Rücksicht auf die Art der Feststellung des hergestellten Branntweins und auf die Betriebsweise Brennereien, deren Besitzer unter Übernahme der Verpflichtung, in einem Betriebsjahr nicht mehr als 10 Hektoliter Weingeist zu erzeugen, spätestens bei Einreichung der ersten Betriebsanmeldung für das Betriebsjahr beantragt haben, die Brennerei als Kleinbrennerei zu behandeln. Hierbei bleibt der in einer solchen Brennerei von Stoffbesitzern (§ 9) unter eigener Anmeldung des Betriebs (§ 206) hergestellte Branntwein außer Betracht. Des Antrags auf Behandlung als Kleinbrennerei bedarf es nicht, wenn die Brennerei schon bisher als solche behandelt worden ist, und wenn sie die für Kleinbrennereien geltende Erzeugungsgrenze nicht überschritten hat, sowie wenn angenommen werden kann, daß die Weiterbehandlung

als Kleinbrennerei den Wünschen des Brennereibesitzers entspricht. Hat die Brennerei die Erzeugungsgrenze von 10 Hektolitern Weingeist überschritten, so verliert sie für das Betriebsjahr die Eigenschaft als Kleinbrennerei. Die anderweitige Behandlung darf nur für den Beginn eines Betriebsjahres beantragt werden.

(2) Obstkleinbrennereien verlieren, wenn sie in einem Betriebsjahr mehr als 10 Hektoliter Weingeist erzeugen, hierdurch nicht den Anspruch auf Behandlung als Kleinbrennerei, falls sich ihre durchschnittliche Erzeugung innerhalb der im § 41 Abs. 1 Satz 1 unter Nr. 1 oder Abs. 2 des Gesetzes vorgeschriebenen Grenzen hält.

§ 9.

7. **Stoffbesitzer.**

(1) Als Stoffbesitzer gelten Besitzer von nachweislich selbstgewonnenen Obststoffen, soweit sie keine eigene Brennvorrichtung besitzen und im Laufe des Betriebsjahrs ausschließlich aus den genannten Stoffen ohne Beimischung von Stoffen anderer Art oder Herkunft nicht mehr als 50 Liter Weingeist jährlich auf einer fremden Brennvorrichtung gewinnen.

(2) Als selbstgewonnen gelten Stoffe, die vom Stoffbesitzer geerntet (z. B. Obst) oder von ihm oder seinen Beauftragten gesammelt (z. B. wildwachsende Beeren und Wurzeln) oder in einem von ihm für eigene Rechnung geführten Betrieb erzeugt sind (z. B. Wein, Weintrester, Weinhefe).

(3) Von Personen, die zu einem gemeinsamen Haushalt gehören, ist nur eine Person, in der Regel der Haushaltsvorstand, berechtigt, selbstgewonnene Stoffe nach Maßgabe des § 36 des Gesetzes auf Branntwein zu verarbeiten; Ausnahmen kann im Falle des Bedürfnisses das Landesfinanzamt zulassen. Besitzer von Brennereien und ihre Haushaltsmitglieder sind von der Behandlung als Stoffbesitzer auch dann ausgeschlossen, wenn die Brennvorrichtungen zur Verarbeitung der für Stoffbesitzer in Betracht kommenden Stoffe nicht geeignet sind.

(4) Stoffbesitzer verlieren, wenn sie in einem Betriebsjahr mehr als 50 Liter Weingeist herstellen, hierdurch nicht den Anspruch auf Behandlung als Stoffbesitzer, falls sich ihre durchschnittliche Erzeugung innerhalb der im § 41 Abs. 1 Satz 1 unter Nr. 3 oder Abs. 2 des Gesetzes vorgeschriebenen Grenzen hält.

Brennrecht.

§ 12.

1. Im allgemeinen.

(1) Das **Brennrecht** wird für die einzelne Brennerei besonders festgesetzt, es wird in Litern Weingeist berechnet, wobei Bruchteile eines Liters von einem halben Liter oder mehr auf ein volles Liter abgerundet, andere Bruchteile aber weggelassen werden.

§ 33.

Besondere Bestimmungen. a) Kleinbrennereien.

Landwirtschaftliche Kleinbrennereien und **Obstkleinbrennereien**, die die Eigenschaft als Kleinbrennereien verloren haben (§ 8), sind so zu behandeln, als ob sie ein Brennrecht von 10 Hektoliter Weingeist besäßen (§ 35 des Ges.), **gewerbliche Brennereien**, die diese Eigenschaft verloren haben, wie Brennereien ohne Brennrecht.

§ 34.

b) Obstbrennereien und Stoffbesitzer.

(1) Die Vergünstigung nach § 41 Abs. 1 und 2 des Gesetzes ist den dort in Abs. 1 Satz 1 bezeichneten Brennereien und Stoffbesitzern ohne besonderen Antrag zu gewähren. Den im § 41 Abs. 1 Satz 2 des Gesetzes bezeichneten Brennereien ist die Vergünstigung nur auf Antrag zu gewähren. Der Antrag ist in doppelter Ausfertigung bei der Zollstelle einzureichen.

Verschluß der Brennereien.

§ 71.

Verschlußsichere Herrichtung der Brennereien.
a) Allgemeines.

(1) In den **Verschlußbrennereien** ist der Branntwein durch amtliche Verschlüsse an den Geräten, in denen er erzeugt, den Rohren, durch die er weitergeleitet wird, und den Gefäßen, in denen er gesammelt wird (Sammelgefäße), oder den Vorrichtungen, mittels deren er gemessen wird (Meßuhren), gegen unbefugte Entnahme zu sichern.

(2) In den Abfindungsbrennereien (§ 114) wird, soweit nichts Besonderes angeordnet ist, von der Anlage amtlicher Verschlüsse abgesehen.

Abfindung der Brennereien.

§ 114.

Begriff und Arten der Abfindung.

(1) In den Abfindungsbrennereien wird unter Abstandnahme von Verschlüssen die Menge des herzustellenden Branntweins amtlich abgeschätzt. Die Abschätzung geschieht in der Weise, daß die Weingeistmenge aus der Menge der zur Branntweinerzeugung bestimmten Rohstoffe und dem zutreffenden Ausbeutesatze (§ 120) berechnet wird. Aus der hiernach berechneten Weingeistmenge wird entweder

a) der Branntweinaufschlag nach § 192 Abs. 2 im voraus bindend festgesetzt (Abfindung auf einen bestimmten Abgabebetrag) oder

b) die Mindestmenge des zur amtlichen Abfertigung vorzuführenden Weingeistes nach § 132 Abs. 1 festgesetzt (Abfindung auf die Mindestmenge).

(2) Bei der Abfindung auf einen bestimmten Abgabebetrag tritt der erzeugte Branntwein ohne amtliche Abfertigung sofort in den freien Verkehr, bei der Abfindung auf die Mindestmenge unterliegt der erzeugte Branntwein der amtlichen Überwachung nach Maßgabe des § 132 Abs. 2.

§ 120.

4. Ausbeutesätze.

(1) Als zutreffender Ausbeutesatz (§ 114) gilt der regelmäßige Ausbeutesatz (§§ 121, 122), soweit ein solcher besteht und nichts anderes bestimmt ist, sonst der besonders festgesetzte Ausbeutesatz (§ 124).

(2) Der Ausbeutesatz ist die Weingeistmenge, die bei mehligen Stoffen aus einem Doppelzentner und bei nichtmehligen Stoffen aus einem Hektoliter der Stoffe gewonnen wird. Er ist nach Litern und Zehntellitern festzusetzen, dabei sind Bruchteile eines Zehntelliters, wenn sie ein halbes Zehntel oder mehr betragen,

für ein volles Zehntelliter zu rechnen, geringere Bruchteile aber wegzulassen.

§ 121.

Regelmäßige Ausbeutesätze.

(1) Bei Verarbeitung von frischen Kartoffeln und geschrotenem Getreide sind folgende regelmäßige Ausbeuten anzunehmen:

a) bei Brennereien mit einer Jahreserzeugung von nicht mehr als 1 Hektoliter Weingeist:
   4 Liter Weingeist aus 1 Doppelzentner frische Kartoffeln und
   12 Liter Weingeist aus 1 Doppelzentner geschrotetes Getreide,

b) bei Brennereien mit einer Jahreserzeugung von mehr als 1, jedoch nicht mehr als 3 Hektoliter Weingeist:
   5 Liter Weingeist aus 1 Doppelzentner frische Kartoffeln und
   15 Liter Weingeist aus 1 Doppelzentner geschrotetes Getreide.

(2) Für die Berechnung der Weingeistausbeute auf Grund der regelmäßigen Ausbeutesätze bleibt das zur Verzuckerung der Maische bestimmte Malz bei frischen Kartoffeln bis zu 5 v. H., bei geschrotetem Getreide bis zu 15 v. H. des Gewichts der Rohstoffe außer Betracht. Übersteigt der Malzzusatz diese Grenzen, so ist die Mehrmenge bei Berechnung der Weingeistausbeute als geschrotetes Getreide anzusetzen, wobei Bruchteile des Kilogramms nicht berücksichtigt werden.

(3) Als Jahreserzeugung im Sinne des Abs. 1 ist die höchste in den letzten drei Jahren, in denen die Brennerei in Betrieb war, hergestellte Weingeistmenge anzunehmen. Bei Brennereien, die ihre Betriebseinrichtung wesentlich geändert haben, kann die Jahresmenge zunächst abgeschätzt werden.

§ 122.

(1) Bei der Verarbeitung von nichtmehligen Stoffen sind regelmäßige Ausbeuten nur für die nachstehend bezeichneten Stoffgattungen, und zwar mit den daneben bezeichneten Sätzen, anzunehmen:

Für 1 Hektoliter	Liter Weingeist
Kirschen	5
Zwetschen und Mirabellen	4,5
sonstiges Steinobst	3
Kernobst	1,5
Kernobsttrester, auch gewässerte	1,5
Weinbeeren	4,5
Vogelbeeren und Wacholderbeeren, auch gewässerte	1,5
sonstiges Beerenobst	2
flüssige Traubenweinhefe	3
gepreßte Traubenweinhefe sowie flüssige und gepreßte Obstweinhefe	2
Weintrester, die nach einem Aufguß von Zuckerwasser zur Nachweinbereitung gedient haben und von denen der Nachwein nicht auf einmal durch Pressung ausgeschieden, sondern nach und nach abgezogen worden ist	2,5
Weintrester von südländischen Trauben (gewässert und nicht gewässert)	3,5
andere Weintrester:	
nicht gewässert	1,5
gewässert	1
Topinamburs (Roßkartoffeln)	3,5
Enzian- und sonstige Wurzeln	2
Rückstände von der Bierbereitung (§ 3 Abs. 4)	1,5
umgeschlagenes Bier, Tropfbier und sonstige Bierrückstände	2
Hefenbrühe	2

(2) Als Hefenbrühe gilt nur die dünnflüssige und treberfreie Würze der ausschließlich flüssige Hefe herstellenden Gewerbeanstalten.

(3) Sind die in Abs. 1 bezeichneten Stoffarten oder einzelne von ihnen allgemein oder in einzelnen Gegenden mit anerkannt besonders hohem Zuckergehalt geerntet, so kann das Landesfinanzamt in den in Betracht kommenden Jahren für seinen Bezirk oder für einzelne Gebiete seines Bezirkes den regelmäßigen Ausbeutesatz sämtlicher oder einzelner Stoffe angemessen erhöhen.

§ 123.

Die regelmäßigen Ausbeutesätze (§§ 121, 122) werden wegen Vornahme des Feinbrandes nicht ermäßigt.

§ 170.

Ausländischer Wein.

(1) Zollbegünstigter ausländischer Wein darf nur in Verschlußbrennereien verarbeitet werden. In der Regel ist er auf ein Teilungslager unter amtlichem Mitverschlusse zu nehmen und seine Verarbeitung nach § 41 ff.

§ 206.

Branntweinerzeugung durch Stoffbesitzer.

(1) Die Brennvorrichtungen oder Teile von ihnen dürfen vom Brennereibesitzer vorübergehend an Stoffbesitzer zur Branntweinerzeugung aus Obststoffen (§ 9) überlassen werden. Der Branntwein darf sowohl innerhalb als außerhalb der Brennereiräume erzeugt werden.

Reinigung von Branntwein.

§ 227.

Zulässigkeit.

Die Reinigung von Branntwein darf nur in Monopolbetrieben (Branntweinreinigungsanstalten) vorgenommen werden. Die näheren Bestimmungen über den Betrieb und die Beaufsichtigung dieser Anstalten trifft das Reichsmonopolamt.

§ 228.

Ausnahmen.

Außerhalb des Monopolbetriebs ist die Reinigung von Branntwein einschließlich des wiederholten Abtriebs (Wienen, Feinbrand) nur mit Genehmigung des Reichsmonopolamts zulässig. Das Reichsmonopolamt kann im Falle der Genehmigung besondere Überwachungsmaßnahmen anordnen.

§ 229.

(1) Ohne weiteres ist die Reinigung von Branntwein außerhalb des Monopolbetriebs gestattet:

1. den auf Grund des § 82 des Gesetzes zugelassenen Vereinigungen für den an sie abgelieferten Branntwein,
2. Brennereien für den von ihnen erzeugten, von der Ablieferungspflicht befreiten Branntwein, jedoch nur in dem erzeugenden Betriebe und in einer ihren Betriebsbedürfnissen entsprechenden Weise.

(2) Einer besonderen Genehmigung bedarf ferner nicht die Filtration zur Beseitigung von Schwebestoffen.

§ 230.

(1) Dem Branntwein dürfen beim Feinbrand andere Stoffe, insbesondere Geschmackstoffe, zugesetzt werden, sofern sie weder Weingeist enthalten noch sich in gärendem oder vergorenem Zustand befinden.

(2) Das Zusetzen von Rückständen der Branntweinerzeugung, z. B. aus Steinobst, Kalmuswurzeln, beim Feinbrand ist ververboten; das Hauptzollamt kann Ausnahmen zulassen.

(3) In den Abfindungsbrennereien ist der Feinbrand des beim ersten Abtrieb gewonnenen Branntweins (Lutter, Rohbranntwein) auch zusammen mit der Maische oder dem Material zulässig.

(4) Sofern in einer Abfindungsbrennerei der Weingeistausbeutesatz unter Berücksichtigung des Feinbrandes besonders festgesetzt ist (§ 124), muß das gesamte Erzeugnis dem Feinbrand unterworfen werden.

c) Verwertungsordnung.

Branntwein zum regelmäßigen Verkaufspreis.

§ 127.

1. Verwendung.

(1) Der zum regelmäßigen Verkaufspreis bezogene Branntwein darf zu beliebigen Zwecken verwendet werden, soweit nicht die Reichsmonopolverwaltung bei der Abgabe des Branntweins auf Grund des § 87 Abs. 2 des Gesetzes nur die Verwendung zu bestimmten Zwecken zugelassen hat.

(2) Branntwein, der dem Branntweinaufschlag oder dem regelmäßigen Monopolausgleich unterlegen hat, darf zu beliebigen Zwecken verwendet werden.

(3) Die Reinigung von Branntwein, der zum regelmäßigen Verkaufspreise bezogen ist oder der dem Branntweinaufschlag oder dem regelmäßigen Monopolausgleich unterlegen hat, ist nur nach Maßgabe des § 29 des Gesetzes zulässig.

Buchführung.*)

§ 127 a.

(1) Wer Branntwein herstellen, aufkaufen, lagern, vertreiben, bearbeiten oder weiterverarbeiten will, hat spätestens vierzehn Tage vor Beginn des Betriebs der zuständigen Zollstelle eine Anmeldung in doppelter Ausfertigung zu übergeben, die zu enthalten hat:

a) die genaue Bezeichnung des Betriebs, in dem der Branntwein hergestellt, gelagert, vertrieben, bearbeitet oder weiterverarbeitet oder für den er aufgekauft werden soll (Name oder Firma und Sitz des Betriebes, Name des verantwortlichen Betriebsleiters),

b) den Verwendungszweck des Branntweins unter näherer Bezeichnung der herzustellenden Erzeugnisse und der Weingeiststärke dieser Erzeugnisse,

c) nähere Angaben, in welchen Räumen des Betriebs der Branntwein hergestellt, gelagert und verarbeitet wird. Soweit diese Räume schon als Brennereiräume oder als Branntweineigenlager angemeldet sind, genügt eine Bezugnahme auf diese Anmeldung.

(2) Die Anmeldungspflicht nach Abs. 1 gilt nicht, soweit ablieferungspflichtiger Branntwein (§ 58 ff. des Ges.) hergestellt und die Herstellung dieses Branntweins vorschriftsmäßig angemeldet wird.

(3) Die Zollstelle leitet die Anmeldung dem Aufsichtsoberbeamten zu, der zu prüfen hat, ob in dem Betriebe alle Einrichtungen getroffen sind, die die Einhaltung der vorgeschriebenen

*) Die §§ 127 a—127 h sind durch die Verordnung vom 29. Juni 1925 als Buchführungspflicht neu eingeführt. Den eigentlichen Inhalt der Verordnung bilden die §§ 127 a—127 h, den Wortlaut der Verordnung siehe unmittelbar hinter der Verwertungsordnung auf S. 380. Vgl. auch Anm. 2 zu § 100.

Bedingungen gewährleisten. Die Lagerräume bedürfen der Genehmigung durch den Aufsichtsoberbeamten.

(4) Nach Prüfung durch den Aufsichtsoberbeamten trägt die Zollstelle die Anmeldung in ein nach näherer Weisung des Landesfinanzamts zu führendes Verzeichnis der in ihrem Bezirk vorhandenen, im Abs. 1 genannten Betriebe, Unternehmen oder Personen ein und vermerkt die Nummer der Eintragung auf beiden Ausfertigungen der Anmeldung. Die erste Ausfertigung bleibt bei der Zollstelle als Beleg zu dem Verzeichnis zurück, die zweite Ausfertigung ist dem Betriebsinhaber zurückzugeben und von diesem in einem Belegheft in den Betriebsräumen nach näherer Bestimmung des Aufsichtsoberbeamten aufzubewahren.

(5) Außerdem hat die Zollstelle dem Betriebsinhaber einen Ausweis nach Muster 26 a auszustellen. Die Ausweisnummer muß mit der Nummer der Anmeldung übereinstimmen. Auf Verlangen ist der Ausweis gegen Entrichtung der Schreibgebühren in mehreren Stücken auszufertigen.

(6) Unter Branntwein im Sinne der §§ 127 a bis h ist zu verstehen:

a) von der Monopolverwaltung zum regelmäßigen Verkaufspreise bezogener Branntwein,

b) Branntwein aus Obststoffen oder aus Korn sowie sonstiger von der Ablieferung an die Reichsmonopolverwaltung befreiter Branntwein,

c) aus dem Ausland eingeführter Arrak, Rum und Kognak sowie dem Einfuhrmonopol unterliegender Branntwein, soweit diese Branntweine in Behältnissen von mehr als ein Liter eingeführt werden.

Zu dem unter a genannten Branntwein ist auch ablieferungspflichtiger Branntwein zu rechnen, den der Brennereibesitzer von der Reichsmonopolverwaltung zurückgekauft hat. Hinsichtlich des unter c genannten Branntweins kann die Reichsmonopolverwaltung Ausnahmen von der Buchführungspflicht zulassen.

§ 127 b.

Jede Änderung in den angemeldeten Betriebsverhältnissen, auch die Aufgabe des Betriebs, ist der Zollstelle binnen einer Woche nach Eintritt der Änderung anzuzeigen.

§ 127 c.

(1) Der Branntwein darf nur in den hierfür angemeldeten Räumen gelagert und weiterverarbeitet werden. Als Lager können statt abgesonderter Räume auch Teile von Räumen, die durch Tafeln mit entsprechender Aufschrift kenntlich gemacht sind, zugelassen werden.

(2) Der Branntwein ist getrennt nach der Warengattung und nach der Größe der Gefäße übersichtlich zu lagern, so daß die Aufsichtsbeamten jederzeit imstande sind, die Bestände festzustellen. Gefäße von über 25 Liter Fassungsvermögen sind mit der Angabe des Raumgehalts zu versehen. Andere Waren dürfen nur mit Genehmigung des Aufsichtsoberbeamten in die Lagerräume aufgenommen werden.

(3) Der Aufsichtsoberbeamte kann Erleichterungen zulassen.

§ 127 d.

(1) Die im § 127 a genannten Betriebe, Unternehmen oder Personen haben über den Zugang und Abgang an Branntwein ein Branntweinvertriebsbuch nach Muster 26 b zu führen.

(2) In dem Vertriebsbuch ist noch am gleichen Tage jeder Zugang in dem Betriebe anzuschreiben und jede im eigenen Betriebe verarbeitete oder unverarbeitet aus dem Betriebe abgegebene Menge, letztere mit Ausnahme der Kleinmengen (§ 127 e Abs. 3) unter Angabe des Empfängers, abzuschreiben. Das Vertriebsbuch ist für das Betriebsjahr zu führen und fortlaufend aufzurechnen. Es ist vom Betriebsinhaber am Schlusse des Betriebsjahres abzuschließen. Dabei ist durch Absetzen des Abgangs vom Zugang der Sollbestand zu bilden und dieser in das neue Buch zu übertragen. Das alte Buch ist noch weitere drei Monate im Betriebe auszulegen und sodann der Zollstelle einzureichen.

§ 127 e.

(1) Wird Branntwein unverarbeitet abgegeben, so ist der Branntwein spätestens am Tage der Abgabe bei der für den abgebenden Betrieb zuständigen Zollstelle in einem doppelt anzufertigenden Vordruck nach Muster 26 c anzumelden. Vor der Abgabe des Branntweins hat sich der Anmelder davon zu

überzeugen, daß der Empfänger nach den Bestimmungen des § 127a bei seiner Zollstelle angemeldet ist. E. hat sich zu diesem Zweck d.n zollamtlich ausgestellten Ausweis (§ 127a Abs. 5) vorlegen zu lassen. Die Nummer des Ausweises ist im Vertriebsbuch zu verm.rken. Als unverarbeitet im Sinne dieser Bestimmung gelten auch noch nicht vollständig fertiggestellte Trinkbranntweine oder sonstige noch nicht fertige Branntweinerzeugnisse, insbesondere auch Rohbranntwein und Sprit, der lediglich durch Herabsetzen mit Wasser weiterverarbeitet ist. In Zweifelsfällen entscheidet die Reichsmonopolverwaltung.

(2) Die Zollstelle übersendet eine Ausfertigung der Anmeldung der für den Empfänger zuständigen Zollstelle, die wegen Prüfung der Anschreibung des Branntweins im Vertriebsbuch das Weitere veranlaßt. Die andere Ausfertigung gibt sie mit dem Abgabevermerk versehen dem Anmelder zurück, der sie dem Branntweinvertriebsbuch als Beleg beizufügen hat. Für Betriebe, in denen derartige Abgaben häufiger vorkommen, und für Abgaben innerhalb desselben Hebebezirks kann das Hauptzollamt Erleichterungen zulassen.

(3) Bei der Abgabe von unverarbeitetem Branntwein unmittelbar an Verbraucher bedarf es weder der Vorlage eines Ausweises (§ 127a Abs. 5) noch der Übersendung einer Anmeldung (Abs. 1). Bei Abgabe von nicht mehr als 5 Liter Weingeist kann auch die Eintragung des Namens und des Wohnorts des Empfängers im Vertriebsbuch unterbleiben; diese Kleinmengen können täglich in einer Summe abgeschrieben werden (Kleinverkauf).

(4) Auch Monopolbetriebe (Grundbestimmungen § 12) [1] haben sich bei der Abgabe von Branntwein zum regelmäßigen Verkaufpreis den Ausweis (§ 127a Abs. 5) vorlegen zu lassen und der für den Empfänger zuständigen Zollstelle eine Anzeige nach Muster 26 d zu übersenden. Bei der Einfuhr von Branntwein der in § 127a Abs. 6 unter c bezeichneten Art hat die Eingangszollstelle bei der Abfertigung zum freien Verkehr eine gleiche Anzeige abzusenden. Die Anzeige ist von der Zollstelle in gleicher Weise zu behandeln wie die in Abs. 1 bezeichnete Anmeldung. Soweit Branntwein nicht zur Herstellung von Trinkbranntwein, sondern zu anderen Zwecken abgegeben wird, kann die Reichsmonopolverwaltung Ausnahmen zulassen.

1. Vgl. Anmerkung zu § 17 des Gesetzes.

§ 127 f.

(1) Die Bestände an Branntwein sind jährlich mindestens einmal amtlich festzustellen und mit dem abzuschließenden Betriebsbuch zu vergleichen. Die Bestände können probeweise ermittelt werden. Der Zeitpunkt der Bestandsaufnahme ist im Benehmen mit dem Betriebsinhaber festzusetzen. Zu der Aufnahme ist der Betriebsinhaber zuzuziehen. In Verdachtsfällen können unvermutete Bestandsaufnahmen vorgenommen werden.

(2) Das Hauptzollamt kann anordnen, daß der Betriebsinhaber eine Bestandsanmeldung abzugeben hat; darin ist jedes Behältnis mit Zeichen und Nummer und mit der Litermenge des darin befindlichen Weingeists einzeln aufzuführen.

§ 127 g.

Über die Ausführung und das Ergebnis der Bestandsaufnahme ist eine Verhandlung aufzunehmen, die von den Aufnahmebeamten und dem zugezogenen Betriebsinhaber oder seinem Stellvertreter zu unterschreiben ist. Die Aufnahmebeamten haben in der Bestandsaufnahmeverhandlung den ermittelten Bestand sowie die Fehl- oder Mehrmenge ersichtlich zu machen und nach Anhörung des Betriebsinhabers sich über die Ursache der Fehl- oder Mehrmenge zu äußern. Die Verhandlung ist dem Hauptzollamt zur Entscheidung vorzulegen. Das Betriebsbuch, dem die Bestandsaufnahmeverhandlung als Beleg beizufügen ist, ist nach der Bestandsaufnahme nötigenfalls durch Anschreibung der Mehrmenge oder Abschreibung der Fehlmenge zu berichtigen.

§ 127 h.

(1) Abfindungsbrenner (Brennereibesitzer und Stoffbesitzer) haben über den von ihnen hergestellten Branntwein und seinen weiteren Verbleib anstatt des Betriebsbuchs nach Muster 26 b ein Betriebsbuch nach Muster 26 e zu führen.

(2) Abfindungsbrenner, die den von ihnen hergestellten Branntwein ausschließlich im eigenen Haushalt verwenden (Hausbrenner), sind von der Anmeldungs- und Buchführungspflicht befreit, sofern sie spätestens bei Abgabe der

ersten Abfindungsanmeldung (BO. § 187) im Betriebsjahr bei der Zollstelle eine schriftliche Erklärung einreichen, daß sie den von ihnen hergestellten Branntwein ausschließlich im eigenen Haushalt verwenden. Das Hauptzollamt kann einzelnen Hausbrennern die Verpflichtung zur Anmeldung und Buchführung auferlegen. Das Landesfinanzamt kann für seinen Bezirk oder Teile davon, der Reichsminister der Finanzen für das Reich oder Teile des Reichsgebiets die Verpflichtung zur Anmeldung und Buchführung auf die Hausbrenner ausdehnen.

§ 128.

Die Kennzeichnung des Weingeistgehalts von Trinkbranntwein, der im Inland in den Verkehr gebracht wird (§ 100 Abs. 2 des Ges.), hat zum mindesten nach ganzen und halben Raumhundertteilen mit Aufrundung nach oben zu geschehen.

§ 129.

Die auf Grund des § 100 Abs. 3 Satz 2 des Gesetzes zugelassenen Ausnahmen von dem Mindestweingeistgehalt von Trinkbranntwein werden von der Reichsmonopolverwaltung im Deutschen Reichsanzeiger, im Zentralblatt für das Deutsche Reich und im Reichszollblatt bekanntgemacht.

§ 130.

(1) Trinkbranntwein, der in Flaschen oder ähnlichen Gefäßen gewerbsmäßig verkauft oder feilgehalten wird, ist, je nachdem er im Inland oder im Ausland fertiggestellt ist, als

„Deutsches Erzeugnis"

oder als

„Ausländisches Erzeugnis"

zu bezeichnen.

(2) Unter Fertigstellung ist die letzte, die Zusammensetzung des Trinkbranntweins beeinflussende Handlung zu verstehen. Die bloße Umfüllung des Branntweins in andere Gefäße gilt nicht als Fertigstellung. Im Ausland erzeugter Trinkbranntwein, der im Inland einen Zusatz von Wasser lediglich zu dem Zweck erhalten hat, um den Weingeistgehalt — unbeschadet der Vor-

schrift im § 100 Abs. 3 des Gesetzes — auf die übliche Trinkstärke herabzusetzen, ist als

„Ausländisches Erzeugnis, in Deutschland fertiggestellt"

zu bezeichnen.

§ 131.

(1) Die Angaben über den Weingeistgehalt von Trinkbranntwein, der in Behältnissen bis zu einem Liter geliefert wird (§ 100 Abs. 2 des Ges.), sowie die Angaben über den Fertigsteller, den Fertigstellungsort und den Sitz der Firma (§ 100 Abs. 4 des Ges.) müssen in deutscher Sprache abgefaßt und deutlich und nicht verwischbar in mindestens drei Millimeter hohen Schriftzeichen auf dem Flaschenschild oder auf einem besonderen bandförmigen Streifen an einer in die Augen fallenden Stelle der Flasche aufgedruckt sein. Flaschenschilder mit kleineren Schriftzeichen dürfen bis zum 31. März 1923 aufgebraucht werden.

(2) Die Angabe über die Fertigstellung im Inland oder im Ausland (§ 130) muß in schwarzer Farbe auf weißem Grunde deutlich und nicht verwischbar auf einem bandförmigen Streifen in lateinischer Schrift aufgedruckt sein. Die Schriftzeichen müssen bei Flaschen, die einen Raumgehalt von fünfunddreißig Zentiliter oder mehr haben, mindestens fünf Millimeter hoch und so breit sein, daß im Durchschnitt je zehn Buchstaben eine Fläche von mindestens fünfunddreißig Millimeter Länge einnehmen. Die Inschrift darf, falls sie einen Raum von mehr als zehn Zentimeter Länge beanspruchen würde, auf zwei Zeilen verteilt werden. Der Streifen, der eine weitere Inschrift nicht tragen darf, ist an einer in die Augen fallenden Stelle der Flasche dauerhaft zu befestigen. Wird der Streifen im Zusammenhange mit dem Flaschenschild oder einer anderen Inschrift hergestellt, so ist er gegen diese mindestens durch einen ein Millimeter breiten Strich deutlich abzugrenzen.

(3) Bei inländischem Trinkbranntwein, der außerhalb des Betriebs des Herstellers in andere Umschließungen umgefüllt worden ist, sind entweder die für die Firma des Herstellers maßgebenden Bezeichnungen oder die auf den Abfüller bezüglichen Angaben zu vermerken. Auch ist es zulässig, die für beide Firmen maßgebenden Bezeichnungen mit dem Zusatz anzugeben:

„Von .... auf Flaschen gefüllt."

d) Verordnungen, betr. den Buchführungszwang.

Vom 29. Juni 1925 (Reichszollblatt 1925 Nr. 21 und Reichs-Min.Bl. 1925 S. 358).

I.

Auf Grund des § 178 des Gesetzes über das Branntweinmonopol vom 8. April 1922 (RGBl. I S. 405 ff.) wird hiermit nach Zustimmung des Reichsrats verordnet:

Artikel I.

Die Ausführungsbestimmungen zum Gesetz über das Branntweinmonopol vom 12. September 1922 (Zentralblatt für das Deutsche Reich S. 707 ff.) werden wie folgt geändert:

1. Hinter dem § 127 der Branntweinverwertungsordnung sind folgende Bestimmungen einzufügen:

   (Folgen die bereits in die Verwertungsordnung aufgenommenen Bestimmungen der §§ 127 a—h.)

Artikel II.

(1) Die Bestimmungen in Artikel I Nr. 1 gelten auch für die am Tage des Inkrafttretens dieser Verordnung vorhandenen Betriebe, Unternehmen oder Personen der im § 127 a Abs. 1 daselbst bezeichneten Art.

(2) Den Zeitpunkt des Inkrafttretens dieser Verordnung bestimmt der Reichsminister der Finanzen; er trifft die näheren Anordnungen über die Anmeldung, die Buchung und die Aufnahme der zur Zeit des Inkrafttretens in den Betrieben vorhandenen Bestände.

II.

Auf Grund des Artikels II der Verordnung vom 29. Juni 1925 über Änderung der Ausführungsbestimmungen zum Branntweinmonopolgesetz (Reichs-Min.Bl. 1925 S. 358 ff.) wird hiermit verordnet:

Artikel I.

Die Verordnung vom 29. Juni 1925 über Änderung der Ausführungsbestimmungen zum Branntweinmonopolgesetz (Reichs-Min.Bl. 1925 S. 358 ff.) tritt mit dem 1. August 1925 in Kraft.

Artikel II.

Die am 1. August 1925 vorhandenen Betriebe, Unternehmen oder Personen der im § 127 a Abs. 1 der Branntweinverwertungsordnung bezeichneten Art haben spätestens am 8. August 1925 die nach § 127 a Abs. 1 a. a. O. vorgeschriebene Anmeldung der zuständigen Zollstelle zu übergeben und die vorhandenen Bestände an Branntwein (§ 127 a Abs. 6 der Branntweinverwertungsordnung) nach dem Stande vom 8. August 1925 in das Branntweinvertriebsbuch als Zugang einzutragen.

Das Branntweinvertriebsbuch ist erstmals für die Zeit vom 8. August 1925 bis 30 September 1926 zu führen

e) Technische Bestimmungen.

§ 7.

I Mindestweingeistgehalt von Likören.
(BwO. § 129.)

Auf Grund der Vorschrift im § 100 Abs. 3 Satz 2 des Gesetzes ist als Ausnahme für Eier- und (eigelbhaltige) Schokoladenliköre der zulässige Mindestgehalt an Weingeist auf 20, für Kakao-, Tee- und Kaffeeliköre sowie für schwedischen Punsch auf 25, für alle übrigen Liköre einschließlich der Bitterliköre (Bitteren) auf 30 Raumhundertteile festgesetzt. Als Liköre im Sinne dieser Vorschrift gelten nur solche süßen Branntweine, die mindestens 20 v. H. Extrakt enthalten.

II. Entnahme und Behandlung der Proben.

(1) Nach näherer Bestimmung der Hauptzollämter sind Proben durch die Aufsichtsbeamten bei den Gewerbetreibenden zu entnehmen, die sich mit der Herstellung, dem Handel oder Ausschank von Trinkbranntwein befassen. Es empfiehlt sich, von jedem Erzeugnis eine Probe in einer Menge von etwa dreiviertel Liter unter Beachtung der im § 2 gegebenen Bestimmungen zu entnehmen. Hiervon ist etwa ein viertel Liter bei der Entnahme dem Inhaber des Betriebes amtlich verschlossen zurückzulassen, ein viertel Liter ist zur Untersuchung (Abs. 2) zu verwenden, der Rest ist zunächst aufzubewahren.

(2) Die Untersuchung der Proben hat nach der im § 8 gegebenen Anleitung zu erfolgen. Entspricht der ermittelte Weingeistgehalt (§ 8 Abschnitt I unter B Ziff. 4) den gegebenen Vorschriften, so sind der bei der Untersuchung nicht verbrauchte Rest sowie die aufbewahrte Teilmenge der Probe entweder zu verwerten oder zu vernichten. Wird die Probe beanstandet oder bestehen sonst über das Untersuchungsergebnis Zweifel, so ist die im amtlichen Gewahrsam befindliche Teilmenge der Probe mit dem Vorgängen an das Reichsmonopolamt zur Nachprüfung zu übersenden. Der bei der Untersuchung (§ 8) nicht verbrauchte Rest der Probe ist in diesem Falle bei der Amtsstelle bis zur Beendigung des etwa eingeleiteten Verfahrens aufzubewahren und alsdann wie oben angegeben zu behandeln.

---

20. Bekanntmachung über die Mindestalkoholstärke von Trinkbranntwein.

Vom 18. Juni 1922. Reichszollblatt 1922 S. 190.

Auf Grund des am 13. Juni 1922 von der Reichsmonopolverwaltung gemeinschaftlich mit dem Beirat gefaßten Beschlusses werden folgende Ausnahmen von der Vorschrift des § 100 Abs. 3 des Gesetzes über das Branntweinmonopol vom 8. April 1922 zugelassen:

Für Eier- und Schokoladenliköre wird der zulässige Mindestgehalt an Weingeist auf 20, für Kakao-, Tee- und Kaffeelikör sowie für schwedischen Punsch auf 25, für alle übrigen Liköre einschließlich der Bitterliköre (Bitteren) auf 30 Raumhundertteile festgesetzt.

Als Liköre im Sinne dieser Vorschrift gelten nur solche süßen Branntweine, die mindestens 20 v. H. Extrakt enthalten.

---

21. Gesetz über den Verkehr mit Absinth.

Vom 27. April 1923. (RGBl. I S. 257.)

Der Reichstag hat das folgende Gesetz beschlossen, das mit Zustimmung des Reichsrats hiermit verkündet wird:

§ 1.

Es ist verboten:

1. den unter dem Namen Absinth [1]) bekannten Trinkbranntwein, ihm ähnliche Erzeugnisse oder die zur Herstellung solcher Getränke dienenden Grundstoffe (Essenzen, Extrakte) einzuführen, herzustellen, zum Verkaufe vorrätig zu halten, anzukündigen, zu verkaufen oder sonst in den Verkehr zu bringen; Trinkbranntwein, bei dessen Herstellung nur kleine Mengen Wermutkraut zur Geschmacksverbesserung verwendet werden, fällt nicht unter dieses Verbot;
2. Wermutöl oder Thujon (Tanaceton) bei der Herstellung von Trinkbranntwein oder anderen alkoholischen Getränken (Wermutwein oder dergleichen) zu verwenden, zu diesem Zwecke vorrätig zu halten, anzukündigen, zu verkaufen oder sonst in den Verkehr zu bringen;
3. Anweisungen zur Herstellung der nach Nr. 1 oder 2 verbotenen Getränke oder Grundstoffe anzukündigen oder zu verkaufen.

§ 2.

Die Reichsregierung kann mit Zustimmung des Reichsrats

1. die Verbote im § 1 Nr. 1 auch auf Trinkbranntwein, bei dessen Herstellung nur kleine Mengen Wermutkraut zur Geschmacksverbesserung verwendet werden, sowie auch auf andere als die dort genannten Getränke und Grundstoffe, die Bestandteile des Wermutkrauts enthalten, ausdehnen;
2. verbieten, daß berauschende oder betäubende, im allgemeinen nicht als Genußmittel dienende Flüssigkeiten, deren gewohnheitsmäßiger Genuß die Gesundheit schädigt, in Gast- oder Schankwirtschaften zum Verkaufe vorrätig gehalten, angekündigt, verkauft oder sonst an andere überlassen werden.

§ 3.

Wer der Vorschrift des § 1 oder einem nach § 2 erlassenen Verbote zuwiderhandelt, wird mit Gefängnis bis zu einem Jahre und mit Geldstrafe bis zu fünfhunderttausend Mark oder mit einer dieser Strafen bestraft.

Neben der Strafe ist auf Einziehung der Getränke, Flüssigkeiten oder Stoffe zu erkennen, die dem Verbote zuwider eingeführt, hergestellt, vorrätig gehalten, angekündigt, verkauft, sonst in den Verkehr gebracht oder an andere überlassen worden sind, ohne Unterschied, ob sie dem Verurteilten gehören oder nicht, und zwar auch dann, wenn die Strafe nach § 73 des Strafgesetzbuchs nach einem anderen Gesetze zu bestimmen ist. Ist die Verfolgung oder Verurteilung einer bestimmten Person nicht ausführbar, so kann auf die Einziehung selbständig erkannt werden.

1. Unter den alkoholischen Getränken erfordert der „Absinth“, ein grüner Schnaps, der meistens mit der 8- bis 10 fachen Menge Wasser, zuweilen auch mit weniger Wasser oder sogar unverdünnt genossen wird, deshalb eine besonders strenge Beurteilung, weil er bei gewohnheitsmäßigem Genusse schwere, ihm eigentümliche Gesundheitsschädigungen hervorruft. Diese sind nicht so sehr auf den im Absinth enthaltenen Alkohol zurückzuführen als vielmehr auf den Gehalt an gelösten aromatischen Bestandteilen (ätherischen Ölen) des zu seiner Herstellung verwendeten Wermutkrautes (Herba Absinthii), denen erwiesenermaßen schwere Giftwirkungen zukommen.

Der Bestandteil, dem die weit über die Alkoholwirkung hinausgehende Giftwirkung des Absinthlikörs zuzuschreiben ist, ist ein zur Gruppe der Ketone gehöriger Stoff, das Thujon (Tanaceton). Es ist außer in der Wermutpflanze (Artemisia Absinthium) noch in anderen Artemisiaarten (Artemisia pontica und Artemisia maritima), ferner in dem Rainfarn (Tanacetum vulgare), dem Salbei (Salvia officinalis), dem Ysop (Hyssopus officinalis), dem Lebensbaum (Thuja occidentalis) und anderen Koniferen enthalten. Da der Absinthgenuß besonders in Frankreich verbreitet war, stammen die meisten ärztlichen Berichte über die nach fortgesetztem Genuß eintretenden gesundheitlichen Schäden von französischen Ärzten. Aber auch deutsche Forscher haben sich eingehend mit der Aufklärung der Wirkungen des Wermutkrautes und seines wirksamen Stoffes, des Wermutöles bezw. des Thujons, im Tierversuch beschäftigt. Die charakteristischste Folge des Genusses dieser Stoffe besteht in einem der Epilepsie ähnlichen Zustand, der auch als Absinthepilepsie bezeichnet wird und klinisch in allen wesentlichen Punkten der menschlichen Epilepsie gleicht. Der chronische Genuß kann zu körperlichem und geistigem Verfall führen. . . .

Das sicherste Mittel wäre gewesen, die Einfuhr, die Herstellung und den Verkauf aller unter Verwendung von Wermutkraut oder seinen Bestandteilen erzeugten Trinkbranntweine zu untersagen. Da jedoch fast alle deutschen Bitterliköre geringe Mengen von Wermutbestandteilen enthalten, würde ein solches Verbot in die beteiligten Handels- und Gewerbszweige tief eingreifen.

Bei einer im Reichsgesundheitsamt abgehaltenen Besprechung haben die Vertreter des beteiligten Fachgewerbes übereinstimmend hervorgehoben, daß auf das Wermutkraut als Bitterstoff nicht verzichtet werden könne, da es kaum einen bitteren Likör gebe, der nicht Bestandteile des Wermutkrauts enthalte. Ein so weitgehendes Verbot würde also eine ernste Schädigung der betroffenen Erwerbskreise bedeuten und als unberechtigt empfunden werden. Daß die Bitterliköre infolge ihres Gehalts an Wermutbestandteilen gesundheitsschädlich wären, ist auch nie behauptet worden. Unberührt von dem Verbote müssen auch die sogenannten Wermutweine bleiben, die meist durch Ausziehen des Wermutkrautes mit gärendem Moste oder Wein hergestellt werden.

Gegen den Genuß derartiger Weine und entsprechender Obstweine, die infolge ihrer Darstellung wesentlich den Bitterstoff des Wermutkrautes und nur Spuren des ätherischen Wermutöls enthalten, ist vom gesundheitlichen Standpunkt nichts einzuwenden. (Entwurf.)

V.

Kohlensaure Getränke.

22. Herstellung kohlensaurer Getränke.

Der Bundesrat hat in seiner Sitzung vom 9. November 1911 beschlossen, die verbündeten Regierungen zu ersuchen, für die Herstellung kohlensaurer Getränke und den Verkehr mit solchen Getränken übereinstimmend die Vorschriften des nachstehenden Normalentwurfs zu erlassen, soweit die Landesgesetzgebung hierfür eine ausreichende Grundlage bietet.

Normalentwurf von Vorschriften,[1] betreffend die Herstellung kohlensaurer Getränke und Verkehr mit solchen Getränken.

§ 1.

Die nachstehenden Vorschriften erstrecken sich auf alle Anlagen, in denen Getränke — mit Ausnahme von Schaumwein und Fruchtschaumwein — unter Zusatz von Kohlensäure gewerbsmäßig hergestellt werden, sowie auf den gewerbsmäßigen Verkehr mit solchen Getränken.

§ 2.

Zur Herstellung solcher Getränke muß destilliertes Wasser oder Wasser aus öffentlichen Wasserleitungen verwendet werden, das bis zur Verwendung in sauberen, festverschlossenen Ge-

[1]) In den meisten, aber nicht allen Bundesstaaten durch Landespolizeiverordnung eingeführt. Unter den ablehnenden Staaten befinden sich u. a.: Baden, Württemberg, Hamburg.

säßen aufzubewahren ist. Die zuständige Behörde kann undestilliertes Wasser anderer Herkunft zur Verwendung zulassen, wenn der Unternehmer auf Grund einer örtlichen Besichtigung der Entnahmestelle und einer chemischen und bakteriologischen Untersuchung des Wassers durch geeignete Sachverständige nachweist, daß das Wasser einwandfrei ist. Die Wiederholung dieses Nachweises kann in bestimmten, von der zuständigen Behörde festzusetzenden Zeitabschnitten und außerdem dann gefordert werden, wenn der Verdacht einer Verunreinigung vorliegt.

§ 3.

Die zu verwendende Kohlensäure muß frei von gesundheitsschädigenden Beimengungen sein, die als Zusätze zu den Getränken benutzten Salze, Säuren usw. müssen rein sein und, soweit sie im Deutschen Arzneibuch vorkommen, die dort vorgeschriebene chemische Reinheit besitzen. Zur Herstellung von Getränken, die als Frucht- oder Brauselimonaden in den Verkehr gebracht werden, dürfen neben Wasser, Kohlensäure und Rohr- und Rübenzucker nur natürliche Fruchtsäfte oder reine Fruchtsirupe (Zubereitungen aus natürlichen Fruchtsäften und Zucker) benutzt werden. Bei der Herstellung von Getränken aus dem Saft von Zitronen, Orangen und anderen Früchten der Gattung Citrus ist ein Zusatz des entsprechenden natürlichen Schalenaromas zulässig. Enthalten die Getränke andere als die genannten Stoffe, so müssen sie als Kunsterzeugnisse gekennzeichnet werden.

Wird die Kohlensäure von den Mineralwasseranstalten in Entwicklungsapparaten aus kohlensauren Mineralien und Mineralsäuren hergestellt, so ist sie vor ihrer Verwendung in geeigneter Weise zu reinigen. Die verwendeten Säuren müssen arsenfrei sein.

§ 4.

Diejenigen Teile der Apparate zur Herstellung und zum Ausschank der Getränke, die mit kohlensäurehaltigem Wasser in Berührung kommen, müssen gegen verdünnte Säuren dauernd widerstandsfähig erhalten werden, insbesondere dürfen Kupfer oder dessen Legierungen nur verwendet werden, wenn sie stark verzinnt sind. Im übrigen sind die Vorschriften des Reichsgesetzes, betr. den Verkehr mit blei- und zinkhaltigen Gegenständen, vom 25. Juni 1887 (RGBl. S. 273) maßgebend.

§ 5.

Die Räume, in welchen die Getränke hergestellt werden, müssen hell, gut gelüftet und sauber gehalten sein, die Apparate müssen so aufgestellt werden, daß sie von allen Seiten besichtigt werden können. Zu Zwecken, welche die Fabrikation der in diesen Vorschriften genannten Getränke nachteilig beeinflussen können, dürfen die Räume nicht benutzt werden.

Die Flaschen, in denen kohlensaure Getränke abgegeben werden, müssen vor der Füllung gründlich gereinigt werden Die Benutzung von an der Mündung beschädigten Flaschen und von Flaschen mit schadhafter Gummidichtung ist untersagt

§ 6.

Alle Apparate zur Herstellung und zum Ausschank der Getränke müssen genügend widerstandsfähig gebaut und erhalten werden. Die Festigkeit der Wandungen ist in sinngemäßer Anwendung nach den beim Bau von Dampfkesseln geltenden Grundsätzen zu beurteilen.

Apparate, deren Widerstandsfähigkeit nicht mehr genügend sind, dürfen nicht im Betrieb erhalten werden

§ 7.

Bei Verwendung von flüssiger Kohlensäure müssen die benutzten eisernen Kohlensäureflaschen den Anforderungen der Eisenbahnverkehrsvorschriften für verflüssigte oder verdichtete Gase entsprechen. Zwischen jeder Flasche und den daran angeschlossenen Mischgefäßen ist ein Druckverminderungsventil oder ein Gasbehälter von mindestens 100 Liter Raumteil einzuschalten. Letzterer ist mit Manometer und Sicherheitsventil zu versehen. Werden Druckverminderungsventile verwendet, so muß das Mischgefäß, wenn es über 2 Liter Inhalt hat, mit Manometer und Sicherheitsventil ausgerüstet sein. Werden mehrere Mischgefäße an dieselbe Kohlensäureleitung angeschlossen, so genügt die Anbringung eines Sicherheitsventils in der gemeinschaftlichen Leitung vor den Mischgefäßen, wenn die freie Durchgangsöffnung des Sicherheitsventils dem Querschnitt der gemeinsamen Leitung entspricht.

Bei Verwendung von Selbstentwicklern für Kohlensäure, die unter Druck stehen, muß das Entwicklungsgefäß mit Manometer und Sicherheitsventil versehen sein. Die Manometer an den Glasbehältern, Mischgefäßen und Entwicklern müssen ein Kontrollflansch zur Anbringung des amtlichen Kontrollmanometers und eine deutliche Marke für den zulässigen höchsten Betriebsdruck des Apparats auf dem Zifferblatt haben. Die Dichtung der Sicherheitsventile muß unter Ausschluß von Weichgummi bewirkt werden. Ihre Belastung darf höchstens bis zu der Grenze erfolgen, daß sie bei Überschreitung des zulässigen höchsten Betriebsdrucks des Apparats anfangen abzublasen.

An den zur Herstellung der Getränke dienenden Apparaten – bei Selbstentwicklern, die unter Druck stehen, am Entwicklungsgefäß und am Mischgefäß, bei Verwendung flüssiger Kohlensäure am Mischgefäß —, ebenso an den Ausschankgefäßen ist eine Inschrift anzubringen, die den zulässigen höchsten Betriebsdruck, den Namen des Verfertigers, das Jahr der Herstellung, den Raumgehalt und die Fabriknummer angibt. An den bei Inkrafttreten dieser Vorschriften bereits aufgestellten Apparaten und Ausschankgefäßen genügt, falls die anderen Angaben nicht mehr beizubringen sind, die Angabe des zulässigen höchsten Betriebsdrucks und eine Bezeichnungsnummer. Die Inschrift muß auf einem mit dem Gefäß fest verbundenen Metallschild oder sonst in deutlicher, erhabener oder vertiefter Schrift angebracht sein, an den unter Druck stehenden Wänden der Gefäße darf jedoch vertiefte Schrift künftig nicht angewendet werden.

Die Entwicklung-, Misch- und Ausschankgefäße müssen so beschaffen sein, daß ihr Inneres besichtigt werden kann. Misch- und Ausschankgefäße sind so einzurichten, daß die Entnahme von Proben der in ihnen enthaltenen Getränke möglich ist, um festzustellen, ob ihre Wandungen durch die kohlensäurehaltigen Getränke angegriffen werden.

§ 8.

Beim Füllen und Drahten sind den Arbeitern zweckentsprechende Schutzbrillen sowie geeignete Schutzmittel für die Handgelenke und Schürze aus Leder, Gummi oder starkem Zeuge, beim Füllen außerdem Schutzkörbe oder Schutzschirme zur Verfügung zu stellen. Die Arbeiter haben sich dieser Schutzmittel zu bedienen.

§ 9.

Gefüllte Kohlensäureflaschen und -zylinder und gefüllte Ausschankzylinder sind vor der Einwirkung der Sonne und anderer Wärmequellen sowie gegen Fall und Stoß sorgfältig zu schützen.

§ 10.

Die Apparate zur Herstellung oder zum Ausschank der unter diese Vorschriften fallenden Getränke dürfen nicht früher benutzt werden, als bis ihre Prüfung auf Widerstandsfähigkeit und Gesundheitsschädlichkeit nach der beigefügten Anweisung durch Sachverständige (§ 14) mit befriedigendem Erfolge stattgefunden hat und eine Bescheinigung darüber der zuständigen Behörde vorgelegt worden ist. Diese Prüfungen sind auch dann vorzunehmen, wenn es sich um die Aufstellung bereits anderwärts betriebener Apparate handelt.

Ergeben sich bei den Prüfungen Mängel, so sind diese innerhalb einer festzusetzenden Frist zu beseitigen, erforderlichenfalls hat eine Nachprüfung stattzufinden.

Werden die hiernach auszuführenden erstmaligen Prüfungen vor der Inbetriebnahme von Apparaten am Herstellungsort ausgeführt, so sind die darüber ausgestellten Bescheinigungen anzuerkennen, wenn dieser Ort innerhalb des Deutschen Reichs liegt und die Prüfungen von Sachverständigen ausgeführt sind, die für ihren Bezirk anerkannt sind. In solchen Fällen sind die an den Apparaten anzubringenden Metallschilder derart mit Zinntropfen an den Apparaten zu befestigen, daß die Tropfen halb auf dem Schilde und halb auf dem Apparat sich befinden. Die Zinntropfen sind abzustempeln. Der Stempel ist in den Bescheinigungen abzudrucken. Der für den Ort der Aufstellung zuständigen Behörde bleibt vorbehalten, die Apparate darauf zu prüfen, ob sie unverletzt sind.

Die zuständigen Behörden sind befugt, die Prüfungen auf Gesundheitsunschädlichkeiten und Betriebssicherheit der Apparate nach ihrem Ermessen von Zeit zu Zeit zu wiederholen.

Die Betriebsunternehmer sind verpflichtet, die Prüfungsbescheinigungen aufzubewahren und sie den zur Aufsicht zuständigen Beamten und Sachverständigen auf Verlangen jederzeit an der Betriebsstätte vorzulegen.

Vorstehende Bestimmungen finden keine Anwendung auf Siphons aus Glas.

§ 11.

Die Betriebsunternehmer haben jede Aufstellung von Apparaten und jede Außerbetriebsetzung der unter diese Vorschrift fallenden Anlagen der zuständigen Behörde anzuzeigen.

§ 12.

Die Betriebsunternehmer und, wenn die Prüfung vor der Inbetriebnahme der Apparate am Herstellungsort ausgeführt wird, die Hersteller haben nach Maßgabe der Anlage die Vorbereitungen zu den Prüfungen zu treffen und auch bei den Prüfungen die erforderliche Hilfe zu leisten.

§ 13.

In den unter diese Vorschriften fallenden Anlagen zur Herstellung von kohlensauren Getränken ist ein deutlicher Abdruck dieser Vorschriften an gutbeleuchteter Stelle aufzuhängen.

§ 14.

Wer als Sachverständiger für die Prüfungen auf Widerstandsfähigkeit und für die chemischen Untersuchungen (§ 10) anzuerkennen ist, bestimmt die zuständige Behörde.

§ 15.

Ausnahmen von diesen Vorschriften können von der zuständigen Behörde zugelassen werden.

§ 16.

Diese Vorschriften treten unter Aufhebung aller früheren, die gleichen Gegenstände regelnden Vorschriften für Neuanlagen sofort, im übrigen sechs Monate nach ihrer Veröffentlichung in Kraft. Bisher noch nicht geprüfte Apparate sind spätestens innerhalb sechs Monaten nach der Veröffentlichung zu prüfen.

§ 17.

(Strafbestimmungen nach Maßgabe der Landesgesetze.)

23. Verordnung, betreffend den Verkehr mit Arzneimitteln.

Vom 22. Oktober 1901. (RGBl. S. 380.) Im Auszuge.

§ 1.

Die in dem angeschlossenen Verzeichnisse A aufgeführten Zubereitungen dürfen, ohne Unterschied, ob sie heilkräftige Stoffe enthalten oder nicht, als Heilmittel (Mittel zur Beseitigung oder Linderung von Krankheiten bei Menschen oder Tieren) außerhalb der Apotheken nicht feilgehalten oder verkauft werden.

Dieser Bestimmung unterliegen von den bezeichneten Zubereitungen, soweit sie als Heilmittel feilgehalten oder verkauft werden,

a) . . .

b) künstliche Mineralwässer nur dann, wenn sie in ihrer Zusammensetzung natürlichen Mineralwässern nicht entsprechen und zugleich Antimon, Arsen, Baryum, Chrom, Kupfer, freie Salpetersäure, freie Salzsäure oder freie Schwefelsäure enthalten.

. . .

Verzeichnis A.

9. Pastillen, ausgenommen aus natürlichen Mineralwässern oder aus künstlichen Mineralquellsalzen bereitete Pastillen.

Sachregister.

(Die Zahlen bedeuten die Seiten.)

A.

B.

C.

G.

H.

J.

Druck von Otto Walter in Berlin S 14,
Kommandantenstraße 44 a.

XI. 25. — 15 000.

Nr. 13. **Konkurs-O. u. Anfechtungs-G.** Von R. Sydow. Fortgef. v. L. Busch u. O. Krieg. 13. Aufl. 1923. Mit Nachtr. 1924. Rm 4,—

Nr. 14. **Gerichtsverfassungsgesetz.** Von R. Sydow. Fortgeführt von L. Busch. 10. Auflage. 1925. Rm 6,—

Nr. 15. **Das deutsche Gerichtskostengesetz.** Von R. Sydow. Fortgeführt von L. Busch und F. Koehler. 11. Auflage. In Bearbeitung.

Nr. 16. **Rechtsanwaltordnung.** Von R. Sydow. 5. Auflage von M. Jacobsohn. Mit Nachtrag von 1910. — 1907. Rm 1,20

Nr. 17. **Gebührenordn. f. Rechtsanw. u. d. Preuß. Gebührengesetz.** Von R. Sydow. Fortgef. v. L. Busch u. O. Krieg. 12. Aufl. 1922. Mit Nachtrag, enth. alle Änderungen und Neuerungen bis Mai 1925. Rm 5,— (Nachtrag allein Rm 2,50)

Nr. 18. **Reichsstempelgesetz.** Von P. Loeck. Vergriffen. Wird durch Kapitalverkehrssteuergesetz ersetzt. Erläuterte Ausgabe in Bearbeitung.

Nr. 19. **Die Seegesetzgebung.** Von W. E. Knitschky. 5. Auflage von O. Rudorff. — 1913. Rm 8,—

Nr. 20. **Krankenversicherungsgesetz** siehe Nr. **107, 161.**

Nr. 21. **Die Konsulargesetzgebung.** Von Ph. Zorn. 8. Auflage von K. Zorn. — 1911. Rm 4,50

Nr. 22. **Patentgesetz.** Von R. Lutter. 8. Auflage. — 1920. Mit Nachtrag. — 1924. Rm 4,—. Nachtrag apart Rm 0,40

Nr. 23. **Gewerbe-Unfallversicherungsgesetz** siehe Nr. **108, 161.**

Nr. 24. **Aktiengesellschaft u. Kommanditgesellschaften auf Aktien.** Von H. Keyßner und H. Veit Simon. 7. Aufl In Bearbeitung.

Nr. 25. **Brausteuergesetz.** Von A. Düffe. 2. Aufl. — 1910. Rm 2,—

Nr. 26. **Münz- und Notenbankwesen.** Von R. Koch. 7. Aufl. von Reichsbankpräsident Schacht. 1925. Rm 14,—

Nr. 27. **Gesundheitswesen im Deutschen Reich.** Von C. Goesch und J. Karsten. — 1888. Vergriffen.

Nr. 28. **Bau-Unfallversicherungsgesetz** siehe Nr. **108.**

Nr. 29. **Erwerbs- und Wirtschaftsgenossenschaften.** Von L. Parisius und H. Crüger. 18. Auflage. — 1925. Rm 4,—

Nr. 30. **Invalidenversicherungsgesetz** siehe Nr. **109, 161.**

Nr. 31. **Gewerbegerichtsgesetz.** Von W. Cuno. Vergriffen, neunte Auflage in Vorbereitung. Siehe auch Nr. **112, 112a.**

Nr. 32. **Gesellschaften mit beschränkter Haftung.** Von L. Parisius und H. Crüger. 16. Aufl. — 1923. Rm 2,—

Nr. 33. **Vereins- und Versammlungsrecht.** Von E. Ball. 2. Auflage von F. Friedenthal. — 1907. Rm 2,—

Reichs-Vereinsgesetz vom 19. April 1908 siehe Nr. **88.**

Nr. 34. **Die Abzahlungsgeschäfte.** 3. Auflage von E. Wilke. — 1910. Rm 1,20

Nr. 35. **Die Reichs-Eisenbahngesetzgebung.** Von W. Coermann. — 1895. (Siehe auch Nr. 66.) Rm 2,—

Nr. 36. **Privatrechtliche Verhältnisse der Binnenschiffahrt und Flößerei.** Von E. Löwe. 6. Auflage. — 1923. Rm 4,—

Nr. 37. **Unlauterer Wettbewerb.** Von A. Pinner. 7. Auflage von A. Elster. — 1921. Rm 1,40

Nr. 38/39. **Bürgerliches Gesetzbuch nebst Einführungsgesetz.** Von A. Achilles. In Verbindung mit F. André, O. Meyer, O. Strecker, K. v. Unzner herausgegeben von M. Greiff. 11. Aufl. — 1923. Mit Nachtrag 1924. Rm 13,—

Nr. 40. Gesetz, betr. die **Pflichten der Kaufleute bei Aufbewahrung fremder Wertpapiere [Depotgesetz].** Von F. Lusensky. 3. Auflage. — 1916. Mit Nachtrag 1924. Rm 1,—

Nr. 41. **Börsengesetz.** Von Th. Hemptenmacher. 3. Auflage von O. Meyer. — 1915. Rm 3,50

Nr. 42. **Grundbuchordnung.** Von O. Fischer. 8. Auflage. — 1924. Rm 3,—

Nr. 43. **Zwangsvollstreckung.** Von J. Krech und O. Fischer. 9. Auflage von O. Fischer. — 1922. Rm 3,50

Nr. 44. **Auswanderungswesen.** Von F. Stoerk. — 1899. Rm 2,—

Nr. 45. **Das Entmündigungsrecht.** Von P. Koll. — 1900. Rm 1,20

Nr. 46. **Freiwillige Gerichtsbarkeit.** Von H. Jastrow. 6. Auflage von Herm. Günther. — 1921. Rm 4,50

Nr. 47. **Deutsches Vormundschaftsrecht.** Von M. Schultzenstein und P. Köhne. 2. Auflage. — 1901. Rm 2,50

Nr. 48. Gesetze, betr. den **Drogen-, Gift- und Farbenhandel** außerhalb der Apotheken. Von J. Broh. — 1899. Rm 1,20

Nr. 49. **Deutsche Kolonialgesetzgebung.** Von Ph. Zorn. 2. Auflage von Sassen. — 1913. Rm 5,—

Nr. 50. **Der Viehkauf [Viehgewährschaft].** Von H. Stölzle und H. Weiskopf. 5. Auflage. — 1913. Rm 5,50

Nr. 51. **Hypothekenbankgesetz.** Von H. Göppert. 2. Auflage von Seidel. — 1911. Rm 2,20

Nr. 52. **Rechte der Besitzer von Schuldverschreibungen.** Von H. Göppert. 2. Auflage von E. Trendelenburg. — 1915. Rm 1,50

Nr. 53. **Reichspreßgesetz.** Von A. Born. 3. Auflage. — 1924. Rm 4,—

Nr. 54. Verkehr mit **Nahrungsmitteln, Genußmitteln und Gebrauchsgegenständen.** Von G. Lebbin. — 2. Auflage. Im Druck.

Nr. 55. **Beschlagnahme von Lohn- und Gehaltsforderungen.** Von G. Meyer. 5. Auflage. — 1914. Durch Nachträge ergänzt 1925. (Nachträge allein Rm 0,70) Rm 2,80

Nr. 56. **Bekämpfung gemeingefährlicher Krankheiten.** Von B. Burkhardt. — 1900. Rm 1,20

Nr. 57. **See-Unfallversicherungsgesetz** siehe Nr. **108.**

Nr. 58. **Recht der unehelichen Kinder.** Von H. Jastrow. — 1901. Mit Nachtrag 1925. Rm 1,60

Nr. 59. **Beurkundung des Personenstandes und die Eheschließung.** Von F. Fidler. 2. Auflage. — 1912. Rm 2,30

Nr. 60. **Das Urheberrecht an Werken der Literatur und der Tonkunst.** Von O. Lindemann. 4. Auflage. — 1921. Rm 1,80

Nr. 61. **Verlagsrecht.** Von B. Marwitz. 3. Auflage. — 1922. Rm 1,60

Nr. 62. **Private Versicherungsunternehmungen.** Von H. Könige. 3. Auflage. In Bearbeitung.

Nr. 63. **Gesetzestafel des deutschen Reichsrechts.** Von H. Bruhns. 2. Auflage. — 1913. Rm 3,—

Nr. 64. Gesetzsammlung, betr. den **Handel mit Drogen und Giften.** Von H. Sonnenfeld. 2. Auflage. — 1912. Rm 3,—

Nr. 65. **Weingesetz.** Von G. Lebbin. 2. Aufl. — 1909. Rm 2,—

Nr. 66. **Die Eisenbahn-Gesetzgebung.** Von W. Pietsch. 2. Auflage. — 1913. (Siehe auch Nr. 91.) Vergriffen.

Nr. 67. **Militär-Strafgesetzbuch.** Von A. Romen und C. Rissom. 3. Auflage. — 1918. Rm 5,—

Nr. 68. **Fleischbeschaugesetz.** Von G. Lebbin und G. Baum. — 1903. Rm 2,80

Nr. 69. Reichsgesetz über die **Naturalleistungen der bewaffneten Macht im Frieden.** Von W. v. Hippel. — 1903. Rm 1,—

Nr. 70. **Das Reichs-Haftpflichtgesetz.** Von G. Eger. — 1903. Bergr. — (Als Ersatz Komment. von Seligsohn. — 1920. Rm 6,50)

Nr. 71. **Kinderarbeit in gewerblichen Betrieben.** Von H. Spangenberg. 2. Auflage. — 1904. Rm 1,20

Nr. 72. **Unfallversicherungsgesetz** siehe Nr. **108.**

Nr. 73. **Entschädigung für unschuldig erlittene Verhaftung und Bestrafung.** Von A. Romen. — 1904. Rm 1,70

Nr. 74. **Die Kaufmannsgerichte.** Von M. Apt. 3. Auflage. — 1904. (Siehe auch Nr. **112.**) Vergriffen.

Nr. 75. **Konsulargerichtsbarkeit.** Von A. F. Borwerk. 2. Ausgabe, mit den Schutzgebietsgesetzen. — 1908. Rm 1,60

Nr. 76. **Die Rechtshilfe im Verkehr mit den ordentlichen Gerichten.** Von A. Friedländer. — 1906. Rm 1,50

Nr. 77. **Das Erbschafts-StG.** Von B. Hendel. 1920. Rm 5,— — Neue Fass. v. H. Schachian. 3. Aufl. — 1925. Rm 2,50

Nr. 78. **Zigarettensteuergesetz.** Von Cuno. In Vorbereitung.

Nr. 79. **Die Militärpensionsgesetze.** Von A. Romen.
a) I. Teil: **Offizierpensionsgesetz.** — 1907. Rm 2,—
b) II. Teil: **Mannschaftsversorgungsgesetz.** Mit **Kapitalabfindungsgesetz.** — 1908. Rm 2,—

Militärversorgungsgesetze siehe auch Nr. 136, 152 u. 152a.

Nr. 80. **Gerichtliche Registerführung.** Von O. Lindemann. — 1906. Rm 2,40

Nr. 81. **Urheberrecht an Werken der bildenden Künste und der Photographie.** Von L. Fuld. 2. Auflage. Im Druck.

Nr. 82. **Reichsbeamtengesetz.** Von A. Arndt. 3. Auflage. — 1923. Mit Nachtrag, enth. die Änderungen bis 1924. Rm 3,50

Nr. 83. **Versicherungsvertrag.** Von P. Hager und E. Bruck. 5. Auflage. — 1925. Im Druck.

Nr. 84. **Sammlung kleinerer privatrechtlicher Reichsgesetze.** Von G. Müller. — 1908. Rm 5,50

Nr. 85. **Scheckgesetz.** Neue Auflage im Druck.

Nr. 86. **Die Auslieferungsverträge des Deutschen Reiches.** Von A. Cohn. — 1908. Rm 4,—

Nr. 87a. **Das deutsche Warenzeichenrecht.** Von Freund und Magnus. 6., neubearbeitete Auflage. Teil I: **Die internationalen Verträge.** — 1924. Rm 9,—

Nr. 88. **Vereinsgesetz.** Von A. Romen. 4. Aufl. — Vergriffen.

Nr. 89. **Vogelschutzgesetz.** Von L. v. Boxberger. — 1909. Rm 1,—

Nr. 90. Die Haager Abkommen über das **Internationale Privatrecht.** Von G. Bogeng. — 1908. Rm 2,—

Nr. 91. **Eisenbahn-Verkehrsordnung.** Von E. Blume. 2. Auflage von Weirauch. — 1922. Mit Nachtrag, enth. alle Neuerungen bis Ende 1924. Rm 5,—. (Nachtrag einzeln Rm 1,50)

Nr. 92. **Verkehr mit Kraftfahrzeugen.** Von R. Kirchner. 3. Auflage. — 1915. Mit Nachtrag, enth. alle Neuerungen bis Ende 1924. Rm 5,—. (Nachtrag einzeln Rm 1,50)

Nr. 93. **Sicherung der Bauforderungen.** Von E. Harnier. 3. Auflage. — 1912. Rm 1,50

Nr. 94. **Die Beamtenhaftpflichtgesetze des Reiches und der Länder.** Von H. Delius. 3. Auflage. — 1921. Rm 3,20

Nr. 95. Die Berner Übereinkunft über **Internationales Urheberrecht.** Von H. Dungs. — 1910. Rm 1,—

Nr. 96. **Branntweinsteuergesetz.** 3. Auflage von K. Kniebe in Vorbereitung. **Branntweinmonopolgesetz** siehe Nr. 131 a.

Nr. 97. **Schutzgebietsgesetz.** Von J. Gerstmeyer. — 1910. Rm 2,50

Nr. 98. **Sechs Haager Abkommen über Internationales Privatrecht.** Von H. Dungs. — 1910. Rm 1,50

Nr. 99. **Die Abkommen d. Haager Friedenskonferenz.** Vergr. Jetzt: Wehberg, **Völkerbundakte.** Rm 4,— (Außerh. d. Samml.)

Nr. 100. **Kaligesetz.** Von B. Voelkel. — 1910. Rm 2,40

Nr. 101. **Zuwachssteuergesetz.** Von W. Cuno. — 1911. Rm 3,50

Nr. 102. **Urheberrecht an Mustern und Modellen** und **Schutz von Gebrauchsmustern.** Von J. Neuberg. — 1911. Rm 2,40

Nr. 103. **Reichs-Viehseuchengesetz.** Von W. v. Hippel. 2. Auflage. — 1912. Rm 4,—

Nr. 104. **Versicherungsgesetz für Angestellte** siehe Nr. 144.

Nr. 105. **Das Geldwesen in den deutschen Schutzgebieten.** Von W. Hintze. — 1912. Rm 1,80

Nr. 106—109. **Reichs-Versicherungsordnung.** Von F. Caspar und A. Spielhagen. 4 Bände. Kplt. Rm 18,—

Nr. 106. I., V. und VI. Buch. **Gemeinsame Vorschriften. — Beziehungen der Versicherungsträger zu einander und zu anderen Verpflichteten. — Verfahren.** Von K. Lippmann, L. Laß und H. Siefart. — 1913. Mit Nachtrag. Von K. Lippmann. - 1920. (Nachtrag einzeln Rm 0,40.) Rm 5,—

Nr. 107. II. Buch. **Krankenversicherung.** Von H. Siefart und F. Sitzler. — 1916. Mit Nachtrag. Von K. Lippmann. — 1920. (Nachtrag einzeln Rm 1,20.) Rm 5,50

Nr. 108. III. Buch. **Unfallversicherung.** Von A. Radtke. — 1913. Mit Nachtrag. Von A. Radtke. — 1921. (Nachtrag einzeln Rm 1,60.) Rm 6,50

Nr. 109. IV. Buch. **Invaliden- und Hinterbliebenenversicherung.** Von B. Jaup und H. Follmann. — Neudruck 1922. Mit Nachtrag, enthaltend die Ergänzungen 1914—1921. (Nachtrag einzeln Rm 1,—.) Rm 3,50

Reichsversicherungsordnung in neuester Fassung von K. Lippmann s. Nr. 161.

Nr. 110. **Wehrbeitragsgesetz.** Von A. Fernow. 2. Auflage. — 1913. Rm 1,60

Nr. 111. **Reichs- und Staatsangehörigkeitsgesetz.** Von A. Romen. — 1913. Vergriffen.

Nr. 112. **Kaufmannsgerichtsgesetz.** Von H. Depène. — 1914. Rm 2,60

Nr. 112a. **Kaufmanns- u. Gewerbegerichtsgesetz nebst Schlichtungsordnung.** (Ergbd. z. Nr. 112.) V. H. Depène. 1924. Rm 3,50

Die Nr. 112 u. 112a enthalten zusammen den vollständigen Text des Gewerbegerichtsgesetzes.

Nr. 113. **Postscheckgesetz.** Von J. Weiland. — 1914. Mit Nachtrag 1918. Rm 1,50

Nr. 113 a. **Postscheckordnung.** Von J. Weiland. — 1914. Mit Nachtrag 1918. Rm 1,50

Nr. 114. **Waffengebrauch und Festnahmerecht des Militärs.** Von A. Romen und C. Rissom. — 1914. Rm 1,80

Nr. 115. **Das vertragliche Wettbewerbsverbot [Konkurrenzklausel].** Von G. Baum. — 1914. Rm 3,—

Nr. 116. **Kriegs-Zivil- u. Finanzgesetze.** 3. Aufl. — 1915. Rm 1,50

Nr. 116a. Zweite Folge: Jahr 1915. — 1916. Rm 1,20

Nr. 117. **Darlehnskassengesetz.** — 1915. Rm 1,80

Nr. 118. **Militärhinterbliebenengesetz.** Von Rehy. Mit Kapitalabfindungsgesetz. — 1915. (Siehe auch Nr. 136.) Rm 2,20

Nr. 119. **Kriegsleistungsgesetz.** Vergriffen.

Nr. 120. **Telegraphenwegegesetz.** Von Wolf. — 1916. Rm 1,—

Nr. 121. **Direkte Kriegssteuer.** Von A. Mrozek. 1916. Rm 3,50

Nr. 122. **Belagerungszustand.** Von H. Pürschel. 1916. Rm 3,50

Nr. 123. **Warenumsatzstempel.** Von Lindemann. — 1916. (Umsatzsteuergesetze siehe Nr. 132.)

Nr. 124. **Todeserklärung Kriegsverschollener.** Von J. Partsch. — 1917. Rm 2,—

Nr. 125. **Vaterländischer Hilfsdienst.** 3. Auflage. — 1917. Rm 1,—

Nr. 126. **Besitzsteuergesetz.** Von A. Mrozek. Vergriffen.

Nr. 127. **Geschäftsaufsicht zur Abwendung des Konkurses.** Von G. Klien u. Ernst Jaeger. — 1917. Durch Nachträge nach dem Stand v. 1924 ergänzt. Rm 1,60. Nachtrag einzeln 0,60

Nr. 128. **Verhaftung und Aufenthaltsbeschränkung.** Von A. Romen. — 1917. Rm 1,20

Nr. 129. **Zivilrechtkriegsgesetze.** Von Fischer. — 1918. Rm 1,50

Nr. 130. **Ersatzlebensmittelverordnung.** — 1918. Rm 1,50

Nr. 131 a. **Reichsfinanzgesetzgebung 1918.** Bd. I. **Getränkesteuern.** Von G. Mayer. — 1918. Rm 2,50

Nr. 131 b. **Reichsfinanzgesetzgebung 1918.** Bd. II. **Einkommen, Umsatz, Kriegsgewinn** usw. Von G. Mayer. — 1919. Rm 1,50

Nr. 132. **Umsatzsteuergesetz.** Von Otto Lindemann. 3. Auflage. — 1923. Rm 4,—

Nr. 133. **Reichswuchergesetzg.** Von Ad. Lobe. — 1918. Rm 2,80

Nr. 134. **Der Ostfrieden.** Von Karl Strupp. — 1918. Rm 3,—

Nr. 135. **Erbbaurecht.** Von H. Günther. — 1919. Rm 2,—

Nr. 136. **Militärvers.-Ges** Von H. Günther. — 1919. Rm 2,30

Nr. 137. **Reichsverfassung.** Von Arndt. 2. Aufl. — 1921. Rm 2,50

Nr. 138 a. **Arbeiterschutz und Arbeitsrecht.** Von A. Günther. 1920. Rm 5,—

Nr. 138 b. **Betriebsrätegesetz.** Von A. Günther. — 1920. Vergr.

Nr. 139. **Grunderwerbsteuergesetz.** Von Otto Lindemann. — 1919. Rm 1,80

Nr. 140. **Die Siedelungsgesetzgebung im Reich und in Preußen.** Von W. Holzapfel. — 1920. Rm 3,—
Nr. 141. **Sozialisierungsgesetze.** Von Reier. — 1920. Rm 2,20
Nr. 142. **Wirtschaftliche Demobilmachung.** Von Gg. Fischbach. — 1920. Rm 1,—
Nr. 143. **Reichsabgabenordnung.** Von Nieberl. — 1922. Mit Nachtrag, enth. die Änderungen von 1924. Rm 4,—
Nr. 144. **Versicherungsgesetz für Angestellte.** Von Lippmann. — 1920. Rm 3,50
Nr. 145. **Steuer- und Kapitalflucht.** Von E. H. Meyer. 2. Auflage. — 1921. Rm 1,60
Nr. 146. **Tabaksteuergesetz.** Von Wündisch. — 1920. Rm 3,—
Nr. 147. **Filmzensur.** Von Szczesny. — 1920. Rm 1,50
Nr. 148. **Reichsausgleichsgesetz.** Von Decke. — 1920. Rm 1,50
Nr. 149. **Reichsnotopfergesetz.** Von Friedmann und Wrzeszinsky. — 1921. Rm 4,—
Nr. 150. **Reichsschädengesetze.** Von Adolf Hohenstein und Wenzel Goldbaum. — 1922. Rm 4,—
Nr. 151. **Einkommensteuer und Körperschaftsteuer.** Von Hollaender. Im Druck.
Nr. 152. **Wohlfahrtsgesetze.** Von Behrend und Stranz-Hurwitz. Teil I. 1923. Rm 5,—
Nr. 152a. Desgl. Teil II. 1925. Rm 9,—
Nr. 152 und 152a zusammen bezogen Rm 12,—
Nr. 153. **Zwangsanleihegesetz.** Von Simon und Beutner. 1923. Rm 8,—
Nr. 154. **Jugendwohlfahrtsgesetz und Jugendgerichtsgesetz.** Von Drewes und Sandré. — 1923. Mit Nachtrag, enth. die Ergänzungen bis April 1924. Rm 6,—
Nr. 155. **Reichsknappschaftsgesetz.** Von Max Reuß und Fritz Hense. 2. Auflage. — 1926. In Bearbeitung.
Nr. 156. **Mietrecht und Wohnungsmangelgesetz.** Von Krieg. 3. Auflage. — 1925. Rm 7,—
Nr. 157. **Dritte Steuernotverordnung v. 14. 2. 1924** mit den Vorschriften über **Aufwertung.** Von Michaelis. Rm 7,—
Nr. 158. **Strafprozeßordnung.** Alte und neue Fassung synoptisch gegenübergestellt. Von Reichsanwalt Feisenberger. — 1924. Rm 4,50
Nr. 159. **Industriebelastungsgesetz.** Von Höpker. Rm 4,—
Nr. 160. **Fürsorgepflicht.** Von Sandré. Rm 6,—
Nr. 161. **Reichsversicherungsordnung.** Von K. Lippmann. Rm 11,—
Nr. 162. **Handelsrechtl. Nebenges.** Von Schreiber. Im Druck.
Nr. 163. **Notariatsrecht.** Von Szkolny. — 1925. Rm 8,50

B. Preußische Gesetze.

Nr. 1. **Die Verfassung des Freistaats Preußen.** Von A. Arndt. — 1921. Rm 2,—
Ausführlicher Kommentar von Stier-Somlo. — 1921. Rm 5,—

Nr. 2. **Preußische Beamten-Gesetzgebung.** Von K. Pfafferoth. 5. Auflage. — 1916. Rm 2,40

Nr. 3. **Notteſtamente.** Von E. Kurtz. — 1904. Rm 1,50

Nr. 4. **Gebührenordnung für Notare.** Vom 28. Oktober 1922. Von Kausnitz. 6. Auflage. — 1925. Rm 7,—

Nr. 5—9 vergriffen.

Nr. 10. **Einkommensteuergesetz** siehe Reichsgesetze Nr. 151.

Nr. 11. **Gewerbesteuergesetz.** Von A. Fernow. Vergriffen.

Nr. 12. **Allgemeines Berggesetz.** Von Schlüter und Hense. 4. Auflage. — In Vorbereitung.

Nr. 13. **Ergänzungssteuergesetz.** Von A. Fernow. 5. Aufl. Rm 3,—

Nr. 14. **Kommunalabgabengesetz.** Von F. Adickes. 6. Auflage von Falk. — 1922. Rm 3,50

Nr. 15. **Die Kreisordnungen.** Von O. Kolisch. — 1894. Vergriffen.

Nr. 16. **Konzessionierung gewerblicher Anlagen.** Von W. v. Rüdiger. 2. Auflage. — 1901. Vergriffen.

Nr. 17. **Preußisches Gerichtskostengesetz.** Von P. Siméon. 7. Auflage. — 1913. Mit Nachtrag von 1919 und 1920. Rm 4,—

Nr. 18. **Preußisches Stempelsteuergesetz.** Von P. Loeck und W. Seyffarth. 10. Auflage von Eiffler. — In Bearbeitung.

Nr. 19. **Jagdscheingesetz.** Von F. Kunze. 2. Aufl. — 1899. Rm 2,—

Nr. 20. **Die preußischen Erbschaftssteuergesetze.** Von U. Hoffmann. — 1905. Rm 3,—
(Reichs-Erbschaftssteuergesetz siehe Seite 12.)

Nr. 21. **Handelskammern.** Von F. Lusensky. 2. Auflage. — 1909. Rm 3,—

Nr. 22. **Anstellung und Versorgung der Kommunalbeamten.** Von W. Ledermann. 2. Auflage von L. Brühl. — 1914. Rm 2,—

Nr. 23. **Ausführungsgesetze zum Bürgerlichen Gesetzbuche.** Von P. Siméon. 3. Auflage. — 1914. Rm 2,20

Nr. 42. **Allgemeine Landesverwaltung und Zuständigkeit der Verwaltungs- und Verwaltungsgerichtsbehörden.** Von K. Friedrichs. 2. Auflage. — 1921. Rm 3,—

Nr. 43. **Verschuldungsgrenze** für land- und forstwirtschaftlich benutzte Grundstücke. Von R. Leweck. — 1908. Rm 2,40

Nr. 44. **Quellenschutzgesetz.** Von E. Voelkel. — 1909. Rm 1,—

Nr. 45. **Rechtsverhältnisse der Juden in Preußen.** Von M. Kollenscher. — 1910. Rm 2,40

Nr. 46. **Austritt aus der Landeskirche.** Von H. Caro. — 1911. Rm 2,40

Nr. 47. **Feuerbestattung.** Von W. Lohmann. — 1912. Rm 1,50

Nr. 48. **Zweckverbandsgesetz für Groß-Berlin.** Von L. Brühl, K. Gordan und W. Lebermann. — 1912. Rm 4,—

Nr. 49. **Gesetze gegen die Verunstaltung landschaftlich hervorragender Gegenden.** Von O. Goldschmidt. — 1912. Rm 2,40

Nr. 50. **Gesetz, betr. die Anlegung und Veränderung von Straßen und Plätzen in Städten und ländlichen Ortschaften.** Von O. Meyer. — 1913. Rm 3,—

Nr. 51. **Das preußische Disziplinargesetz für die nichtrichterlichen Beamten.** Von E. v. Dultzig. — 1914. Rm 4,20

Nr. 52. **Preußisches Wassergesetz.** Von G. Wulff und F. Herold. — 1913. Rm 4,50

Nr. 53. **Hinterlegungsordnung** von 1913. Von Hagemann. — 1914. Rm 2,20

Nr. 54. **Anlegung von Sparkassenbeständen in Inhaberpapieren.** Von H. Döhring. — 1914. Rm 2,80

Nr. 55. **Preußisches Wohnungsgesetz.** Von B. Schmittmann. — 1918. Rm 2,60

Nr. 56. **Das preußische Tumultschadengesetz.** Von Bruno Friedländer. — 1919. Rm 0,80

Nr. 57. Gesetz über **Landeskulturbehörden.** Von W. Holzapfel. — 1919. Rm 2,—

Nr. 58. **Arbeitsnachweis.** Von P. Wölbling. — 1920. Rm 1,—

Nr. 59. **Bildung der neuen Stadtgemeinde Berlin.** Von P. Wölbling. 2. Auflage. — 1920. Rm 1,40

Nr. 60. **Umlegungsordnung.** Von W. Holzapfel. — 1921. Rm 1,80

Nr. 61. **Preußische Verwaltungsgebührenordnung.** Von K. Eiffler. Mit Nachtrag. — 1925. Rm 6,—

C. Textausgaben

ohne Anmerkungen mit Sachregister.

Aufwertungsgesetze mit Einleitung. Von Michaelis. Rm 1,50
Betriebsrätegesetz. Vergriffen.
Bürgerliches Gesetzbuch. 14. Auflage. Rm 5,—
Erbschaftssteuergesetz. Neue Fassung von H. Schachian. 3. Auflage. Rm 2,50
Freiwillige Gerichtsbarkeit. — 1920. Rm 1,—
Handelsgesetzbuch mit Seerecht. 11. Auflage. — 1924. Rm 2,60
Konkursordnung. 2. Auflage. — 1915. Mit Nachtr. 1925. Rm 1,—
Militärstrafgerichtsordnung m. **Einführungsges.** — 1901. Rm 1,30
Militär-Strafgesetzbuch. 2. Auflage. — 1916. Rm 0,50
Reichsfinanzgesetze von 1909. — 1909. Rm 2,60
Reichsmietengesetz. — 1922. Rm 0,50
Reichsnotopfergesetz. Vergriffen.
Reichssteuergesetze 1925 (Steuerüberleitungsgesetz mit Durchführungsbestimmungen — Einkommensteuer, Körperschaftsteuer, Reichsbewertungsgesetz, Vermögensteuer, Erbschaftssteuer). Rm 4,—
Reichsversicherungsordnung. Vergriffen.
Strafgesetzbuch. — 1925. Rm 3,—
Strafprozeßordnung. 5. Auflage. — 1924. Rm 2,50
Umsatzsteuergesetz. — 1920. Rm 0,60
Verkehrs- u. Kohlensteuer u. Kriegssteuerzuschlag. 1917. Rm 0,60
Verfassung des Deutschen Reiches v. 11. 8. 1919. 2. Aufl. Rm 0,60
Verfassung des Freistaates Preußen. Rm 0,60
Versicherungsgesetz für Angestellte. — 1924/25. Rm 2,—
Wechselordnung. — 1908. Rm 0,50
Wehrbeitrag und **Besitzsteuer.** — 1913. Rm 0,50
Zivilprozeßordnung mit **Gerichtsverfassungsgesetz** und **Einführungsgesetzen.** — 1924. Rm 3,50
Zuwachssteuergesetz. — 1911. Rm 0,50
— **Ausführungsbestimmungen.** — 1911. Rm 0,40
Preuß. Ausf.-Anweis. zur **Gewerbeordnung.** — 1904. Rm 1,—

Schlagwort-Register

R. — Nummer der Sammlung Deutscher Reichsgesetze.
P. — Nummer der Sammlung Preußischer Gesetze.
S. — Seite.

Schlagwort-Register. (R. = Reichsgesetz, P. = preuß. Gesetz.)

Schlagwort-Register. (R. = Reichsgesetz, P. = preuß. Gesetz.)

Schlagwort-Register. (R. = Reichsgesetz, P. = preuß. Gesetz.)